근대 초기 잡지의 발간과 근대적 문학관의 형성

서은경(徐恩景, Seo-eunkyoung) 강남대학교 국어국문학과를 졸업하고 성신여자대학교 대학원 국어국문학과에서 「김승옥연구」로 석사학위를 받았다. 연세대학교 국어국문학과에서 「1910년대 유학생 잡지와 근대소설의 전개과정」이라는 논문으로 박사학위를 받았다. 강남대와 서경대에서 소설론과 문학과 사회 등의 수업을 했고, 지금은 연세대 원주캠퍼스에서 글쓰기 강의를 하고 있다. 공저로 『근대계몽기 단형 서사문학 연구』, 『나혜석연구총서』 1이 있으며 현재는 강의실뿐만 아니라 강의실 밖에서 여러 책읽기 모임을 운영 중이다.

근대 초기 잡지의 발간과 근대적 문학관의 형성

초판인쇄 2016년 12월 30일 **초판발행** 2017년 1월 15일
지은이 서은경 **펴낸이** 박성모 **펴낸곳** 소명출판 **출판등록** 제13-522호
주소 서울시 서초구 서초중앙로6길 15, 1층
전화 02-585-7840 **팩스** 02-585-7848 **전자우편** somyungbooks@daum.net **홈페이지** www.somyong.co.kr

값 28,000원
ISBN 979-11-5905-129-6 93810

근대 초기 잡지의 발간과 근대적 문학관의 형성

Magazine Publishing in the early modern era and the development of a modern view on literature

서은경

소명출판

책머리에

이 책 『근대 초기 잡지의 발간과 근대적 문학관의 형성』은 2011년 6월에 제출한 박사논문인 「1910년대 유학생 잡지와 근대소설」을 확장한 것이다. 책을 내기에 앞서 박사학위 취득 후 꽤 오랜 시간이 지난 터라 이미 구간이 되어버린 것은 아닌가 하는 걱정이 앞섰음을 고백하지 않을 수 없다. 그러나 학위취득 이후 당시대 동경과 경성에서 발간된 잡지에 대한 관심이 하나둘씩 연구물로 집적되는 것을 보면서 이 시기 잡지에 대한 연구를 하나로 묶고 싶다는 마음이 생겼다. 이 책이 1부와 2부로 구성된 것은 그러한 까닭이다. 1부는 박사논문을 크게 수정함 없이 묶은 것이며, 2부는 1920년을 전후로 해 발간된 문화와 문학의 경계에 놓인 4편의 잡지연구를 모은 것이다.

그간의 논문들을 묶어 책으로 내고자 마음먹고도 실행에 이르기까지 적지 않은 시간이 걸린 것은 과연 당시대를 얼마만큼 잘 알고 있는가에 대한 두려움이 컸기 때문이다. 서른이 넘어 다시 시작한 공부는 한없이 버거웠으며, 더욱이 석사과정을 현대소설로 전공한 필자에게 박사과정에 들어와 접하게 된 근대계몽기와 식민지 시기의 자료들은 호기심의 영역이자 두려움의 장이기도 했다. 지금의 감각과는 사뭇 다른 100여 년 전의 자료들을 하나씩 읽어나가면서 당대 지식인들과 호흡했던 시간들은 희열이기도 했지만, 동시에 텍스트가 주는 한없는 낯섦에 막막해 했던 시간들이기도 했다. 하지만 이 시기에 뜻을 둔 동학들과 함께 『학지광』을 비롯한 식민지 자료들을 천천히 읽어가면서 당시대 지식인들의 사유와 새로운 세계를 열어가고자 하는 그들의 실천의지, 나아가 근대적 제도로서 문학장이 구축되어 가는 과정을 확인하는 일련의 과정들은 굉장한 기쁨이었다. 이 책은 그러한 내적 두려움을 하나씩 깨어나간 족적이자 신천지에 선 자아의 자기 확인의 과정이기도 하다.

본서는 1910년대부터 1920년대 초반까지의 시간대와 일본제국의 수도 '동경'을 공간대로 한다. 유학생들의 고국인 조선과 일본의 수도 동경 사이의 거리는 전근대와 근대라는 두 시간대가 부딪치는 지점이자 제국과 식민, 민족과 개인, 나아가 계몽적 자아와 실존적 자아가 충돌하는 지점이다. 따라서 1910년대 '동경'을 거점으로 한 연구는 그러한 '동경'이 갖는 심상지리로부터 출발하지 않으면 안 된다. 동시에 일본이라는 창을 통해 서구와 외부세계를 받아들여 조선에서 '근대'적인 제도를 만들어가고자 했던 당시대 지식인들의 사유와 실천의지를 읽는 작업이 오늘의 시점에서 갖는 의미는 무엇인지 자문하지 않을 수 없다.

한 세기 전, 1910년대 동경에서 세계를 바라본다는 것은 '서구'의 '근대'에 눈을 떠간다는 것이고, 이것은 이전까지 익숙해왔던 모든 제도와 습속, 사유의 방식을 전면 폐기해야 함을 의미한다. 조선을 식민지로 전락케 한 일본제국을 경원시하면서도 그들의 수도 '동경'을 배움터로 삼아 새로운 조선을 만들어야 하는 아이러니는 바로 '서구'의 '근대'가 '보편'으로서의 '근대'임을 부정할 수 없기 때문이다.

'근대문학이 어떠한 경로로 형성 되었는가'를 밝히고자 하는 연구자의 관심이 1910년대 '동경'과 '유학생', 그리고 그들이 발간한 매체로 향한 까닭은 그 자리야말로 '근대'문학 이전과 이후가 겹쳐지는 원형의 공간이기 때문이다. 동시에 '결핍'과 '낙후'의 '전근대'와 '문명'과 '각성'의 '근대'사이에 '식민화'라는 함수가 개입되는 저항과 순응의 충돌 지점이었기 때문이다. 이 복합적인 심상지리적 감각은 오늘날 자본주의적 세계화라는 거대담론 속에서 로컬리즘의 정체성을 고수해야 하는 지금의 시대의식과도 겹쳐지는 부분이 있다고 본다. 전근대와 근대 사이의 치열한 인정투쟁은 한 세기가 지난 오늘날, 그 양태만 달라졌을 뿐 여전히 저항과 길항 사이에서 그 진로를 모색하고 있기 때문이다.

필자가 근대계몽기와 식민지 초기 문학사를 공부하면서 가장 파헤쳐 보고 싶었던 것은 우리 문학사 내부에서 어떠한 경로로 근대문학이 탄생되었는가 하는 기원의 문제였다. 2000년대 이후 이어진 다양한 연구들은 근대문학사의 오랜 화두인 일본을 통해 우리의 근대문학이 성립되어왔다는 질곡에서 벗어나기 위한 과정과 결실을 보여주는 것들이었지만, 필자에게는 여전히 1910년대 미분화된 여러 글쓰기 양식에서 1920년대 동인지 문학으로 넘어가는 결절 지점에 대한 해소되지 않는 의문이 있었다. 필자가 1910년대 유학생 잡지를 비롯해 문학과 문화의 경계선상에 놓여 있는 잡지에 주목한 것은 이들 매체에 드러난 유학생들의 사상과 문학관, 당대 문학적 담론에 대한 고찰을 통해 우리 문학사 내부에서 근대문학으로 이어지는 과정을 밝혀보고 싶었기 때문이다. 근대문학의 지형을 그리는 작업은 필연적으로 서구의 문화와 문학을 접하고 이를 국내에 들여온 당대 유학생들의 사상과 담론 장을 분석하는 것으로부터 출발해야 한다고 보았기 때문이다.

근대 지식인의 탄생으로서 '유학생'과 그들이 만든 잡지를 통해 1910년대 문학을 읽고자 하는 제1부의 목적은 크게 보아 서구의 문화, 문학을 어떻게 받아들여 이 땅에서 자생적인 근대문학을 만들어 갔는지에 대한 입증이다. 제국과 식민의 경계에서 서구의 지식을 받아들여 근대를 내면화하고 새로운 삶의 윤리, 도덕을 바탕으로 조선의 근대를 만들어나가고자 한 유학생 담론에 대한 고찰은 지식이 권력을 의미하는 근대지식인에 대한 탐색인 동시에 미적 감수성의 분화를 설명해 줄 수 있는 핵심인자가 되어 줄 것으로 보았기 때문이다.

제1부는 1910년대 동경에서 발간된 유학생 잡지인 『학지광』과 『여자계』, 『삼광』을 텍스트로 하여 근대적 지식인의 등장과 근대적 문학관의 수립, 나아가 근대예술로서 문학이 만들어지는 과정을 순차적으로 탐색했다. 1부 2장에서는 1910년대 유학생들이 놓인 지정학적 위치 속에서 유학생들의 자의식과 잡지 발간, 글쓰기 특징, 나아가 지식권력과 젠더의 상관관계를 다루었다. 3장에서는 새로운 주체자로 등장한 유학생들의 자기 확립의 문제와 근대적 문학관의 성립과정을 다루었다. 4장에서는 근대소설의 등장과 그 전개과정을 살펴보았다. 특히 음악잡지 『삼광』을 통해서 '근대' 예술에 대한 유학생들의 기획과 실천을 다루었다. 근대소설의 등장에 있어 필자가 주목한 것은 계몽의 후퇴와 동시에 이루어진 개인적 '사실'관계의 서사화이다. 특히 근대 문학 제도가 점차 정착되어가는 1910년대 초반의 서사는 '사실'로

서의 실제 세계와 관계를 맺으면서 점차 리얼리즘으로 발전해 나가는 경로를 보여준다.

2부에서는 1910년대 말부터 1920년대 중엽까지 경성과 동경에서 발간된 잡지 네 편을 다루었다. 발간 시기별로 나열하자면 『녹성』, 『서울』, 『현대』, 『생장』 순이며 이들 잡지들은 그간 연구되지 않았거나, 혹은 문학 쪽에서는 소외되어왔던 텍스트라는 점에 연구의 의의를 두고 싶다. 이 중 『현대』는 1920년 1월 동경에서 발간된 유학생 잡지라는 점에서 1부의 텍스트와 상통하는 면이 있지만 조선기독교 청년회 기관지인 『기독청년』을 잇는 잡지라는 점에서 2부에서 따로 다루었다. 그 외 1919년 12월에 창간된 『서울』은 장도빈의 일인 잡지적 성격이 강한 민족주의 계열의 언론잡지이다. 『녹성』은 1919년에 나온 것으로 창간호가 종간호가 되고 말았지만 조선 최초의 예술(영화) 잡지라는 점에서 특기할 만하다. 『생장』은 1925년 김형원에 의해 발간된 문예전문지로 당시 문예지 발간의 일반적 형태에서 벗어난 개인 주도의 문예지라는 점에서 주목을 요한다.

각기 색깔은 다르지만 이 네 편의 잡지들은 당시 정립, 혹은 분화되어가는 문학 자장 내의 다양한 진폭들이 반영되었다. 그러한 점에서 근대 초 제도로서 정립되어가는 '근대문학'의 여러 면모들을 살필 수 있는 텍스트임은 분명하다.

이 책이 나오기까지, 아니 보다 근본적으로 말하자면 너무나 일찍 주부와 아이의 엄마가 되어있었던 내가 문학의 길로, 학문의 길로 들어설 수 있었던 것은 두 분 선생님이 계신 덕이다. 이 자리를 빌어 정현기 선생님과 김영민 선생님 두 분께 활자로 대신하여 큰 절을 올린다.

석사과정 중 정현기 선생님을 만나지 않았더라면 아마 다른 삶을 살고 있지 않았을까 한다. 돌 지난 아들을 두고 힘겹게 석사과정을 밟고 있을 때 정현기 선생님은 나에게 무한한 격려를 보내주시며 이후 박사과정까지 이끌어주셨다. 동시에 박사과정을 지도해 주신 김영민 선생님을 지도교수님으로 모신 것은 내게 크나큰 행운이자 복이었다. 전혀 다른 시기를 공부하고자 하는 신출내기 연구자에게 따뜻한 격려와 동시에 날카로운 안목으로 지도해주셨기에 부족하나마 지금의 성과들을 이룰 수 있었다. 두 선생님들은 한없이 부족한 연구자에게 진정 공부가 무엇이며 어떠한 자세로 학문에 임해야 하는지 몸소 보여주셨다. 아직도 공부의 길은 너무도 어렵고 멀지만 내 나름의 방식과 속도로 부단히 정진하는 것으로써 두 분의 은혜에 보답하고자 한다. 그리고 오랫동안 함께 텍스트를 읽어왔던 여러 동학들과 과정 중에 가르침을 주셨던 많은 선생님들, 특히 양문규 선생님과 임성래 선생님, 윤덕진 선생님께도 깊은 감사의 인사를 드린다. 공부하는 시간들은 힘겨웠지만 그 과정 과정에서 여러 연구자들을 만나고 함께 의견을 공유하는 시간들은 너무나도 값진 것이었다. 그 시간들은 동시에 어떻게 삶을 살 것인가에 대한 고민의 시간들이었다는 점에서 성장의 계기이자 소중한 삶의 자산이 되었다. 그리고 이처럼 어려운 때에 인문학을 공부하는 연구자들에게 든든한 버팀목이 되어주시는 소명출판의 박성모 사장님과 출판사 식구들에게도 감사의 인사를 전한다.

끝으로 한결같이 응원을 보내주는 내 사랑하는 가족들에게는 너무도 고맙고 미안할 따름이다. 초등학교 시절부터 고교생인 지금까지, 많은 날들을 홀로 일어나 등굣길에 나서야 했던 우리 딸 주연이에게 특히 미안하다. 이제 어엿한 성인이 되어 엄마와 삶의 이야기를 나눠가는 재웅이에게도 너무 고맙고 대견하다는 말을 전하고 싶다. 그리고 그 긴 시간 동안 따스하게 지켜봐 준 사랑하는 당신에게는 그 어떠한 수식어도 모자랄 만큼 고맙다. 마지막으로 부족한 딸을 위해 새벽마다 기도를 거르지 않으시는 부모님의 정성에 깊은 감사의 말씀을 올린다.

내 뒤를 든든히 지켜주는 가족이 없었더라면 여기까지 오지 못했으리라. 그들의 사랑에 보답하기 위해서라도 다시 힘을 내 앞으로 나아가야겠다.

저자

차례

제2부 1920년대 전후 잡지를 통해서 본 매체분화와 근대적 문학관의 전개

제1부
1910년대 유학생 잡지와 근대소설

/ 제1장 /

서론

1. 연구사 검토 및 문제제기

근대문학을 새롭게 해석하는 연구 패러다임의 변동은 한국문학사에서 과도기로 평가되어왔던 근대계몽기 문학 양식에 대한 다시 읽기를 넘어서서, 근대문학 산출의 기원으로서의 문학 장 전반에 대한 인식 변환을 가져왔다. 1910년대 문학에 대한 근래의 연구는, 서구문학의 모방이나 이식이 아닌 독자적인 근대문학의 발생 경로를 밝히고자 하는 실천 의지 속에 이루어졌다. 1910년대는 민족성과 식민성이 길항하는 시간대이자, 근대 기획에 대한 열망이 동시적으로 작동한 복합적인 장이라 말할 수 있다.

문학사 내부로 축약해서 말하자면, 근대적 주체에 대한 의식과 서구의 문화적 타자를 받아들이고자 하는 열망이 '근대'적 개념의 '노블' 즉 소설로 형상화된 시기가 1910년대이다. 서구적 개념의 문학양식에서 '노블'이란 "일상생활과 그 시대의 사회적이고 개인적인 경험에 대한 구체적인 사항과 관련"[1]된 것이라는 점에서 '노블'개념에 가

1 제레미 호손, 손영도 역, 『소설연구의 첫걸음』, 동인, 2001, 43쪽.

까운 문학양식의 등장은 주체의식과 직결된 문제이다.

서구에서 근대문학이 자본주의의 융성과 시민계급의 성장 속에 인간과 인간사이의 관계, 혹은 인간과 외부적 대상 사이의 관계에 대한 인식의 전환 속에 등장한 것이라면, 식민지 근대사에서 한국 근대문학은 근대적 지식인의 등장과 함께 급속히 이루어졌다. 근대 이전 삶의 진리는 공동체가 요구하는 질서와 결속의 윤리, 즉 지배계층의 이데올로기를 떠받치는 도그마에서 벗어나기 어려웠다. 중세의 진리는 개체의 시각이 아닌 '우리'라는 전체의 시각에서의 진리여야 했기에 "개개인이 대상에 대해 얼마나 정확히 인식하느냐보다는 어떻게 공동체의 결속을 이루는 방식으로 대상을 보느냐"[2]가 중요한 문제였다. 그러나 강제된 전체로서의 '우리'의 틀을 벗어던진 근대의 주체에게 세계는 더 이상 "관조의 대상이나 신의 피조물 혹은 나를 에워싼 환경세계가 아니라 내가 세우고 짜 맞추고, 필요할 때면 임의로 변형할 수 있는 한낱 대상"[3]으로서 그것에 지나지 않았다. 따라서 주체로 선다는 것은 선험적으로 주어져 있던 자신의 근거를 버리고 자유의지를 지닌 인간으로서 현실에 적극 가담할 수 있는 자신을 발견하는 과정이다.

1910년대 문학연구는 필연적으로 근대계몽기 문학 읽기의 연장선상에 놓여있다. 근대계몽기 서사들을 서구적 문학양식의 틀에 비추어 보지 않고, 변화된 세계와 시대가 요구하는 매체 변동의 상황 속에서 문학사 접근을 새로이 시도한 연구자는 김영민이다. 그는 1890년대에서 1900년대에 이르는 근대계몽기 신문의 논설과 잡보, 소설란 등

2 나병철, 『근대서사와 탈식민주의』, 문예출판사, 2001, 23쪽.
3 강영안, 「주체의 자리」, 『전통・근대・탈근대의 철학적 조명』, 철학과현실사, 1999, 84쪽.

에 실린 단형 서사물을 문학의 지평 위에 올려놓음으로써 근대계몽기 문학에 대한 관점을 새로이 제시해 주었다. 이러한 접근은 매체 변화가 지식인의 글쓰기에 미친 영향관계를 추적한 것이며, 계몽의 기획이 가져온 공공영역의 발생과 그것이 글쓰기에 가져온 변화에 주목한 것이다.

근대계몽기 자료를 보는 새로운 시선은 근대소설 발생 전반으로 확대되면서 당대 매체나 문체, 서사양식에 대한 실증적 연구를 통해 한국 근대소설이 갖는 근대성의 독특한 지점을 밝혀주었다.[4] 김동식[5]이나 권보드래,[6] 한기형,[7] 정선태[8] 등은 한국 근대소설의 형성과 근대문학이행 과정에서 신문과 잡지 등 공공매체에 주목한 초기 연구자들로서 근대 계몽기가 갖는 시대적 성격 속에 우리 근대문학이 갖는 미학적 특질을 밝혀 주었다.

위와 같은 실증적 연구들은 "문학이 자각되기 위해서는 먼저 그것이 현실 속에서 근대적으로 존재하고 재생산되어야 한다"[9]는 인식 하

4 이에 대한 대표적인 저서로는 김영민, 『한국근대소설사』, 솔, 1997; 『한국 근대소설의 형성과정』, 소명출판, 2005; 『한국의 근대신문과 근대소설－대한매일신보』, 소명출판, 2006; 『한국의 근대신문과 근대소설－한성신보』, 소명출판, 2008 등이 있다.

5 김동식은 근대적 문학이 어떠한 과정 속에서 발생했는가를 살피기 위한 작업으로 문학에 대한 선험적 전제를 배제하고, 근대 계몽기에 발간된 신문・잡지・학술지에 실린 문학과 관련된 논의들을 대상으로 하여 문학 용어의 변화과정을 짚어냈다. 이처럼 문학이 예술로서 사회적 승인을 획득하는 과정을 문학 영역 외부로부터 밝혀내는 작업은 그간 문학을 '서구적 근대'의 잣대로 읽어왔던 시각에 대한 반성과 더불어 문학사의 내재적 흐름을 다시 보는 계기가 되었다. 김동식, 「한국의 근대적 문학 개념 형성과정 연구」, 서울대 박사논문, 1999.

6 권보드래는 당대 '문(文)' 개념을 둘러싼 담론의 전개 속에 문학을 '문학'으로 만들어주었던 범주에 대한 재고찰로부터 출발해 소설이 어떻게 예술성을 획득하게 되었는지를 실증적으로 보여주었다. 권보드래, 『한국근대소설의 기원』, 소명출판, 2000.

7 한기형 역시 김영민과 마찬가지로 문학사의 내재적 발전론을 입증할 수 있는 근대 초 단형서사인 '단편서사물'에 주목했다. 그러나 두 논자는 단편 서사물과 신소설 사이의 관계 논의에서 입장 차이를 보인다. 한기형, 『한국 근대소설사의 시각』, 소명출판, 1999.

8 정선태, 『개화기 신문논설의 서사 수용양상』, 소명출판, 1999.

의 산물로서, 문학은 근대 사회의 진전과 동시적으로 이루어지는 것이기에 문학연구는 문학 주변의 여타 사회 제도를 동시적·병렬적으로 바라보아야 한다는 개념의 전환을 가져왔다.[10] 이러한 인식 전환은 근대 초 언어와 매체,[11] 문화,[12] 지식개념[13] 전반에 대한 연구로까지 이어졌다.

본 연구에서는 1910년대 일본유학생들과 그들에 의해 발간된 잡지를 대상으로 하여 유학생들의 새로운 자기 정립과정과 미적감수성의 분화

9 이현식, 「문학의 자율성, 주체의 발견, 근대라는 미망」, 『문학과 사회』, 1998 가을호, 851쪽.

10 이러한 논의를 깊이 있게 파헤친 연구자로 이현식을 들 수 있다. 위의 글을 비롯하여(「한국 근대 문학 형성의 사회사적 조건」, 『민족문학과 근대성』, 문학과지성사, 1995)과 (「근대문학의 탄생」, 『제도사로서의 한국 근대문학』, 소명출판, 2006) 등에서 이러한 근대 문학 지반에 대한 논의를 찾아볼 수 있다.

11 대표적 연구자로서 근대계몽기 신봉되었던 민족, 혹은 네이션에 대한 비판과 더불어 민족어의 성립과 근대 네이션이 갖는 상관성에 주목한 황호덕을 비롯해 오랜 기간 동안 근대문학과 매체의 상관성에 주목한 김영민과 한기형을 들 수 있다. 황호덕, 『근대 네이션과 그 표상들』, 소명출판, 2005; 김영민, 『한국 근대소설의 형성과정』, 앞의 책; 한기형, 『근대어, 근대매체, 근대문학』, 성균관대 출판부, 2006. 이외에도(근대한국학연구소 기초학문연구팀, 『한국 근대 서사양식의 발생 및 전개와 매체의 역할』, 소명출판, 2005) 역시 같은 맥락 하에 쓰여 진 글이다.

12 일제 시기 일상과 문화에 대한 연구는 그간 역사학과 사회학에서 주로 이루어졌다. 국문학계에서는 서구 지식과 산물의 수용과정에서 문화를 근대적 관념과 제도 차원에서 바라보는 논의(김현주, 『이광수와 문화의 기획』, 태학사, 2005) 혹은, 일상과 풍속에 대한 논의(권보드래, 『연애의 시대』, 현실문화연구, 2003; 이경훈, 『오빠의 탄생』, 문학과지성사, 2003; 김진송, 『서울에 딴스홀을 허하라』, 현실문화연구, 1999), 나아가 대중독자와 관련한 논의(대중문학연구회 편, 『대중문학이란 무엇인가』, 평민사, 1995; 『연애소설은 무엇인가』, 국학자료원, 1998; 천정환, 『근대의 책읽기』, 푸른역사, 2003) 등으로 크게 나누어 볼 수 있다.

13 문학과 지식의 상관관계에 대한 논의는 주로 근대 계몽기 민족(국가) 담론 발생과 관련된 논의가 주를 이루었다. 이화여대 한국문화연구원에서 집중적으로 연속 기획한 『근대계몽기 지식개념의 수용과 그 변용』, 소명출판, 2004; 『근대계몽기 지식의 발견과 사유지평의 확대』, 소명출판, 2006; 『근대계몽기 지식의 굴절과 현실적 심화』, 2007 을 들 수 있다. 이어 근대계몽기 시기와 1910년대를 아우르면서 근대 지식 수용이 소설의 근대적 인식 재편과 위상에 어떠한 영향을 미쳤는지에 대해 논의한 구장률의 『근대지식의 수용과 소설 인식의 재편』(연세대 박사논문, 2009) 역시 근대 지식체계의 변동과 수용에 대한 논의로 주목을 요한다.

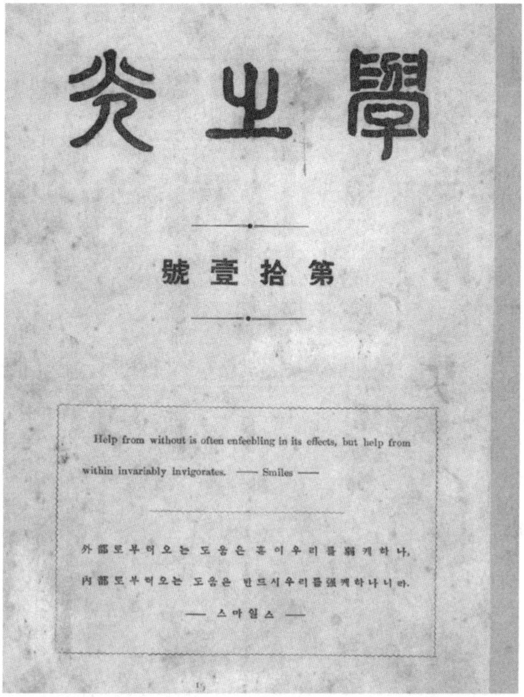

『학지광』 제11호 표지

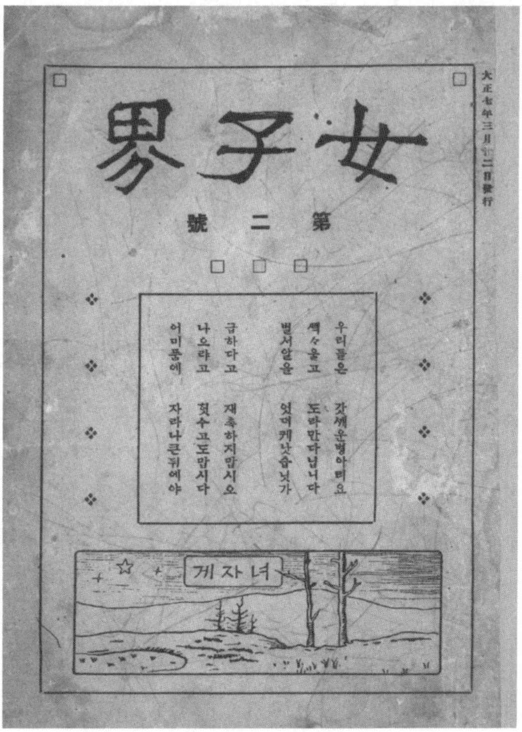

『여자계』 제2호 표지

과정을 살핀 후, 그것이 근대적 문학관의 수립과 문학적 실천에 미친 영향 관계를 살피고자 하였다. 본 연구는 근대 초기 유학생사에 대한 고찰과 1910년대 유학생 잡지에 대한 연구, 나아가 근대문학사에서 1910년대를 어떻게 바라보았는가 하는 문제를 함께 다룬다.

우선, 식민지 시기 도일 유학생에 대한 연구를 살펴보면, 그간 유학생사에 대한 정리는 민족 운동의 측면을 중심으로 사학계에서 주로 이루어졌다.[14] 최근에는 당대의 실증적 자료 전반에 대한 포괄적 연구를 통해 근대문학의 생성을 살피는 문학계의 활발한 움직임 속에서 유학생들이 발간한 매체에 주목해 일본 사상의 영향관계[15]나 일본문화의 수용 주체였던 유학생 의식,[16] 문학·문화 활동에 대한 연구[17]가 포괄적 차원에서 이루어지고 있다.

다음으로 1910년대 동경에서 발간된 유학생 잡지에 대한 고찰을 살펴보자면 여느 잡지보다 『학지광』에 대한 연구가 압도적으로 많았으며 최근 들어와 젠더와 문학 사이의 관련에 대한 관심 속에 『여자계』 논의가 활발히 이루어지고 있다.

---

14 김인덕, 「학우회의 조직과 활동」, 『국사관논총』 66집, 국사편찬위원회, 1995; 박찬승, 「식민지시기 도일유학과 유학생의 민족운동」, 『아시아의 근대화와 대학의 역할』, 한림대 아시아문화연구소, 2000; 「1910년대 도일유학과 유학생활」, 『역사와 담론』 제34호, 호서사학회, 2003; 「1910년대 도일 유학생의 사상적 동향」, 『한국근현대사연구』 30, 2004.9; 김명구, 「1910년대 도일 유학생의 사회사상」, 『사학연구』 64, 2001 등이 있다.

15 심원섭, 「1910년대 일본 유학생 시인들의 대정기 사상체험」, 『애산학보』 Vol.21, 애산학회, 1998; 이경훈, 「『학지광』의 매체적 특성과 日本의 영향 1」, 『대동문화연구』 제48집, 성균관대 대동문화연구원, 2004.

16 이경훈의 앞의 글이 『학지광』 주변에 대한 탐사였다면, 「청년과 민족—『학지광』을 중심으로」(『대동문화연구』 제44집, 대동문화연구원, 2003)는 1910년대 근대 주체상인 '청년'을 진화론적 주체로 놓고 청년의 관념을 근대성의 상징인 기차나 시계의 기계 운동에 비교해 청년이 갖는 타자성의 문제를 논의한 것이다.

17 김영민, 「근대적 유학제도의 확립과 해외 유학생의 문학·문화 활동 연구」, 『한국문학연구학회』 32, 한국문학연구학회, 2007.

본고에서 1910년대 동경에서 발간된 유학생 잡지에 주목한 이유는 유학생 잡지가 놓인 지정학적 위치와 사회 전반에서 근대를 기획했던 지식인 집단의 담론장이라는 매체적 특성 때문이다. 당시대 유학생들의 유성기 역할을 자임한 『학지광』과 『여자계』에 대한 고찰은 근대 초 문학과 소설 개념의 형성과 근대기획의 장 속에 예술이 분화되는 과정을 살피게 해 준다. 그간 1910년대 유학생 잡지인 『학지광』에 대한 연구는 『학지광』 내에 실린 문학작품과 담론들을 통해 신 지식층의 사상과 의식을 고찰하는 포괄적 접근이 일반적이었다. 그러나 텍스트로서 『학지광』을 대상으로 하여 근대문학의 미학성을 읽고자 한 연구[18]는 그리 많지 않았다. 『여자계』 연구 역시 식민지 근대사를 전반으로 한 여성 유학생의 역사와 의미를 고찰하는 여성 유학생사 논의가 일반적이었다.[19] 최근에는 근대와 젠더의 접합점으로서 '신여성' 담론 분석이나 당대 여성글쓰기를 통해 여성의 주체의식을 살피는 차원에서 『여자계』가 다루어지고 있다.[20]

18 『학지광』은 본격적 문학잡지가 아니라는 점에서 뒤늦게 주목받았다. 근대시사에서 김영철이 자유시의 형성과 상징시학의 수용과정에 있어 『학지광』이 갖는 중요성을 고찰했으나 그 분량은 많지 않았다. 『학지광』에 대한 본격적인 연구는 1910년대 유학을 공통 기반으로 하는 신지식층에 대한 주목 속에 이루어졌다. 구인모는 「『학지광』 문학론의 미학주의」(동국대 석사논문, 1999)에서 근대 주체로서 유학생들이 표출한 인간해방의 정신을 통해 근대문학 전반을 가로지르는 미학론을 이끌어 내었다. 이후 한국근대소설의 형성 속에서 『학지광』을 바라보는 논의로는 양문규, 「1910년대 유학생 잡지와 한국근대소설의 형성－「학지광」의 담론을 중심으로」, 『현대문학의 연구』 34가 있으며 『학지광』 내의 문장의 특성에 주목한 연구로 신지연, 「『학지광』에 나타난 심미적 문장의 형성 과정」(『민족문화연구』 vol.40, 민족문화연구원, 2004)를 들 수 있다. 최근 새로이 발굴된 『학지광』에 실린 이광수의 작품을 연구한 논문으로 김영민, 「이광수의 새자료 「크리스마슷밤」 연구」, 『현대소설연구』 36, 2007.12가 있다.

19 박정애, 「1910～1920년대 초반 여자일본유학생 연구」, 숙명여대 박사논문, 1999; 박선미, 『근대 여성, 제국을 거쳐 조선으로 회유하다』, 창비, 2007; 김경일, 『여성의 근대, 근대의 여성』, 푸른역사, 2007; 이상경, 『한국근대여성문학사론』, 소명출판, 2002.

20 소영현, 「젠더 정체성의 정치학과 '근대 / 여성'담론의 기원－『여자계』지를 중심으로」,

본고에서 1910년대 말에 나온 음악잡지 『삼광』을 함께 다룬 것은 그것이 동경발 유학생 잡지라는 점에서 『학지광』과 『여자계』의 동일 기반이 될 뿐만 아니라 유학생들의 신문화 개척 의지와 미적 감수성의 분화를 살필 수 있는 자료가 되기 때문이다. 그간 『삼광』에 대한 연구[21]는 잡지 전체에 대한 분석이 이루어지지 않았으며 개별 작가와 작품에 대한 논의만이 있어 왔다. 따라서 1910년대 동경발 유학생 잡지에 대한 전면적 고찰 속에 『삼광』을 읽는 것은 음악잡지 『삼광』의 발간 배경에 대한 이해와 더불어 근대 초 예술이 분화되어가는 과정에 대한 구체적 접근이 될 것이다.

무엇보다 1910년대 연구는 당대의 작가론, 작품론을 비롯한 문학 연구가 주가 아닐 수 없다. 1910년대라는 시간대를 분절시켜 본격적으로 연구가 이루어진 시기는 1990년대 전후이다. 그 이전 시대의 문학연구는 이광수와 그의 대표작인 『무정』에 한정지은 논의가 대부분이었다. 1990년대 후반기부터 본격화 된 1910년대 문학 연구는 새로운 자료 발굴과 더불어 1910년대를 새로운 시각으로 바라보면서 시

『여성문학연구』 16; 전은경, 「1910년대 지식인 잡지와 '여성' ―『학지광』과 『청춘』을 중심으로」, 『어문학』 93호, 한국어문학회, 2006; 유홍주, 「고백체와 여성적 글쓰기」, 『현대문학이론연구』 27, 현대문학이론학회, 2006.1; 이태숙, 「고백체 문학과 여성」, 『우리말 글』 26, 우리말글학회, 2002.12; 「근대성과 여성주체」, 『학문문학이론과 비평』 제21집, 한국문학이론과 비평학회, 2003.12. 이외에도 『여자계』 전체 담론 분석 속에 여성필자의 근대적 글쓰기의 양태를 밝힌 논문으로는 이혜진, 「『여자계』 연구」, 연세대 석사논문, 2008이 있다.

21 한기형은 「초기 염상섭의 아나키즘 수용과 탈식민적 태도」(『한민족어문학』 제43호, 한민족어문학회, 2003)에서 『삼광』에 드러난 염상섭의 아나키즘에 대한 사상을 중심 논의로 하여 다루었으며 자료로서 염상섭의 초기작이라 할 수 있는 「박래묘」를 전면 발굴하여 실었다. 그 외 『삼광』에 대한 접근으로 주목할 만한 연구에는 정우택, 「황석우의 매체 발간과 사상적 특징」(『민족문학사연구』 32, 민족문학사학회, 2006)과 조영복, 「한국 근대시의 형성과 근대문화예술의 관계」(『한국시학연구』 18, 한국시학회, 2007.4)를 들 수 있다. 이밖에도 『삼광』에 실린 소설 중심의 논문으로 안남일, 「『삼광』 수록 소설 연구」, 『한국학연구』 31, 고려대 한국학연구소, 2009.11이 있다.

작되었다. 주종연, 김현실, 이동하, 김복순, 양문규 등은 1910년대 소설을 본격적으로 다룬 초기 연구자들[22]이며 그러한 연구 성과를 바탕으로 오늘날에는 다양한 관점에서 1910년대를 바라보는 연구들이 이루어졌다.

최근에는 주체의 부상과 주체가 갖는 내면과 감정의 문제에 주목하여 한국문학이 어떻게 미적 자율성을 획득해 나가게 되었는지에 대한 연구가 활발하게 이루어지고 있다. 한국의 근대문학 성립과 관련한 주체 논의는 크게 국제사회 변동과 문명관의 변화 속에서 바라본 자아의 문제와[23] 근대 문학 범주 형성과정의 핵심인자인 '지·정·의'를 핵심으로 한 주체 논의로 나누어볼 수 있다. 특히 후자의 논의는 이광수 문학론과 맞물린 문제이다. 조선의 문학적 전통의 자리를 탈하고 역어인 '리터러처'로부터 원론적으로 문학을 재사유하고자 한

22 주종연의 『한국근대단편소설연구』(형설출판사, 1982)는 1910년대 소설 자료의 폭을 넓혀 주었다는 데 의의가 있다. 김현실의 「1910년대 단편소설연구」(이화여대 박사논문, 1989)는 1910년대 단편을 대상으로 하여 소설양식 측면에서 근대성문제를 제기한 논문이다. 이동하의 「1910년대 단편소설 연구」(서울대 박사논문, 1982)는 '유학생'이라는 특정 계층에 한정해서, 양문규의 「1910년대 한국 소설 연구」(연세대 박사논문, 1990)는 10년대 소설 전반을 텍스트로 해서 당대 소설사 전개를 사회경제적 토대에 근거해 분석했다. 김복순의 「1910년대 단편소설 연구」(연세대 박사논문, 1989)는 작품보다 '신지식층'이라는 작가층의 형성과 성격을 중점으로 하여 당대 역사적 상황과 작품사이의 조응관계에 주목한 논문이다.

23 정용화, 「한국인의 근대적 자아 형성과 오리엔탈리즘」, 『정치사상연구』 제10집 1호, 한국정치사상학회, 2004; 권보드래, 「진화론의 갱생, 인류의 탄생」, 『대동문화연구』 66집, 대동문화연구원, 2009.6; 장수익, 「한국근대소설과 사회진화론」, 『한국현대문학연구』 제19집, 한국현대문학회, 2006.9; 전재호, 「자강론과 자유주의」, 『정치사상연구』 제10집 2호, 한국정치사상학회, 2004 가을; 박주원, 「『매일신보』에 나타난 '개인'개념의 특성과 의미」, 『근대계몽기 지식의 굴절과 현실적 심화』, 소명출판, 2007; 「근대적 '개인', '사회' 개념의 형성과 변화」, 『역사비평』, 통권 67호, 역사비평사, 2004 여름; 최주한, 「개조론과 근대적 개인」, 『어문연구』 124호, 한국어문교육연구회, 2005. 이와는 다소 방향이 다르지만 근대 주체 형성 과정에 대한 고찰로서 근대 인쇄 매체와 입신출세주의 관점에서 접근한 소영현, 「근대 인쇄 매체와 수양론·교양론·입신출세주의」(『상허학보』 18집, 상허학회, 2006.10) 역시 새롭다.

이광수 문학에 대한 검토는 단지 이광수 문학에 대한 논의를 넘어서 근대적 인간의 핵심인 주체의 부상과 한국 근대문학론 성립 전반에 대한 고찰의 의미[24]를 갖는다.

그 외에 개인에 대한 구체적 접근 방법으로서 '표상'에 대한 연구[25]나 근대주체의 핵심으로서의 내면형성 과정,[26] 나아가 개인성의 표현

---

24 이광수 문학론에 관련한 연구들은 한국문학사의 역사와 동시적으로 진행된 것인 만큼 그 축적된 분량은 상당하다. 그러나 2000년 무렵 이후의 연구들로 한국 근대문학론 성립과 관련된 것들로는 황종연(「문학이라는 역어」, 문학사와비평연구회 편, 『한국문학과 계몽담론』, 새미, 1999)과 권보드래 「'문학'범주의 형성 과정」(『민족문학사연구』 14, 민족문학사학회, 1999)을 꼽을 수 있다. 이 논의의 핵심은 이광수가 구상한 자율적 영역의 문학에 인간 내면 정서인 '정'의 작용이 핵심인자로 작동한다는 것이다. 이후 자율적 문학관의 기원에 대한 고찰에서 정을 핵심 분자로 두는 연구들이 이어졌다. 대표적 논문으로 김종수, 「이광수 문학론의 계몽의식 연구」, 『한국문학이론과 비평』 11호, 한국문학이론과 비평학회, 2001.6; 손정수, 「1910년대 이광수의 문학론과 작품의 관련양상에 대한 고찰」, 『한국학보』 85집, 일지사, 1996 겨울; 「자율적 문학관의 기원」, 『민족문학사연구』 20, 민족문학사학회, 2002 등을 들 수 있다. 주체에 대한 또 다른 논의로 주체 / 타자의 문제를 근대문학에 나타난 인물 기호와 표상에 집중해 살펴본 것으로 박숙자, 「근대적 주체와 타자의 형성과정에 대한 연구」 (『어문학』 제97집, 한국어문학회, 2007)를 들 수 있다.

25 1900년대 개인 표상에 대한 연구가 '소년'에 집약되어 있다면 1900년대는 '청년'에 대한 발견과 함께 근대의 주자인 '청년'을 젠더에 따라, 혹은 문화 향유의 패러다임에 따라 '청년' 내부에서 다시 분화시키는 논의가 이루어졌다. 1900년대 개인 표상 논의에는 조은숙, 「근대계몽담론과 소년의 표상」, 『어문논집』 46, 민족어문학회, 2002; 윤영실, 「국민국가의 주동력, '청년'과 '소년'의 거리」, 『민족문화연구』 제48호, 고려대 민족문화연구원, 2008.6이 있다. 1910년대 개인 표상 논의에는 백지혜, 「1910년대 소설에 나타난 '청년'과 문명의 양상」, 『한성어문학』, 한성대 한성어문학회, 2007; 권용선, 「청년 개념의 분화 과정과 자기 구성의 논리」, 『한국문학의 현단계』, 역락, 2005; 황종연, 「노블, 청년, 제국」, 『상허학보』 14집, 상허학회, 2005.2; 이경훈, 「청년과 민족—『학지광』을 중심으로」, 『대동문화연구』 44집, 대동문화연구원, 2003; 이기훈, 「청년, 근대의 표상—1920년대 '청년'담론의 형성과 변화」, 『문화과학』 37, 문화과학사, 2004.3 등이 있다. '청년'표상 연구는 1920년대 전후 동인지 문단을 주도하는 문화 향유 집단으로서 '미적청년'으로 다시 분화되는데 '미적청년'은 '미적인 것'의 영역 안에서 청년 담론의 반복과 차이를 보여주고 있다. 소영현, 『미적 청년의 탄생』, 연세대 박사논문, 2006.

26 근대소설과 관련해 내면을 문제 삼은 논의들은 1910년대 소설 연구의 주요한 흐름이었다. 김복순, 『1910년대 한국문학과 근대성』, 소명출판, 1999; 양문규, 「1910년대 소설의 근대성 재론」, 『한국문학의 근대와 근대성』, 소명출판, 2003; 김현실, 「근대 지식인의 고백체 내면지향 소설에 관한 연구」, 『현대소설연구』 2, 한국현대소설학회, 1995 등을 크게 꼽을 수 있다. 이후 내면에 대한 연구는 근대주체와 결부되어 현실장 발견, 혹은 예술성 논의 등으로 심화되었다. 권보드래, 『한국 근대소설의 기원』, 위의 책; 박헌호, 「초기 근대소설

인 '감정'[27]을 통해 근대문학의 형성을 보여주는 시도들은 계몽과 미적 자율성 사이에 놓인 1910년대의 복합적인 국면을 보여주는 다양한 시도들이다.

본고 역시 주체의 등장이 근대문학, 예술과 관계 맺는 접점에 대한 고찰이다. 즉 한국 근대사에 등장한 주체로서의 개인이 어떠한 맥락에서 문화적 타자인 서구 문화와 문학을 수용하여 우리의 특수한 근대적 문학을 형성해 나아갔는가에 대한 고찰이다.

오랫동안 중국 중심으로 세계를 보던 시선을 버리고, 더욱이 '가(家)'와 '국(國)'이라는 전체 속에서 분리되어 개인으로 살고자 하는 근대 지식인들에게 동경은 근대사회를 기획할 수 있는 공간이었다. 당대 유학생들의 담론을 보면 근대적 주체이고자 하는 욕망과 진정한 자아를 찾고자 하는 의식의 고투과정을 볼 수 있다. 즉 동경에서 발간된 유학생 잡지는 식민지에서 한 발 떨어진 곳에서 자아 욕망의 최대

에 나타난 내면의 서사」, 『식민지 근대성과 소설의 양식』, 소명출판, 2004; 임병권, 「고백을 통해 본 내면성의 정착과 주체의 형성」, 『한국근대문학의 형성과 문학장의 재발견』, 소명출판, 2004; 이은주, 「근대체험의 내면화와 새로운 글쓰기」, 『상허학보』 16집, 상허학회, 2006.2; 김영찬, 「식민지 근대의 내면과 표상」, 『식민지근대의 내면과 매체표상』, 깊은샘, 2006; 마이클 신, 「내면풍경; 이광수의 『무정』과 근대문학의 기원」, 『내재적 발전론과 식민지 근대화론을 넘어서』, 삼인, 2006 등이 있다.

27 1910년대 소설에서 감정과잉에 대한 논의는 지식인의 자의식과 내면 고백에 대한 논의에서 이루어졌으나 최근에는 개개인들 간의 열정으로서의 감정, 주로 동성애의 문제에 초점을 맞춘 감정론이 많다. 신지연, 「이광수 텍스트에 나타나는 동성 간 관계와 감정의 언어화 방식」, 『상허학보』 21집, 상허학회, 2007.10; 김성연, 「한국근대문학과 동정의 계보」, 연세대 석사논문, 2002; 배개화, 「이광수 초기 글쓰기에 나타난 '감정'의 의미」, 『어문학』 제95호, 한국어문학회, 2007; 손유경, 「한국 근대소설에 나타난 '동정'의 윤리와 미학에 관한 연구」, 서울대 박사논문, 2006이 그것이다. 혹은 개체와 공동체를 연결하는 매개로서의 감정에 대한 논의가 주를 이룬다. 김현주, 「1910년대 '개인', '민족'의 구성과 감정의 정치학」, 『현대문학의 연구』 22, 한국문학연구학회, 2004.2. 그 외에 '감정과잉' 문제를 문학사적 평가와 결부시킨 논의 역시 주목할 만하다. 박숙자, 「근대문학의 감정과 감정론」, 『어문연구』 제34권 제3호, 한국어문교육연구회, 2006 가을.

치를 발산했던 표현의 장이자 새로운 미적 감수성으로 문학과 예술을 기획했던 장인 것이다.

주체적으로 자신의 삶을 이끌어가는 개인의 등장이 근대소설 등장의 동력이었음을 볼 때 한국 문학사에서 근대문학 등장의 의미는 제도로서 근대문학과 소설의 개념을 뒤따라가는 이입의 역사가 아닌, 자신의 삶을 주체적으로 만들어가는 사유의 변환을 의미한다. 따라서 서구 중심의 문명관이 급속히 보편적 지식으로서 당대 사회를 재편하고 있었던 시기에 유학생들이 국제 질서의 감각 속에 어떻게 서구의 문명・문화를 수용해 근대를 기획해 나갔는지 탐색하는 것은 근대 문학 경로 탐색의 주요한 길이 됨은 분명하다.

문학의 근대성을 논함에 있어 이처럼 유학의 문제와 주체의 등장[28]이 크게 강조되는 것은 당대 삶의 습속, 사고방식, 사회 전반의 장에서 근대 이전과 이후 사이에 단절이 놓여있기 때문이다. 더욱이 우리의 근대사에서 신학문의 유입은 "서양에 스스로를 적응시키는 통언어적 실천"의 과정이며 이광수의 문학론 역시 "결과적으로는 문학에 대하여 사고하고 언술하는 방식을 창안"[29]하는 것이었기 때문이다. 1910년대 문학론을 거쳐 '감정'과 '미'를 핵심으로 하는 1920년대 자율적 문학

---

28 근대적 주체에 대한 논의는 주로 이광수의 작품을 대상으로 이루어진 것들이 대부분이다. 이에 대한 최근의 연구에는 김도훈, 「이광수 소설에 투영된 근대적 주체의 염원과 식민지 근대성에 관한 연구」, 『사회연구』 통권14호, 한국사회과학연구소, 2007; 신환종, 「한국의 근대적 개인의 형성에 관한 연구－1910년대 이광수를 중심으로」, 연세대 석사논문, 2001; 송기섭, 「도덕감정의 심연과 근대적 주체」, 『어문연구』 32, 어문연구학회, 1999.12; 김학면, 「이광수 초기문학담론과 『무정』의 '근대성'연구」, 『한국현대문학연구』 25, 한국현대문학연구학회, 2008.8; 서은경, 「이광수 초기 단편소설에 나타난 근대적 주체의 등장과 의미」, 『한국문학이론과 비평』 제35집, 한국문학이론과 비평학회, 2007.6 등이 있다.

29 황종연, 「문학이라는 역어」, 앞의 책, 459쪽.

론으로의 전개과정은 문학이 관계 맺었던 집단적 주체와 정치 영역을 배제하고 자아 표현의 욕구와 열망에 눈을 뜬 주체로서 개인의 문학하기 과정이었다.

1910년대 동경에서 발간된 유학생 잡지를 통해 근대소설의 형성과정을 밝히고자 하는 본고는 위에서 언급한 선행연구들을 기반으로 하여 근대적 지식인의 등장 속에 그들이 펼쳐 보인 근대예술에의 기획과 실천양상을 살피고자 한다. 선행 연구들은 유학생, 유학생 잡지, 1910년대 단편 소설, 주체의 등장과 소설과의 상관관계 등 개별 주제에 한해서는 심도 있는 논의가 진행되었으나 유학생 잡지에 대한 정치한 분석을 통한 근대적 지식인으로서의 유학생 의식과 그들이 기획해 나간 문화와 예술에 대한 총체적이고 구체적인 논의는 이루어지지 않았다. 특히 그간의 연구는 『학지광』을 중심으로 하여 몇몇 유명한 논자의 담론을 인용하거나 대표작이라 할 수 있는 작품들 분석에 국한되었다. 본론에서는 제국의 수도 '동경'을 발화대로 하는 세 잡지를 통해 식민지 지식인으로서 유학생들의 자의식과 지식권력과 젠더와의 상관관계, 나아가 미적 감수성의 분화와 근대소설의 형성과정을 밝히고자 한다.

1910년대 유학생 잡지를 통한 근대문학관의 수립과 '근대'적 소설에 대한 경로 분석은 자연스레 한국문학사의 오래된 화두였던 '이식'과 '영향' 사이의 긴장을 깨고 우리 문학 내부에서 자생적인 근대소설로의 발전적 전개과정을 보여줄 수 있는 계기가 될 것으로 기대해 본다.

2. 연구 대상 및 목적과 방법

한국 근대문학사의 오랜 과제 중 하나는 일본을 통해 우리의 근대문학이 성립되었다는 질곡을 어떻게 넘어서는가의 문제였다. 근대문학의 기원과 그 전개를 바라봄에 있어 서구의 문학을 도달태로 놓고 문학사를 선형 배치하는 것은 우리의 자생적 문학사를 부인할 수밖에 없다는 점에서 자기 부정성을 안고 있었다. 오랫동안 전근대와 근대의 교차기에 놓여있던 1910년대 전후의 다양한 양식들은 '아직' 근대적인 것에 도달하지 못한 '과도기'로 묶여져 왔다.

한국의 근대문학 연구가 일대 큰 변환을 맞게 된 것은 그러한 과도기에 놓인 문학장의 '다시보기' 속에서 이루어졌다. 문학이란 고정태 혹은 완성태로 나아가는 진행형의 산물이 아니라 시대상 속에서 함께 생성되는 것이라는 인식의 전환은 문학의 의미를 새로이 묻게 했다. 즉 급변하는 시대상을 거점으로 하여 그 속에서 '문학'이란 무엇이었으며 어떻게 이야기되어 왔는가를 묻는 탐사방식은 한국문학이 단절되었다는 오래된 오해를 종식시켜 주었다. 최근 20년 년 간 이루어진 개화 계몽기 서사매체에 대한 실증적 작업과 근대지, 근대제도, 근대교육의 형성과 분화에 대한 미시적 연구는 문학사의 연속을 입증해주는 역할을 해오고 있다.

본고 역시 문학사 단절을 극복하고 당대의 문학지형을 그대로 살피고자 하는 인식 하의 산물이다. 특히 본고에서 1910년대 '유학생'과 '유학생 잡지'를 키워드로 놓은 것은 한국의 근대문학 전개과정에서 식민 제국으로서의 일본과 지식매개자로서 유학생에 대한 고찰 속에서 '근대'적 문학과 예술에의 기획, 나아가 그 전개과정을 살필 수 있다고 보았기 때문이다. 특히 유학생 잡지는 당시 지식의 유통경로가 많지 않았던 현실을 고려해 볼 때 1910년대 지적 동향과 사상의 흐름뿐만 아니라 문학에 대한 인식변모를 살필 수 있는 텍스트임은 분명하다.

본 논문의 연구대상은 1910년대 동경에서 발간된 유학생 잡지 『학지광』과 『여자계』, 『삼광』이다. 이 중 큰 비중으로 다루어진 것은 유학생들의 기관지였던 『학지광』이다. 『학지광』이나 『여자계』 모두 1920년대 초반을 넘어서면서부터 논지와 발화방식에서 앞 시대와 큰 편차를 보인다는 점에서 1920년대 초반까지를 논의의 대상으로 삼았다. 앞의 두 잡지가 유학생들의 기관지 역할을 했다면 『삼광』은 홍영후 중심의 음악잡지로, 발행기간도 짧고 잡지의 성격 역시 예술 중심의 전문지라는 점에서 유학생들의 기관지와는 차이가 있다. 따라서 『삼광』은 유학생들의 미적의식 분화 속에 예술잡지가 발간되는 과정에 대한 논의에서 중점적으로 다루어 질 것이다. 본고의 대상인 세 유학생 잡지는 1910년대라는 시기, 동경이라는 공간, 근대 매체로서 잡지, 발화의 주체자인 유학생 모두가 핵심적 코드가 된다.

우선 문학사 기술에 있어 흔히 쓰이는 방법인 10년 단위로 시기를 나누어 접근하는 고찰은 가장 보편적으로 쓰이면서도 자의적일 수 있다는 점에서 문제를 안고 있다. 이는 연속된 사상이나 시대인식의 흐름을 끊고 연구자에 의한 도식적 전개로 몰아갈 수 있기 때문이다. 그러한 문제점에도 불구하고 1910년대는 일제에 의한 식민지 조선의 병합이라는 초유의 역사적 사건을 머리로 한 대격변의 시기였다는 점에서 '1910년대'를 잘라 보는 시간대 분절 방식은 유의미하다고 본다. 한국의 근대사에서 개항에서 합병에 이르는 전 기간(1894~1910)은 세계관의 변동 속에 국가 운영의 전반적 시스템이 변화하는 시기였지만, 1910년대는 앞 시기 모든 담론의 중추였던 민족에 대한 전면적 고찰과 함께 정치적으로도 중국이 타자화 되고 일본이 추수되었던 시기였다. 이제 일본은 "한국에 대한 지식을 생산하는 영향력 있는 존재"일 뿐만 아니라 "한국의 자기 이해는 일본이 생산한 한국 관련 지식과 분리될 수 없"[30]는 정치적 위상을 차지하게 되었다. 그러한 역사적 맥락에서 앞 시대 유학의 성격이 국가 주도의 계몽사상을 배우기 위한 것이었다면[31] 1910년대 이후의 유학은 근대적 엘리트의 탄생과 직결되는 것이었다.

1910년대 일본유학생들은 서구의 문물과 지식을 바탕으로 한 근대 지식인으로서 지식을 민족에게 배급하는 자가 아닌 지식의 생산자[32]로서 군림했으며 그러한 열망을 학회지와 같은 잡지를 통해 표출해

30 앙드레 슈미드, 정여울 역, 『제국 그 사이의 한국』, 휴머니스트, 2007, 71쪽.

31 19세기 말 일본으로의 유학은 개화파 인사들과 긴밀한 관계 하에서 이루어진 국가 주도의 유학이 일반적이었다. 개화파들이 일본으로 유학생을 파견한 의도는 근대화를 추진할 수 있는 인재의 양성과 개화 세력의 확충이라는 두 지점에 있었다. 또한 일본에서도 조선의 유학생 교육은 조선인의 일본인에 대한 거부감을 없애고 조선 내 영향력의 확대라는 점에서도 유리하다고 보아 서로간의 이해가 맞았다. 김영민, 「근대적 유학제도의 확립과 해외 유학생의 문학 · 문화 활동 연구」, 앞의 책 참조.

32 지식의 생산과 배급의 문제는 곧 매체의 문제이기도 하다. 근대 계몽기 대중들을 향한 발화의 장인 신문의 등장은 지식의 생산보다 대중으로서 백성을 일깨우고자 하는 배급의 역할이 일차적이었다. 그러나 독자를 제한하는 잡지는 신문이 갖는 대중성 대신 전문성을 내세운다는 점에서 새로운 지식의 창출 통로가 되었다. 본고에서 『학지광』 발간 년도와 동일한 『청춘』과 『소년』을 논의의 대상으로 삼지 않는 것은 이 두 잡지의 발간지가 동경이 아니라는 점도 있지만 최남선 주재의 대중 계몽 성격을 지닌 잡지라는 점에서 유학생들의 발화장인 『학지광』과는 담론 공간에서 차이를 갖기 때문이다.

내었다. 개항 이후 1900년대 초에 등장한 신문은 급박한 현실 속에서 국가에 의해 주도된 매체로 대중 파급력이 상당했다. 그러나 근대지식인의 탄생과 맞물려 나온 잡지, 특히 유학생들의 발화장인 학회지는 "동일한 이데올로기를 공유하는 지식인 집단, 혹은 특정 사회집단 내부에서 그들만의 근대지식을 소통하는"[33] 장이라는 점에서 신문매체와는 그 성격을 달리했다. 근대 초 새로운 매체로 등장한 신문과 잡지는 간행의 목적과 독자층 등에서 그 성격이 확연히 달랐다. 즉 신문이 '근대를 상상'하는 특질을 드러냈다면 잡지는 '근대를 설계'하는 역할을 맡았다.

무엇보다 유학생들이 앞선 시간대인 근대를 선취하고 주체를 전면화시킬 수 있었던 것은 식민지에서 한 발 떨어진 문명의 중심지인 동경에 의식의 기반을 두고 있었기 때문이다. 그들에게 동경이라는 곳은 문명과 지식의 배움터이기도 하지만 발견된 자기를 실현할 수 있는 장이기도 했다. 한국의 근대문화와 문학 담론의 고찰에서 동경이라는 발화대가 중요한 것은 바로 이러한 점에 근거한다.[34] 제국과 식민의 경계에 놓인 동경의 지리적·심상적 위치는 서구로서의 타자성과 민족의 주체성이 만나는 복합 장으로서 당대 지식인들의 의식을

---

33 양문규, 「1900년대 신문·잡지 미디어와 근대 소설의 탄생」, 연세대 근대한국학연구소 기초학문연구팀, 『한국 근대 서사양식의 발생 및 전개와 매체의 역할』, 소명출판, 2005, 27~28쪽.

34 중국에서도 20세기 초 신문화운동은 해외유학 경험을 가진 사람들에 의해 추진되었다. 신문화운동이 진행되면서 신문학을 창조하고 신문학의 새로운 방향을 설정했던 것도 해외유학을 마치고 돌아온 유학생들이었다. 『신청년』을 창간하여 사상혁명과 문화운동을 추진했던 진독수는 일본유학과 프랑스 유학의 경험이 있었고, 문학혁명을 처음으로 제기한 호적도 7년간 미국유학 경험이 있었다. 또한 「광인일기」를 통해 근대소설의 새로운 지평을 연 노신 역시 일본유학 경험이 있었다. 홍석표, 『중국의 근대적 문학의식 탄생』, 선학사, 2007, 51쪽.

탐험케 하는 핵심이다.

한국의 근대문학은 그것이 어떠한 형태로든 식민지 근대의 역사와 동시적으로 진행되어 왔다는 측면에서 기원의 자리는 곧 상처의 자리이기도 하다. 변화된 세계의 흐름 속에서 한국의 근대문화와 문학을 기획했던 지식인들이 밀려오는 서구 문물의 조류 속에서 근대와 길항하고 수용하는 가운데 우리만의 근대를 만들어갔음은 분명하다. 따라서 문제는 이입과 수용이 어떠한 관점에서 이루어졌는가에 대한 검토일 것이다.[35] 문화적 전통이 강했던 중국의 경우 서구 문명에 대한 중국의 반응은 '입(入)이 아니라 화(化)'였다는 점에서 형식과 내용 모두를 전복시켰던 일본과는 큰 차이가 있다.[36] 지리적 지형뿐만 아니라 전통의 거셈과 변혁의 소용돌이 사이에서 당대 지식인들은 오랫동안 선험적으로 인간을 억압해 왔던 기제들에 저항하면서 자유의지와 욕망을 지닌 '근대적 자아'가 되고자 열망했다.

1910년대는 근대적 지식인이 탄생한 분기점인 동시에 주체의 발견과 발견된 주체가 표현해내는 욕망 분출의 장이었다. 그러나 발견된 주체는 배움의 공간을 넘어 '아직' 생산의 주체로 설 수 없었으며,[37]

35 1910년대 일본에서 유학했던 지식인들의 체험에 비추어 보아 그들의 작품이 당대 일본의 특정 사상과 사조에 직접적으로 영향 받은 것으로 설명하는 논의는 당대 유학생들의 의식 기반에 대한 검토가 이루어지지 않은 일면적 대응이라는 점에서 한계를 안고 있다. 대표적 경우로 1910년대 문학을 일본 다이쇼 시대 '시라카바파'와 직접적 대응관계 속에서 고찰한 김윤식과 심원섭의 논의가 그러하다. 김윤식, 『김동인연구』, 민음사, 1987; 심원섭, 「1910년대 일본 유학생 시인들의 대정기(大正期)사상 체험」, 『한일문학의 관계론적 연구』, 국학자료원, 1998.

36 그러한 맥락에서 중국의 근대소설은 개인의 운명이 중심이 되는 주체의 발견이 아닌 '공동체 운명에 투기하는 개인'으로부터 비롯한다. 중국 최초의 '근대'소설로 평가되는 루쉰의 「광인 일기」, 「아Q정전」이 특정 개인의 이름으로 등장하지 않는다는 사실이 이를 뒷받침한다. 이보경, 『문文과 노벨novel의 결혼 : 근대 중국의 소설이론 재편』, 문학과지성사, 2002.

자기실현의 욕망이 현실 속에서 작동할 수 없음을 '이미' 알아버린 1920년대 개인들 이전의 존재들이었다. 1920년대 문학이 "민족어, 민족에 대한 신념과 좌절된 개인들의 욕망을 '정치'와 '권력'으로부터 초연한 곳에 설정"[38]했던 고립과 단절의 영역이었다면, 1910년대 문학은 자아의 발견과 표현의 욕망, 문학·예술 실현에 대한 욕구 등이 서로 맞물린 장 속에서 분출되었다. 유학생 기관지 『학지광』과 『여자계』는 당대 유학생들이 새롭게 받아들인 지적 풍토와 그것이 내면화되어 표출되어가는 과정을 살필 수 있는 매체이다.

본고는 유학생들이 문학에 대해 새롭게 사유하는 인식 전환의 지점과 근대예술에의 실천 양상을 다루기에 앞서, 유학생들의 자의식과 글쓰기의 특징을 우선 살피고자 한다. 당대 유학생들은 식민지 조선과 근대의 공간인 동경의 경계에 서서 실존적 주체로서의 자아와 민족을 이끌어나가야 할 공동체적 자아 사이에서 갈등을 겪을 수밖에 없던 존재들이었다. '청년제군'으로 호명되는 공적 발화와 개인의 내밀한 감정이 드러나는 글쓰기에서 보이는 간극은 이러한 의식의 편차를 보여주는 것으로 읽을 수 있다.

그러나 유학생 집단은 근대지식을 공동의 기반으로 함에도 젠더에 따라 지식 권력이 불균등하게 행사되었다. 남성 유학생들은 지식 권력을 가진 자로 군림할 수 있었던 반면, 여자 유학생들은 남성에 의해 배제되었다. 더욱이 여성들 스스로 자신들의 사유와 발화를 가정의 영역 속에 가두는 자기검열에서 자유롭지 못했다. 남녀 유학생들의

37 이광수 소설에서 흔히 볼 수 있는 가르침을 주는 자와 배우는 자의 이원구도가 이를 뒷받침한다.

38 김춘식, 『미적 근대성과 동인지 문단』, 소명출판, 2003, 55쪽.

발화 방식과 논지의 차이는 지식의 장에 젠더가 작동할 때 발생하는 차이를 보여준다.

계층적 질서가 인간의 모든 의식과 활동을 구획 지어왔던 중세에서 빠져나와 지식권력으로 자신의 정체성을 세우고자 했던 이들에게 자율적 의지와 도덕적 자각은 무엇보다 중요한 덕목으로 부상했다. 근대 초기 서사를 이끈 핵심 언표인 '정'이 중요했던 것은, 그것이 정치와 계몽의 논리에서 벗어나게 하는 문학 내부의 동력이기도 하지만 무엇보다 인간에 대한 새로운 이해를 가능케 하는 기제였기 때문이다. 근대적 주체에 대한 발견과 함께 개인의 감정과 욕망 등 각 개인을 구성하는 주관적인 것들이 새롭게 여겨지는 것은 그것이 단지 주체의 발견뿐만 아니라 그 주체가 해석해 내는 세계마저 다른 눈으로 읽히기 때문이다. 이는 가라타니 고진 식으로 말하자면 "자기 자신(self)이 우위에 있는 상태에서 처음으로 사실이 사실로 가능해진다는"[39] 인식의 전도를 의미한다.

3장에서 다룰 미적 감수성 분화와 심미적 개인의 탄생은 근대 지식인이라는 공동체 범주에서 벗어나 스스로 분리와 단절을 통해 '참예술'이라는 관념을 만들어나간 1920년대 동인지 문단과 문학의 자율화 과정에 대한 전사(前史) 논의이다. 본고에서 그 연결고리로 삼은 것은 감정이다. 감정은 인간이 느끼는 정서의 표현이라는 점에서 지극히 개인적이지만 동시에 감정 역시 "일정한 사회적 규범에 따라 그러한 규범이 요구하는 방식대로 표현되어야 하는 사회적 경험"[40]이라는

39 가라타니 고진, 『일본근대문학의 기원』, 민음사, 1997, 42쪽.
40 손유경, 「근대소설에 나타난 '同情'의 윤리와 미학에 관한 연구」, 서울대 박사논문, 2006, 21쪽. 손유경은 이처럼 감정이란 개인과 사회를 가로질러 구축된 지극히 복잡한 구성물이

측면에서 사회적이기도 하다.

1910년대 문학적 담론에서 '인간은 실로 정적 동물'이라는 이해 속에 '감정'은 새로이 주목받게 되었다. 이제 감정은 '인간 생명활동의 본질'로 여겨지게 되면서 감정의 소산으로서 등장한 문학과 음악・미술은 과거 도덕이나 정치와 결부된 사유의 틀에서 벗어나 근대 예술로 이어지는 매개가 되었다. 무엇보다 '감정'의 부상은 자아의 발견과 동시적으로 진행되었다. 합리와 보편으로서의 이성적 질서 대신, 가변적이고 주관적인 감정을 지닌 개인과 자아의 존재증명으로서 감정을 중시하는 것은 분명 근대적 사유방식이다.

일본에서 받은 서구 교육을 토대로 자신의 사유기반을 마련했던 유학생들에게 자신의 정체성에 대한 치열한 물음과 새로운 질서에의 모색, 근대주체로서 스스로를 확인받고자 하는 욕망은 문학 역시도 진실성이 담보된 것이야말로 진정한 문학이라는 의식 전환을 불러왔다. 그 과정에서 소설에서 다루어지는 소재로서의 현실 역시 새롭게 인식되었다. 근대소설이란 더 이상 허무맹랑한 상상 속의 이야기가 아니라 구체적 개인이 살아가고, 그 개인의 의지로 변경 가능한 삶 속의 이야기이다. 따라서 소재로서의 현실은 문학적 장치를 통해 재배치된다. 서구 '근대소설'을 규정짓는 핵심 요건이 개인의 등장과 객관적 현실의 발견이라 할 때, 우리의 근대문학 기원의 자리에는 자신이 누구인가를 묻는 정체성 탐구와 자기발견의 과정이 식민지 현실에서의 개인 삶의 문제와 맞닿아 있다.

라는 인식을 전제로 하여 근대적 개인과 사회의 관계를 상상하는 방식에 결정적 영향을 미친 매개를 동정이라는 도덕 감정으로 보고 근대 소설에 드러나는 동정적 관계의 다양한 양상을 보여주었다.

4장 '근대소설' 수용과 근대예술 실천 논의는 작가 자신이 글쓰기의 주체이자 대상이 되었던 서사에 대한 탐구이다. 그 속에서 드러난 자기 세우기 과정은 진실한 인간 삶의 모습을 그려내는 것의 다른 형태이다. 1910년대 지식인들의 내면을 다룬 고백적 글쓰기는 존재에 대한 불확실성 가운데 치열하게 자기를 모색해 나가고자 했던 자기 확보의 과정이자 사회 속에서 다시 소통하고, 소통 받고자 하는 갈구로 보아야 한다. 문명과 지식에 경도된 유학생들, 더욱이 문학을 삶의 방향으로 설정한 이들[41]이 식민담론에 흡수되지 않으면서 '근대적'인 문학을 창안해 가는 과정은 지난한 의식의 고투과정을 동반했음이 분명하다. '근대소설' 정착 과정에서 중요하게 다루어질 '사실' 중시와 '허구' 발견 논의는 이처럼 근대적 자아로서 참된 '나'가 되고자 하는 주체 발견의 욕구와 맞물려 있다.

1910년대 유학생들의 예술에 대한 이해와 실천을 보여주는 『삼광』은 예술의 기획에 있어 도덕과 정치로부터 점차 벗어나는 모습이 잘 반영되어 있다. 예술의 요건으로 개인의 감정과 미적 감수성은 무엇보다 중시되며, 예술은 삶을 고양시켜주는 생활의 일부이자 개인의 욕망 표출 기제로 자리하게 되었다. 이와 더불어 『삼광』 소재 번역물

41 근대계몽기, 계몽에의 요구에 의해 새로운 패러다임으로 등장한 '문학'과 '소설'은 그것이 담고 있는 형식적 자장이 매우 컸을 뿐만 아니라 다양한 지식인들이 작가로서 활동을 해도 무방한 느슨한 장르였다. 그러나 1910년대 이후 일본 제국의 침략논리가 명백해지면서 문학을 둘러싼 지식인 그룹 역시 분화한다. 문명개화를 내세우면서 큰 인기를 얻었던 신소설 작가들은 "더 이상 자기발견의 논리를 찾지 못하고 내・외적 요인에 의해 통속화"로 치달았던 반면, 개인의 욕망을 인정하지 않았던 신채호 등은 역사소설의 범주를 넘어서서 근대소설로 나아갈 수 없었다. 신채호의 미의식은 '윤리적 미의식'으로서 "문학이 지닌 아름다움을 공적 차원에서만 파악"했다는 점에서 문학이 자율화되는데 원초적 한계를 안고 있었다. 정선태, 『심연을 탐사하는 고래의 눈』, 소명출판, 2003, 45~89쪽.

과 『학지광』 내의 번역물을 살피는 것은 또 다른 방식으로 미학적 감수성의 변모를 살필 수 있다는 점에서 의미가 있다. 이들 텍스트 내 번역물들은 앞 시대 근대지 구축의 관점에서 소개된 잡지 내의 번역물들과 그 성격뿐만 아니라 주제와 서술방식에서 큰 차이를 보인다. 『학지광』과 『삼광』에서 유학생들이 선택·번역한 작품들에 대한 고찰은 당시 근대소설에 대한 이해를 보여주는 통로가 될 것으로 본다.

/ 제2장 /

1910년대 일본 유학과 근대적 지식인의 등장

1. 식민지 지식인으로서의 자기규정과 잡지 발간

1) 1910년대 일본유학의 성격과 유학생들의 자의식

근대문학의 기원을 묻고 그 변화된 지점을 탐색함에 있어서 무엇보다 선행되어야 할 것은 근대를 어떻게 인식했으며, 그러한 현실 속에서 무엇이 변모하고 재생산되었는가를 묻는 일이다. 중세적 질서가 삶의 근간을 이룬 곳에서 문학의 근대성을 탐색할 수는 없다. 중세에서 근대로 이행해 가는 첫 관문은 일본에 개항한 조선이 어떻게 국제질서를 받아들이고, 혹은 강제로 국제 질서 속에 편입되었는가를 살피는 일이며 이 중추에 놓인 것이 일본으로의 유학이다. 한국의 근대문학 형성과 개념을 논하는 자리에서 늘 문제시 되어온 것은 근대문학이 형성, 발전되어 가는 과정에서 일본을 통한 서구 문학이 어떠한 형태로 이입되고 영향을 끼쳤는가의 문제이다. 따라서 근대문학의 지형을 그리는 작업은 필연적으로 서구의 문화와 문학을 접하고 이를 국내에 들여온 초기 유학생들의 의식세계와 그들의 담론장 분석으로부터 출발해야 한다.

일본으로의 유학생 파견은 1881년 신사유람단으로부터 비롯되었다. 신사유람단 파견은 서구세력 및 일본의 진출에 따라 외국사정에 관심을 갖게 된 고종의 물정상탐(物情詳探) 욕구에서 비롯한 것이다. 개화에 적극적으로 대처하고자 한 정책적 변화와 함께 일본의 실정 및 신문물 수용을 위한 전문적 시찰단이 신사유람단이다. 신사유람단 이후 1880년대 전반기의 유학생 파견은 주로 김옥균·박영효 등 개화파인사들에 의해 이루어졌으며 이러한 경향은 갑신정변 때까지 계속되었다. 개화파인사들에 의해 이루어진 유학생 파견은 근대화를 추진할 수 있는 인재의 양성과 개화세력의 확충을 위한 것이었다. 그러나 갑신정변 실패 후 개화당에 가입한 유학생들은 거의 희생되었으며 일본에 있는 유학생들도 소환되었다. 10여 년간 유학생 파견이 없다가 유학 파견이 재개된 것은 갑오개혁 추진 이후이다. 1894년 7월 정부에서는 군국기무처기(軍國機務處機)를 설치하여 본격적 개혁을 추진하기 시작했는데 일련의 개혁 중 교육제도에 대한 개혁 역시 시행되었다. 외국의 학술이나 기술을 습득해 국가의 부강과 독립을 공고히 하기 위한 인재양성 기구가 그것이었다. 그러나 정부의 유학경비 지급으로 이루어진 관주도 유학생 파견은 국내의 정치적 변화에 따라 유학비의 계속적 지급이 어려워졌고 유학생의 소환 처벌이 이루어짐으로써 유학생들은 정부에 반발하거나 혹은 일제에 협력하는 결과를 낳는 등 성공적인 유학 정책이 되지 못하였다.[1]

1 개화기 일본유학생에 대한 연구는 최덕수, 「개화기 일본의 조선인 유학정책의 성격」, 『국

이렇듯 신사유람단으로부터 시작된 한국의 일본유학은 1905년을 분기점으로 하여 양적·질적인 변화를 겪는다. 즉 이전까지가 비교적 단기간 일본에 유학하는 관비유학 중심이라면 1905년을 넘어서면서부터 유학은 자주적으로 일본에 유학하는 사비 유학이 중심이 된다. 1905년은 제2차 한일협약에 의해 한국통감부가 설치된 시기로 한국사에서 을사조약으로 기록되는 국권상실의 해가 된다. 따라서 앞서의 관주도 유학과 을사조약 후 사비 유학 모두가 일본의 근대화를 따른다는 점에서는 동일하지만 그 방향은 상반된다. 즉 앞의 성격이 일본에 대한 친밀함을 전제로 한다면 후자의 경우는 항일적, 민족주의적 색채가 강하기 때문이다. 1905년부터 1910년 한일합방이 되기까지 이 기간은 개항 이래 차츰차츰 힘을 키워온 한국 민간의 자주적 개혁운동이 일본의 억압과 가장 격렬하게 투쟁하는 시기이다. 유학생을 중심으로 한 항일운동은 1919년 3·1독립선언보다 앞선 도쿄의 2·8독립선언을 통해서도 알 수 있다.[2] 1905년 이후 본격화된 일본으로의 사비유학은 1908, 9년에 이르면 그 수가 800여 명 정도로 크게 고조되나 합방 해인 1910년 이후를 기점으로 해서 1910년 전반기까지는 크게 침체되는 모습을 보인다. 1910년대의 평균적인 유학생 수는 500~600명 정도로 추정된다.[3]

남성 유학생과 달리 여성 유학생의 경우 1910년대 여성들의 초기 일

사관논총』 72, 국사편찬위원회, 1996; 김영모 「유학에 대한 일고찰」, 『조선지배층연구』, 일조각, 1977; 송병기 「개화기 일본유학생 파견과 실태」, 『동양학』 18, 단국대 동양학연구소, 1988 참조.

2 오규 시게히로, 「近代日本と東アジア」, 『季刊日本思想史』 제60호, 114~115쪽 참조.

3 김인덕, 「일본지역 유학생의 2·8운동과 3·1운동」, 『한국독립운동사연구』 13, 독립기념관 한국독립운동사연구소, 1989, 4쪽.

본유학단계에서 관비유학이 실시된 사례를 찾기는 어렵다. 1900년대 초기까지 여성 유학은 극히 드물었으며 1909년 무렵 일본에 있었던 212명의 한국 유학생 중 여학생은 9명에 불과하였다.[4] 당시 여성은 남성과 달리 전문학교 입학이 어려웠다는 점[5]에서 고등 전문 지식을 얻고자 할 경우에는 유학 이외에는 다른 방도가 없었다. 그럼에도 1910년대 여성이 일본 유학을 선택하는 것은 남성 중심의 사회에서, 더욱이 여성에게 요구하는 교육이 기예중심의 전통적 교육에 치우쳐 있는 현실에서 쉽지 않은 일이었다. 유학생 수의 추이를 보면 1910년에 420명이었던 전체 유학생 수는 1920년에 1,230명으로 급증했음에도 1910년 전체 유학생의 8.1%(34명)를 차지하였던 여자 유학생 수는 1920년에 11.8%(145명) 증가하는 데 그쳤다.[6]

1910년대에 사비로 일본에 유학한다는 것은 총독부 측의 도일 유학생 억제책으로 인해 쉽지 않은 일이었다. 일본유학은 1920년 유학규정이 폐지될 때까지 허가제였는데, 유학 원서를 도지사를 통해서 총독부에 제출하고 허가를 받아야 가능했으며 또 유학을 희망하는 자는 학자금을 책임질 만한 2명의 보증인 연서의 보증서가 첨부되어야 했다.[7] 이렇듯 쉽지 않은 과정임에도 많은 돈을 들여 일본에 유학 가

4 「이화학당시대」, 『이화100년사』, 79쪽(백옥경, 「근대 한국여성의 일본유학과 여성현실 인식」, 『이화사학연구』 제39집, 이화사학연구소, 2009, 3쪽에서 재인용)

5 당시 여성 교육은 4년 과정의 보통학교와 3년 과정의 여자고등보통학교에서 실시되었다. 이는 남성들이 진학하던 고등보통학교보다 1년 단축된 교육기간이다. 이로 인해 의학이나 법학 등을 전공할 수 있는 전문학교에 입학할 수 없었다. 백옥경, 위의 글, 4쪽.

6 박선미, 『근대여성, 제국을 거쳐 조선으로 회유하다』, 창비, 2005, 39~42쪽. 당시 유학생 수를 볼 수 있는 자료로 『여자계』 2호, 「소식」란에 "1917년 9월 이후 새로 동경에 온 여자 유학생이 9인으로, 1918년 3월 현재 동경여자유학생 친목회의 회원이 40여 명에 이른다"는 기사를 들 수 있다.

7 독립운동사편찬위원회 편, 『독립운동사자료집』 13, 고려서림, 1984, 1105~1106쪽 참조.

고자 하는 이유는 식민지시대 조선에서 교육을 받을 수 있는 기관이 절대적으로 부족했기 때문이다. 1915년 당시 조선에는 전문학교 제도는 있었으나 학교는 하나도 존재하지 않았다. 이후 1910년대 말까지 전문학교는 관립으로 경성전수학교 · 경성의학전문학교 · 경성공업전문학교 · 수원농림전문학교가 있으며 사립으로는 연희전문학교와 세브란스의학전문학교가 있었다. 이들 학교는 대부분 경제 · 법률 · 의학 · 공업 · 농업 등 실용적인 전문지식을 가르치는 학교였다.[8] 따라서 고등학교 이상의 고등교육을 받고자 할 때에는 일본으로 건너가야 했다. 이렇듯 교육받을 기관이 부재한 가운데 쏟아져 들어오는 근대적 지식을 섭취하기 위해서는 식민지 모국인 일본으로의 유학을 선택할 수밖에 없었다.

교육에 대한 열망과 유학생 급증 문제는 단순히 볼 수 있는 사안이 아니다. 이는 사서오경 등의 경전을 외우고 중화질서를 숭상하며 과거를 통해 관직으로 진출해 포부를 펼쳤던 중세 지식인의 지위가 급격히 변동해 나감을 의미한다. 근대 이전의 지식인들은 신분의 지위가 확보된 제도적 인텔리 계층이었다. 이들은 기존 사회를 지탱해 주는 정통적 세계관의 공고화가 관건이었기에 선험적 지식의 장인 경전의 해석과 보급만이 문제였다. 이는 곧 중국을 세계의 중심으로 보는 중화적 세계관 안에서의 사유를 의미한다. 그러나 근대 초 문명 담론 속에 등장한 서구 열강들의 각축과 새로운 강자로 부상한 일본의 침략은 당대 지식인들에게 중국 중심의 세계관이 변동하는 일대 인식론

8 위의 책, 1105쪽; 김인덕, 「학우회의 조직과 활동」, 『국사관논총』 66호, 국사편찬위원회, 1995, 114쪽.

적 충격의 계기가 된다. 이렇듯 동아시아 정치적 질서의 변동 속에서 중세의 계급이 무너지고 지식이 권력을 의미하는 근대적 지식인이 탄생하게 된다.

근대 지식인의 탄생은 신분적·제도적 속박에서 해방되는 것이자 전통적인 세계 해석의 배급자라는 역할에서 해방됨을 의미한다. 이러한 이중의 의미는 '자유로운' 지식인[9]이 탄생하는 자리이자 그들이 어떻게 새로운 국제 질서의 감각 속에서 근대를 기획하고 만들어 나갔는지를 짐작케 하는 역사적 지점이다.

일본으로의 유학은 초창기 관주도 파견생들과 이후 사비 유학생들과는 유학의 목적과 성격에서 분명한 차이가 있다. 문명세계에 대한 지향과 교육의 중요성은 개화기 이후부터 강조되어 왔다. 그러나 개인이 국가와 동일시되는 1900년대 전후의 애국계몽기와 국가가 이미 일본에 속국이 되어버린 1910년대 이후의 식민지 현실에서 개인의 교육을 상상하는 지점은 다를 수밖에 없다.

1900년대 애국계몽기에 국가와 개인은 동일시되었으며 그 흥망성쇠 역시 같은 궤 속으로 인식되었다.[10] 당대 유학생들이 상상하는 문명개화란 힘에 대한 막연한 동경과 힘센 강국으로서 '외국'에 대한 선망이 있을 뿐 정작 우리의 제도와 습속, 삶의 터전을 바꾸는 구체적 힘으로써 문명을 상상하기에는 시기상조였다. 1900년대는 국가·민

9 마루야마 마사오, 김석근 역, 『문명론의 개략』, 문학동네, 2007, 49쪽.

10 "國家는 個人의 集合으로 成立된 者라 그럼으로 國家의 文明은 즉 個人의 文明이오 國家의 滅亡은 즉 個人의 滅亡이라 할지니"(김지간, 「문명의 준비」, 『태극학보』 제18호, 1908.2)라 하여 개인의 흥망성쇠와 국가는 동일시되었다. 무엇보다 이 시기는 화이론적 세계관과 중세 봉건적 질서가 급격히 붕괴하고 난 뒤 국난극복의 열망으로 민족과 충군애국에 대한 담론이 가득했으나 정작 삶을 추동할 질서는 찾지 못했던 변혁기였다.

족에 대한 열기가 부국강병·충군애국이라는 목적을 향해 나아갔던 시기였기에 근대 주체로서의 개인의 존재는 분화되기 어려웠다. 그러나 독립된 정치체로서 국가를 상실한 1910년대 이후에는 나와 국가에 대한 동일시가 어려워지면서 개인으로서 '나'의 존재를 탐색하기에 이른다. 동시에 근대 문명의 힘에 의해 중세의 미신적이고 초자연적인 삶의 질서가 힘을 잃어가게 됨에 따라 운명과 자연에 순응하던 각 개인은 점차 각 개인의 삶을 좌우하는 요인으로서 개인의 의지와 노력 등 주체에 대한 각성에 눈 뜨기 시작한다.

개인이 자신을 스스로 규정하고 실현한다는 생각을 인생의 목표로 삼은 것은 근대사회에 들어와서의 일[11]임을 고려할 때 주체의 탄생은 '근대'라는 시간대의 산물임은 분명하다. 근대성은 어떠한 관점에서 바라보느냐에 따라 다양한 해석이 가능한 복잡한 개념이지만 일반적으로 국민국가의 성립, 자본주의 발달과 산업화, 개인주의, 시민사회, 합리주의적 정신 및 과학기술의 발달 등으로 요약됨에는 이의가 없다. 그러나 근대성은 이러한 일련의 현상만이 아니라 무엇보다도 시간의 특수한 경험과 역사의식을 가리킨다. 즉 근대성은 '새로운 시대에 대한 인식'이며, 이때의 새로움이란 자신들의 시대가 지나간 시간과는 전적으로 다른, 진보된 것이라는 의미를 갖는다.[12] 과거를 야만의 시간대로 놓고 도래하는 시간이 문명의 시간대라는 의식은 문명(civilization)이란 시빌라이즈(civilize) 해 간다는 시간의 개념이 내포된 진보 사관을 바탕으로 한 것이다.[13] 그러한 맥락에서 조선이 과거의 시간대에 놓여

11 리하르트 반 뒬멘, 최윤영 역, 『개인의 발견』, 현실문화연구, 2005.
12 박지향, 『일그러진 근대』, 푸른역사, 2007, 27~28쪽.

있다면 문명개화의 세상으로 나아가고 있는 일본은 미래의 시간대에 놓인 것이다. 이처럼 유학생들은 미래의 시간대에서 과거의 시간대를 살아가는 조선인들을 이끌어 가야 할 존재들로서 열등과 우월의 복합 심리를 경험한 자들이다. 서구의 문물과 교육을 통한 지식을 바탕으로 변화된 세계 속에서 자기 의지로 새로운 세계의 주인공이 되고자 하는 이들은 스스로를 근대적 주체자로 정립하면서 전근대적인 것들과 치열한 인정투쟁을 벌인다.

『학지광』에서는 여러 차례 유학생의 역사를 정리하고 있으며 매번 유학 목적을 상기시키고 있다. 또한 과거의 유학생보다 지금의 유학생들이 학술이나 의식적 측면 모두에서 발전된 상태임을 강조함으로써 과거 유학생과 차별 짓고자 하는 인정투쟁적 욕망을 보이고 있다. 『학지광』의 유학사 언급에서 지금의 유학생들이 과거의 유학생들보다 학술이나 의식의 측면에서 발전된 상태임을 강조하는 논의들을 쉽게 찾아볼 수 있다. 신라부터 고려, 조선에 이르기까지 전체 유학사를 정리한 글[14]에서 안확은 신라 이후 유학의 해가 이익보다 크다고 하고 당나라 유학이든, 송이나 원나라 유학이든 '국수(國粹)'가 폐지되고 외국을 모(慕)하는 마음이 커서 "사대주의 퇴영(退嬰)정책을 집하매 국세가 대멸"하다며 "해외에 출하야 유학하는 제자는 차에 대각오"를 해야 한다는 당부를 하고 있다. 그는 다른 글에서도 "광무(光武) 시대의

13 마루야마 마사오, 김석근 역, 『『문명론의 개략』을 읽는다』, 앞의 책 97쪽. 이 책에서 저자는 진보사관이란 동아시아에서 내재적으로 나오지 않았음을 말하고 있다. 역사에 목표가 있다는 생각은 동아시아에는 없는 사상이며 역사가 목표를 가지고 있으며 목표를 향해 나아가는 것을 진보라 여기는 서구적 사유는 동양의 사유와 큰 차이가 있음을 설명하고 있다.

14 안확, 「이천년래 유학의 결점과 금일의 각오」, 『학지광』 제5호, 1915.5.

유학생은 소위 망명객의 허영심이 파급하여 만복(滿腹)경륜(經綸)이 허영뿐이며 포부가 불량"하였을 뿐만 아니라 "청루주사(青樓酒肆)에 빠져서 호언장담이나 일삼"았고 융희(隆熙)시대에는 "대정치가라 대수완가라 자칭하고 학계를 오염케"했다고 비판한다. 반면 오늘의 유학생들은 "그 태도가 형이(逈異)하여 학술의 진보는 전자보다는 우수하거니와 그 덕의 그 품행이 실로 괄목상대"하여 부패하고 오염된 우리 사회를 치유할 자는 오직 유학생 제군밖에 없음을 강조하고 있다.[15] 무엇보다 유학의 목적은 "문명을 수입하여 인민을 발전코자 함"[16]이며, 구체적으로는 "박학(博學) 광무(廣問)을 포부하고 귀국하여 본국에 아직 몽매한 자들을 각성케 하며 방탕허유의 청년들을 지도하고 국민도덕의 부패를 회복케"[17]함임을 분명히 밝히고 있다.

앞 세대 유학생들과의 차별화를 시도했던 1910년대 신흥 지식인들은 과거 성리학으로 대변되었던 유교적 질서를 전면 부정한 자리에서 서구의 학문을 토대로 하여 조선의 모든 질서와 제도를 새로이 구축하고자 한다. 봉건적 사회에서의 신분적 질서가 무너진 후 과거 사회 지도층의 자리를 차지하던 양반계층은 무능과 부패라는 낙인 하에 더 이상 역사의 주체가 되지 못했다. 이제 봉건 사회에서 근대사회로의 전환이라는 일대 큰 변혁 앞에서 새 시대를 이끌어 갈 주역으로 일본을 통해 서구의 문명과 지식을 배운 지식계급이 등장하게 된다. 이들 신지식층은 정체성 확보를 위해서 그들 바깥의 것들을 대타항으로 세우

15 안확, 「금일 유학생은 하여(何如)」, 『학지광』 제4호, 1915.2, 12~13쪽.
16 신석우, 「귀로에 임하야」, 『학지광』 제5호, 1915.5, 24쪽.
17 저자 미상, 「일본유학생사」, 『학지광』 제6호, 1915.6, 10쪽.

는 인정투쟁의 치열한 과정을 거친다. 이들은 가까운 과거의 역사를 무(無)로 돌려놓고 불모지의 공간에서 새로운 것을 건설하고자 한다.

"제군이여 금일 아반도(我半島)에 청신한 사조가 유하며 생명잇는 예술이 유한가, 산업이 흥기하며 학문이 진보하는가? 일무(一無)라 하노니 희(噫)라 차(此)는 개과거(皆過去)의 인과이라"[18]라는 글에서 보듯이 지금 세대는 앞 세대가 이루어 놓은 것 없는 영역에 서 있기에 "우리는 충돌치 아니하고는 세계던지 국가던지 가정이던지 나(我)이던지 진(眞)족의 본에 환(還)치 못하"[19]는 '충돌과 타파'가 요구되는 시점임을 강조한다.

『학지광』 담론의 대표적 특징은 더 이상 국가나 민족 단위를 문제 삼지 않고 '자기'의 영역을 전면에 내세움이다. 더 나아가 각 개인들은 그간 세계 해석의 틀이었던 도(道), 천(天), 이(理), 기(氣), 무(無) 등의 우주 전체의 정체성 속에서 개체 사물의 의미를 탐구했던 사유방식[20] 대신 '자아'를 중심으로 세계를 이해하고자 한다. 이때의 자기중심적 사고는 신의 규율에서 벗어나 민주적 정치와 산업 발달이라는 긴 역사적 맥락 속에서 형성된 서구의 주체 부상의 과정과 달리, 제국주의를 정당화시키는 이데올로기로서 적자생존·우승열패라는 힘의 논리와 서구 문명을 받아들이는 과정 속에서 비롯한 것이다.

당대 유학생들이 바라보는 인간 사회의 장은 '쟁투'의 장이며 그 사회 속에서 '우주의 근본사실이 되는 자기실현'이 의미하는 것은 '생존

18 주종건, 「신년을 당하여 유학생제군에게 정(呈)홈」, 『학지광』 제4호, 1915.2, 28쪽.
19 김철수, 「신충돌과 신타파」, 『학지광』 제5호, 1915.5, 34쪽.
20 장파, 유중화 외역, 『동양과 서양, 그리고 미학』, 푸른숲, 2009, 38쪽.

경쟁'[21] 그 자체이다. 이렇듯 강과 쟁투가 요구되는 '문명의 시대', '자각할 시대', '개량할 시대'에 답하기 위해서는 '고려의 불교나 이조의 유교'가 아닌 '제2민족 양성'으로 힘을 길러야 된다. 과거를 초토화시킨 불모의 땅은 동시에 새로운 것을 일궈낼 수 있는 생명력의 공간이자 창조의 공간이기도 하다. 지식과 문명으로 조선 민족을 끌어가야 하는 선각자로서 유학생들의 사명감은 앞 세대와 동일하지만 그들의 발화대인 일본은 문명의 공간이자 근대의 시간대라는 점에서 1900년대 식민지 조선에서의 암담하고 절박한 민족담론, 계몽담론과는 다른 논조를 띤다. 일본에서 세계정세를 마주하고 있는 청년제군들에게 바깥 세계는 '자기의 의지를 실행ᄒᆞ며 창작ᄒᆞᆯ 공작장'[22]이며 천지의 활동은 '자기표현의 결과'로서 '자기실현과 자기표현'이 우주의 근본 사실이라는 인식에 이른다. 이들은 자연과 운명에 순응했던 삶에서 벗어나 개인의 생명력과 개성, 의지, 능동적인 삶의 방식을 갖는 것이 무엇보다 중요한 것임을 강조한다.

이를테면 장덕수는 「靑春을 迎하야」라는 글에서 청년들에게 "눈을 들어 구주열강을 바라보라"[23]라고 한 후 '자기의 의지'를 실행함이 남아의 一大 快事가 아니겠냐고 묻고 있다. 오늘날 '세계는 자유'의 공간이기에 그 어떤 장애물도 '생명력의 衝動'을 억제할 수 없음을 강조한다. 이어 「意志의 躍動」이라는 글에서도 청년들이 '自覺있는 사람' '個性을 발휘하는 사람'이 되어 '片的 사람이 아닌 全的사람'이 될 것을

21 장덕수, 「학지광 제3호 발간에 임ᄒᆞ야」, 『학지광』 제3호, 1914.12.
22 우성, 「학지광의 찬사」, 『학지광』 제4호, 1915.2.
23 장덕수, 「청춘을 영(迎)하여」, 『학지광』 제4호, 1915.2.

호소하고 있다. 이들이 개인의 '자각'을 무엇보다 강조하는 것은 생존 경쟁과 우승열패의 현실 속에서 모든 삶의 문제를 '力의 문제'로 집약하기 때문이다. "약자는 패ᄒᆞ고 패ᄒᆞᆫ자ᄂᆞᆫ 울며 ᄇᆡ고프고 한숨쉬며 ᄀᆡ갓고 도야지갓치 우리안에 굴복"[24]할 수밖에 없는 현실이기에 각성하여 현실을 개척해가는 인물은 행복할 수 있지만 나약한 개인, 나약한 민족은 불행한 삶을 살 수밖에 없다.

"금일의 종교・도덕・과학은 어떤 것이나 종으로는 자기보존, 자기확보를 표준으로 하고, 횡으로는 민족적 발전, 민족적 존립을 표방"하여 "격렬한 경쟁과 충돌"을 피할 수 없다는 현실 인식 하에서 조선의 '사대・의뢰・전제를 승계하여 조선 민족의 정신을 소멸케 하는 공맹의 진부사상'[25]은 비난의 대상이 된다. 무엇보다 조선인의 의식을 사로잡고 있는 전통 문화로서 유교가 남긴 폐해를 적극 드러내는데 유교의 가부장적 질서, 봉건적 가족제도 및 혼인, 자연에 순응하는 삶의 태도, 문벌, 계급 등은 선험적으로 인간을 억압하는 기제들로서 자유의지와 욕망을 지닌 주체에 반하는 요소들이기 때문이다.[26]

불모의 땅에서 건설을 위한 파괴와 충돌이라는 일대 개혁을 수행해야 하는 지식인들은 막대한 책임감을 지닌 외로운 존재들인 동시에 새 시대의 주인공이 될 수 있는 영광스러운 존재들이기도 하다. '비상

24 장덕수, 「의지의 약동」, 『학지광』 제5호, 1915.5.

25 신석우, 「귀로에 임하야」, 『학지광』 제5호, 1915.5.

26 이러한 논의는 『학지광』 전 영역에 걸쳐 여러 차례 등장하는데 대표적인 글로는 송진우, 「사상개혁론」(『학지광』 제5호); 고주, 「공화국의 멸망」(『학지광』 제5호); 전영택, 「전적 생활론」(『학지광』 제12호); 이광수, 「혼인에 대한 관견」, 앞의 책; 장덕수, 「사회와 개인」, 『학지광』 제12호; 전영택, 「구습의 타파와 신도덕의 건설」(『학지광』 제12호); 김명식, 「도덕의 타락과 경제의 부진」, (『학지광』 제14호) 등을 거론할 수 있다.

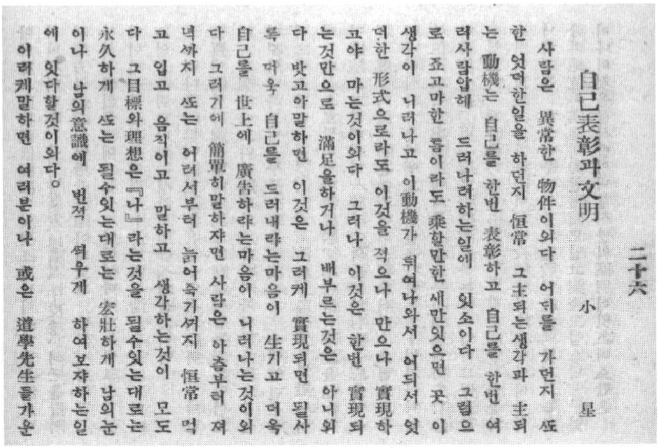
二十六

自己表彰과文明 小星

사람은 異常한 物件이외다 어듸를 가던지 또한 엇더한일을 하던지 恒常 그主되는생각과 主되는 動機는 自己를 한번 表彰하고 自己를 한번 여러사람압헤 드러나려하는일에 잇소이다 그럼으로 죠고마한 틈이라도 乘할만한 새만잇으면 곳 이생각이 니러나고 이動機가 뛰여나와서 어듸서 엇더한 形式으로라도 이것을 적으나 만으나 實現하고야 마는것이외다 그러나 이것은 한번 實現되는것만으로 滿足을하거나 배부르는것은 아니외다 밧고아말하면 이것은 그러케 實現되면 될사록 더욱 自己를 드러내랴는마음이 生기고 더욱 自己를 世上에 廣告하랴는마음이 니러나는것이외다 그러기에 簡單히말하자면 사람은 아츰부터 져녁까지 또는 어려서부터 늙어죽기까지 恒常 먹고 입고 음직이고 말하고 생각하는것이 모도다 그目標와理想은『나』라는것을 될수잇는대로는 永久하게 또는 될수잇는대로는 宏壯하게 남의눈이나 남의意識에 번적 띄우게 하여보쟈하는일에 잇다할것이외다。

이러케말하면 여러분이나 或은 道學先生들가운

『학지광』 제14호에 실린 현상윤의 「자기표창과 문명」

시대를 당하여 비상사업'[27]을 추진해야 하는 유학생들은 기존의 도덕과 관습을 부수고 난 뒤 참 개성을 중심으로 하는 새로운 도덕론[28]을 세우고자 한다. 과거의 진리와 도덕을 버리고 새로운 도덕과 질서를 정초해야 하는 이들에게 중요한 것은 현실에 대한 냉철한 파악과 '자기의 진정한 의사에 감각된 필요로 행하는 일이 진정한 도덕'이라는 개체 중심적 사고이다. 이들이 개인의 의지와 자아의 욕망을 새로운 차원으로 인식했던 것은 근대 문명을 이끈 동력을 개인의 힘에서 찾았기 때문이다.

현상윤은 「자기표창과 문명」[29]이라는 글에서 '문명의 성취는 개인적 산물의 집적'이며 개인에게 문명을 가능케 하는 동기는 자신을 드러내고자 하는 자기표창에 있다는 주장을 한다. 자기를 드러 내는 일

27 이경준, 「비상시대와 결네」, 『학지광』 제4호, 1915.12.
28 이상천, 『새도덕론』, 『학지광』 제5호, 1915.5.
29 현상윤, 「자기표창과 문명」, 『학지광』 제14호, 1917.12.

이 곧 문명이 된다는 논지를 펼친 현상윤은 "사람생활의 모든 중심과 모든근본은 다른것에 있는 것이아니오 오직 이 자아를 표현하고 자아를 남의게 알니는일에 잇다할수있는것"으로 "자기표창이란것은 문화발전과 큰 관계"[30]있다 하여 기존의 은둔과 폐쇄적 지식인상에서 벗어날 것을 요구한다. 즉 개인을 드러내고자 하는 자기표창은 문화의 발전과 관계있으므로 자기를 될 수 있는 대로 남에게 드러내는 것이 중요하다고 역설하였다. 과거의 미몽에서 깨어난 주체의 발견과 문명을 역사진행의 당위로 여기는 그들의 역사 감각, 현실 감각 속에서 문제가 되는 것은 어떻게 각 개인이 혁명을 이루어내는가 이다.

이렇듯 1910년대 유학생들의 사유는 일본과 식민지 조선 내의 좁은 공간에 머문 것이 아니라 시야를 세계 전체로 확대해 간다는 점에서 앞 세대 유학생과 다른 인식 지점을 보여준다. 그러나 문명사회로 치닫고 있는 동경을 의식의 거점으로 삼아 기존의 전통과 사유를 비판하는 이들에게 깨어난 개인들을 이끌어 줄 가치관과 선배 집단의 부재는 이들이 마주한 또 다른 현실이다. 따라서 이들은 스스로 거울이 되어 자신을 비추어 가며 새로운 윤리주체로 거듭날 수밖에 없다. 1910년대 담론 장을 주도한 '청년'은 근대적 주체로 서고자 하는 이들 유학생 정신의 집약이다. '청년' 상은 1900년대의 민족을 이끄는 '영웅' 상을 대체한 것으로 전지전능한 힘으로 민족을 구원하는 대신 개인의 의지와 노력으로 만들어 가야할 새로운 상이다. 따라서 '청년'은 먼 역사 속에서 존재했던 영웅의 불러옴이 아니라 지금 여기서 만들어가야 할 진행형의 주체 상이다. 이들에게 영웅이 위대한 것은 민

30 위의 글, 28쪽.

족을 구원하는 초월적 능력을 지녀서가 아니라 불굴의 의지로 운명을 헤쳐 나갔기 때문이다.[31] 각 시대마다 요구되는 영웅상이 다름을 볼 때 영웅은 한 시대를 읽는 시금석이 된다. 애국계몽기에 국난극복을 위해 을지문덕이나 광개토대왕 등 민족의 역량을 집결해 줄 수 있는 상이 부각되었다면, 1910년대 유학생 잡지에는 새로운 유형의 인물이 위인으로 부각되었다.

『학지광』 제10호에 소개된 「색란데쓰」는 색란데쓰라는 인물이 유태인이기에 갖는 열등의식을 어떻게 극복했는지, 이후 청년기에 성실과 열정으로 '정신적 혁명'을 일으켜 어떻게 성공적인 학자가 되었는지를 비교적 객관적인 문체로 소개하고 있다. 또 『학지광』 제14호의 「*KERENSKY*」에서는 로서아인 혁명가 케렌스키가 '자유를 위하여 분투하고, 자유를 위하여 희생'하며 열정적으로 살았던 삶을 조명하고 있다. 전영택 역시 「나와 천재」라는 글에서 "천재를 바라지 말고 자기의 노력으로 실력을 쌓는" 것이 중요함을 강조하고 있다. 이러한 논의는 여성 필자인 나혜석의 글에서도 발견된다. 나혜석은 「이상적 부인」[32]에서 이상적 인물로 카츄사, 막다, 노라, 스토우, 라이조 여사를 열거한 후 이들을 부분적으로만 숭배한다고 단언하고 있다. 그 까닭은 이들 역시 운명의 지배를 받고 있어 자신의 발전을 두려워하여 '절대의 이상을 가지지 못한 약자'이기 때문이다. 나혜석이 바라보는 진정한 '이상적 부인'이란 '자기 개성

31 애국 계몽기에 등장하는 영웅상은 민족을 발견하고 상상하는 매개적 역할을 한다. 즉 구국과 애국의 표상으로 형상화된 공적 세계의 인물들이다. 반면 본고의 텍스트인 『학지광』이나 『여자계』, 『삼광』에 등장하는 영웅상은 퀴리부인이나 헬렌 켈러 등 사적 세계의 위인들이라 할 수 있다. 양진오, 「영웅의 호출과 민족의 상상」, 『현대소설연구』 38, 한국현대소설학회, 2008, 183~184쪽 참조.

32 나혜석, 「이상적 부인」, 『학지광』 제3호, 1914.12, 15쪽.

을 발휘코자 허는 자각을 가진 부인'이며, 자신 역시 '일신상의 극렬한 욕망'에 따라 예술을 위해 노력하고자 한다는 비장한 각오를 보이고 있다.

애국계몽기의 치열했던 국민-국가 만들기가 실패로 끝난 시점에서 조선의 지배국인 일본으로의 유학은 유학생들의 목적이 민족 구원을 위한 대의적 차원의 것이든, 아니면 환도 후 일신의 영달을 위한 소아적 차원의 것이든 모두 새로운 정체성을 요구받았던 지점임은 부인할 수 없다. 유학생들은 전근대적 사회인 조선에서 벗어나 일본을 문명 세계의 전범(典範)으로 삼아 나아갔다는 점에서 조선민족과 '자기' 동일시가 어려운 조선의 타자이다. 동시에 일본에서 역시 식민지 백성이라는 정체성을 망각할 수 없는 존재이기에 조선과 일본 모두의 타자였다. 식민지의 현실과 계몽의 막중한 책임을 지닌 이들 지식인들에게 민족은 벗어날 수 없는 블랙홀로 작용한다.[33] 주체의 발견과 그 주체가 개인으로서 갖는 욕망과 권리, 행복에 대한 논의는 식민지 현실과 민족이라는 거대 심급 앞에서 다시 억압되고 만다. 개인으로 발견된 '나'는 온전한 개인으로 전유된 삶을 살 수 없으며 순정한 '청년'의 일원으로 민족을 계도할 자리에 서야 한다.

이렇듯 근대적 지식인상이 구축되는 1910년대는 주체의 발견과 발견된 주체가 표현해내는 욕망 분출의 장이자 '민족'을 배제할 수 없었던 복

33 서구의 경우 자유로운 개인들의 고안물이었던 민족, 그리고 그것을 실현하는 기구로의 민족=국가로의 지향이 우리의 경우에는 개인의 고유한 욕망이나 개인의 자율성을 억압하는 기제로 작동해 왔다. 그 결과 근대 형성기 우리 문학의 경우 민족=국가를 건설하고자 하는 기획들은 하나같이 개인의 권리나 자유롭고자 하는 개인들의 욕망을 불온시하고 죄악시한다. 오랫동안 한국문학은 민족문학이어야 한다는 대전제 역시 이를 반영한다. 류보선, 「민족≠국가라는 상황과 한국 근대문학의 정치적 (무)의식」, 『한국 근대문학과 민족-국가담론』, 소명출판, 2005, 28쪽 참조.

합적 공간이었다. 1910년대 '발견'된 주체는 배움의 공간을 넘어 '아직' 생산의 주체로 설 수 없었으며, 자기실현의 욕망이 현실 속에서 작동할 수 없음을 '이미' 알아버린 1920년대 개인들 이전의 존재들이었다.

『학지광』과 『여자계』는 지식인층의 변동과 식민지배의 현실 속에서 "제군의 호흡이자 유성기"[34]로서 "우리 반도에 신문명을 수입하야 옥야(沃野) 삼천리에 신광채를 발"[35]하고자 하는 1910년대 동경 유학생들의 발화대였다. 그러나 근대지식을 공동의 기반으로 하는 동일한 유학생 집단이라 할지라도 젠더에 따라 지식 권력은 불평등하게 행사되었다. 남성 유학생들은 지식 권력을 가진 자로 군림할 수 있었던 반면, 여자 유학생들은 남성에 의해 다시 배제되었으며 여성들 역시 스스로 자신들의 사유와 발화를 남성지배의 현실에 가두는 자기 검열에 지배되었다.

동경에서 간행된 유학생 기관지 『학지광』과 『여자계』는 당대 유학생들이 새롭게 받아들인 근대 지식의 면모와 그것이 내면화되어 어떻게 표출되었는가를 살필 수 있는 자료이다. 뿐만 아니라 지식의 장에 젠더가 작동할 때 분화되는 지식권력의 편차와 더 나아가 근대적 문화와 문학에의 기획과 실천을 살필 수 있다는 점에서도 매우 중요한 자료이다. 다음에서는 유학생 기관지 발간 상황과 더불어 제국과 식민의 경계에 놓인 이들 의식이 글쓰기 속에서 어떠한 방식으로 표현되었는지 살피고자 한다.

34 문의천, 「생활인가 싸홈인가」, 『학지광』 제5호, 1915.5, 36쪽.
35 현덕신, 「졸업생제형의게들이는말숨」, 『여자계』 제3호, 1918.9, 3쪽.

2) 유학생 잡지 발간과 유학생 글쓰기의 특징

유학생들의 수가 많아진 1895년 이후부터는 유학생들이 상호간 친목도모를 위해 단체를 조직하고 학회지를 발간하기 시작했다. 유학생들에 의해 처음으로 조직된 단체는 '대조선인일본유학생친목회'(약칭 친목회)이다. 이 친목회는 조직된 지 만 3년이 못되어 1898년에 해산되고 다시 같은 해 9월 '제국청년회'라는 유학생 단체를 설립했다. 유학생들의 주목할 만한 단체 활동은 회보 발간이며 친목회에서 만든 『친목회회보』는 한국 최초의 잡지라는 역사적 의의를 갖는다.[36]

이후 1910년 강제합병 때까지 유학생 조직에는 태극학회 · 공수학회 · 호남학회 등이 있으며 대한학회 · 태극학회 · 공수학회 · 연학회는 1908년 겨울 통합논의를 하여 1909년 1월 대한흥학회로 발기되었다.[37] 1909년 1월 동경유학생의 구심이었던 대한흥학회는 결성 후 한일합방이 되면서 강제 해체되었다. 1911, 12년 무렵에는 각 지역별로 난립해 있던 친목회 · 구락부 등을 하나의 친목회로 통합하자는 의견이 모아지고 1912년 4월 간사장으로 김병로를 선출하고 1912년 10월 27일 연합회 총합회를 열어 동경조선유학생학우회(학우회)[38]를 만들었

---

36 송병기, 앞의 글, 265~268쪽 참조.

37 이러한 조직들은 회보 성격의 잡지를 발간했는데 대표적인 것으로 『태극학보(太極學報)』, 1906.8.24, 『공수학보(共修學報)』, 1907.1, 『대한유학생학보(大韓留學生學報)』, 『동인학보(同寅學報)』, 『낙동친목회학보(洛東親睦會學報)』, 1907.10, 『대한학회월보(大韓學會月報)』, 1908.9.25, 『대한흥학보(大韓興學報)』, 1909.3.20 등이 있다. 김기주, 『한말 재일한국유학생의 민족운동』, 느티나무, 1993, 209쪽; 김영민, 「근대적 유학제도의 확립과 해외 유학생의 문학 · 문화 활동 연구」, 앞의 잡지, 304쪽.

38 학우회의 주요 활동은 강연회, 웅변회, 졸업생축하회, 체육대회 등이었으며 학회 회장은 백남훈(1915), 신익희(1916), 노익근(1917), 이태영(1918) 등의 순서로 이어졌다. 학우회의 주도적 인물로 현상윤, 최팔용, 서춘, 김도연 등을 들 수 있고, 『학지광』의 주요 필자로

다.[39] 유학생들 역시 "그전의 유학생회의 모습은 학계의 최고 이상을 만족키 어려운지라 이번에 대동단결의 명의(名義) 아래 일곱 단체를 모아 유학생총단체를 조직"[40]함에 상당한 기대감을 보였다. 이들은 민족의식과 역량강화 도모를 위해 1년에 두 번 잡지를 발간하기로 했는데[41] 이것이 바로 『학지광』이다. 학우회는 이전의 산발적 유학생 조직과 달리 동경 조선인 유학생 다수가 가입한 총괄적 단체였으며[42] 학우회 기관지는 일본을 경유한 서구적 지식과 사상이 조선에 수용되는 과정을 살필 수 있는 자료가 된다.

여자 유학생들 또한 친목단체를 결성하였다. 『학지광』 5호, 「우리 소식」란에는 '여자친목회의 출생'이라는 제목으로, 김숙경, 김정화, 김필례, 최숙자 등의 발기로 4월 3일(1915년)에 김정숙씨 자택에서 부인회가 개최되고 그 명칭을 '여자친목회'로 하였다는 기사가 실렸다. 『여자계』 2호와 3호는 이 '여자친목회'[43]에서 발간한 것이다. 『여자계』는 처음에 전영택을 비롯한 남성 유학생들의 도움으로 시작되었으나[44] 4호부터 여자유학생만으로 잡지를 만들어 나갔다. 그러나 4호부

는 현상윤, 장덕수, 전영택, 이광수, 노익근 등을 들 수 있다.

39 김인덕, 앞의 글, 118쪽.

40 『학지광』 제3호, 1914.12, 52쪽.

41 최승만, 『나의 회고록』, 인하대 출판부, 1985, 185쪽. 무엇보다 『학지광』은 매호 600부에서 1천부가 발행되었는데, 조선뿐만 아니라 미주와 간도 등지에까지 배포되었다는 점에서 그 영향력이 상당했음을 짐작할 수 있다.

42 일본에 유학 온 학생들은 학우회에 가입할 의무가 있었으며 당시 일본에 건너온 유학생이 본회의 집회에 참석하지 않고, 회원들과 교제하지 않으면 '일본놈의 개'로 취급당했다. 김인덕, 앞의 글, 119쪽.

43 『여자계』 2호, 「소식」란에는 '여성친목회' 활동이 언급되어 있다. 이 글을 통해 1917년 10월 17일 임시총회에서 새로운 임원진이 편성되었음을 알 수 있다. 회장에는 김마리아, 총무는 나혜석, 편집부장으로 김덕성, 편집부원에는 허영숙, 황애덕, 나혜석, 편집부 찬조에 전영택과 이광수 등이 위촉되었다.

44 이러한 점은 "『여자계』 자체로 보면 (…중략…) 창간호부터 3호까지는 남자에게 직접관할

터 6호에 이르는 『여자계』 발행은 '여자친목회' 내부에서 별도로 조직된 '여자학흥회'[45]라는 단체에서 만들었다는 점에서 특기할 만하다. '여자학흥회'는 '여자친목회'를 그대로 개칭한 것이 아니라 여자유학생들만으로 잡지를 발간하기 위해 '여자친목회' 내부에 별도로 조직한 단체였다.[46]

1910년대 언론과 문학 활동이 급격히 위축된 역사적 현실을 고려해 볼 때[47] 일본을 발화대로 한 『학지광』과 『여자계』는 일제의 직접적 언론 통제에서 한 발 벗어난 지점[48]에서 당시 지식인들의 사상적 경향과 서구의 문화와 문학이 받아들여지는 과정을 탐색케 하는 자료

을 받으며 혹은 보호를 의뢰하여 왔었고 자립자영하지 못하였습니다."라는 언급을 통해서도 알 수 있다. 김환, 「부활하는 여자계에게」, 『여자계』 제4호, 1920.3, 68쪽.

45 초대회장을 유영준으로, 부회장을 현덕신으로 한 '여자학흥회'는 설립 후 종래 '여자친목회'에서 발행하였던 『여자계』를 본회의 기관 잡지를 변경하여 발행하고, 남학생들의 한국 내 강연활동을 모델로 하여 여자 강연단을 조직하는 등 여자 유학생 활동의 중심이 되어갔다. 백옥경, 앞의 글, 13쪽.

46 이혜진, 앞의 글, 19쪽.

47 잡지 등의 출판물은 융희(隆熙)연간에 이르러 상당히 쏟아져 나오기 시작한다. 그러나 일제는 조선인 경영의 정기간행물을 제약하고자 하는데 그 대표적 악법이 '광무신문지법'(1908.4.30)과 '보안법'(1907.7.27)이다. 이러한 법령이 시행된 이후 조선인 경영・발행의 정기간행물은 모두 일제의 '신문지법'과 '출판법'에 의해 허가를 받을 수밖에 없었다. 1909년 합방 이후 총독부의 조선 미디어 정책은 '신문지법'을 엄격 적용함으로써 '시사정치' 등의 현실 문제를 논하는 장 자체를 막아놓았을 뿐 아니라 출판 미디어 영역을 극소화시켜 놓았다. 당시 조선의 중요한 매체로는 『매일신보』가 있었으나 총독부의 기관지적 성격이 강해 '의사언론'에 불과했으며 단지 출판법에 의해 몇 개의 잡지 발간이 허용되었을 뿐이다. 이러한 상황 속에서 1910년대 문학 활동을 할 수 있는 지면은 상당히 위축되었는데 신문으로는 『매일신보』, 잡지로는 『청춘』과 『학지광』을 제외하고는 거의 전무한 실정이었다. 정진석, 『한국언론사연구』, 일지사, 1988; 한기형, 「근대어의 형성과 매체의 언어전략」, 『역사비평』 71, 역사문제연구소, 2005 여름.

48 일본에서 만들어진 잡지가 국내의 민족정간물의 탄압보다 그 수위는 약하다 해도 여전히 일제의 감시와 탄압 하에서 간행되었다. 동경유학생들 기관지인 『학지광』의 경우 '투고주의'란에는 늘 "단 시사정담(時事政談)은 불수(不受)"임을 밝혀 정치적 발언을 금했으나 7・8・9호는 발배금지 처분을 받았다. 무엇보다 이들 유학생들은 "색안경을 벗을 틈 없이 늘 우리만 주목하는 스파이들"(『학지광』 제22호)에 의해 자유로울 수 없는 요시찰 인물들이었다.

로서 큰 의미를 갖고 있다. 『학지광』 논의는 크게 세계정세 변화나 정보를 알리는 논설문, 조선의 유습을 폐기하고 근대적 개인과 사회 구성을 촉구하는 교설문,[49] 개인의 감정을 담은 수필 류의 글들로 대략 정리할 수 있다. 여자 유학생이 중심이 된 『여자계』는 글의 형식이 자유롭고, 한글 위주라는 것과 담론 구성 측면에서 '여성'과 '가정' 논의를 주축으로 한다는 점에서 『학지광』과 차이가 있지만 유학생 기관지의 기본 틀에서는 크게 벗어나지 않는다.

『여자계』 논의만으로 볼 때, 『여자계』가 종합지 『학지광』에서 여성 담론 위주로 분화된 것이라 한다면, 『삼광』은 동경에서 발간된 유학생 잡지의 하나로 '음악'이라는 특정 분야를 내세운 예술잡지이다. 『삼광』은 난파 홍영후를 '편집 겸 발행인'으로 하여 1919년부터 1920년에 걸쳐 동경에서 발간되었다. 현재 확인 가능한 『삼광』은 1919년 2월 10일 간행된 창간호, 1919년 12월 18일 발간된 1년 2호, 1920년 4월 15일에 나온 2년 1호 등 총 3호이다. 이후의 발간 여부는 불분명하나 3호를 끝으로 중단된 것으로 보인다.[50] 세 가지 빛을 말하는 표제어 '삼광'은 음악 · 미술 · 문학을 의미한다. 음악 · 미술 · 문학을 예술이라는 관점에서 독립적으로 바라보고 그 자율성을 자각했다는 점에서

49 '교설적 설명문'이라는 용어는 김지영의 「학문적 글쓰기의 근대적 전환」이라는 논문에서 빌린 것이다. 구한말 학회보 '학해' 면의 구성과 글쓰기를 연구한 이 글에서 신지식을 단순 소개한 '학해'란은 대체적으로 설명문의 형식을 띠지만 저자의 감정을 통해 독자를 비판하는 구조를 보인다고 밝히고 있다. 즉 화자가 자신이 전달하는 지식 정보 자체에는 문제를 제기하지 않고 해당 지식 정보와 유리되어 있는 독자 현실에 비판을 가하는 글쓰기를 '교설적 설명문'이라 지칭하고 있는데 이러한 양식은 '청년제군'을 향한 연설의 형식을 띤 『학지광』에서도 쉽게 발견할 수 있다. 김지영, 「학문적 글쓰기의 근대적 전환」, 『우리어문연구』 제27집, 우리어문학회, 2005.

50 「난파 홍영후 해적이」, 『나라사랑』 52, 외솔회, 1984, 7쪽(한기형, 「초기 염상섭의 아나키즘 수용과 탈식민적 태도」에서 재인용).

이 잡지는 근대 초 예술이 기획되고 만들어지는 과정을 살필 수 있는 귀중한 자료임이 분명하다.

1910년대 동경에서 간행된 이 세 유학생 잡지는 모두 '배움의 빛'(『학지광』 제3호)으로 조선민중들을 인도하겠다는 계몽적 기획 하에서 발간된 잡지들이다. 그러나 이들이 말하는 계몽은 애국계몽기에서처럼 무지한 자를 이끌어 내어 개화 · 계몽시키는 방식이 아니라 새로운 학문과 사상을 통해 새로운 민족 · 개인을 구성하고자 한다는 측면에서 근대 실현의 의지태로 보아야 한다. 이러한 시각이 가능한 것은 유학생들이 민족과 국가로부터 한 발짝 떨어진 제국과 식민의 경계에 서 있기 때문이다. 식민지 현실에서 벗어나 제국의 힘과 근대 문명을 마주한 자리에서 유학생들은 식민지 조선을 문명국으로 만들어 줄 수 있는 근대적 제도, 정치, 문화, 예술을 기획한다. 1910년대 일본을 발화대로 한 유학생 잡지는 그러한 점에서 의미를 찾을 수 있다.

『삼광』 창간호에 실려 있는 홍영후가 일본에서 유학하던 형님이 조선으로 돌아간 이후 보낸 편지글에서는 문화 사업에 대한 유학생들의 사명감이 그대로 담겨 있다. "형님 이 아우들을 위하여 수고를 앗기지 마십시오, 황무한 산야를 개척하시기에, 미개한 사회와 민족을 깨우치시기에 조곰도 주저치 마십시오, 온갖 방면에 온갖 수단과 힘을 다하야 온갖 유익을 엇게 조곰도 지체치 마십시오"[51]가 그것이다. 유학생들은 이러한 사명감 속에서 성인의 말씀을 해석하고 학문을 통해 자기를 수양하고자 했던 과거 선인들의 학문과 표현을 전복시켜 나아간다. 즉 "대저 자기실현과 자기표현은 우주의 근본사실"이며 "천지활동은 자기

51 ㄷㄹㅁ, 「셔울계신 K兄의」, 『삼광』 창간호, 1919.2, 14쪽.

표현의 결과"[52]라는 그들의 적극적 사유는 새로운 방식을 탐색케 한다.

그런데 흥미로운 것은 '제군의 호흡이자 유성기'로서의 역할을 자임한 『학지광』에서 객관을 지향하는 연설문 속 발화와 개인의 내면을 드러내는 사적 발화 간에 보이는 낙차이다. 공적 발화와 사적 발화의 논조가 크게 다른 것은 '자기표현'의 열망 속에서 새것을 구축해가는 치열한 의식의 발현이기도 하지만 '나=제군'이라는 민족적 자아와 실존적 자아 사이의 간극 때문이기도 하다. 이들에게 민족은 구원해야 할 대상이지만 자신과 동일시될 수 없는 상상의 대상이다. 이것은 애국계몽기 각종의 서사에서 개인적 갈등이나 불화가 민족과 국가라는 대명제 앞에 쉽게 봉합해졌던 방식과 확연한 차이를 보인다.[53] 서구의 학문과 문명을 경험한 유학생 '제군'들은 민족이라는 추상적 집단 밖에서 민족을 계도하고 이끌어 나가는 민족 내부의 구성원들과 차별화된 존재들이다.

『학지광』 내의 웅변투의 연설문이나 교설문의 발화자는 청자 혹은 독자와 같은 층위에 있는 유학생들로, '제군', 혹은 '청년제군', '형제', '반도청년' 등을 향한 각성이 그 내용이다. 문명의 공간 동경과 전근대의 조국 조선, 양측에서 타자로 살아가야 하는 유학생들은 지식을 자

52 장덕수, 「학지광제삼호발간에 임ᄒᆞ여」, 『학지광』 제3호, 1914.12, 2쪽.

53 1900년대와 1910년대에 쓰인 '나와 사회의 관계'에 대한 다음의 두 글은 그러한 점에서 흥미롭다. "내가 한 번 사회상에 출생한 이후에는 부득불 이 사회의 사원에 일부분이 되는 책임을 담임하며 직분을 극진히 하여 사회를 보조도 하며 개량도 하여야 사회가 영구하며 나도 좇아 영구할지며 사회가 멸망치 아니하며 나도 좇아 멸망치 아니할지니"(「나와 사회의 관계」, 『대한매일신보』, 1908.3.6)라는 논설을 보면 사회와 나는 분리가 안 되는 존재임을 알 수 있다. 반면 설산 장덕수는 「사회와 개인」(『학지광』 제13호)이란 글에서 "개인은 결코 사회만 위하여서 사는 것이 안이외다. 그의 가치목적은 개인신체내에에 잇는것"이며 "근대문명은 개인의 권리를 주창하는 기초우에 섯"음을 주장하는데 이러한 논의를 통해 공동체 속에서 분리된 개인의 등장을 짐작해 볼 수 있다.

양분으로 하여 문명사회를 조선에 건설하고 스스로 근대적 주체로서 설 것을 강하게 다짐한다. 이때의 유학생 '나'는 소아적 개인에 머무는 존재가 아니라 '제군'으로서 조선사회를 이끌어갈 공동체적 '나'이다.

> 아아 諸君~아 우러(리)는압흐로 가장緊하고 가장바른길을 求하지안이하며 가장온젼하고 가장아름다운 方向을 求하지안이하며 찾지안으랴는가. (…중략…) 우리의 배우는學問은 「生」의爲한학문이어야하고, 우리의 觀察하는文明은 實質的이여야하고, 우리의 그리는 理想鄕은 永久的完全的이여야하고, 우리의 셔두는生活은 充實的圓滿的이여야 하리로다.[54]

> 奮鬪ᄒᆞ는우리靑年들아 退嬰的精神을打破하고 衝擊的精神을養成ᄒᆞ여 自我一個人뿐이아니요 同族一般의게 傳染되고 반도전사의 인정되여 평화적 전쟁과 정신적 경쟁에 명예잇는 우승자가 될 지어다. 제군이여 우리가 재지가 유하고 학식이 다하엿서도 실로 정신이 부패하면 (…중략…) 실생활적 목적지로 용진케 할지어다.[55]

> 우리靑年이여 우리ᄂᆞᆫ 기가아니라 우리ᄂᆞᆫ 도야지가아니로다. 自己의尊嚴과名譽를天地에對ᄒᆞ야 자랑하는自覺잇는사람이라. (…중략…) 우리의全的사람을實現치못ᄒᆞ고 다못片的사람되는 것! 이와갓치 사람의光輝와尊嚴을 毁損ᄒᆞ는者가다시어데또잇깃나? 우리靑年이여 모든것을다바리고 위선 사람되라 全的사람될지로다.[56]

54 현상윤, 「구하는바청년이 그누구냐?—유학생 여려분 형제의게」, 『학지광』 제3호, 1914.12, 6~7쪽.

55 문의천, 「생활인가 싸홈인가」, 『학지광』 제5호, 1915.5, 38쪽.

위의 예문처럼 『학지광』에는 '청년제군'으로 시작하는 공적인 발화에서 개인의 '각성', '자각', '의지' 등을 강조하는 글들을 매호 발견할 수 있다. '청년제군' 혹은 '반도청년'으로 호명된 '제군'들은 그 논의 내부에 주체로서의 '나'가 놓여있으며 동경의 화려한 삶에 빠져 식민지 조선의 현실을 잊는 것을 경계하고 스스로 깨어나 세계 속 분자가 되어야 한다고 강조한다. 이러한 '제군' 호명의 수사학은 국권상실에 따른 정치적 질서 변동과 근대에 대한 상이 구체화된 1910년대 방식의 계몽적 발화로 읽을 수 있다.[57]

1910년대 유학생들의 변화된 현실인식은 내가 곧 제군이자, 형제로서 조선을 변화시켜야 한다는 웅변 및 논설에서 적극적이고 희망적인 어조로 표출되고 있다. 자기를 드러 내는 일이 곧 문명이 된다는 논지를 펼친 현상윤은 "사람생활의 모든중심과 모든근본은 다른것에 있는 것이아니오 오직 이 자아를표현하고 자아를 남의게 알니는일에 잇다할수있는것"으로 "자기표창이란것은 문화발전과 큰 관계"[58]있다 하여 기존의 은둔과 폐쇄적 지식인상에서 벗어날 것을 요구한다. 이러한

56 장덕수, 「의지의 약동」, 『학지광』 제5호, 1915.5, 40쪽.

57 예컨대 1900년대의 계몽이 소수의 선각자가 전 백성을 계몽의 장으로 불러 세우는 방식이었고 그 계몽의 주체인 지식인은 민족과 국가의 일부로 존재했다. 그러나 1910년대 무지한 조선 백성을 일깨울 주체가 되는 청년은 민족의 범주밖에 놓여 있는 자들로 그들이 말하는 계몽이란 문명과 근대를 경험한 '청년제군' 내부의 문제로 한정된다. 이들이 계몽의 대상을 확대한다 해도 '청년제군'에서 동심원적으로 펴져있는 대상인 동학 혹은 졸업했거나 졸업할 유학생 집단, 나아가 이들의 부형에 한정되어 있음을 알 수 있다. 동시에 이는 앞세대 호명된 '소년'상과도 구별된다. 육당이 무지몽매한 조선백성들 가운데 뜻있고 힘 있는 존재로서 '소년'을 불러 세워 조선 민중의 계몽을 기획했다는 점에서 1900년대 '소년'상은 소수 선각자에 의해 일깨워지는 수동적 계몽의 대상으로 보아야 한다. 반면 1910년대 유학생들은 문명 세상을 열어나갈 '청년'으로서 스스로 깨어나 근대를 만들어 나가고자 했다는 점에서 계몽의 주체로 자리한다.

58 현상윤, 「자기표창과 문명」, 『학지광』 제14호, 1917.12, 28쪽.

인식의 전환은 수사학에도 반영된다. '개인'의 부상과 '나'의 확대형인 '제군'으로서 인정투쟁의 욕망, 문명사회에 대한 자신감 등은 이른바 '제군'으로 호명되는 웅변조의 글들에서 강렬하게 표출되고 있다.

> 우리는 如何한혁명을要求하느냐. — 나의革命을要求하는바오, 너의혁명을要求하는 바이니, 이것이 즉 個人的혁명—Revolution of Individuality를 要求하는 것이다. "Revolutionize yourseif!" — 깨어라 (…중략…) 니—지에 말하기를 『나의 벗이여, 너의感情과 너의思想의背後에는, 엇더한힘세인主人 — 보지못한哲人—이잇다. 這의일홈은自我라고 한다. 這는 너의身體에서살고, 너의身體에 잇다 하였다. 這의이른바自我는感情이나思想을 支配하는權力意思를 意味함이엿섯다.[59]

암울한 정치현실이지만 세계조류의 흐름을 읽고 근대 지식을 획득한 개인이 불굴의 의지와 노력으로 새로운 문명사회를 건설할 수 있다는 자신감은 이렇듯 '제군'이라는 호명 하에 자신감 강한 수사학으로 표출되었다. 이렇듯 유학생들의 발화가 유학생 전체인 '제군'에게 소리치는 자신감 강한 발화일 수 있는 것은 서구적 지식은 곧 권력을 의미했기 때문이다. 그러나 지식과 권력의 결탁[60]은 비단 참지식인으로서 유학생이 그렇지 못한 '부랑청년', '허잡이'들을 배제하는 도구

59 최승구, 「너를 혁명하라!」, 『학지광』 제5호, 1915.5, 12~16쪽.

60 권력의 문제에 천착했던 푸코의 논의에 따르면 지식과 권력사이의 결탁은 '규율'이 되어 타자에 대한 배제와 억압의 근거를 만들어 주며 이때의 타자성은 소여된 것이 아니라 생산되는 것이다. 즉 권력은 우리를 에워싸고 있는 담론 속에 내재하여 담론에 의해 끊임없이 재생산되면서 타자를 문화적으로 생산한다. 김상구 외, 『타자의 타자성과 그 담론적 전략들』, 부산대 출판부, 2004, 100쪽.

로도 이용되지만 동시에 식민지 조선의 백성을 타자로 만드는 기제가 되기도 한다.

이처럼 '제군'으로 시작되는 웅변조 글들의 공통적 특징은 지식인으로서의 강한 사명감과 진취성, 세계 변혁에 대한 강한 의지의 표출이라 할 수 있다. 그러나 여성 유학생들의 여성 제군을 향한 발화는 권위적인 남성 유학생들의 그것과 구별되는 여성들만의 정감어린 수사법을 구사했다는 점에서 각별하다. 이는 1900년대 계몽담론에서 볼 수 있는 여성화자의 글쓰기가 남성화자의 그것과 별반 차이 없이 전개되었다는 점에서[61] 더욱 그러하다. 1910년대 여성 유학생 글쓰기에서 나타나는 '여성성'의 수사학은 자신들이 여성임을 자각하고 남성과 다른 지점에서 그들의 문제를 해결하기 위한 그들만의 전략이라는 점에서 한층 의미가 있다.

> 언니! 봄빗이 아람답다흠도 쏫봉오리가 쌧족々々 나올써라든지 파르죽죽흔 버들입히 척々느러져 이싸금부는 輕風에 얌전히 흔들흔들흐는써 (…중략…) 언니말솜과 깃히 그거시 큰 難問題이야요. 「名譽와事業」. 特히 인제겨오 눈을쓰랴는 朝鮮女子界에는더구나 難問題이야오. 「工夫히가지고, 事業흐지」勿論그럴거시겟지요. 쏘그러케되야만 할터이지요.[62]

61 전미경은 "당대 계몽담론에 동참하고 있는 여성의 글쓰기는 엄밀하게 말해 '여성'이 없기에 즉 여성으로서의 주장이 없었기에 여성의 글쓰기가 될 수 없는 한계를 수반하고 있다"라고 지적했다. 홍인숙의 『근대계몽기 여성담론』은 1900년대 여성필자의 글을 집중적으로 수록했는데, 이 책에 실린 1900년대 여성담론과 비교해 볼 때, 1910년대 「여자계」에 실린 감성적 서사는 수사학의 측면에서 크게 변화했음이 드러난다. 전미경, 「개화기 '남녀동등' 담론에 나타난 여성에 대한 계몽의 시각」, 『한국가정관리학회지』 제20권 1호, 한국가정관리학회, 2002, 99쪽; 홍인숙, 『근대계몽기 여성담론』, 혜안, 2009.

62 나혜석, 「잡감-K언니에게 여흠」, 『학지광』 제13호, 1917.7, 65~66쪽.

山川草木이 다 잠이 들어 天地가 寂然한대 旅窓에 외로히 안저 册床을 依支하고 이책져책에 손을대여 닑기도하고 읍기도하다가, 져는 문득 幻想의 나래를타고 져멀니 遙々茫々흔 西天아래, 思慕하고 情답고 그리온 妙한 江山에니르럿습니다. 이때에 全身에 소름을 돗치난거슨 그들의 불샹흔 모양이오, 머리를 지근~ 씨르는거슨 半島靑年의 압길이오 精神이 아득흔거슨 「우리가 將次 엇지할가」함이외다. (…중략…) 형님들은, 우리 반도에 新文明을 輸入하야 沃野 三千里에 新光彩를 發하게하고, 불샹흔 동포의게 回生藥을 먹여 新天地의 新幸福을 맛보고 누리게 하리라는 어엽브고 健壯한 뜻을 품고 (…중략…) 여러분이 나가셔셔 不完全한 社會를 完全하게하시고 幼稚한思想을 啓發도 하셔야 되겟습니다.[63] (강조는 원문대로)

여자 유학생들 역시 '반도에 신문명 수입'이라는 유학의 목적 하에 '불완전한 사회를 완전하게 하고 유치한 사상을 계발'해야 한다는 책임감을 '반도청년'에게 호소했다는 점에서 앞서 본 남자 유학생들의 문제의식과 동일함을 알 수 있다. 그러나 남자 유학생들의 경우 유학생 전체를 대상으로 한 강한 웅변조의 이른바 '제군의 수사학'을 보여주었다면, 여자 유학생의 경우에는 '언니' 혹은 '형님'을 수신인으로 한 편지의 형식 속에 그들의 주장을 담았다는 점에서 남자 유학생의 발화방식과 차이점을 보인다.[64]

다음은 『여자계』 2호의 권두(卷頭)의 사(辭)로 앞서 살핀 「『학지광』 제3호 발전에 임하여」의 글과 형식상 대응될 수 있다. 하지만 수사법

63 현덕신, 「졸업생제형의게들이는말숨」, 『여자계』 3호, 1918.9, 3~4쪽.

64 다음의 표는 『여자계』의 논설구성 방법으로 여성필자의 글에서 서간체가 많이 사용되었음을 보여준다. 이혜진, 「『여자계』 연구」, 연세대 석사논문, 2008, 38쪽.

에서는 큰 차이를 보인다.

칙상압헤서 졸고안잣다. 무슨꿈을 쉬는지 빙긋〱웃는다. 電報! 電報! 電報왓소!

벌덕이러서서 눈을 부볏다.

무어시야요? 당신에게 電報왓소.

나한데? 어서펴보시오. 모슨 급한 일인가보의다. 나한데 電報! 고ᄀᆡ를 이리기우리고 저리기우리고 한다. 다른ᄉᆞ람의거슬 가지고오시지안앗서요. 그러치안소. 당신이 女子界시지오? 네. 재가 女子界 올시다. 그러치만 電報밧을 탁이업는데. 다른데 가는거시지오. 만일남의 電報를 펴보면 失禮지오.

여보! 꿈 쉬지마시오. 낫이외다.

그ᄉᆞ람은 電報를 펴서 女子界손에 들녀주엇다.

어릿〱 電報를 본다. 어머니위중! (…중략…) 우리어머니가요? 그럿소 女子界의어머니외다.[65]

위의 권두사에서는 잡지 자체를 하나의 인격체로 다루고 있는데,

『여자계』	여성필자의 논설			남성필자의 논설		
	전체 논설	서간체	비율(%)	전체 논설	서간체	비율(%)
제2호	2	2	100	4	0	0
제3호	1	1	100	3	0	0
제4호	2	0	0	5	2	40
제5호	3	1	33.33	1	0	0
제6호	3	1	33.33	2	0	0
전체	11	5	45.45	15	2	13.33

65 편집인, 「권두의 사」, 『여자계』 제2호, 1918.3, 1쪽.

발화의 주체인 '여자계'는 아픈 어미의 소식을 듣고 어린 여자계가 자기 집에 도착할 때까지 어머니가 돌아가시지 말았으면 하는 안타까움을 표현했다. 이어서 문미에 "식자제군이어! 여자계를 ᄉᆞ랑ᄒᆞ시ᄂᆞᆫ 제군이어! 부ᄃᆡ 여자계(女子界)에 노ᄌᆞ를 좀 도와주시면 여자계(女子界)가 어머니 도라가시기 전에 자기 집으로 도착"하겠으니 이에 동정해 달라는 호소를 보내고 있다. 이처럼 조선에 대한 동일한 문제의식과 사명감을 지닌 남·여 유학생들은 지식의 장 속에서 '청년제군'이라는 동일한 집단을 형성하지만 젠더에 따라 발화형태가 달라진다. 무엇보다 남자 유학생의 '제군'에 호소하는 글일 경우 유학생 전체를 대상으로 발화를 하지만 여자 유학생의 경우에는 남성들을 포함한 발언을 하지 못하고 여성에 국한되어 발화한다는 점에서 차이가 있다. 이러한 차이는 당시대 여성이 남성을 동급자 혹은 하위로 두고서 자신의 의견을 펼칠 수 없었던 여성의 지위 속에 살펴보아야 할 사항이다. 이것은 이 시기 남녀가 동일한 근대주체가 될 수 없음을 보여주는 단초가 아닐 수 없다.

유학생 글쓰기의 또 다른 특징은 앞의 '제군'의 수사학에서 보여준 강한 어조의 수사학과 정반대 되는 것으로 개인의 무력함과 나약함을 적나라하게 보여주는 글쓰기의 동시적 진행이다. 즉 공적 발화의 장에서 사회적 자아를 맘껏 드러냈다면 사적인 발화에서는 감정에 휘둘리는 나약함과 무력한 자기 모습을 송두리째 보여주었다는 점에서 흥미롭다.

> 아아 二十餘歲나되도록 배운것은 무엇을배우고 들은것은 무엇을 들엇드냐!? 한아도 남은것은업고한아토 붓잡은것은업다. 十五歲되엇을째에 올

타고認定하얏던것은 二十歲되얏을ᄶᅢ에 안이라否認하얏더니 二十歲되얏을ᄶᅢ에 올타고許하얏던것이 오늘날에와서 ᄯᅩ안이로고나 (…중략…) 모든것이 것즛이엿고 모든 것이 ᄶᅡᆨ대이엿다―오늘날ᄭᅡ지하여온生活이 全혀우수은 生活이엿고 오늘날ᄭᅡ지 밟아온길이 全혀 가름길(橫路)이엿다. (…중략…) 이러케나는 只今煩悶한다. 생각할사록에 생각은더욱複雜하야간다. 恨숨을 「훅」 내쉬면서 고새를 화닥々드니, 夜色은 依然하게 깁허잇는데, ᄭᅳᆫ침업시오는비는 더욱 더욱 甚하야간다.[66]

내누이야! 오ᄂᆞᆯ이 내 生日이다. (…중략…) 접ᄯᆡ에 나ᄂᆞᆫ 내게 對ᄒᆞ야 아주 失望을ᄒᆞ엿섯다. 암만 제 속을 들여다보아도 한 點 보이ᄂᆞᆫ것이 업고 現在 살아가ᄂᆞᆫ것도 아모 ᄯᅳᆺ이 업고, 이 모양으로 가게되면 將次도 무슨 餘望이 업슬것ᄀᆞᆺ고, 空然히 여러 恩人을 속여 그네에게 弊해만 ᄭᅵ치ᄂᆞᆫ것이 未安도ᄒᆞ고 붓그럽기도ᄒᆞ야 차라리 社會와 恩人의 期待를 다 져바리고 山에 들어가 즁이되거나 싀골에 숨어 제 손으로 ᄯᅡᆼ이나 팔가 ᄒᆞ여도보고 或 밤가ᄂᆞᆫ대로 되ᄂᆞᆫ대로 生命잇ᄂᆞᆫ 날ᄭᆞ지 天下로돌아ᄃᆞ닐가 ᄒᆞᆫ적도 잇섯다. 그ᄯᆡ에 내 마음은 寂寞과 失望과 슬픔에 눌러 거의 죽을뻔ᄒᆞ엿다. 내게ᄂᆞᆫ 아모 希望이 업고 勇氣가 업고 熱情이 업고 오직 식은재와ᄀᆞᆺ히 싸늘ᄒᆞ엿섯다.[67]

앞서 「자기표창과 문명」이라는 글에서 문명을 이루기 위해서 자기 칭찬과 자기 드러냄이 무엇보다 중요하다고 강조한 현상윤은 「비오는 저녁」이라는 제목 하의 일기체에서는 한없는 삶의 허무와 무기력에 사

66 소성 현상윤, 「비오는 저녁」, 『학지광』 제5호, 1915.5, 58쪽.
67 고주 이광수, 「이십오년을 회고ᄒᆞ야 애매(愛妹)에게」, 『학지광』 제12호, 1917.4, 50~52쪽.

로잡힌 자기 번민을 여실히 보여주고 있다. 이와 비슷한 경우로 이광수 역시 누이에게 보내는 편지형식의 글 속에서 자신의 삶이 아무런 희망과 용기, 열정 없는 것이라는 고백을 한 후 더 이상 부끄러운 과거를 회상하지 않고 실망의 한숨을 쉬지 않겠다고 다짐하고 있다.[68]

이와 달리 여성 유학생들이 내적 갈등을 자기표현의 수단으로서 표출하는 경우는 남성 유학생들의 글처럼 많지 않았다. 그들에게는 각 개인의 주관적 번민보다 남성 중심 사회에서 억압받으며 살아가고 있는 여성의 당면 현실이 시급하게 다가왔기 때문이다. 다음의 글은 「여자계」에 실린 김명순과 추국의 서간체 일부로 자신의 번민과 고통이 드러난 부분이다.

××언니 이 煩悶과 이 苦痛이 弟를 零落의 深淵에 잇그러久遠히自我를 滅亡식힐 根本의妄念인지 自我를向上식히려는 基礎의思想인지는 스사로 判斷키어렵ᄉᆞ오나 언니보고도 그ᄶᅥ녀름에 그벼락마즌나무가 불상타고말삼 ᄒᆞ엿지오만은 아모ᄶᅥ에 ᄉᆡᆼ각하여도 그 나무불상ᄒᆞᆫ ᄉᆡᆼ각은 弟의ᄆᆞ음에 깁히 印象되어[69]

눈을 감아 멀—리 西便을 바라보니 아름다운 나의 江山과 사모되는 二千萬 형데의 活動이 念頭에뜨매 나는 감작이 痛忿함과 可憐한 感想이 견댈수업시 猛烈한 形勢로 나의마음에 侵入함을 깨다랏나이다. (…중략…) 나는 일즉이

68 이광수의 자기 우월은 자기 고백과 쌍을 같이 하는 것으로 그의 작품 속에서 여러 차례 발견된다. 이를테면 「어린 벗에게」에서 민족 지도자 임보형은 우월감과 열등감 사이에서 자신을 낱낱이 해부하는 고백적 발화를 하고 있다.

69 망양초, 「××언니에게」, 『여자계』 제3호, 1918.9, 35쪽.

> 엇더한 책에서 可憐한 者의 일홈은 女子라 하는 句節을 보앗나이다. (…중략…) 우리의 발밧든 길은 캄캄하엿스며 우리의 向하엿든 길은 어그러젓섯고 우리를 引導하든者들은 우리와갓치 불상ᄒᆞ고 曚味한者엿습니다.[70]

위의 글은 모두 개인의 사적인 감정을 담고 있다. 그러나 그것이 비록 사적인 감정을 토로했다 해도 이는 번민을 위한 번민이 아닌, 조선의 여성 삶을 직시한 현실감에서 비롯한 감상이라는 점에서 남성 지식인의 사적인 감상문과는 차이를 보인다.

『학지광』이나 『여자계』는 유학생들 간의 소통 매개라 저자가 누구인지 짐작하는 것은 어려운 일이 아니었을 것이다. 하지만 공개적 담론의 장 속에서 자신의 내밀한 정서와 감정, 사적인 고백을 낱낱이 드러내는 것은 과거 조선시대 사대부들이 생각할 수 없는 새로운 지식인의 모습이 아닐 수 없다. 국권을 잃은 상태에서 지식을 통해 문명사회를 조선에 건설하자는 열망으로 유학을 선택한 당대 유학생들은 서구적 학문과 근대적 세계관을 받아들이는 과정에서 국가의 운명과 개인이 분리되는 의식의 변화를 경험하게 된다. 이들은 현실 변혁을 꿈꾸는 욕망하는 주체로서 중세의 삶에서 탈한 근대적 개인으로 거듭나게 된다. 그러나 문명 세계인 동경을 경험하고 주체의 역량으로 현실을 개혁하고자 하는 유학생들의 의지는 실제 조선에서 아무런 현실적 효력을 지니지 못할 뿐만 아니라 오히려 그들이 조소의 대상이 되고 마는 모순을 경험한다.

앞서 '제군'에 호소하는 논설, 혹은 교설에서 드러나는 진취적 자아

70 추국, 「여자의 자각」, 『여자계』 제6호, 1921.1, 7~8쪽.

의 모습은 유학생들이 지향하는 바인 문명적 삶에 대한 희구로, 동경이라는 문명의 공간이 이러한 발화를 낳았다고 보아야 한다. 그러나 '동경은 공상의 천국이며 서울은 사실의 유리'[71]라는 그들의 언급에서도 드러나듯이 동경에서 꿈꾸었던 변혁의 삶을 과연 조선에서 실현할 수 있는가는 또 다른 문제이다. 동경이 밀어올린 혁명, 자유에의 갈망과 그들 등 뒤에 놓인 조선과 민족이 교차하는 지점에서 유학생들은 민족의 정치적, 경제적 독립과 독자적 삶의 기획이 불가능하다는 절망적 현실과 개인의 발견이라는 희망을 동시에 경험했을 터이며 이것이 내밀한 자기고백으로 드러난 것으로 볼 수 있다.

그러한 맥락에서 『학지광』 16호에 실린 최학송[72]의 수필을 읽을 수 있다. 「우후정원(雨後庭園)에 월광」, 「추교(秋郊)의 모색」, 「반도청년에게」 라는 제목으로 이루어진 글 세 편은 앞의 두 글과 마지막 글이 아무런 연관 관계없이 제시되어 있다. 앞의 두 편은 비가 내린 정원에서 달을 보며 명상에 잠긴 화자, 성진평야 제방에서 가을에 석양과 풍경을 둘러보는 화자를 내세운 내면 성찰의 글이다. 그러나 마지막 장에서 청년 제군들이여 인내와 분투, 자활의 사상을 기르자는 주장으로 글을 맺는다. 이로 볼 때 자신의 내적 감상과 번민 표출은 개인적 자아의 투영인 동시에 민족적 주체로서 '제군'에의 사명감을 견지한 지식인 의식의 한 단면으로 볼 수 있다.

---

71 K·S生, 「저급의 생존욕」, 『학지광』 제4호, 1915.2, 34쪽.

72 최학송은 일본에서 학교를 다닌 유학생은 아니었다. 그럼에도 일본에 체류한 경험이 있으며 능통한 일본어 실력과 유학생들과의 교류가 상당했다는 점에서 유학생들의 심적 구조와 동일한 기반을 가졌을 것이라 보아도 무방하다.

2. 지식권력과 젠더의 상관관계

1) 남성지식인의 정체성 수립과 여성에 대한 이중의 시선

당대의 유학생들은 일본을 통해 문명을 배워야 하는 동시에 조선에 있는 몽매한 자들을 각성케 하고 이끌어 가야하는 이중의 역할을 맡았다. 조선 전체의 유학사를 통해 볼 때 배우러 가는 문명의 세상이 중국이 아닌 일본이라는 것은 단순한 지역 변동의 문제가 아니다. 동아시아의 전통 사회에서 사용되었던 '문명'은 유교의 윤리 도덕이 행해지는 지역을 가리키는 곳이었고, '야만'은 그렇지 못한 지역으로서 '교화'의 대상으로 간주되었다. 유교 문명권의 문명관은 도덕적 기준에 의한 것으로서 지리적으로 중국을 그 중심에 두고 있었다.[73] 이제 문명과 야만이라는 이분법의 틀만 동일할 뿐 과거의 야만은 오늘의 진보와 문명이 되었고, 자신을 비추어 주던 거울은 깨어져 지식인들 스스로 거울이 되지 않으면 안 되었다. 그러나 식민지 지식인으로서 제국의 중심에 몸을 두고 있었음에도 이들의 의식은 동경이 아닌 세계를 향하고 있음에 주목해야 한다.

이들 유학생들은 "눈을 들어 한번 구주열강을 바라보라", "세계가 자유로다! 칼날갓치 찬바람도 내부로 발동하는 생명력의 충동을 단절할 수 없"[74]다 라며, 확장된 세계관 속에서 과거 공맹사상이나 사서삼

---

73 정용화, 앞의 글, 36쪽.

74 장덕수, 「신춘을 영(迎)하여」, 『학지광』 제4호, 1915.2.

경에 포박되었던 의식으로는 급변하는 세계를 좇아갈 수 없음을 분명히 하고 있다. 이들이 지향하는 대상은 서구에서 진취적 역사를 만들어갔던 나파륜(나폴레옹), 콜럼부스, 카네기, 프랭클린[75] 등이다. 『학지광』에는 이전 유학생 잡지와 달리 오이켄이나, 루소, 에머슨, 니체, 베르그송 등 서구 사상가들이 자주 언급된다. 특히 에머슨은 장덕수 논의에서 여러 차례 등장하는데 장덕순은 에머슨의 말을 빌어서 자연만물로부터 인간의 영적 자각을 얻고 조선 청년들의 자기 확신과 실현이 무엇보다 중요함을 강조하였다.[76]

당시 동경 유학생활을 다룬 글을 통해서 서구의 문명과 사상에 경도되었던 그들의 지적 분위기와 새로운 삶의 방식으로서 근대적 일상의 모습을 살펴볼 수 있다. 현상윤의 「동경유학생생활」[77]에는 "에머쏜의 논문과 투르게네프의 소설, 오이켄・베륵손의 철학 등을 빼어들고 인생의 내적 생활이 엇저니 외적 생활이 엇저니 하는 논란과 생의 요구"라는 부분이 있다. 서구의 지적 흐름에 취한 의식은 일본이 아닌 서구제국에 노출된 상해에서도 발견된다. 기행문 형식으로 된 「상해서」에서는 외국서적의 번역과 다양한 서적에 놀라며 그렇지 못한 조선인으로서의 비루한 심정이 담겨 있다.

> 常務印書館에서 또 놀란것은 飜譯과 辭典의 事業이라 대개 엇던 民族의 文明의 初期는 外國書籍의 飜譯과 辭典의 編纂으로 비롯하나니 現今 支那에

75 부조앙, 「사회의 진상」, 『학지광』 제18호, 1919.1.
76 장덕수, 「학지광삼호발간에 임하여」, 『학지광』 제3호, 1914.11.
77 현상윤, 「동경유학생생활」, 『청춘』 제2호, 1914.11, 113쪽.

이것이 必要함은 勿論이로소이다. 書架를 죽 둘너 보건데 初等 高等의 諸般 科學書類와 哲學 文學 思潮에 關한 書籍이 거의 數十百種이나 支那文으로 飜譯되엇사오며 辭典類 거의 完備하리만큼 編纂 되엇더이다. 西洋人의 손을 빌어 겨오 韓英字典 한卷을 가지고 全世界가 들써드는 톨스토이 오이켄 베륵손이며 飛行機 無線電信에 關한 四五百 글도 못가진 朝鮮人된 나는 남모르게 찬 땀을 흘니엇나이다.[78]

당대 유학생들의 의식을 사로잡았던 것은 비행기나 무선전신과 같은 물질문명으로서 과학과 오이켄, 베르그송, 톨스토이 등의 근대 서구철학과 문학이었다. 이러한 학문을 통해 문명적 삶에 다가서는 것만이 조선의 야만에서 벗어나 개화된 삶, 진보적 삶으로 나아간다는 믿음이 그들의 문명관이다. 『학지광』에는 문명을 통해 변화시켜야 할 삶의 요소들이 종교나 사상에서부터 정치・교육・산업 등 제도적 측면 뿐 아니라 신체나 노동・가족 등 모든 미시적 영역에까지 미치고 있다. '가(家)'와 '국(國)'에서 분리되어 각성된 개인으로 살고자 하는 유학생들은 그들이 동경에서 섭취한 교육과 학문을 통해 서구의 문명사회와 같은 근대 사회를 조선에 구축해야 한다는 사명감을 자신의 정체성으로 삼았다. 즉, 각성하고 깨인 '청년제군'들은 새로운 사회를 구상하고 만들기 위한 존재들로서 문명사회 기획을 위해 해체 모여 물질문명으로서의 산업과 경제, 정신문명으로서 문화와 예술과 같은 새로운 사회 시스템을 기획하고자 했다.[79] 『학지광』이 유학생들의 그

78 호상몽인(滬上夢人), 「상해서」, 『청춘』 제4호, 1914.12, 78쪽.

79 『학지광』에서 문명을 물질과 정신으로 나누는 논의를 쉽게 발견할 수 있다. 특히 과학의 발달이 잠항정이나 철도, 전쟁의학이나 비행기, 화학원료의 발명 등 인류의 삶을 진보케

러한 전체 기획을 포괄한 것이라면, 『여자계』와 『삼광』은 문명과 교육의 실천으로서 여자담론과 예술담론의 산물이라 할 수 있다.

근대 주체를 꿈꾸는 유학생들은 과거의 수동적이고 도학적 질서에 매인 삶이 아닌 개인의 욕망을 극대화하고, 사상과 감정을 표출하면서 어떤 희생이 따르더라도 '자기의 소신을 굴치 않고 최후까지 나아가'는 '주아적 생활'[80]을 하겠다는 의지를 밝힌다. 뿐만 아니라 근대인으로서 자신의 삶을 구축하겠다는 의지 역시 다진다. 전영택이 제시한 '노동-애-종교'[81]로 이루어진 삶의 패턴은 근대적 지식인으로 살고자 하는 그들의 정체성을 보여주는 '완전한 삶'의 모형으로 읽을

한다는 점에서 물질 발달에 우선적으로 주목한다. 또한 부실한 경제의식에 대한 각성과 산업 진작책을 기획하고 있는 글들이 많다. 기업가 자질에 대한 논의나 경제진흥책으로 국산품의 애용과 제조업 발달의 중요성, 조선산직장려계나 산업조직의 필요성, 상공업 진흥의 급무, 은행의 필요성 등 산업발달의 긴요함에 대한 모색이 그것이다. 동시에 교육, 문화, 종교 등 우리 삶을 구성하는 전반적 영역의 개조를 촉구하고 이 외에도 노동자 문제나 인격권 보호의 문제 등 사회 전반에 대한 근대화의 기획을 하고 있다. 이것은 1900년대 학회지의 문명에 대한 논의가 피상적 차원에서 이루어진 것과 큰 차이를 보인다. 산업에 대한 논의가 실린 글로는 실무생, 「기업론」, 『학지광』 제3호; 이강현, 「조선산직장려계에 대하여」, 『학지광』 제6호; 노익근, 「부를 증가함에 대하여」, 『학지광』 제10호; 최원호, 「조선인의 생활과 산업조직의 필요」, 『학지광』 제12호; 편집인(현상윤), 「부의 필요를 론하여 상공업 진흥의 급무에 급함」, 『학지광』 제12호; 노익근, 「경제계를 부진케 하는 삼대원인」, 『학지광』 제13호; 노익근, 「도덕의 타락과 경제의 부진」, 『학지광』 제14호; 노익근, 「은행당국자제공에게 고함」, 『학지광』 제15호; 노익근, 「실업진흥에 관한 근본방침」, 『학지광』 제17호; 노익근, 「생산의 의의급기소장의 원동력」, 『학지광』 제11호 등이다. 서춘은 「우리의 갈(渴)과 기독(基督)을 독함」이라는 글에서 기독교가 문명국과의 차이를 만드는 것이 아니라, '양육, 위생, 교육, 기술, 예술, 체육' 등과 같은 시스템이 차이를 만들었다는 논의를 하고 있어 문명을 막연하게 상상하는 것이 아닌 구체적으로 이해하고 있음을 보여 준다. (『학지광』 제13호) 인격문제를 다룬 글로는 김철수, 「노동자에 관하야」(『학지광』 제10호와 김천인, 「인격권을 논함」, 『학지광』 제10호) 등을 들 수 있다.

80 변영로, 「주아적 생활」, 『학지광』 제20호, 1920.6, 55~56쪽.

81 전영택은 "노동과 애와 종교로 지은바 삼각형의 생애가 곧 완전한 인생이요. 이 삼자 중에 일이라도 빠지면 삼각형은 틀어지어 그 생애는 불완전한 것"이라 하면서 "문명한 사람은 곧 완전한 생활을 하는 사람이요, 강한 사람도 완전한 생활을 하는 사람이라", "완전한 생활을 하지 못하면 그 생애는 병적이요, 나중에는 파괴될 것"이라 하였다. 즉 문명은 완전이자 강력이며 야만은 불완전이자 병, 파괴라는 이분법의 도식 속에서 문명적 삶을 바라본 것이다. 전영택, 「전적 생활론」, 『학지광』 제12호, 1917.4.

수 있다.

사회학적 통념에 따르면 정체성은 자기 자신이 무엇이며, 무엇을 해야 하고 어떻게 해야 하는지에 대한 판단의 집합[82]이다. 당시 유학생들은 자신을 구속했던 과거의 대타자로부터 절연하고 '유학'을 통한 새로운 관계망을 맺으며, 근대의 체현인 지식권력자로서 상징적 권위를 기반으로 하여 자신의 정체성을 재조정한다. 그러한 배움에의 열망과 문명전파에의 사명이 극대화 된 글로 이광수의 서사적 논설 「농촌계발」을 들 수 있다. 동경에서 법률을 전공하고 고향에 돌아와 농촌계발에 앞장서는 주인공 김일은, 조선청년들이 학교교육을 받는 것이야말로 '양반-상놈'의 계층을 전복할 수 있는 길이라 강조하면서 학교교육을 독려한다. 지식을 보급하는 자로서 자신을 마치 예수와 예수의 복음전파로까지 생각하는 주인공을 볼 때 당시 지식인들이 가졌던 문명을 향한 한 점 회의 없는 의식을 읽을 수 있다. 이처럼 '유학'을 모든 문제의 해결로 보는 안이한 모습은 이인직 소설인 『혈의누』에서도 이미 확인할 수 있거니와 『무정』의 결말 역시 크게 다르지 않다.

이러한 사유는 문명이 갖는 추상성과 현실이 배제된 '논리'와 '이상'만이 전면 가동될 때 가능한 것이다. 반면 배움의 열기와 문명에 대한 이상적 접근은 그것이 구체적 실천력을 동반할 수 없는 현실 인식 앞에서 대척된 감정의 표출로 나타나기도 한다. 『청춘』의 현상모집에 '부(副)'로 당선된 주낙영의 「마을집」은 일본에서 유학하고 돌아온 청년이 마주하는 조선의 현실과 그 속에서의 무기력한 자신을 그린 소설로, 당시 지식인들의 자의식 괴리를 엿볼 수 있다. 소설 속에

82 이진경, 「근대적 주체와 정체성」, 『경제와 사회』 통권 제35호, 1997 가을호, 8쪽.

서 주인공 창호는 일본 유학을 마치고 조선으로 돌아왔지만 고향사람들의 무지와 무능력에 절망하고 결국 고향을 저주하면서 떠나버린다. 주인공 창호의 귀향은 그 자체로 '마을 안의 경이'로 받아들여진다. 그러나 마을 사람들이 그에게 보내는 칭찬과 경이의 눈은 창호에게는 감사함이 아닌 고통과 실망이었다. 그는 마을 사람들로부터 "무엇이든지 요구를 받을 것을 예기하였"으나 "아모(무)도 아모(무)것도 청하지안코 다만 놀래임과 부러움 비슷한 눈동자만 자기에게 향하"[83]는 사실에 실망을 금치 못했다. 마을 사람들의 관심은 오직 청년이 '하이칼라상'이 되어 돌아온 것뿐이었으며, 창호의 가족인 조부나 숙모가 가진 고민은 그가 보기에는 쓸데없는 것에 불과했다. 창호가 바라보는 조선의 삶은 '침체'이자 '패잔' 그 자체였다.

> 영서형 참견대내지못하겟소. 참살수업소. 모든 것이다꽉맥혓소. 의론할데가업소. 참살수업소. 그네들의 눈에는아모熱도업소 아모感情도업소. 다만그저먹고닙기밧게할것이업는가보오. 나는다시가고저합내다. 함으로견댈수업소. 그네들은맘낫울기만하오. 밤낫걱정만하오. 밤낫걱정만하오. 밤낫중얼거리고잇소. 참으로견댈수업소. 숨이맥히는듯하오. 새길이생기고새집이 생겻다하지만은참으로새로된것은하나도업소. (…중략…) 나는이쌍을咀呪하고써나려하오.[84]

유학생들이 과거 조선인들의 삶을 버리고 각성하여 감정을 가진 사

83 주낙영, 「마을집」, 『청춘』 제11호, 1917.11, 56쪽.
84 위의 글, 62쪽.

람, 의지가 굳센 사람이 되어 조선을 변혁시키자는 그들의 결의는 동경의 내부적 담론에서는 가능한 것이었으나 실제 조선의 현실을 뚫기에는 그 힘이 미약할 수밖에 없었다. 문명인의 삶을 지향하는 유학생들에게 봉건적 삶에 젖어 사는 조선인들은 그들이 변화시킬 수 있는 대상조차 되지 못하는 의지박약이자 과거 시간대에 머문 존재들에 불과하다. 자신의 조상이자 뿌리인 조모나 친척, 이웃들은 운명에 순응한 채 삶에 대한 열의도 없으며, 고민한다 해도 정신의 고양을 위한 것이 아니고 현실문제에 대한 해결방안과도 거리가 먼 신세한탄에 그치고 만다. 이렇듯 동경에서 조선을 상상하며 굳센 제군이 되어 현실을 변혁시키겠다는 의지는 막상 조선에 발을 들여놓는 순간 사라지고 남루한 자신의 모습만을 확인할 뿐이다.

문명에 대한 거대한 열망과 근대 사회를 만들고자 하는 기획에의 야심은 남성 지식인의 경우 지나친 자기 확신과 열정, 아니면 자아 상실이라는 양극단을 넘나드는 반면 이러한 의식의 극단을 여성 유학생들의 사유에서는 좀체 발견할 수 없다. 남성 유학생들은 자신을 사유의 주체이자 세계의 한 분자로 생각하고 문명과 근대사회라는 거대기획을 수립해 갔던 반면, 여자 유학생들은 세계의 한 분자로서 자아를 인식하기보다는 당대 여성이 놓인 현실적 삶에 몰두하였다. 무엇보다 여성 지식인들의 발화장은 '가정' 담론을 넘을 수 없었다.

여성 지식인들에게 '가정'은 곧 사회이자 세계로 나아가는 통로였으며 동시에 각성된 여성을 부르짖을 수 있는 유일한 장이었다. 당시 남성과 여성 모두 유학을 매개로 근대문명과 새로운 지식에 노출되었지만 이를 수용하여 자기화하고 구성하는 데는 차이가 분명 존재했다. 이것은 범박하게 말해 『학지광』의 남성성과 『여자계』의 여성성이 지닌 차이점이라 할 수 있을 텐데, 여자 유학생들은 세간의 시선인 남성들이 여성을 어떻게 바라보는 가를 의식하지 않을 수 없었으며 따라서 온전한 주체자로서 '자기'를 내세울 수 없었다. 나혜석이 "우리도 남과같이 사람다운 여자가 되고", "아름다운 것을 아름답다 할 줄 알며 더러운 것을 더럽다 할 줄" 아는 여성이 되자는 외침은 "사회에서 여자를 불신하고", "여자의 사업이 어리고, 자각이 없고 성공이 더딘"[85]것이라 보는 당대 현실에 대한 반영이다.

권력의 문제에 천착했던 푸코의 논의에 따르면 "지식과 권력사이의 결탁은 '규율'이 되어 타자에 대한 배제와 억압의 근거를 만들어 주며 이때의 타자성은 소여된 것이 아니라 생산되는 것"으로 보았다. 즉 "권력은 우리를 에워싸고 있는 담론 속에 내재하여 담론에 의해 끊임없이 재생산되면서 타자를 문화적으로 생산한다"[86]는 것이다.

앞서 주낙영의 소설 「마을집」에서 살펴보았듯 지식권력을 지닌 남성 유학생들이 조선인들의 무식함과 비루함을 드러냄으로써 역으로 자신들의 선진성과 우월성을 강조하는 것은 문명의 공간인 제국의 수도에서 식민지 지식인이 빠져들 수밖에 논리적 함정이다. 결국 일본이 조선을 식민지로 삼는 이유인 문명 / 야만의 잣대는 조선 내부에서 반복되며, 이러한 지식 편차에 따른 권력 위계는 젠더문제 개입으로 다시 한 번 굴곡을 겪는다.

'남녀동등'에 대한 지식인 논의는 개화기 초기부터 드러났다. 개화

85 나혜석, 「잡감」, 『학지광』 제12호, 1917.3, 54쪽.
86 김상구 외, 『타자의 타자성과 그 담론적 전략들』, 부산대 출판부, 2004, 100쪽.

기의 독립신문이나 대한매일신보, 황성신문에서 남존여비 사상을 비판하고 남녀동등을 강조하는 기사는 어렵지 않게 발견할 수 있다. 그러나 여성에 대한 동등한 권리의 주장, 과부제나 축첩제 폐지 등의 논의는 궁극적으로 여성인권에 대한 옹호가 아니라 그것이 문명과 야만을 가르는 척도로서 존재했다는 점이 문제이다. 더욱이 합방 이전 민족 담론이 우세했을 때에 '여성평등'에 대한 담론은 '여성' 그 자체에 방점을 둔 것이 아니라 "국민의 그물망 안으로 여성이 포용되는 가운데 국민으로서의 자격"[87]을 갖는 국민 담론 내부의 '여성'론에 불과했다. 따라서 남성 지식인들이 아무리 여성의 평등과 남존여비의 악습을 비판했다 하더라도 궁극적으로 여성은 '국민' 범주 내의 여성이자 남성의 계몽 대상일 뿐이었다.

남성 지식인들이 여성문제를 대하는 시각은 대동소이하면서도 조금씩 진전을 해 나갔음은 사실이다. 『학지광』의 조선 풍습을 비판하는 글들에서 과부제나 조혼의 폐지 등 사회개혁과 관련지어 여성의 권리를 주장하는 논의는 쉽게 발견할 수 있다. 그러나 유학생계에 여자도 같이 동참하고 세계의 지적 사상과 흐름 속에 여성의 위상이 점차 높아지는 현실을 목도하면서 남성유학생들 역시 여성에 대한 입장이 교화를 촉구하는 시각으로 변모한다. "여성에 무식한 이는 동경유학생들이외다. 여자가 여자인줄만 알고 사람인줄은 몰으오이다" 라 하면서 "여자를 사람(人)으로의 여자로 인정치 아니하고 오직, 여자로의 여자로만 인정"[88]하는 태도에 대해 비판한다. 이는 여성을 남성의

87 전미경, 앞의 글, 90쪽.
88 계린상, 「구각을 버서요」, 『학지광』 제18호, 1919.1.

성적 대상이 아닌 '여성', 그 자체로 보는 시각이라는 점에서 한층 진일보된 의식이라 하겠다. 또한 과부에게도 '성적생활 할 기회'를 주어야 한다는 주장 하에 과부의 재가를 금지해 왔던 조선의 풍습을 비판한 점이나 "우리는 남녀라 하는 것을 생각하기 전에 사람이라 하는 것을 생각해 볼 필요가 있다"[89]라는 지적은 계몽담론에서 볼 수 있었던 여성 논의에서 한 걸음 나아간 것은 분명하다. 그러나 여성을 남성과 동등하게 보는 인식 전환은 문명세계의 대세이자 세계조류라는 사상적 유행에 동조하는 것에 불과하다는 점에서 여전히 문제적이다.

『학지광』 논설에서 볼 수 있는 여성해방의 주장과 남녀의 구체적 관계를 그려낸 소설 속 여성에 대한 묘사에서 그러한 편차를 제기해 볼 수 있다. 즉 "여자도 남자와 동양(同樣)의 인격을 주장하여 국가나 사회에 대하여 남자와 동등한 권리를 요구"[90]해야 한다고 주장했지만 이것을 진정한 여성 해방과 자유에 대한 논의로 해석하는 것은 당시대 상으로 보아서는 무리이다. 지식인 남성은 여성들의 무지와 무식을 탓했으나 정작 여성의 지식 습득을 모성과 가정의 틀을 위협하는 것으로 간주하여 여성교육을 극히 경계했다. 남성 지식인들은 남녀 모두에게 근대 교육에의 중요성을 강조했지만 교육을 받은 신여성들은 남성들의 '연애'의 대상 이상을 넘어설 수 없었고, 오히려 허영과 음탕과 같은 부정적 표지를 여성지식인에게 덧씌웠다. 『학지광』에 게재된 이광수의 다음 작품들이 이를 반영한다.

『학지광』 제8호에 실린 이광수의 「크리스마슷밤」에서 남자 유학생

89 C·Y·생, 「과부해방론」, 『학지광』 제20호, 1920.6.
90 이광수, 「조선 가정의 개혁」, 『전집』 1, 삼중당, 1962, 537쪽.

성순은 회당에 모인 여학생들을 보고 "저 여학생들이 장차 무엇을 하겟습니가 식집도 못가고", "지금 우리나랏 여자가 하기는 무엇을 해요. 공연히 되지못하게 휘젓고 돌아다니기나 하지" 라고 폄하한다. 이는 당시 남성들이 여학생을 보는 시선의 일반을 반영한 것으로 볼 수 있다. 지식의 장에 여자가 들어서고, 자기 발언과 의지를 가진 새로운 유형의 여성 출현은 남성 중심 사회에 대한 도전적 성격을 갖는다. 봉건 사회가 철저히 남성 중심의 사회로 운영되었다면 근대의 공간 역시 힘의 분배에서 차이는 있지만 본질적으로 남성의 공간이다.[91] 따라서 권력을 쥔 남성에 의한 담론은 한 시대의 보편적 담론으로 군림하게 되며, 여성은 남성의 '타자'로 존재하게 된다.

『학지광』 제11호에 실린 이광수 희곡 「규한」은 일방적으로 유학생 남편에게 버림받는 구여성의 삶을 그린 것이다. 이 소설을 통해 남성 지식인들의 여성평등 사상과 실제 현실계에서 여성을 바라보는 괴리된 시선을 읽어볼 수 있다. 이 작품은 이혼을 요구하는 유학생 남편은 전면에 등장하지 않은 채 조선에서 남편을 기다리는 구여성들 간의 대화만으로 구성되어 있다. 일본으로 공부하러 간 남편을 하염없이 기다리는 영준의 처 이씨와 또 다른 처지의 구여성 최씨는 동병상련의 아픔을 나누면서 신세한탄을 한다.

91 리타 펠스키는 근대성과 남성성의 동일시는 현대 이론가들만 고안해 낸 것이 아니라 하면서 19세기 근대를 대표했던 핵심 상징들인 공적 영역, 군중 속의 인간, 이방인, 산책자들은 명백히 성별화된 것임을 주장했다. 예컨대 19세기 거대도시에서 거리를 어슬렁거리는 여성은 누구나 창녀로 여겨지기 십상이었다는 것을 염두에 둔다면, 산책자에 상응하는 진정한 여성은 있을 수 없음을 밝히고 있다. 리타 펠스키, 『근대성과 페미니즘』, 거름, 1998, 43쪽.

李 : 참 그래요. 져도 밤낫 편지루 工夫해라 工夫해라 하지마는 어느틈에 工夫를 하겟습니가. 또 設或 틈이잇다면 가르쳐주는 先生이잇서야지요.

崔 : 넘어 無識하다 無識하다하닛간 집에 들아(어)와도 만나기가 무서워요. 셔울이랑 日本이랑 다니면서 工夫하든눈에 무슨 잘못하는것이나 업슬가하고 그저 暫時도 맘노흘쌔가 업어요.

(…중략…)

老 : 日本이라 하면 모도다 진저리가 나나보구려.

최 : 진저리가 웨 안나겟소. 가서는 四五年이 되도록 집에 올줄도 모르고 惑 夏期放學에 돌아오면, 좀 집에 잇슬가 하면, 무슨 일이 그리만흔지 밤낫 四方으로 돌아다니기만하고. 昨年에 伯林 가노라고 들럿슬적에 집에 이틀 밧게 아니잣답니다. 그도 하로는 舍廊에서.

위 지문을 통해 알 수 있듯이 배우지 못한 구여성들에게 있어 남편은 위로나 애정의 대상이 아닌 자신들의 무식을 탓하는 위협적인 존재일 뿐이다. 또한 아내들은 고향에 돌아온 남편과 마주하지도 못하는, 성적으로 소외된 존재로 갖은 냉대와 멸시를 받으며 살아간다. 남편들은 조선의 아내에게 '공부해라'를 요구하지만 이는 고된 시집살이와 가사 노동에 허덕이는 구여성들의 삶을 전혀 배려하지 않는 일방적 처사이다. 또한 배우고 싶다고 해서 아무 때나 쉽게 배울 수 있었던 것이 아니었던 당시의 빈약한 교육 여건을 고려해 볼 때 구여성들에게 '공부'를 요구하는 것은 지식인 남성들이 여성에게 행하는 폭력이라 할 수 있다.

이광수는 「혼인에 대한 관견」[92]에서 혼인의 조건으로 체질, 정신력,

충분한 발육, 경제적 능력과 아울러 당자 상호간의 연애를 꼽고 있다. 그에게 조선의 혼인은 육의 만족에 머문 "야합이요 간음"[93]에 불과한 것으로 오직 육의 쾌락만을 갈구하는 비문명적 연애이다. 반면 서구의 연애는 문명 세계의 그것으로 '영적' 조건이 요구되는 진실된 것으로 정의한다. 이때 남녀 각각의 영(靈)의 만남에는 필연적으로 교육받은 남녀가 요구된다. "결혼으로 하여금 충분히 그 의의와 사명을 발휘케 하려면, 남자와 평행할만한 여자의 교육이 필요하다"는 논지가 그것이다. 또한 같은 지면에서 여성의 정체성은 "처가 되고 모가 되는 것"이 전부가 아니며 "우선 사람이 되어야"한다고 하여 여성을 남성과 동등한 인격체로 보는 입장을 보이고 있다. 그러나 여성을 '처'나 '모'라는 가족 내 관계보다 '사람'의 문제가 먼저라는 선결조건은 달리 말해 어떠한 여성이 비록 나와 처, 혹은 자녀들의 모의 관계를 맺었다 할지라도 인격 있고 개성 있는 '사람'의 조건에 미달되었을 때에는 가차없이 혼인을 깨도 된다는 남성 편의적 사고로 바뀔 수 있는 기제가 된다.

> 崔 : 그대는 나와 서로 만난지 이미 午年이라, 그 째에 그대는 十七歲요 나는 十四歲라 그째에 나는안해가 무엇인지도 모르고 婚姻이 무엇인지도몰랏나니 내가 그대와 夫婦가 됨은 내 自由意思로 한것이아니오—
>
> 李 : 자유의사가 무엇이야요
>
> 崔 : 나도 모르겟습니다. 평생 편지에는 모르는 소리만 쓰기를 조하하것다. — 自由意思로 한것이아니오 全혀 父母의 强制-强制, 强制-强制로 한것

92 이광수, 「혼인에 대한 관견」, 『전집』 10, 41쪽.
93 이광수, 「조혼의 악습」, 『전집』 1, 432쪽.

이니 이 行爲는 실로 法律上에 아모 效力이 업는것이라—.

李 : 그게 무슨말이야요?

崔 : 아모 效力이 업는것이라. 只今 文明한 世上에는 强制로 婚姻시키는法 없이 업나니, 우리의 婚姻行爲는 當然히 無效하게 될것이라. 이는 내가 그대를 미워하야 그럼이 아니라 實로 法律이 이러함이니 이로부터 그대는 나를 지아비로 알지말라, 나도 그대를 안해로 알지아니할터이니 이로부터 서로 자유의 몸이 되어 그대는 그대 갈대로 갈지어다.

일본에서 모처럼 남편의 편지가 왔다고 한없이 기뻐하는 조선의 아내는 '자유의사'와 '법률'이라는 알지도 못하는 어휘들을 내세워 더 이상 "나를 지아비로 알지말"고 "자유의 몸"으로 가고 싶은 곳으로 떠나라는 남편의 일방적 혼인통보를 접하게 된다. 축첩제도가 여전하고 이혼을 해도 사회생활에 아무런 지장이 없는 유학생 남편에게 '자유의사', '법률', '자유'라는 용어도 모르는 구여성과의 이혼이란 모든 구속에서 벗어난 자유이자 해방을 의미한다. 그러나 '일부종사'라는 유교 관념이 여전한 조선의 현실에서 이혼당한 여성은 세상의 온갖 편견과 냉대, 극도의 궁핍이 기다리는 불행한 삶을 맞이할 수밖에 없다. 더욱이 직접 나서서 설득하는 방식도 아닌 편지 한 장으로 법적 무효를 내세우는 행위는 자신의 아내였던 여성이 맞이할 비참한 삶에 대해서는 조금도 고려하지 않은 '무정'한 처사이다.

'자유의사'와 '법률'은 유학생들이 가진 지식권력을 보여주는 상징적인 어휘이다. 당시 근대의 지표 중 가장 가시적인 것이 서구적 교육이었음을 볼 때 지식은 그 자체로 우월함의 지위가 된다. 구여성들의 배우지 못했음은 그 자체로 죄가 되며, 이때의 지식이란 여성이 익혀야 할 봉건적 부덕(婦德)이 아닌 '근대'교육에 한정된다는 점에서 남편들은 입장의 불균등함에 대한 고려 없이 자신들의 잣대로 여성들과 일방적 관계를 맺는, 이른바 원초적 소통 거부에 불과하다. 무엇보다 「규한」에서 일방적으로 내침을 당하는 여인이 "남편을 제몸보다 더 중히 여겨 밤잠을 못자면서 옷을 지어들이고 반찬한가지라도 맛나게 하려" 하거나 남편이 앓을 적마다 "치마고름도 아니글르고 밤을 새"는 정성을 단지 애정의 주체자가 '사랑을 모르는' 조선의 구여성이기에 그들의 애정은 애정이 아니라고 단정 짓는 것은 지식 권력을 가진 남성들의 횡포를 보여주는 단적인 예이다.

1910년대 「슬픈모순」이라는 작품을 통해 지식인의 고뇌를 형상화한 양백화는 『신여자』 창간호 특집기사인 「현대남자는 엇써한 여자를 요구하난가?」에서 남성지식인들의 여성평등사상의 허구성을 보여주는 글을 썼다. 양백화는 「내가 요구하는 칠개조」에서 "① 중등이상의 교육을 받아 신문 볼줄 알고, 남편이 부르는 원고를 밧아 쓸만한 여자. ② 비만하지 않고 건강한 여자, ③ 면추(免醜)하고 애교있는 여자, ④ 남편이 혹시라도 어려운 지경을 당하면 위로가 될만한 의지있는 여자, ⑤ 어떠한 외간의 유혹을 받을지라도 죽기로 정조를 지켜 무한한 애정을 남편에게 주는 여자, ⑥ 가내(家內)의 제반일을 처리하는 임기응변을 가진 여자, ⑦ 취미성 독서 회화 음악 등 예술에 취미성의 만족을 얻어 가정을 의의있게 하는 여자"[94]를 여성들에게 당당히 요구했다. 이로 볼 때 당대 남성지식인들이 내세운 여성평등은 실제 삶

94 양백화, 「내가 요구하는 칠개조」, 『신여자』 제1호, 1920.3.

과 유리된 문명론의 차원임을 알 수 있다.[95]

일본을 통해 서구의 문명과 교육을 받아들인 유학생들에게 지식 권력은 남성과 여성에게 동등하게 작동되지 못했다. 남성 유학생들에게 지식은 곧 권력을 의미했지만 여성 유학생들에게 지식은 곧바로 권력이 되지 못했다. 지식의 장에 여자가 들어서고, 자기 발언과 의지를 가진 새로운 유형의 여성 출현은 남성 중심 사회에 대한 도전적 성격을 갖는다. 봉건 사회가 철저히 남성 중심의 사회로 운영되었다면, 근대의 공간 역시 힘의 분배에서 차이는 있지만 본질적으로 남성의 공간이다. 따라서 권력을 쥔 남성에 의한 담론은 한 시대의 보편적 담론으로 자리한다. 따라서 지식인 여성은 지식인 남성에 의해 타자로 억압될 뿐만 아니라 아이러니하게도 조선의 일반 민중, 무엇보다 같은 성(性)인 구여성에게조차 타자가 될 수밖에 없었다. 그렇기 때문에 지식권력을 갖지 못한 여성 유학생들은 근대주체로서 자신을 정립해가는 방법에 있어서 남성 지식인들과 차이를 보일 수밖에 없다. 여성들의 발화는 거대담론과 세계흐름의 논의에서 빗겨난 채 '가정'이라는 영역 속에 제한되었으며, 나아가 여성들 스스로 자기를 검열하는 심리적 구조에 지배되었다.

95 이러한 남성들의 여성관, 혹은 결혼관과는 상반된 입장이 『삼광』에 실려 있어 흥미를 끈다. 유지영이 쓴 희가곡 「이상적 결혼」은 아직 결혼하지 않은 처녀 애경의 혼인에 대한 이야기이다. 이 작품에서 애경과 결혼하기 위해 여러 명의 신랑 후보가 신부 부모에게 선을 뵈는 것도 재미있지만 신부의 아버지가 신부인 애경이의 이력을 보여주면서 신부가 자기의 이상과 희망을 말할 것이니 듣고 희망이 있는 사람은 말하라고 하는 장면은 당 시대로 보아 매우 의외적인 장면이 아닐 수 없다. 애경은 결혼에 대한 자신의 이상을 말한 후 이 이상과 충돌하는 것이 없고 남자와 여자의 이상을 비교해 적합한 사람과 연을 맺어야 함을 주장한다. 이 작품에서 결혼을 같은 이상을 가진 남녀사이의 만남으로 정의하는 것도 새롭지만 신부의 부모가 완고하지 않고 자녀의 입장을 최대한 존중하는 모습을 보인 점은 매우 이색적이다. 유지영, 「이상적 결혼」, 『삼광』 창간호~제3호.

2) 여성 지식인의 자기 정체성 수립 과정

조선에 대한 동일한 문제의식과 사명감을 지닌 남·여 유학생들은 지식의 장 속에서 '청년제군'이라는 동일한 집단을 형성하지만 젠더에 따라 발화형태가 달랐다. 무엇보다 남자 유학생들은 그들 발화가 '제군' 전체를 대상으로 한 호소이지만, 여자 유학생들의 경우에는 그 대상에 있어 남성들을 포함하지 못한 채 여성에 국한되어 있었다. 이러한 발화대상의 차이는 앞에서 언급했듯 당 시대 여성이 남성을 동급자 혹은 하위로 두고서 자신의 의견을 펼칠 수 없었던 여성의 지위 속에 살펴보아야 할 사항이다.[96] 이것은 지식이 근대를 이끄는 새로운 권력의 중심으로 등장했다 해도 이 시기에 남녀가 동일한 근대주체가 될 수 없음을 보여주는 사실을 입증한다. 그럼에도 근대 교육은 조선의 현실에서 여성이 자아를 발견하게 하고 자신의 현실에 눈을 뜨게 해 주는 계기가 되었음은 분명하다.

여성교육의 강조는 근대계몽기부터 이루어졌다. 그러나 이 시기 여성에게 요구되었던 교육은 '국민'과 '국가' 구성원 일부로서의 여성계몽이었지, '주체'로서 여성을 위한 교육은 아니었다. 1910년대 들

96 유교가 국가 철학이자 사회 윤리로 자리 잡기 시작한 조선전기부터 지식의 남성독점은 시작되었다. 남성들은 여러 방면에서 지식을 발판으로 공적 영역으로의 진출이 가능했으나 여성에게는 도덕으로서의 지식 혹은 일상생활의 경험을 전수받을 수 있는 지식이 한정적으로 주어졌을 뿐이다(이수자, 『후기근대의 페미니즘 담론』, 여이연, 2004, 23쪽). 동시에 언어와 문자의 세계 역시 완전히 남성에게 귀속되었다. 조선시대 여성들의 글쓰기는 공식적으로 권고되지 않는 영역으로 여성들이 글을 남겼다 하더라도 내간문 혹은 감상문 정도로 여겨졌다(홍인숙, 『근대계몽기 여성담론』, 위의 책, 216쪽). 그러한 측면에서 볼 때 당시 여성들이 부분적이지만 공적영역에서 남성과 동등한 자격으로 글을 쓴다는 것은 근대 교육이 여성 지위에 미친 다대한 영향이라 할 수 있다.

어서야 비로소 중등교육 여성졸업생들이 배출되었으며, 전문적 지식 습득을 위해 일본 유학길에 오른 여성이 나온 것도 이 무렵부터이다. 『여자계』에 실린 여성 발화 중 그들의 자아의식을 보여주는 방향은 다음의 세 가지로 정리해 볼 수 있다. 첫째는 남성중심의 유교사회에서 여성 전체가 신음했던 노예적 삶이었으며, 둘째는 근대교육의 수혜를 입은 여성들 가운데 허영과 부정의 지표를 지닌 신여성에 대한 내부적 비난 혹은, 구여성과 신여성 사이의 갈등에 대한 문제들이다. 다음의 글은 이러한 예를 잘 보여준다.

> 금일 문명의 광선이 세계에 영사된지 미구하야 암흑시대 적막하고 한랭하던 세상은 일신하였다. 만인은 다투어 일어나서 동분서주하며 생장을 차리더니 누구는 비조(飛鳥)가치 공중에도 오르고 (…중략…) 오호라, 이 중에서 지금도 오히려 홀로 야중(夜中)생활을 달게 하는이, 그 누구입니까. 장야건곤(長夜乾坤)에 酣◯를 味覺하고 깊고 깊은 규방 안에 안연이 누워 하등동물적 생활을 하는 반도여자가 아닌가요 (…중략…) 수천 년을 노예생활로 一動一靜이 남자의 심한 압박 하에 구속되어
>
> 근자에 여자들은 학교대문 안에 발만 들여놓으면 허영의 악마가 그 뇌속에 제일위를 점령함으로써 현대 우리 처지라든지 장래 우리 의무같은 것은 생각할 여지도 없이 분외(分外)에 사치를 숭상하며 우리에게는 아직 당치도 않은 문명인의 화려한 가정에 안일(安逸)한 생활을 해 보랴는 공상뿐이요.[97]

97 박순애, 「대문을 나선 형제들의게」, 『여자계』 제2호, 1918.3, 25쪽.

> 우리나라 가정은 예로부터 지나 가정제도를 본보기로 하야 남존여비의 별이 엄격하니 이것을 쫓아 남자는 인권과 자유가 있으나 여자는 이 선천적으로 가진 사람 된 요소를 잃어버리고 남자에게 정복한 바 되어 이제껏 노예적 생활을 계속하여왔습니다. 그러므로 이 사회는 남녀공동한 소유가 아니고 남자의 단독한 소유물이었었고 국가에 대한 의무 책임은 여자에게 조금도 상관이 없었으며 심지어 가정의 권리조차 남자에게 빼앗기고 여자는 한갓 부속물에 불과하여 종의 사역을 (…중략…) 그래서 무식한 부인이 신가정에, 또는 학생 며느리가 완고한 옛사람의 집에 들어가게 되어 신구충돌의 비극이 생기는 것이외다.[98]

『학지광』에서 남성지식인들이 근대주체로서 자신을 입증해 가는 과정은 문명사회를 조선에 실현시키기 위한 구체적 방안들이며, 그 영역은 종교나 사상에서부터 정치・교육・산업 등 사회 및 제도적 측면 뿐 아니라 신체나 노동, 가족 등 전반적 영역을 포괄하고 있었다. 그러나 1920년 이전의 여성화자가 쓴 글 속에서 볼 수 있는 자아해방 논의는 완전한 가정에서 완전한 사회와 국가로 이어지는 수순을 밟고 있으며, 자아의식을 지닌 주체로 선다는 것은 남성에게 지배받던 노예적 삶에서 벗어나 "양처현모가 되어 국가에 동량을 만들어 사회에 공헌하고 민족을 살려 가정에 영광을 사는"[99] 책임론의 완수를 의미했다. 여성들 역시 "우리반도에 신문명을 수입하여 불쌍한 동포에게 회생약을 먹여 신천지의 신행복을 맛보고 누리게 하리라는"[100] 사명

98 김녑, 「신구충돌의 비극」, 『여자계』 제2호, 1918.3, 27~29쪽.
99 위의 글, 31쪽.

감을 갖고 일본 유학을 왔다. 그러나 이들은 사회에 대한 직접적 발언을 하지 못하고 "민족과 사회의 성쇠와 한 가족과 일신의 행복에 여하한 관계"[101]라는 가정과 사회의 연동구조 속에서 가정의 틀을 쉽게 벗어나지 못했다. 이러한 여성담론의 특징은 남성중심의 사회를 단적으로 보여주는 반증이다.

당대 여성들에게 허용되었던 교육은 전통적 여성상을 해치지 않는 가운데서 문명된 나라의 기초인 가정을 잘 꾸려나가는 현명한 아내와 어머니의 범주를 벗어나지 않았다. 남성지식인들은 여성 교육을 주창하고 억압된 여성 현실을 비판한다 해도 궁극적으로 '자아발견'으로서의 여성 해방이 아닌, 화목한 가정, 애정 있는 아내에의 희구로서 배움 있는 여자를 희망했다. "남성지식인들은 근대교육을 경험한 여성들이 '민족의 어머니', '민족의 아내'가 아닌 '개인', '자아'를 말한다는 사실에 몹시 당황했으며, '참된 신여성' 담론을 거듭하면서 이들을 '죄인'으로 몰아붙였다."[102] 나아가 『여자계』에서 활동했던 염상섭이나 전영택 역시 가정제도 개혁의 핵심으로 여성의 교육과 부인의 각성을 촉구하였지만 이들은 여성의 자각을 역설하되 그러한 자각이 남성중심의 사회를 교란시켜서는 안 됨을 분명히 하였다. 즉 여성이 교육받고 각성해 현모양처로서 '자유평등의 평화적 가정을 건설'해야 하지만, 금일 여자의 신교육이 "도리어 그들의 교만심을 조장하고 남녀동등, 여권확장, 자유연애, 자유결혼을 주창하는 일편 신도덕의 정

---

100 현덕신, 「졸업생제형의게 들이는 말슴」, 『여자계』 제3호, 1918.9, 3쪽.
101 위의 글, 4쪽.
102 박정애, 「초기 '신여성'의 사회진출과 여성교육」, 『여성과 사회』 제11호, 한국여성연구소, 2000, 47쪽.

조에 대한 관념이 탈각되고 양심이 마비되어 품행이 단정치 못"[103]하게 될까 적극 경계하였다.

그러한 배경 속에서 여성들 역시 자신들의 주체성을 '조선여자'의 범주 내로 한정 짓고 비록 '청년제군'의 일원으로 근대 주체가 되었다 해도 "우리 반도에 구습에 젖은 가정을 타파하고 이상적 가정을 만들며 후일 자녀를 옳게 길러 마음은 민족을 위하여 오늘 현상을 우리의 이상대로 만드는 책임"[104]진 자로서 스스로를 규정했다. 이처럼 여성들 스스로 외친 여성해방론이 남성 지식인들 발화의 재생산에 그쳤던 것은 본질적으로 사회 전체가 급격한 여성상의 변동을 원하지 않았던 분위기에 지배당했기 때문이다. 무엇보다 같은 여성이면서도 다수의 구여성들이 그들을 바라보는 시선의 편협함인 "일어서려면 압박하려는 주위(周圍)요, 움직이면 사방에서 들어오는 욕"[105]을 견뎌내야 했을 뿐만 아니라 신여성의 또 다른 지표인 부정의 표식을 스스로 경계해야만 했다.

> 몬져 教育을 밧은 女子는 아직 夢中에 잇는 여자를 覺醒식혀야 될, 벗지 못할 重훈 짐이 우리 双肩에 잇지 안아요? 우리도 將次 草家오막사리를 써ᄂᆞ 二三層 洋屋에셔 피아노를 쑹당거리는 생활도 ᄒᆞ야 되기는 하지요. ᄒᆞ나 우리가 이거슬 窮極的 目的을 숨아, 個人의 安逸만 要求ᄒᆞ면 우리 집 左右에셔 들니는 우리 同類女子들의 오쟝이 스러지ᄂᆞᆫ 듯ᄒᆞᆫ 우름소ᄅᆡ와 恨숨소ᄅᆡ를, 엇지 便이 듯고 안졋갯습니까[106]

103 제월, 「부인의 각성이 남자보다 긴요한 소이」, 『여자계』 제2호, 1818.3.
104 김넙, 앞의 글.
105 나혜석, 「경희」, 『여자계』 제2호, 1918.3.

> 只今學生들은 結婚하랴면 으레히 三層집, 피아노, 쿡쿠를 請求한담니다. 그러다가는 그것을 줄만한 財産을 가지지 못한 사람이면 자긔네는 葉錢한푼어치 價値도 업는 人物들이 人格이나 才質은 엇잿든 相關치 안코 머리를 흔듭니다. 그러니까 또 엇든 얼빠진 男子는 그런 아씨와 結婚을 못해셔 絶望한다나요. 厭世를 한다나요. (…중략…) 그런데 가장 新式며느리는 벌셔 衛生々々하며 시부모 하는 일은 다 蔑視합니다. 父母는 奔走히 일하시는데 同夫人 散步가 일수외다. 식히는 일은 다 自己는 못한다고, 힘든다고 하며 아니합니다. 시동생들 보기는 怨讐보듯 하며 모다 貴치 안케만 生覺합니다.[107]

『여자계』 제2호의 「편집실에서」를 보면 『여자계』 2호부터(이번 호부터) 여자친목회에서 주간하게 되었음이 너무 무책임한 일이 아닌가 하는 우려와 함께 "本誌는 가정개량, 아동교육에 本旨를 두"고 "원고를 순언문으로 작성하려고 노력하고 있"다는 것을 밝혔다. 즉 여성이 독자층임을 밝힌 셈인데 실제 제2호와 제3호에 실린 글의 전반적 성격은 여성 교육과 여성의 각성, 책임론이 주된 논지로 그 핵심은 올바른 '어머니 되기'와 '부인 되기'라 할 수 있다. 김덕성의 「새로이 어머니가 되신 형님께」나 김녑의 「신구충돌의 비극」에서는 자식을 교육시킬 막중한 책임을 지닌 어머니로서의 강한 사명감을 환기시키고 있다.

그러나 아이러니한 것은 여성해방의 핵심인 '완전한 가정'과 그 구성원으로서 '양처'와 '현모'가 되어야 한다는 강박은 여성들을 가정의 틀 속에 묶어 놓는 기제가 되었음에도 불구하고 그간 여성들이 부모

106 박순애, 「대문을 나신 형제들의게」, 『여자계』 제2호, 1918.3, 26쪽.
107 춘강, 「신여자의 자각」, 『여자계』 제4호, 1920.3, 31~32쪽.

와 남편의 종속 하에 수동적으로 살았던 삶에서 벗어나 관계의 평등과 자기 목소리를 낼 수 있는 통로 구실을 했다는 점이다. 또한 근대 사회 성원으로서의 직분론 역시 여자의 지위를 높이는 데 일조했다. "우리의 일을 우리가 하려는 이때에 남자니 여자니 하는 적은 구별을 할 필요가 없지 않습니까?", "여자는 맘이 약하고 몸이 약하여 아무것도 못한다고 버려두지를 말고 그들로 하여금 우리 남자의 기반에서 해방을 주고 그들을 우리 남자와 같이 동등교육을 하게 하면 오히려 남자보다 승할 이도 많을 것"[108]이라는 발언은 여성이 교육을 통해 남성과 동등한 사회 구성원이 될 수 있다는 점에서 기존의 종속적 남녀 관계를 끊는 데 일조를 했다. 더욱이 '나'를 구성하는 관계망을 집안 혹은 부모 자식의 좁은 관계 속에서 파악해 왔던 입장에서 벗어나 '자기와 사회의 관계', '자기가 자국의 국민된' 통합 관계 속에서 바라보는 시각[109]은 여성을 남성과 동등한 구성으로 볼 수 있는 기제를 제공한다는 점에서 여성 해방론을 가속시켰다.

> 여자란 것은 바느질이나 잘하고 빨래와 밥할 줄이나 알았다가 시집가면 그 시부모나 잘 봉양하고 그 남편과는 잠이나 같이 자면 그저 할 것을 다하였고 직책이 다 된다는 그 교훈만 들은 (…중략…) (부부간) 소통을 못하게 되며 그 마음을 서로 의심하여 이해를 못하게 되는 것이외다. (…중략…) 시부모를 잘 공양하는 것이 며느리 된 도리겠지 만은 부부의 애정이 이로조차 생기는 것이 아니외다. 맨첨 여자라는 것은 남자보다 아는 것이

108 김환, 「부활하는 여자계의게」, 『여자계』 제4호, 1920.3, 3쪽.
109 김안식, 「자기를 지하라」, 『여자계』 제4호, 1920.3.

> 많아야 하겠습니다. 후일 그가 자녀를 나으면 그 자녀의 열다섯 살 나기까지는 그 어머니 되는 이가 본보기가 되어 성질도 담게 되고 가르치는 대로 알기도 하는 것이니 국가에 대한 사상과 민족에 대한 관념이 이로조차 나게 되고[110]

위의 지문이 보여주는 것처럼 부부간 소통할 수 있는 대상으로서 아내와 자녀교육 주체자로서 어머니 되기는 여자들의 삶의 영역을 가정 속에 가두는 한계가 있음에도 기존의 가족제도에서 여성을 해방시키고 새로운 역할을 부여받았다는 데에 의미가 있다. 따라서 근대 초 현모양처 담론을 무조건 여성 억압이라 보는 비판적 시각은 재고되어야 한다. 이 시기 '가정'[111]과 더불어 형성된 '양처현모' 혹은 '현모양처' 개념은 조선시대의 그것과 기표는 동일해도 함축하고 있는 기의에서는 분명 차이가 존재했다.

조선시대에 '良妻'는 신분을 의미했다. 즉 흔히 알고 있는 '어진 아내'라는 의미가 아닌 '良人의 신분을 가진 妻'를 지칭하였던 것이다.[112] 그리고 조선이라는 시대적 배경 하에서 '현모'라는 개념은 아이의 양육자의 의미에 불과할 뿐 남편과 더불어 가정의 주체로서, 동

110 김녑, 앞의 글, 31쪽.

111 근대계몽기 이후 일본에서 수입된 번역어가 상당히 많이 지식인들의 담론 속에 자리를 잡았는데 '가정' 역시 그 하나이다. 일본에서 '가정'이란 어휘는 메이지 시기 문명담론의 범람 속에 등장한 것으로 서양의 'home'을 번역한 것이다. 일본에서는 1880년대 말부터 가정이 일종의 유행처럼 쓰이기 시작하는데, 종합잡지와 신문에 가정란이 등장하고 가정잡지, 여성잡지가 다수 발간되며, 가정을 주제로 한 다양한 논의가 등장하였다. 홍선영, 「한·일 근대문화 속의 '가정'」, 『일본문화학보』 22, 한국일본문학회, 2004, 251쪽 참조.

112 최승희, 『증보판 한국고문서연구』, 지식산업사, 1989; 홍양희, 「일제시기 조선의 여성교육」, 『동아시아문화연구』 제35집, 한양대 동아시아문화연구소, 2001, 229쪽 재인용.

시에 아이의 교육자로서의 적극적 역할을 수행하는 담당자는 아니었다. 현모양처가 되어 건실한 처와 훌륭한 자녀의 양육자가 되어달라는 시대적 요구는 과거 자녀 교육이 아버지의 몫이었음을 볼 때 여성이 국민 교육을 분담하는 양대 주체로서 등장했다는 점에서 여성 지위의 상승이라 볼 수 있다. 과거 여성에게는 '무엇 무엇을 해서는 안 된다'는 금기의 논리가 우세했으나, 이제 여성에게 '양처'와 '현모'의 자리를 부여하는 것은 근대국가 구성원으로서의 역할 배분이자 최소한 가정에서 남성과 동등한 자리로 올라설 수 있는 평등지향의 관계를 함축한 것이다.[113]

이 시기 가정담론에 한정되어 여성들이 자기발화를 할 수밖에 없었던 데에는 여전히 남성 중심적인 사회 내의 한계에 봉착했기 때문이다. 가정의 영역을 벗어나 여성의 자각과 해방을 급진적으로 외칠 수 없었음은 우리 사회에서는 말할 나위없고 서구 유럽에서도 시기상조였다. 즉 여성 혹은 남성 지식인이 여성의 자각과 노예적 삶으로부터의 해방을 주장한다 해도 실상 그 각성과 실천의 구체적 방향은 제시할 수 없었던 것이다. 그러한 측면에서 볼 때 당대 여성이 처한 현실에 대한 인정과 그 속에서 여성이 나아가야 할 바를 제시한 나혜석의 소설 「경희」는 각별하다.

모두 4장으로 구성되어 있는 「경희」는 1장과 2장에서 구여성인 사돈마님과 떡 장사, 수남이 어머니를 등장시켜 신여성을 둘러싼 구여성들의 시선과 추문으로부터 어떻게 신여성이 스스로를 지켜가는지

113 홍양희, 위의 글, 239쪽.

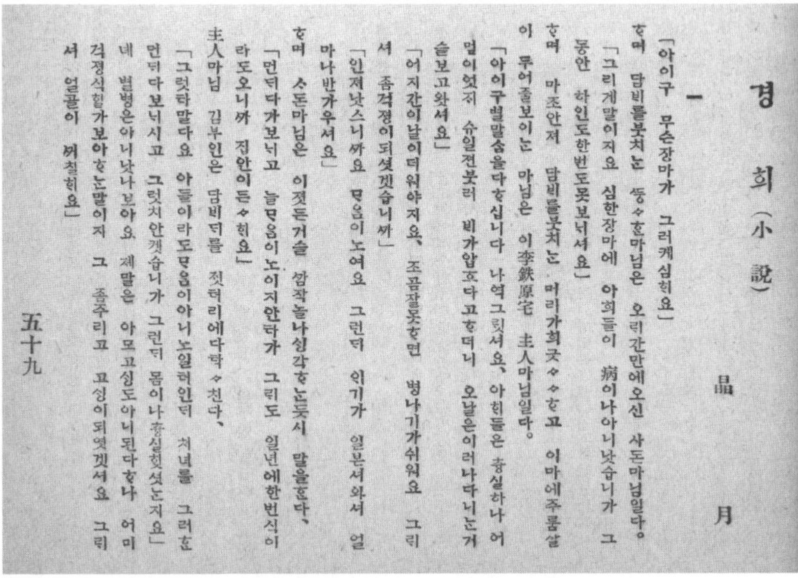

경희(小說)

晶月

一

「아이구 무순장마가 그러케심히요」
ᄒᆞ며 담비를붓치ᄂᆞᆫ 뚱〻ᄒᆞᆫ마님은 오리간만에오신 사돈마님일다。
「그리게말이지요 심한장마에 아희들이 病이나아니낫습니가 그
동안 하인도한번도못보니셔요」
ᄒᆞ며 마조안저 담비를붓치ᄂᆞᆫ 머리가희긋〻〻ᄒᆞ고 이마에주룸살
이 무어졸보이ᄂᆞᆫ 마님은 이李鐵原宅 主人마님일다。
「아이구별말숨을다ᄒᆞ십니다 나역그릿셔요、아희들은 충실하나 어
멈이엇지 슈일전붓허 비가압ᄒᆞ다고ᄒᆞ더니 오날은이러나다니ᄂᆞᆫ거
슬보고왓셔요」
「어지간이날이더워야지요、조곰잘못ᄒᆞ면 병나기가쉬워요 그리
셔 좀걱정이되셧겟습니ᄭᅡ」
「인져낫스니ᄭᅡ요 ᄆᆞᄋᆞᆷ이노여요 그런ᄃᆡ 이기가 일본셔와셔 얼
마나반가우셔요」
ᄒᆞ며 ᄉᆞ돈마님은 이젓든거슬 ᄭᅡᆷ작놀나ᄉᆡᆼ각ᄒᆞᄂᆞᆫ듯시 말을ᄒᆞᆫ다、
「먼ᄃᆡ다가보니고 늘ᄆᆞᄋᆞᆷ이노이지안타가 그ᄅᆡ도 일년에한번식이
라도오니ᄭᅡ 집안이든〻히요」
主人마님 김부인은 담비ᄃᆡ를 짓터리에다탁〻친다、
「그럿타말다요 아들이라도ᄆᆞᄋᆞᆷ이아니노일터인ᄃᆡ 쳐녀를 그러ᄒᆞᆫ
먼ᄃᆡ다보니시고 그럿치안켓습니가 그런ᄃᆡ 몸이나충실ᄒᆞ셧ᄂᆞᆫ지요」
네 별병은아니낫나보아요 졔말은 아모고ᄉᆡᆼ도아니된다ᄒᆞ나 어미
걱정식힐가보아ᄒᆞᄂᆞᆫ말이지 그 좀주리고 고ᄉᆡᆼ이되엿겟셔요 그리
셔 얼골이 ᄶᅡ칠히요」

五十九

『여자계』 2호에 실린 소설 「경희」 본문 중 일부.

를 보여준다. 일본 유학 중 방학을 맞아 고향에 돌아온 경희에게 사돈 마님은 걱정하는 체하지만 실상 속으로는 늘 '저 계집애를 누가 데려가나' 하면서 경희에게 "인제 고만 곱게 입고 앉았다가 부잣집으로 시집가서 아들딸 낳고 재미드럽게 살지 그렇게 고생할 것 무엇 있니?" 한다. 마님의 '어서 시집을 가거라. 공부는 해서 무엇하니' 라는 물음은 구여성 대부분이 '경희'와 같은 신여성을 보면 의례히 묻는 것이다. 당대의 일반적 통념으로 보았을 때 여자들의 공부는 쓸데없이 '계집애 버리는 것' 쯤으로 여겨졌다. 이는 "사내니 고을을 간단 말이냐? 군주사(君主事)라도 한단 말이냐? 지금 세상에 사내도 배워가지고 쓸데가 없어서 쩔쩔 매는 데"의 현실 속에서 여성이 교육을 받아도 사회

속에서 소용될 기회가 없었기 때문이다. 공부를 해도 결혼과 출산의 짐을 벗어날 수 없었을 뿐만 아니라 혼인연령만 늦어져 혼처 얻기도 어려운 실정에서 여학생들의 지식 욕구나 여성 해방논의는 일상 속에서 담론화 될 수 없었다. 경희는 여자 유학생을 부정적으로 보는 구여성들의 시선에 '먹고 입고만 하는 것이 사람이 아니라 배우고 알아야 사람이에요. 당신 댁처럼 아들 간에 첩이 넷이나 있는 것도 배우지 못한 까닭이고 그것으로 속을 썩이는 당신도 알지 못한 죄이에요'라고 항변하고 싶다. 그러나 대구를 하게 되면 "열 말쯤 거짓말을 보태어 여학생의 말이라면 어떻게든 흉만 보고 욕만 하기로는 수단이 용한" 사돈마님이라는 것을 알기에 맞서지 않고 입을 다문다.

지식과 남성의 결합은 권력이 될 수 있지만 지식과 여성의 결합은 봉건적 생활이 여전한 조선 사회에서 오히려 부정의 대상이 되기 쉬웠다. 따라서 여학생 경희의 인정투쟁은 남성보다 훨씬 치열할 수밖에 없었는데, 이는 가부장의 대표 격인 남성과 웃어른이라는 성과 세대로부터 억압되어 있었을 뿐만 아니라 조선의 구여성들로부터도 소외대상이 되었기 때문이다. 이러한 이중적 억압의 시선에 직면한 유학생 경희는 무식하고 미개한 조선 여자들과 배운 자신이 얼마나 다른가를 보여주는 것이 아니라 구여성의 일상 속에서 그들과 소통하는 가운데 교육의 필요성을 몸소 느끼게 한다.

경희는 바느질을 따로 배울 시간은 없었지만 "어려운 공부를 하면 의사가 튀우"게 되 바느질도 잘하고 무엇보다 일어를 할 줄 아니 재봉틀 바느질 강습소에서 양복짓는 것도 손쉽게 배울 수 있었다. 뿐만 아니라 여러 부인이 모여 김부인에게 "따님 공부를 시켜서 무엇하나요?"

라 묻자 김부인은 점잖은 신사가 경희를 찾아와 절을 하고 높은 월급을 줄 테니 병풍을 놓아달라고 부탁한 사실을 통해 배운 여자가 존대받을 수 있음을 강조했다. 이렇듯 겸손하고 일 잘하는 유학생 경희를 직접 보니 여학생에 대한 험담을 일삼던 사돈 마님도 속으로 "내가 여학생을 잘못 알아왔다. 정말 이 집 딸과 같이 계집애도 공부를 시켜야겠다. 어서 우리 집에 가서 내외시키던 손녀딸들을 내일부터 학교에 보내야겠다"는 자발적 결심을 하게 된다.

뿐만 아니라 배웠다고 하는 신여성은 일하지도 않고 허영과 사치만을 일삼는다는 세간의 선입견이 무색하리만큼 경희는 몸종 시월이와 격의 없이 일할 뿐만 아니라 노동의 즐거움을 알고 있었다. 경희는 불을 때고 풀을 저을 때 나는 소리에도 도쿄음악학교 연주회석에서 듣던 관현악 연주소리를 떠올리고 아궁이 속의 타오르는 불길에도 묘한 '미감'을 느낀다. 경희는 아버지를 비롯한 조선 사람들이 자신을 향한 시선인 '일본 보내서 버리지는 않은 모양'임을 온 몸으로 보여준다.

> 이번 경희의 소제(掃除) 방법은 전과는 전혀 다르다. 전에 경희의 소제 방법은 기계적이었다. 동쪽에 놓았던 제기며 서쪽 벽에 걸린 표주박을 쓸고 문질러서는 그 놓았던 자리에 그대로 놓을 줄만 알았다. 그래서 있던 거미줄만 없고 쌓였던 먼지만 털면 이것이 소제인 줄만 알았다. 그러나 이번 소제방법은 다르다. 건조적(建造的)이고 응용적이다. 가정학에서 배운 질서, 위생학에서 배운 정리, 또 다화시간에 배운 색과 색의 조화, 음악 시간에 배운 장단의 음률을 이용하여, 지금까지의 위치를 전혀 뜯어 고치게 된다. (…중략…) 경희는 컴컴한 속에서 제몸이 이리저리 운동케 하는 것이

> 여간 재미스럽게 생각지 않았다. 일부러 빗자루를 놓고 쥐똥을 집어 냄새도 맡아보았다. 그리고 경희가 종일 일하는 것은 아무 바라는 보수도 없다. 다만 제가 저 할 일을 하는 것밖에 아무것도 없다. (…중략…) 경희의 힘으로 능히 할 만한 일은 행여나 털끝 만한 일이라도 남더러 해 달라고 할 것이 아니다. 조금이라도 남에게 빼앗길 것이 아니다.[114]

성실과 자립정신, 근대과학의 실생활 응용, 상대에 대한 배려, 노동의 가치발견과 시간 관리의 중요성 등 근대의 덕목들을 관념이 아닌 현실 속에서 몸소 보여주는 경희는 '가정' 담론을 쉽게 넘을 수 없었던 당대 여성 발화의 현실 속에서 여성의 자각과 근대지식의 체화를 보여주는 여성이었다.

그러나 여성으로서의 주체적 삶과 그 실천까지 보여주었다 하더라도 경희 역시 현실에서 좋은 혼처를 마다하고 제 갈 길을 간다면 "팔이 아프도록 보리방아를 찧어야 겨우 얻어먹게 되"는 삶이 기다림을 모르지 않는다. 아버지 말씀대로 정해놓은 혼처를 마다하지 않는다면 "쌀이 곳간에 쌓이고 돈이 많고 귀염도 받고 사랑도 받고 밟기도 쉬운 황토(黃土)요 탄탄대로"가 보장되어 있으리란 것도 잘 안다. 경희는 이 두 길 앞에서 과연 배웠다는 자신이 무엇인지 되돌아본다. 소설 「경희」의 선진성은 이처럼 관념적인 여성해방과 각성에 그친 것이 아니라 현실에 기반 한 사유와 그 속에서 지식인 여성이 겪는 구체적 번민과 방향을 조심스럽게나마 모색했다는 점이다.

---

114 나혜석, 「경희」, 『여자계』 제2호, 앞의 책, 69쪽.

과연 그렇다. 나 같은 것이 무얼 하나. 남들이 하는 말을 흉내내는 것이 아닌가. 아아 과연 사람 노릇 하기가 쉬운 것이 아니다. 남자와 같이 모든 것을 하는 여자는 평범한 여자가 아닐 터이다. 사천 년래의 습관을 깨뜨리고 나서는 여자는 웬만한 학문, 여간한 천재가 아니고서는 될 수 없다. (…중략…) 경희가 이제껏 배웠다는 학문을 톡톡 털어 보아도 그것은 깜짝 놀랄 만치 아무것도 없다. 남이 제 앞에서 춤을 추고 노래를 하나 참으로 좋아할 줄을 모르고 진정으로 웃어줄 줄을 모르는 백치 같은 감각을 가졌다. (…중략…) 이 사람이 이러는 대로 저 사람이 저러는 대로, 동풍 부는 대로 서풍 부는 대로 쓸리고 따라가도 고칠 수 없이 쇠약한 의지가 들어 앉았다. 이것이 사람인가. 이것을 가진 위인이 사람 노릇을 하잔 말인가. 이까짓 남들 다 하는 ㄱㄴ쯤의 학문으로, 남들도 지을 줄 아는 삼시 밥 먹을 때 오른손에 숟가락 잡을 줄 아는 것쯤으로는 벌써 틀렸다. 어림도 없는 허영심이다.[115]

여성 해방에 대한 강렬한 욕구가 있다 해도 여성의 목소리가 사회를 주도해 나갈 수 없었던 현실 속에서 추상적 관념론의 반복이 아닌 현실에 기반한 여성 지식인의 이러한 고민은 그 자체로 이미 선진적이다. 그러나 급변해가는 세계 속에서 여성 역시 지식인의 한 분자로 자리매김 해 가게 되면서 소극적이었던 여성해방에 대한 논의도 점차 변화를 보여 간다. 초기 여성유학생 중 가장 활발히 활동했던 나혜석은 이미 「경희」에서 "경희도 사람이다. 그 다음에는 여자다. 그러면 여자라는 것보다 먼저 사람이다. 또 조선 사회의 여자보다 먼저 우주 안 전 인류의 여성이다"라고 주장하면서 강한 자아의식을 피력했다.

115 위의 글, 72쪽.

1910년대를 지나 1919년의 세계 대격변을 겪고 난 뒤에 여성의 자아 정체성의 탐구 방향도 조금씩 변화해가기 시작한다. 여성을 더 이상 '가정'의 담론 속에 묶어 놓을 수 없다는 인식이 급변하는 세계사의 조류 속에서 나타난다. 이러한 분위기는 여자 유학생들뿐만 아니라 남자 유학생들의 발화 속에서도 감지할 수 있다.

> 현대문명의 특징은 「해방」이라 합니다. 정권해방, 산업해방, 노예해방, 학문해방—이것이 오늘날 문명의 정신이라 할 수 있습니다. 그러면 조선에서도 여자를 해방하려면 먼저 교육을 하여야 될 것이오, 조선에서도 교육을 해방하려면 여자에게 교육의 문을 열어놓아 주어야 하지 않겠습니까. (…중략…) 이에 먼저 사람을 만들려 함은, 세상에 아무 소용없는 그냥 사람을 양성하려는 것이 아니라 무의미하고 철저치 못한 소위 賢母良妻라는 무기를 만들려고 하지 말고 독립한 일개 사람이 되도록 인격을 양성하여 주고 그 다음에 일가를 위하여 사회를 위하여 혹은 민족을 위하여 인도를 위하여 유용한 사람이 되게 할 것이라 함이외다.[116]

현대문명의 흐름 속에서 여성의 교육 문제를 제기한 위의 글에서는 진정한 여성 교육을 위해서는 덕성과 의지, 지식뿐만 아니라 건전한 신체 등의 '사람' 만들기가 선행된 후에야 비로소 '현모'도 '양처'도 '여자'도 가능하다는 논의를 전개한다. 각주에 다루었듯 이 글의 저자

116 「여자교육론」, 『여자계』 제3호, 1918.9, 7~11쪽. 『여자계』 제3호와 목차와 본문에는 저자 표시가 없다. 그러나 제2호 「래호(來號)예고」에는 '추호'의 「조선의 여자교육론」을 "본호에 기재하려 하엿싸오나 사정으로 인하야 래호로 밀엇습니다" 라는 글이 실려 있다. 이로 볼 때 이 글의 저자를 전영택으로 보아도 무방하다고 본다.

를 전영택으로 추측해볼 수 있는데, 그렇다면 이를 통해 그간 남성지식인의 여성해방론이 큰 진전을 이루었음을 알 수 있다. 극웅 최승만 역시 「여자해방문제」[117]에서 18세기말 프랑스 혁명과 미국의 독립전쟁을 다루면서 여성의 억압된 현실과 자유의 문제를 제기하였다. 즉 문명국이라 하는 곳은 어디든지 '부인의 자유'를 말하고 '부인의 선거권'을 떠들게 되었다 하면서 우리 사회 '여자계'의 '자유'없음을 절규했다. 또 그는 "나는 여자의 해방을 다만 여자를 위하여 부르짖는 것이 아니라 남자를 위해서나 여자를 위해서나 사회를 위해서나 인류를 위해" 부르짖는 것임을 강조했다. 그러나 남성의 여성 해방론은 여전히 여성으로서 살아온 구체적 삶에 대한 천착이 아니라 사회 전체의 대의적 차원에서 접근해 갔음을 알 수 있다.

'가정' 담론을 통해 사회와 국가에서 요구되는 새로운 여성상을 제시했던 여성지식인의 글들 역시 1919년 이후 세계 사조의 흐름에 동참하는 적극적인 모습을 보인다. 동경여자의학전문학교를 마치고 여의사로 발을 내디딘 현덕신[118]은 『여자계』 5호의 「새 세계가 다시 왔네」라는 글에서 "1919년의 수학이 과연 무엇인가?"라는 물음을 화두

---

117 극웅, 「여자해방문제」, 『여자계』 제4호, 1920.3.

118 당시 『동아일보』 1922년 1월 9일 3면에는 「신여의사 현덕신양」에 대한 기사가 실렸는데 이를 보면 당시 사회에 본격적으로 진출한 여성 지식인이라 하더라도 '지식인'이 아닌 '여자'의 관점에서 그녀를 바라보고 있음을 알 수 있다. 다음은 기사의 일부이다. "동경녀자의학전문학교를 우수한 성적으로 졸업하고 방금 시내 죽첨뎡 부인성서학원에 류숙하고 있는 현덕신씨를 방문한 즉 씨는 어엽분 얼굴에 처녀다운 미소를 씌우고 말하되 '형식상으로는 졸업하엿다고 하나 실상은 아모 것도 아지 못합니다. 싱각하면 모든 것이 붓그러운 것 쌘이올시다. (…중략…) 그후 다시 긔회가 잇스면 독일을 조금 가보고저 함니다. 그러나 어대 모든 것이 뜻대로 됩니까.' 하고 매우 **겸손한 태도로 말솟마다 얼골을 붉어지는 대 쌀쌀히 부러오는 찬바람은 그의 하얀 얼골에 느러진 감운머리를 하늘하늘 흔들어 그로 하여금 더욱 처녀다운 손실하고도 아름다운 멈을 낫타내더라.**" 강조된 부분을 보면 여성 지식인이기보다 여성이 앞선 시각임이 드러난다.

로 던졌다. 그녀는 이 물음에 급변하는 세상 속에서 조선인들이 허송세월하였다는 자기비판과 함께 "세계는 작심하고 굴복할 무대가 아니오 생명에 횃불 들고 자기의 의지를 실현하며 창조할 공장이로다"라는 진취적 포부를 펼쳤다.

같은 호에서 춘성 노자영은 서구에서 극렬하게 부인 권리를 주창한 인물의 언급에 이어 '부인문제'를 '구래의 도덕과 개인주의 사이의 충돌로 인한 도덕문제'라 주장했다. 이어 "부인의 도덕이나 남자의 도덕이나 근본에 대하여 하나이지 않으면 안 된다"[119]는 현모양처 담론을 넘어서는 여성해방에 대한 적극적 견해를 펼쳤다. 뿐만 아니라 춘성은 입센의 「인형의 가」의 주인공 '노라'가 남편과 아이들을 버리고 "당신도 나도 동등한 사람이며 인간의 생활을 시작하기로 각성했다"는 말을 남기고 자아를 찾아 떠나는 삶을 여성해방의 세계사적 흐름으로서 보여주었다.

이러한 여성인식의 변화 속에서 남녀 사이의 관계를 재정립하는 시각이 조금씩 나타났다. 이전에 남녀 사이를 무조건 성적 결합으로 보고 여성을 필연적으로 아이를 낳는 수단이자 남성 성욕의 대상으로 한정한 시각에서는 남녀 동등한 입장 성립이 불가능했다. 그러나 이성사이의 교제의 원동력을 '성적만족'에 두지 않고 여성과 남성은 같은 사람이며, 서로 '우정'으로 교제할 수 있다는 입장[120]은 여성 지위에 대한 새로운 시각을 부여한 매우 선진적인 사고이다. 여기서 더 나아가

119 춘성, 「부인문제」, 『여자계』 제5호, 1920.6.

120 성(星), 「남녀교제에 대하여」, 『여자계』 제6호, 1921.1. "갓혼 사람인 남자와 여자는 충분이 우정으로 교제할 수 잇습니다. 이 우정으로 사괴이는 교제를 「사람다온」 교제라 하고 이 사람다온 교제는 성적관념을 초월한다 합니다."

남녀 사이의 결혼 역시 부모의 강제에 의한 결혼이 아니라 "각인(各人)의 개성이 힘있게 각성하"[121]고 "자기이상을 출현시킬 새가정의 창조"가 되어야 한다는 주장까지 나오고 있다. 이러한 진전은 여성 스스로 자신의 위치를 '가정' 속에 가두어 현모와 양처로서의 역할론에 포박되었던 인식의 한계를 조금씩 벗어나고 있다는 점에서 의미 깊다.

그러나 지식인의 담론에서 벗어나 실제 현실에서의 여성의 지위는 여전히 차별과 압박이 존재했다. 위에서 보았듯 남성지식인들 역시 근대적 주체로서 새로운 여성상을 표방했지만 가정의 틀을 벗어나 자아를 외치는 신여성들의 해방의 욕구와 기존의 가부장 제도에 반하는 여성의 진출은 용납하지 않았다. 근대여성의 포문을 열었던 나혜석이나 김명순 등이 가부장적 통념에 반기를 들고 '여자'가 아닌 동등한 인격체로서 '인간'으로 살기 위해 처절히 몸부림을 쳤으나, 결국 사회의 지탄을 면치 못하고 행려병자로 삶을 마감할 수밖에 없었던 현실은 이를 잘 보여준다.[122]

121 옥로, 「결혼과 연애」, 『여자계』 제6호, 1921.1, 33쪽.

122 구미 유람을 경험한 화가로서 나혜석은 이상과 실제 현실 사이의 간극에서 누구보다 큰 고통을 겪었다. 나혜석은 이혼 후 강한 모성애적 집착을 보였으나 당시의 법률과 관습에 따라 자식은 아버지의 소유물로서 어머니의 접근조차 허락되지 않았다. 자식에 대한 친권도 아버지 소유였으며 이혼 시 여성의 재산분할도 불가하였다. 그녀는 말년에 양로원을 여기저기 떠돌다가 어딘가에서 객사하고 말았다(이상경, 『인간으로 살고 싶다』, 한길사, 2000). 또한 『청춘』지 현상공모에 당선되면서 화려하게 문단에 등장한 김명순 역시 젊은 시절 문인으로서, 매일신보 기자로서, 영화배우로서 화려한 삶을 살았지만 말년에 폐인이 되어 동경에서 쓸쓸하게 삶을 마감했다(이태숙, 「고백체 문학과 여성주체－김명순을 중심으로」, 『우리말글』 26, 우리말글학회, 2002.12). 여성 지식인들은 주체로서 자아를 내세웠지만 여전히 남성 중심적인 사회에서 '가정'의 울타리에서 벗어나 자아를 외치는 일은 온몸으로 싸워도 여전히 패배할 수밖에 없는 것이었다.

/ 제3장 /

새로운 윤리주체로서의 유학생과 근대적 문학관의 수립

1. '정'의 발견과 근대적 문학관의 수용

1) 유학생들의 인정투쟁과 자기 확립

당대의 지식인들은 500여년의 긴 역사를 가진 왕조가 그들이 야만이라 칭했던 민족에게 무너지고 마는 역사를 목도하면서 자신들의 뿌리가 되어 주었던 종교와 윤리, 세계관을 스스로 폐기하게 된다. 그러나 이광수의 논의가 대표하듯 금일의 대한 청년은 타국이나 타시대의 청년들과 달리 선조로부터 계승할 것이 아무것도 없는 '공공막막(空空漠漠)'한 곳에서 새로운 역사와 시대를 창조해야 존재들이었다. 삶의 표준을 상실한 상태에서 '생(生)'의 문제는 더욱 절박하게 옭죄어오며 이 현실을 극복하고 밀고 나갈 수 있는 힘은 오로지 자기 정립적인 '정신'이지 않으면 안 된다. 이제 자신에게 궁극적으로 중요한 것은 스스로의 판단과 감정뿐이다. "운명을 믿지 않"고 "신경(神經)이 완전히 운전(運轉)하야 작용하는 날이 나의 갱생(更生)하는 날"[1]이라 확신

1 최승구, 「감정적 생활의 요구」, 『학지광』 제3호, 1914.12.

하는 당대 유학생들에게 삶의 심급은 주체의 시각이며 그 시각으로 해석해 내는 각각의 주관적 세계는 새로운 의미로 다가온다. 과거 억눌려 온 조선인의 삶이 '자기 자신의 기만'이자 '거짓된 생활'이었다면, 이제 '인습'이나 '전통'에서 벗어나 '사람'이 되고자 하는 유학생들의 자기 결의는 비로소 '인류의 한 분자'이자 '신의 자'[2]로 다시 태어나는 갱생을 의미한다.

정체성이란 "내가 누구며 나는 무엇을 해야 하고 어떻게 해야 하는지에 대한 판단의 집합"[3]이라면, 백성 혹은 국민, 민족으로서의 통합적인 정체성이 아닌 각각 1 / n로서의 나를 발견하고 자신이 속한 무리 안에서 제 위치를 찾아가는 것은 근대적 주체로서 자신을 정립해 가는 과정이다. 그러나 발견된 개체로서의 삶을 통어해 줄 세계관이 무너진 상태에서 본래적 자신 찾기는 또 다른 정체성의 혼란을 수반한다. 앞서 살핀 유학생들의 글쓰기에서 '제군'의 발화와 내면의 감정 표출에서 보이는 간극은 이러한 의식 상태의 반영이다. 무엇보다 "삼강오륜의 구질서가 엄정하던 구도덕은 개아독립과 자유연애로 대변되는 신도덕으로 대체"[4]되고, "현 사회는 영웅이 없는 시대"[5]라는 인식 속에서 삶의 중심은 각 개인의 구체적 현실 속으로 내려온다. 유학생의 논설에서 조선의 유교와 성리학이 그토록 비난의 대상이 되었던 이유는 종적인 신분질서에 각 개인을 얽매어 두고서 개성과 의지를 말살했기 때문이다.

---

2 박석윤, 「자기의 개조」, 『학지광』 제20호, 1920.6.
3 이진경, 「근대적 주체와 정체성」, 『경제와 사회』 통권35, 비판사학학회, 1997년 가을, 8쪽.
4 김리준, 「출진하는 용사 제군에게」, 『학지광』 제5호, 1915.5.
5 검산촌인(劍山村人), 「오제(吾儕)의 장래 문제」, 『학지광』 제6호, 1915.7, 42~43쪽.

근대적 공간 '동경'에서 조선과 조선인들의 삶을 전근대적 영역이라 바라보는 유학생들은 그들 스스로 조선의 삶에서 벗어나 근대적 주체가 되고자 하는 욕망 하에 인간에 대한 재정의를 시도한다. 문명한 시대가 요구하는 인간상은 '고상한 감정과 강한 의지'를 지닌 동시에 세계를 직시하고 시대적 사명을 잃지 않는 '신청년'들이다. 이들이 기획하는 '청년'은 이미 있는 존재가 아닌 각성과 자각을 통해 추구해 가야 하는 '구하는 바 청년'[6]으로서의 미래지향적 존재들이다.

『학지광』 11호에는 유독 청년들이 지녀야 할 덕목으로서 욕망을 강조하는 내용이 많다. 「야심과 인생」[7]에서는 "세상에 야심업는 인생처럼 가련하고 가석(可惜)한 것은 다시업도다" 라면서 야심가의 예로 알렉산더와 나폴레옹을 들고 있다. 야심은 결코 천히 여기거나 비난의 대상이 아니라, "사람으로 하여금 절대한 사업을 가능케 하는 원동력이며, 세상으로 하여금 문명발전을 가속케 하는 추진력"이라 하였다. 같은 호에 실린 「조선사람생활난의원인」[8]이라는 글에서 조선인의 최대 결점으로 지적한 것은 '욕망 없음'의 문제이다. 욕망은 오늘날 물질적 문명을 가져온 근원적 힘이며, 특히 경제적 진보에서 욕망은 그 출발점이라 강조하였다. 욕망은 이광수 역시 자주 강조한 바로, 그는 「살아라」라는 글에서 목숨을 이어가는 '살기'가 아닌 진정한 '살음'이 되기 위해서는 도덕에 지배당하는 수동적 삶이 아닌 인간의 욕망을 적극 발현시키는 삶이어야 한다고 강조하였다.

6 현상윤, 「구하는 바 청년이 그 누구냐」, 『학지광』 제3호, 1914.12.
7 편집인, 「야심과 인생」, 『학지광』 제11호, 1917.1.
8 노준영, 「조선사람생활난의 원인」, 『학지광』 제11호, 1917.1.

人生에게는 慾望이 잇습니다. 慾望이 잇슴으로 要求가 잇고 要求가 잇는지라 그 要求를 滿足하랴는 意志가 發하고 이 意志가 발하는지라, 만반 활동이 생기는 것이외다. 그런데 慾望의 內容은 文化의 程度를 따라서 더욱 複雜하여지는 것이니 文化의 程道가 나즐사록 그 內容이 單純하고 놉흘사록 複雜할것이외다. (…중략…) 그럼으로 各國의 敎育은 人民의 慾望의 內容을 極히 複雜하게 하여주고 또 熱烈하게 자극하는 것이외다.[9]

욕망에의 충실은 한 개인의 인생을 진취적으로 만들어 줄 뿐만 아니라 국가의 문화 발전정도와 직결된다는 점에서 각국의 교육은 '욕망'에 대한 교육이어야 한다고 언급했다. 그러나 운명과 숙명에의 순응적 삶에서 벗어나 개인의 노력으로 새로운 세상을 만들어 갈 수 있다는 의지에의 확인, 각성, 욕망에의 긍정 담론은 치명적 함정을 안고 있다. 개인 능력에 대한 발견과 신뢰는, 동시에 불행과 무능은 오로지 개인의 몫이라는 논리적 함정을 내재하고 있기 때문이다. "현대의 운명은 인류의 「힘(力)의 자신에서 나온 것」"이나 그간 조선에서의 삶은 "자기의 위대한 능력을 부인한 결과 나타(懶惰)가 되고 염세(厭世)가 되고 은둔(隱遁)"[10]이 되었다는 탄식은 개인의 무능력을 확대하여 조선민족 전체가 무능하기에 식민지로 전락하고 말았다는 식민주의 담론을 내면화 하게 된다. 오랜 세월동안 개인을 포박했던 성리학적 질서, 유교적 사상을 배제하고 미래지향적 '청년'상을 통해 근대적 주체가 되고자 했던 당대 유학생들에게 '生하려는 욕망 又는 의지'에 대한 자

9 이광수, 「살아라」, 『학지광』 제8호, 1916.3, 4~5쪽.
10 이광수, 「숙명론적인생관에서 자력론적 인생관에」, 『학지광』 제17호, 1918.8, 19쪽.

각은 약육강식의 원리를 인류사회의 법칙으로 수용하고 이기주의를 인류의 도덕으로 여김에서 비롯한다. 이제 선하고 아름다운 것은 도덕이나 정의, 종교가 아닌 힘으로서 '강(强)'일 뿐이다.[11]

과거의 모든 부정적인 것들을 배제한 뒤, 자기 본연의 의지와 행동, 감정의 중요성을 깨닫고 실천하는 근대 주체로서 '청년'에 대한 이들의 기획은 무지와 몽매의 식민지 조선에서 벗어나 근대적 삶을 지향하고자 하는 고투의 산물이다.[12]

---

11 대표적인 담론으로 다음을 들 수 있다. "오제(吾儕)는 도덕이 무용물임을 강자에게 학득하야스며 문명의 이용을 역시 강자에게서 견득(見得)하엿도다. 영성(靈性)의 안위를 득(得)하기 위하여는 종교에 의(依)할 것이 아니요 강자됨에 있다 함도 오제는 문득(聞得)하얏노라. 강자는 절대요, 무상 권위로다. 강즉신이요. 천재지(天才之) 창조자이니 모든 것을 발전시키는 유일 존칭은 '강'이다. (…중략…) 정의도 강자의 앞에는 무가치의 장물(長物)이며 인도(人道)도 강자 앞에는 필요없다. (…중략…) 생을 유지하는 것이 선이라 하면 생을 유지하기 위하여 수단인 강이 되라하는 것이 선임은 물론이며 동시에 강은 인류의 최고이상이라 아니치 못할지로다." 정충원, 「아아 형제여」, 『학지광』 제6호 (1915.7) 우승열패 혹은 적자생존이라는 제국의 논리를 받아들이는 자리가 어디인지는 중요한 문제이다. 1910년대 뿐만 아니라 애국 계몽기 무렵에도 이러한 문명관은 큰 비판 없이 우리 사회에 흡수되어 자강론의 근거가 되었으나 동시에 제국을 지탱하는 힘의 논리 반대편에 놓인 식민지 담론을 스스로 내재화해 버리는 결과를 가져왔다. 반면 후쿠자와 유키치의 문명개화론에는 중국의 유학적 사유가 가져온 폐해로서 관리들의 전제의식이나 국민들의 무기력 등 의식구조의 변화를 통해 근대화로 나아가려는 인식을 명확히 보여준다. 그럼에도 후쿠자와 유키치는 일본이 문명개화를 향해 발전하는 데 있어서 서양의 존재는 결코 궁극적으로 도달해야 할 목적지가 아니라 발전을 위한 수단으로 보았다는 점과 서구 문명의 불완전성을 직시했다는 점, 나아가 서양 문명을 상대적 관점에서 바라보고 일본의 문명과 서구의 문명을 단지 시간차의 문제로만 파악했다는 점은 우리의 문명관과 비교해 살펴야 할 부분이다. 유키치의 이러한 관점은 그의 문명론이 진정한 의미로의 문명론이 아닌 현재적 상황에서 국가독립보전이라는 목표 달성을 위한 방법으로서의 문명론이라는 점에서 국가의 독립, 정치적 자유를 꿈꿀 수 없었던 식민지 조선이 처한 현실과 대조된다. 즉 서구 열강의 힘 앞에서 굴욕을 겪어야 했던 우리 근대사의 특수한 입장이 제국주의의 논리를 일방적으로 수용하게 만드는 계기로서 작용하지 않았나 한다. 김정호, 「일본 메이지유신기 계몽사상의 정치사상적 특성」, 『한국동북아논총』 제37집, 한국동북아학회, 2005, 156~161쪽 참조.

12 그러나 개인의 각성, 욕망은 식민지라는 현실 속에서 그들 등 뒤에 놓인 '민족'의 문제를 고려하지 않을 수 없다. 일본의 속국이 되어 정치적 자유를 말살당해 버린 식민지 백성으로서 일본제국에 맞서기 위해서는 '민족'이라는 운명공동체가 요구될 수밖에 없다. 즉 자기 자신을 새롭게 규정할수록 스스로 민족과 조국을 등지게 되는 논리적 모순에 직면하게

근대적 주체로 자신을 정립해가고자 하는 이들에게 중요한 것은 살아있다는 실존의 감각과 그 확인으로서의 개성, 욕망, 감정의 분출이다. 그러나 삶의 근간이 되어주던 종교와 윤리, 도덕을 무화시킨 자리에서 자아를 세계의 근본으로 놓고 감정과 욕망을 지닌 개인을 담론이 아닌 서사로 담아낼 때, 어떻게 삶의 총체성을 그려낼 것인가는 문제가 된다. 1900년대 후반부터 1920년대 초 유학생들에 의해 쓰여진 다양한 서사물들은 이러한 가치관의 착종 상태에서 새로운 인간 윤리를 정초하고 삶의 질서를 찾아나갔던 모색기의 산물들로 보아야 한다. 이 중에는 유독 시대에 대한 고민과 현실의 갈등 속에서 어떻게 자신의 삶을 이끌어가야 할지 번민하는 내적 토로형의 글들이 상당수 발견된다.

> 東京 下宿구석에서 된장국에 노란 무쪽만 쌜든 것보다는 엄청나는 貴族的 生活이오. 反抗的 態度의 橫扛木이 肺中에 가로 쌧치여 不時에 貴族的 生活을 하고 십흔 生覺도 업지 안소.
>
> 兄아,[13] 이것을 滿足이라 하겠는가, 不滿足이라 하겠는가. 允復이 되고 四肢가 풀리니, 滿足치 안이함도 안이오만은 小滿足이 어찌 大滿足을 익이겟

되는 것이다.

13 이때 언급된 형을 황석우로 보는 논의는 일반적이다. 황석우는 홍영후가 창간한 『삼광』에는 글을 실었음에도 유학생 기관지 『학지광』에는 아무런 글도 싣지 않았다. 황석우의 도일 시기는 대략 1914년경 후반에서 1915년경으로 파악된다. 황석우는 '학우회'인물인 최승구, 김억 등과 교유관계를 맺은 것으로 보이는데 이는 다음을 통해 증명할 수 있다. 황석우가 창간한 일인 잡지 『근대사조』에는 창간사를 제외하고 총 7편의 글이 실려 있는데 그중 황석우의 번역과 창작 글을 제외한 두 편 글의 저자가 최승구와 김억이다. 이로보아 황석우가 『학지광』에 글을 싣지 않아도 비슷한 시기에 유학한 '학우회' 회원들과는 분명 친밀한 관계가 있었음을 알 수 있다. 김인택, 「『근대사조』 연구」, 한국학중앙연구소 석사논문, 2006.

소. 나는 더 큰 不滿을 가지고 이곳에 왓거든, (…중략…) 우리의 業中에 「自我의 實現」과 「公共의 圖利」의 二大 사상에, 懷疑하는 態度를 往往 目睹한다 하얏소. ―毋論 自我와 公共의 區別되는 界線이 엇의까지인지, 實現과 圖利의 名哲한 範圍가 엇의까지인지(原來도 嚴格한 說明은 업다 하오) 充實한 內容이 업고 輪廓의 生覺뿐인 나로서, 이러한 大問題를 口筆로 表示하기에는 躊躇를 免치 못하는 바오만은 나의게는 一便으로 躊躇를 打破하는 大膽이 잇소.[14]

욕망과 감정을 지닌 개인으로서 살고자 하지만 공공의 도리를 염두에 두어야 하는 '청년'제군의 삶을 간과할 수 없음이 유학생들의 현실이다. 또한 민족이라는 운명 공동체 밖에서 각성한 근대 주체로서의 새로운 삶을 건설하고자 해도 어떠한 방향으로 나서야 할지조차 불투명한 현실이야말로 그들이 놓인 역사적 지점이었다.

워쓰워드의 시집이며 에머쏜의 논문이며 투르게네쯔의 소설이며 오이켄, 베륵손의 철학 등을 쌔어들고 인생의 내적 생활이 엇저니 외적 생활이 엇저니 하는 논란과 生의 요구가 업스면 자아의 창조가 업고 철저한 생의 각오가 업스면 철저한 예술이 업다든가 새 生命은 새 주의에 잇다든가 하는 문제에 고개를 끄덕끄덕 하면서[15]

二層위南向한 「요죠오한」이咸映浩의 寢房, 食堂, 書齋를 兼한房이라. 長

14 최승구, 「불만과 요구―감창(鎌倉)으로붓허」, 『학지광』 제6호, 1915.7, 74~75쪽.
15 현상윤, 「동경유학생활」, 『청춘』 제2호, 1914.11, 113쪽.

> 方形冊床위에는算術教科書라修身教科書라中等外國地誌等中學校에씨는口課冊을ᄭᅩ진冊架가잇는데그녑흐로는동ᄯᅥ러진大陸文士의小說이라詩集等소의課本이面積좁은게限이라고늘어싸혓고新舊刊의純文藝雜誌도두세種노혓으며, 學校에다니는冊褓子상는열十字로매인ᄎᆡ그밋헤바렷스며, 壁에는勞動服을입으ᄭᅩ오리씨와바른손으로볼을버틘투우르궤네브의小照가걸녓더라[16]

선조들이 옛 성현의 말씀을 외우고 해석하는 과정 속에 인생의 진리를 터득해 나갔다면 일본을 통해 서구의 학문을 접한 신흥 지식인들은 에머슨이나 오이켄, 베르그송과 같은 철학자들의 서적과 워즈워드나 투르게네프 등의 예술 작품을 통해 '인생의 내적 생활'과 '자아의 창조'와 같은 실존적 물음을 마주하게 된다. 현상윤의 동경 유학기와 진학문의 소설 속에서 위와 같은 묘사는 단순히 서사의 배경이 아니라 그들이 지향하고 있는 의식과 새로운 감각으로 세계를 받아들이고 있음을 보여주는 자기표현으로 보아야 한다.

개체로서의 자각과 자아의 정체성 찾기에 골몰하는 근대인들에게 삶을 통어해 줄 윤리와 도덕은 더 이상 과거의 것들이 될 수 없다. 이들에게 "윤리는 사람을 위하여 있는 것이니, 죽기 위한 윤리도 없을지며 해롭기 위한 윤리도 없"으며 삶의 기준은 다른 아무 것도 아닌 오직 '생'[17]만의 문제로 귀결된다. 이제 윤리와 도덕은 더 이상 불변의 진리가 아닌 시대에 따라 바뀌는 가변적인 것으로 '생'의 보전을 위한

16 진학문, 「요조오한」, 『대한흥학보』 8, 1909.12.
17 이광수, 「조선 사람인 청년에게」, 『전집』 1, 534쪽.

"자기의 진정한 의사에 감각된 필요로 행하는 일"이자 "참개성을 중심 삼아 나아온 것"[18]만이 오늘의 진정한 도덕이 된다. 따라서 삶의 진정성에 대한 판단은 개인 판단의 문제로 내려오고 운명에 대해 전권을 행사하는 것 역시 전적으로 개인의 몫이 된다. 참 삶이란 비록 파멸한다 할지라도 온전한 자아의 전유에 있는 것이다. 근대 초기 서사를 이끈 핵심 언표인 '정'이 타인의 경험이 매개가 되지 못하고, 자신의 감정과 욕구 분출에 머문 것은 이정표 잃은 상태에서 새롭게 자아를 정초해 나아가야 하는 유학생들의 고투로 볼 수 있다.

소설 속에서 이러한 의식의 고투는 이광수의 최초의 작품 「사랑인가(愛か)」[19]로부터 찾아볼 수 있다. 이 소설은 그간 춘원의 전 삶을 응축한 것으로 근대를 살아가는 '청년'으로서 당시 유학생 의식을 짐작케 한다는 점에서 유의미하다. 「사랑인가」는 문길이라는 남학생이 어느 운동회에서 우연히 본 소년(미사오)을 사랑하는 감정을 담은 작품이다. 줄거리는 문길이 미사오를 지나치게 사모하여 만나러 갔으나 그가 자신을 의도적으로 만나주지 않았다는 사실에 절망해 자살한다는 내용이다. 그러나 서사진행은 줄거리 중심이 아니라 문길이 미사오를 사랑하는 심정과 그 갈망에 절망하고 마는 내면 고백으로 되어 있다.

18 이상천, 「새도덕론」, 『학지광』 제5호, 1915.5.

19 김윤식은 이 작품의 이름이 「戀か」가 아니라 「愛か」(사랑인가)로 되어 있다는 점, 발표지 「백금학보」는 1909년 12월 메이지 학원 동창회간 비매품으로 4·6배판이며, 춘원 작품은 6페이지에 걸쳐 있고 「한국유학생 이보경」이라는 작자 이름이 나와 있음으로 볼 때 이 작품은 춘원이 메이지 학원 중학 졸업반 때인 18세 때 쓴 것으로 추정하고 있다. 김윤식, 『한국근대문예비평사연구』, 일지사, 1999.

그가 문 밖에 이르렀을 때의 마음을 말한다면 실은 무어라고 말할 수 없었다. 기쁜 것인지, 슬프다 할는지, 부끄럽다 할는지 심장은 빠른 종소리처럼 두근거리고 숨은 거칠었다. 어쨌든 이때의 상태는 그의 기억 속에 삼 분도 머무르지 않았다. 그는 문을 들어서서 격자문 쪽으로 나아갔으나 두근거림은 더 빨라지고 몸을 떨렸다. 덧문은 닫혀서 사방은 죽음처럼 조용하다. 벌써 자고 있을까, 아니 그렇지 않다. 이제 겨우 아홉 시를 조금 넘겼을 뿐이다. 게다가 시험 중이니 틀림없이 아직 자지 않을 것이다. (…중략…) 그는 미사오를 의심해 보았으나 의심하고 싶지 않았기 때문에 무리하여 자기가 그를 사랑하고 있다고 정해 버렸다. 여기에 고통이 있다. 그는 미사오를 목숨처럼 생각했다. 밤낮 미사오 생각을 하지 않은 적이 없다. 수업시간에조차도 생각하지 않을 수 없었다. 그는 생각했다. 그는 괴로워하였다. 생각하고 괴로워하고, 괴로와하고는 또 생각한다. (…중략…) 나도 자살을 업신여기던 사람이다. 자살의 기사를 보면 언제나 침뱉어 욕하던 사람이다. 그럼에도 지금에 와서 내가 스스로 자살코자 한다.[20]

이 작품은 사랑의 대상이 동성이라는 점, 서로 사랑하는 감정의 교류를 담은 것이 아니라 일방적으로 느끼는 개인의 감정을 다룬 점, 철도 자살로 귀결된다는 점에서 1910년대 중반 이후 단편소설인 「윤광호」나 「어린 벗에게」, 「혈서」로 이어지는 이광수 초기 문학을 해석케 하는 단서를 지닌 작품이기도 하다. 「사랑인가」에서 중요한 것은 문길과 그 대상인 미사오 사이의 소통이 아니다. 지독한 외로움 속에서 문길은 일방적으로 한 소년을 발견하고 일방적으로 "그를 사랑하고

20 이광수, 김윤식 번역, 「사랑인가(愛か)」, 『문학사상』, 문학사상사, 1981.2.

있다고 정해 버린"다. 즉 문길이 어떠한 이유로 다른 사람을 사랑하게 되었는가 하는 과정은 중요하지 않다. 오로지 살아있다는 생의 확인을 위해 감정의 최고치를 요구하는 '사랑'의 감정 속에 자신을 발견하는 것만이 중요하다. 이러한 관계는 처음부터 타자와의 소통이 전제가 아니기에 시간이 지날수록 자기 소모적 감정으로 인해 스스로 파멸할 수밖에 없다. 문길에게 있어 누군가를 사랑하고 있다고 믿는 자기 환상은 삶의 의지가 되어주기도 하지만 그것이 현실이 아닌 관념의 산물이라는 점에서 문길의 감정은 삶의 의미를 창출하지 못한다. 그러나 자신의 삶이 비록 자살이라는 극단에 이를 수밖에 없다 하더라도, 그 또한 자신의 선택에 의한 주체적 삶이라는 점에서 삶의 주체로 서고자 하는 유학생들의 열망을 읽어볼 수 있다.

남성 유학생의 작품으로 이광수의 초기작을 들었다면 여성 유학생의 작품으로 단연 나혜석의 작품을 들 수 있다. 앞서 살펴보았듯 나혜석은「경희」를 통해 여자 유학생이 아무리 사회로부터 인정받았다 할지라도 혼기에 찬 여성이 결혼 대신 자신의 의지대로 삶을 개척하는 것은 온갖 사회의 통념에 맞서야 하는 힘든 과정임을 보여주었다. 소설의 결말은 이광수의 작품에서처럼 금기를 넘어선 자아의 극단적인 표출이 아니라, 여성 삶의 귀결이라 여겨졌던 결혼 대신 자신의 삶을 오롯이 선택하는 것으로 끝이 난다. 나혜석은 이 작품에서 현실에 대한 세밀한 묘사뿐만 아니라 배우고 누린 자의 삶만이 제일이라 여기는 것은 '교만'이며 현실의 고단함을 견디며 살아가는 구여성의 삶을 다시 평가했다. 이 점이야말로 여성 유학생들의 성숙한 자기 확인의 과정이라 할 수 있다.

살아있는 자기 확인의 또 다른 예로 『여자계』 4호에 실린 김명순의 「조모(祖母)의 모전(墓前)」이라는 짧은 단편을 들 수 있다. 이 작품의 핵심은 자신의 삶을 가로막는 봉건적 결혼에 죽음으로 맞서는 젊은 여인의 결단이다. 반도 유일의 유명한 흑묵(墨畵) 화가의 손녀인 춘채는 친할머니와 함께 살았을 때에는 아무런 부족함이 없을 만큼 풍족하고 행복한 생활을 누리며 살았다. 그러나 할머니의 죽음과 동시에 집안은 기울고 자신의 뜻과는 아무 상관없이 중년의 남자와 결혼을 해야 하는 상황을 맞이하게 된다. 춘채는 그 괴로움을 이기기 위해 적설이 오·육촌이나 되는 눈길을 헤쳐 할머니 무덤을 찾고, 결국 그 날의 행보로 병을 얻게 되어 17세의 어린 나이로 생을 마감한다. 결혼문제를 핵심으로 한 이 짧은 단편은 결국 춘채라는 여인의 불행을 다룬 것이지만 실상은 병이라는 외부 기제를 통해 원치 않는 결혼에 맞서는 여성의 자기 결단이 드러난 것으로 읽어야 한다.[21]

같은 맥락에서 살펴볼 수 있는 작품으로 『여자계』에 실린 오천석의 단편 「소년의 죽음」[22]을 들 수 있다. 이 작품은 양친과 같이 경성으로 올라온 지 십년이 지나 고향을 방문한 인호가 고향친구로부터 어린 시절 가장 친했던 친구 박성옥의 죽음의 과정을 듣는 일종의 액자식 소설이다. 친구 박성옥은 어머니를 잃고, 친구마저 잃은 데다 아버지의 완고는 더 심해져 외로움과 고통으로 하루하루를 살아가는 청년이

21 신구간의 갈등이라는 맥락에서 『학지광』 22호에 실린 「이동화의 죽음」을 비교해 볼 수 있다. 이 작품 역시 신구충돌에 따른 우리 사회의 비극을 다룬 것이지만 정작 핵심은 '군부사부(君父師父)'가 있을 뿐인 동양의 질서 속에서 '아랫사람은 유구무언'으로 살아야 한다는 압박에 죽음으로 맞서는 '청년제군'들의 인정투쟁이 담겨 있다.

22 천원, 「소년의 죽음」, 『여자계』 제4호, 1920.3.

다. 성옥은 아버지의 강요에 의해 양심의 가책을 느끼면서도 억지로 연초장사를 하고, 공부를 하고 싶어 하지만 무조건 결혼만을 강요하는 아버지에 맞서지 못한 채 지옥 같은 삶을 살아간다. 그러한 완고한 아버지 밑에서의 삶은 "조곰한 반듸불만한 빗도 생기지안코 암흑에 암흑이 싸혀있고 구렁텅이에 구렁텅이가 연하여 있을 뿐"이다. 성옥은 자기 의지대로 삶을 살아보고자 아버지 돈 사십원을 훔쳐 도망치지만 결국 아버지한테 붙잡히고 만다. 그 후로 삶의 의지를 잃은 채 몸과 마음의 병을 얻어 시름시름 앓다가 결국 삶을 놓아버리고 만다. 따라서 그의 죽음은 앞서 '춘채'의 삶처럼 죽음으로 현실에 저항하는 젊은이의 자의식 표출로 보아야 한다.

서구의 지식과 습속을 익힌 유학생들은 봉건 사회의 운명론적 세계관에 이처럼 온 몸으로 저항하면서 주체의 힘으로 새로운 사회를 열어가고자 열망한다. 개인은 더 이상 주어진 운명에 수동적으로 지배받는 존재가 아니라[23] 자신의 의지와 감정의 발산을 통해 자기 삶을 이끌어 가는 진정한 주체자인 것이다. 비록 이러한 생의 실존 감각이 마주하는 현실은 서로 속이고 서로 싸우는, 더러운 돈과 거짓 사랑에 상처받는 "적은 부르지짐과 싸른 반짝"[24]의 허망한 것이라 해도 그 어

23 유교에 대해 철저한 반기를 든 이광수는 「숙명론적 인간관에서 자력론적 인생관에」라는 글에서 주역에서 비롯한 숙명론적 인생관에서 벗어나 자신의 힘을 믿자고 강변하고 있다. '우주는 자아의 소산'이고 '자아의 본질은 무한한 활동이오 정복이다'라는 피히테의 말을 인용하면서 문예부흥 이전의 구라파 민족이나 흥하기 전의 독일, 일본 등도 숙명론의 지배를 받았다고 강조한다. 그러나 민족주의자로서 사명감을 지닌 그는 자아의 본질에 대한 회복을 민족과 연관짓고 있는데 궁극적으로 각 개인이 힘을 길러 강성한 민족이 되자는 논리는 강한 민족이 되기 위해서라면 어떠한 방법이어도 좋다는 위험한 발상으로까지 이어질 수 있다. 이광수, 「숙명론적 인생관에서 자력론적 인생관에」, 『학지광』 제17호, 1918.8.

24 "적은 부르지짐과, 싸른 반짝! 이것이무슨 때문인가, 무엇 하자는것인가?! 서로 속이고

느 것에도 지배받지 않는 자율적 의지와 도덕적 자각을 지닌 근대 주체로서의 정체성을 획득하고자 한다. 자신의 감정과 판단은 과거 개인의 삶을 통어하던 선험적 질서로서의 도덕이 아니라 저마다의 판단과 의지에 따라 형성되는 주관적인 인식이다.

2) '정'의 수용을 통해서 본 근대적 문학관의 수립

근대 계몽기는 근대적 매체의 등장과 더불어 여러 유형의 서사 양식들이 각각의 존재 목적 하에 분출되었던 시기이다. 이는 근대적 문학 제도 탄생 이전의 다양한 글쓰기가 시도된 열린 공간으로서의 의미를 갖는다. 무엇보다 이 시기는 '문학'을 둘러싼 개념부터 가치와 의미, 사회적 효용성 등 '문학'이라는 단일한 기표를 두고 다양한 해석이 내려지던 때이기도 했다. 이 가운데 근대적 문학에 대한 이론을 정초하고 새로운 제도로서 만들어가고자 한 이들은 바로 일본을 통해 서구 문학을 경험한 유학생들이다. 특히 최초의 본격 문학론이라 평가받는 이광수의 1910년의 「문학의 가치」와 1917년의 「문학이란 하오」, 그 외 『학지광』 등의 잡지에 실린 문학론은 한국에서 어떻게 '근대적'인 '문학'이 제도적으로 정착해나갔는지 살필 수 있는 경로가 된다.

서로 싸홈하지는 부르지짐인가? 돈과 사랑—더러운 돈과 거짓 사랑을 세로 뺏자는 반싹인가?! (…중략…) 아아 이것이 그의 부르지짐인가?! 이것이 사람의 부르지짐이로구나! 그의 지금까지의 내려온 생활의 썸볼(表象)이로구나! 이것이? 이것이!!" 진학문, 「부르지짐」, 『학지광』 제11호, 1917.1.

「文學」이라는 字의 由來는 심히 遼遠하여 確實히 其 出處와 時代는 攷키 難하나, 如何튼 其 意義는 本來「一般學問」이러니, 人智가 漸進하여 學問이 점점 複雜히 되매「文學」도 次次 獨立이 되어 其 意義가 明瞭히 되어 詩歌 · 小說 등 情의 分子를 包含한 文章을 文學이라 칭하게 至하였으며(이상은 東洋), 英語에「literature」(文學)이라는 字도 또한 전자와 略同한 歷史를 有한 者라. (…중략…) 歐羅巴는 反比하여 其 大部分은 氣候 溫和하고, 土地 肥沃하여, 生活에 餘有가 多한 고로, 人民이 智와 意에만 汲汲치 아니하고 情의 存在와 價値를 覺한지라, 그러므로 文學의 發達이 속히 되어서 今日에 至하였나니라.

(…중략…) 人類가 生存하는 이상에, 人類가 學問을 有한 이상에는 반드시 文學이 存在할지니, 生物이 生存함에는 食料가 必要함과 같이 人類의 情이 生存함에는 文學이 必要할지며 또 生할지라. (…중략…) 今日의 詩歌 · 小說은 결코 不然하여 人生과 宇宙의 眞理를 闡發하며, 人生의 行路를 硏究하며, 人生의 情的狀態(즉, 心理上) 及 變遷을 攻究하며, 또 其 作者도 가장 深重한 態度와 精密한 觀察과 深遠한 思想으로 心血 灌注하나니, 昔日의 文學과 今日의 文學을 混同치 못할지로다.[25]

본격 문학론의 시초라 여겨지는 위 문학론의 핵심은 금일의 문학과 어제 문학의 다름이다. 그 근거로 오늘의 문학은 문명사회, 더 나아가 인류 지혜의 진보적 산물임을 말한다. 이광수는 문명화된 사회를 구라파라고 제시하고 이곳에서는 '지'와 '의' 뿐만 아니라 '정의 존재와 가치'를 중시한다는 점을 들어 금일의 '문학'이란 '정의 분자를 포함

25 이광수,「문학의 가치」,『전집』1, 546쪽.

한 문장'이라는 새로운 정의를 내린다. 특기할 것은 인간의 '정'의 연동으로 출현한 '문학'이 인생과 우주의 진리뿐 아니라, 인생의 행로, 인간 심리상태의 변천을 반영하는 심오한 역할을 행함이다.

이와 같은 문학에 대한 정의와 의의는 조선시대 '문은 곧 도'여야 했던 '문이재도'로 표방되던 사대부들의 '문'사상 뿐만 아니라 평민들의 오락이나 유희물로서 존재했던 하층문학과도 근본적 차이가 있다. 이때의 '문학'은 인간의 감정을 기초로 하되, 동시에 이성적 산물이라는 새로운 기의로서의 '문학'을 말한다. 무엇보다 1900년 무렵 사용된 '문학'이라는 용어가 학문 일반이나 지식일반에서 문자해독능력, 저술 일반 등까지 매우 폭넓게 사용된 현실에 비추어 볼 때[26] 문학을 '시가·소설' 등으로 한정하여 '정'의 산물[27]로 본 것은 새로운 시도가 아닐 수 없다. 이광수를 비롯하여 당시 일본 유학생들에게 '정'이라는 심리적 기제는 인류의 진보와 문명사회 논의의 중심으로 자리잡으면서 근대인의 핵심 자질로 인식되었다. 따라서 이때의 '정'이라는 기표는 조선시대 성리학의 성정론에서의 '정' 과는 구별되는[28] "人

26 김동식, 『한국의 근대적 문학 개념 형성과정 연구』, 서울대 박사논문, 1999.

27 이때의 '정' 개념은 바로 앞 시기 계몽의 기획 속에 등장한 감정적 차원의 정과도 구분된다. 1900년대 회보나 신문에서 감정 차원의 언급으로 '발분', '분기', '분발' 등의 용어를 쉽게 찾아볼 수 있는데 계몽의 기획에서 감정의 영역은 개인적인 감수성이 아니라 협력의 동인으로서 진취성을 위미하는 사회적 차원의 감정이다. 즉 외적 위기에 대응하기 위해 '발분', '홍기'하여 개인의 힘을 하나로 수렴하여 사회적 결집을 만들어 내자는 결의로서의 그것이다. 김동식, 위의 글, 100쪽 참조.

28 본래 유가에서 정은 만물을 생성하는 우주의 동인이라 여겨져 부정의 대상이 아닌 발현의 대상으로 여겨졌다. 그러던 것이 당대에 이르러 성(性)과 정(情)이 분리되면서 성은 추구의 대상이 되는 반면 정은 삼가고 억제해야 할 것으로 여겨졌다. 조선의 성리학에서 흔히 오욕칠정이라 일컬어지듯 정의 영역은 '인의예지신'의 오제(五常)과 대응되는, 성(性)의 이치에 달하기 위해 억압시키고 통제시켜야 할 부정적 기제로 전락하고 말았다. 권보드래, 「문학범주의 형성과정」, 『민족문학사연구』 14, 민족문학사학회, 1999, 80쪽 참조.

으로 하여금 자동적으로 효(孝)하며, 제(悌)며, 충(忠)하며, 신(信)하며, 애(愛)케"[29]하는, 즉 각 개인을 입법자로 만들어주는 도덕의 원천을 의미했다.

> 人은 실로 情的 動物이라, 情이 發한 곳에는 權威가 無하고, 義理가 無하고, 知識이 無하고, 道德·健康·名譽·羞恥·死生이 無·하나니, 嗚呼라 情의 威요, 情의 力학이여, 人類의 最上 勸力을 握하였도다. 現時 吾人狀態를 觀察하건대 上下 貴賤을 勿論하고 소위 義務라 道德이라 하여 一時 社會의 制裁와 公益 全面에 左右한 바가 되어 거의 塞責的 又는 表面的으로 苟且히 行動할 뿐이요, 능히 自動 自進으로 自由 自在하여 自己心理를 不欺하고 道德 範圍內에 活動하는 者가 無하고, 社會制度의 奴隷가 되어 神聖한 獨立的 道德으로 行動을 自律치 못하나니 그 煩悶하고 痛함이 何如할까.[30]

인류 최상의 권력이 정으로부터 나온다 할 정도로 유학생들이 심리적 기제인 '정'을 중시한 이유는, '정'은 자기통제와 자기활동의 근거로 작용하여 각 개인이 자율적 행동과 판단을 가능케 하는 도덕적 기제로 작용한다고 보았기 때문이다. 앞의 논의에서 살펴보았던 서구의 문명과 교육을 기반으로 하여 자기 의지로 중세적 삶의 틀에서 벗어나 새로운 세계의 개척을 열망했던 유학생들에게 '정'은 자율적 주체의 근간을 제공해 주는 유용한 틀로 작용한다. 무엇보다 개인의 주관적 정서와 감정의 소산인 '정'이 과거의 '도'를 대신할 수 있는 것은

29 이광수, 「금일 아한 청년과 정육」, 『전집』 1, 525쪽.
30 위의 글, 526쪽.

문명과 근대를 이끈 동력인 개인 능력에 대한 발견과 자아를 중심으로 세계를 이해하는 개인주의가 맞물려 있기 때문이다.

소성은 동서 문명의 차이를 논하는 글에서 동양문명이 정적이자 보수적, 정신적인 반면 서양문명은 동적, 진취적, 물질적임을 대비한 후 그러한 서양 문명의 핵심으로 자아의 발견과 실현을 들고 있다.[31] 또한 조선의 문명발전을 위해 서구와 같은 문예부흥과 종교개혁이 필요하다는 논의에 이어 현대 문명의 특질로 물질중시의 사상과 함께 개인주의를 들었다.[32]

당대 누구보다 조선사회의 구습 비판에 앞장섰던 이광수 역시 "대저 개인의 인격을 존중함은 현대 문명의 특질"[33]이라고 강조하였다. 문명과 연동하여 개인의 역량과 의지를 발견한 유학생들에게 봉건 윤리인 '도'에 순종하는 삶이 아닌 개개인의 판단과 감정으로 "자동자진(自動自進)으로 자유자재"의 힘을 부여해 준 '정'은 인간에 대한 새로운 이해를 가져왔다는 점에서 근대사회를 여는 핵심 추로 볼 수 있다. 따라서 '정'을 지닌 인간에 대한 발견은 그동안 세계 이해의 관문인 '지'와 도덕과 윤리로서의 '의'의 영역에서 더 나아가 각 개인의 심리로까지 인식의 확장을 가져왔다는 데 의의를 둘 수 있다.

---

31 동양문명이 개인의 자아를 억압하는 전제적, 구속적임에 반해 서양문명은 "자아를 주장하야 항상 자아확충을 노력의 표적으로 삼으며 자아실현으로 생활의제일의를 삼앗스며 지식을 중히녀기고"라 했다. 소성, 「동서문명의 차이와 급기장래」, 『청춘』 제11호, 1917.11, 69쪽.

32 "조선사람의 가지고잇는 병중에 제일큰 것이 두가지가 잇스니 첫재는 「물질」을 이해치 못하는 일이오 둘째는 「나」를 모르는 일이다 밧고아 말하면 첫재는 조선사람이 현대문명의 중요한 특질인 물질주의를 망각함이오 둘재는 조선사람이 이 역시 현대문명의 중요한 특색인 개인주의를 경시하는 일이다. 소성, 「문예부흥과 종교개혁」, 『청춘』 제12호, 1918.3, 37쪽.

33 이광수, 「조선 가정의 개혁」, 『전집』 1, 537쪽.

이처럼 인간 내면이라 할 수 있는 감정 영역이 점차 제도화되어 자율적 영역으로 구성되고 중세 문학관과 차별화된 'literature'의 역어로서 '문학'이 새롭게 등장하게 된다. 1910년대 이후의 '문학'은 성리학적 질서가 잔존했던 시대, 도와 정치 이념사이에서 형성되었던 '문(文)'과도 구분될 뿐만 아니라 애국 계몽기, 계몽의 자기요구 속에 분출된 다양한 글쓰기 내부의 문학적 요소와도 질적 차이를 지닌 '나'를 주체로 한 새로운 개념으로 정립된다. 즉 '문학'이란 더 이상 '학'으로서 '사물에 대한 연구'가 아니라 '감각'의 영역이다. 동시에 문학자 역시 "인으로 하여금 미감과 쾌감을 발케할 만한 서적을 작하는 자"로, "과학이 인의 지를 만족케 하는 학문이라 하면 문학은 인의 정을 만족케 하는 서적"[34]으로써 '지'와 대칭되는 '정'의 영역으로 그 범주를 달리하여 개념화한다.

> 文學은 情의 基礎上에 立하였나니, 情과 吾人의 關係를 從하여 文學의 輕重이 生하리로다. (…중략…) 近世에 至하여 人의 心은 知·情·意 三者로 作用되는 줄을 知하고 此 三者에 何優·何劣이 無히 平等하게 吾人의 精神을 構成함을 覺하며, 吾人의 地位가 俄히 昇하였나니, 일찍 知와 意의 奴隷에 不過하던 者가 知와 同等한 權力를 得하여, 知가 諸般 科學으로 滿足을 求하려 함에 情함도 文學·音樂·美術 등으로 自記의 滿足을 求하려 하도다.
>
> (…중략…) 李朝 후 五百餘年에 朝鮮人의 思想感情은 偏狹한 道德律의 束縛한 바 되어 自由로 發表할 機會가 無하였도다.
>
> (…중략…) 사실상 今日의 文學은 超然히 宗教倫理의 束縛 以外에 立하여

34 이광수, 「문학이란 하오」, 위의 책, 548쪽.

人生의 思想과 感情과 生活을 極히 自由롭게, 如實하게 發表하고 描寫하나니, 現代 文明 諸國의 大文學이 出함이 실로 此를 因함이라.[35]

이광수는 「문학의 가치」에서 문학을 "정의 분자를 포함한 문장"으로 새롭게 정의한 뒤 6년 후 본격 문학론에 해당되는 「문학이란 하(何)오」에서는 인간의 심리를 지 · 정 · 의 세 가지로 분류한 뒤 인류 역사의 과정을 통해 '정'의 지위와 의의를 문학론의 핵심으로 밝혔다. 문예부흥기 이전 시기에 '정'이 지적, 도덕적, 종교적 영역의 부속물로만 여겨졌다면 오늘날 '정'은 '지'와 '의'와 동등한 자격으로 문학, 음악, 미술 등의 독립적 영역을 확보하면서 제 지위를 차지한다. 무엇보다 '정'이 '지'와 '의'의 영역에 밀리지 않고, 독립적 지위를 차지할 수 있는 것은 '정의 만족'은 각 개인에게 '흥미'를 자극하고 그 흥미의 본질은 참다운 인생 생활태도와 사상 감정을 여실하게 묘사하는 힘에서 나오는 것이기 때문이다. 당대 '지 · 정 · 의'의 틀을 통해 문학에 대한 새로운 정의를 시도하는 논의[36]들이 유학생들을 주축으로 전개되는데 공통적인 것은 조선 문학이 나아가야 할 방향으로 실제 생활에의 강조와 일상으로서의 개인의 삶, 그들이 느끼는 여실한 사상과 감정을 공

---

35 위의 글, 549쪽.

36 1910년대 문학 개념의 틀이 지 · 정 · 의의 덕목 속에서 나왔다면 지정의 틀의 근거가 된 것은 앞 시기 세계에 대한 인식 틀로 작용했던 지 · 덕 · 체론이다. 당시 담론의 중심 주제가 교육론이었고 교육의 문제는 지덕체로 귀결되고 있었기 때문이다. 그러나 길지 않은 시간차를 두고 제시된 담론인 지덕체와 지정의의 기반은 상이하다. 지덕체의 기반이 교육론이라면 지정의의 기반은 심리학이며 지덕체가 내부 항목 사이의 위계질서를 바탕으로 한 것인 반면 지정의는 이광수가 「문학이란 하오」에서 언급한 것처럼 "삼자(三者)에 하우하열(何優何劣)이 무(無)히 평등하게 오인의 정신을 구성"하는 동등한 체계로서 인식되고 있다. 권보드래, 앞의 책, 90~103쪽.

통 요소로 제시함이다. 개인의 발견과 그 개인이 맺는 구체적인 사물, 사람 사이의 관계 탐구를 근대문학이라 정의할 때 구체적 개인에 대한 탐구와 인간 감수성으로서의 '정'에 대한 자각은 근대문학으로 나아가는 핵심적 매개가 되었음은 분명하다.

최두선은 「문학의 의의에 관하야」[37]라는 글에서 진정한 문학의 의의는 지식을 주는 것이 아니라 '생명을 맛봄'이라는 심리적 활동으로 보았다. 이어 "생명이 잇슴을 감각함은 그것이 정의(情意)의 경험에 감각"하는 것이라 하여 학문으로부터 문학의 분리와 정의 중시, 정을 통한 독자의 만족 속에 생명 있는 문학이 나와야 한다는 근대적 문학관을 제시하였다. 안확 역시 「조선의 문학」[38]이라는 긴 문학론을 통해 문학의 정의를 "미감각(美感覺)을 문자로 표현한 것"으로 규정한 후 "정치가 인민의 외정을 지배하는 자"라면 "문학은 인민의 내정을 지배하는 자"로, 문명의 발전은 정치 변천보다 문학의 소장(消長)에 있다 하여 문학의 위상을 새로이 정립하였다. 안확 문학론의 특징은 새로운 문학의 방향과 그 의미를 제시하면서 조선 문학 전체에 대한 역사적 안목을 통해 지금의 문학을 논하고 있음이다. 안확에게 있어 오늘날 요구되는 참다운 문학은 개인의 일상과 인생을 다룬 것으로, 지나 문학이 발달하지 못한 까닭은 개인의 감정을 억누른 '유교 즉 공자' 사상에 있으며, 이러한 사상이 "인생의 문제를 능명(能明)치 못하얏"음을 지적했다. 우리 문단에 미친 중국 사상에 대한 통렬한 비판을 통해 사실과 실재의 문학을 강조하는 논의로 비슷한 시기의 백일생의 글을 들 수 있다.

---

37 최두선, 「문학의 의의에 관하야」, 『학지광』 제3호, 1914.12.
38 안확, 「조선의 문학」, 『학지광』 제6호, 1915.7.

우리文壇의 現狀況을살펴보건대, 낡은지오램애썩은지발서라. 文學그것은 革命運을 熱望함이 沸騰點以上에 超하얏은즉 (…중략…) 因襲道德과 갓慣習, 境遇에 束縛되야, 天職의 個性을 滅하며 有爲의 活氣를 殺하며, 우리의 生命體를 死屍化ᄒᆞ며,

(…중략…) 空想과感情에끌녀事實도안인것을誇張之僞飾之하야, 事物의 眞 — 實在, 實體 — 을 把握지안이하는, 俗流小說等이 尙乎文壇의主産物이되거늘, (…중략…) 暗面描寫가社會表面의 醜態를暴露코자함이안이라事物의眞實을 觀照코자함이며, 愛情小說이 猥褻行爲를 奬勵코자함이안이라人生生活의第一義를覓求코자함이라.[39]

필자는 지난 시대의 문학이 낡은 인습도덕과 습관에 속박되어 개인의 개성을 말살했다는 점에서 비판하고 있다. 과거의 문학은 곧 '문지학(文之學)'과 '문이재도(文以載道)' 내의 소산이었기 때문에 개인의 개성 표출은 논의대상이 될 수 없었다. 뿐만 아니라 유가경전과 한시가 보여주듯 주어진 형식적 틀이 완고하고 현실 변혁의 가능성이 희박한 중세 봉건적 세계관 속에서 사물의 '진(眞)'과 '실체(實體) · 실재(實在)'를 다루는 것은 당대 문학을 구성하는 가치 판단의 범주 밖의 문제였다.

앞선 논자들보다 후발 주자로서 일본 유학을 하고, 전문적 문필가로 활동한 김동인 역시 「소설에 대한 조선사람의 사상을」[40]이란 글에서 전제정치에 눌려 생활하던 조선에서 참다운 예술이 나올 수 없었으며, 오늘날 만들어가야 할 참다운 예술과 문학의 상으로서 "참자기,

39 백일생, 「문단의 혁명아야」, 『학지광』 제14호, 1917.12, 48~49쪽.
40 김동인, 「소설에 대한 조선사람의 사상을」, 『학지광』 제12호, 1917.4.

참사랑, 참인생, 참생활"을 제시하였다.

상징주의 시를 지향했던 시인 황석우 역시 『삼광』 내의 「시화(詩話)」라는 글에서 "시인은 시를 보지 아니하고 시의 미를 듣는" 사람이며, "시인의 시작의 태도는 신에게 호괘(呼掛)된때 그 음성의 여하에 의ᄒᆞ야 결(決)ᄒᆞ는 자(者)이다, 곳 태도라 ᄒᆞᆷ은 신과 대립, 또는 대좌ᄒᆞᆯ때의 그 감정을 일음이다"라고 정의하고 있다. 또한 시인의 창고에는 단지 '말의 섬'만이 있을 뿐임을 강조하였다.[41]

과거 문학과 대별되는 기제인 '정'은 앞 세대 문인엘리트들이 도를 전달하는 수단으로 여겼던 '문' 혹은 '문장'에 대한 전복이자 고소설에서 볼 수 있는 권선징악의 이원구도[42]를 넘어설 수 있는, 근대 문학 창출의 이데올로기 역할을 수행했다. 앞서 살폈듯 유학생들은 조선의 모든 사유의 틀을 거부하고 전통적 인간상과 다른 새로운 주체를 구성하고 유교의 윤리, 도덕을 따르는 대신 그들 스스로 입법자가 되고자 하는 존재들이었다. 따라서 집단과 보편의 이름으로 개인을 억눌러 왔던 것이 봉건적 삶이었다면, 정을 지닌 인간으로서 자기 통제와 활동의 근거를 찾아가는 새로운 인간상의 구현은 비단 각 개인의 개

41 황석우, 「시화」, 『삼대』 제3호, 1920.4.

42 근대적 문학관을 정초하고자 했던 논자들에게 고소설뿐만 아니라 신소설에서 흔히 볼 수 있는 권선징악적 세계는 열린 세계를 허락하지 않는 도식적 구도와 현실성을 반영할 수 없다는 점에서 일차적 비난의 대상이 되었다. 그러나 타고난 신분에 의해 이미 개인의 운명이 정해져 있고 개인의 의지에 의해 새로운 사회를 열어갈 수 없는 봉건 사회에서 악은 패하고 선이 승하는 질서야말로 인간살이의 고됨을 달래줄 수 있을 뿐 아니라 가장 안정되고 신뢰할 수 있는 사회구조를 만들어주는 역할을 했을 것이다. 문학이 한 시대의 총체적인 상을 그려내는 것이라 했을 때 집단과 보편이 개인을 압도했던 봉건적 삶 속에서 환상이나 우연, 기이함의 플롯과 해피엔딩으로서의 결말은 문학이 독자에게 주는 최대의 위무이자 현실이었을 것이다. 따라서 고소설 유형이 비판받는 것은 더 이상 그 시대의 사회관이 통하지 않는 새로운 사회로의 진입을 의미한다.

성에 대한 자각뿐만 아니라 "인생의 사상과 감정과 생활을 극히 자유롭게, 여실하게 발표하고 묘사"케 하는 현실적 사유의 근거를 제공해 준다. 비록 추하다 하더라도 실제 인생을 이루는 암면에 대한 폭로와 구체적 시·공간을 살아가는 인간에 대한 적나라한 탐구가 가능하게 되었다. 이제 문학의 진정성은 문학 외부로서의 도덕이나 관념이 아니라 각 개인이 처한 구체적 현실과 그 안을 사는 개인의 삶의 문제로 좁혀들게 되었다.

중세적 문학관에서 벗어나 감정을 중시하는 '정(情)의 입(立)'에 근거한 문학관을 세우고자 한 위의 문학론에서는 인간을 이성적 존재이자 욕망하고 감각하는 개별적 존재로 보는 인간에 대한 근대적 인식이 전제되어 있다. '정'은 각 개인마다 다른 것이자 가변적인 감정의 작용이기에 불변의 윤리나 질서의 이름으로 포획될 수 없는 영역이다. 유교가 억눌러왔던 도덕률을 폐기하는 곳에 세운 '정' 혹은 '정육'에의 강조는 인간의 본성을 윤리나 도덕보다 앞세우는 것으로 욕망의 주체자인 각 개인은 그 욕망으로 말미암아 타인과 구별되는 개별자가 되는 동시에 스스로 자신의 삶을 세울 수 있는 입법자가 될 수 있다.[43] 무엇보다 과거의 도덕을 대신하는 정의 능력은 도덕의 부정이 아닌 인간의 자유의지와 내면에 근거한 새로운 도덕적인 기능을 한다. 이제 '정'은 "각 개인의 육체적, 감성적 인간의 복원을 가능케 하여 인간

43 이상천의 「새도덕론」에서도 도덕은 각 개인의 처지와 경우에 따라 다를 수 있음을 전제한 후, 구도덕의 핵심은 효였기에 각 개인은 노예로 태어나서 노예로 죽는 인생을 면치 못했다고 비판하였다. 따라서 "오래된 맹목적 악도덕을 말소하고 개성 위에 선 자각적, 필요적 새도덕"을 주장하고 있다. 즉 변화된 시대 속에서 찾아 나가야 할 도덕이란 생존을 위한 개인적, 합리적이자 개성이 바탕되는 것이라는 점에서 삶의 중심이 개인으로 내려왔음을 알 수 있다. 이상천, 「새도덕론」, 『학지광』 제5호, 1915.5.

으로 하여금 어떤 추상적 윤리의 대행자가 아닌 그 각자가 자연의 스펙터클을 내면에 품고 있는 욕망의 주체자"[44]로 만들어 준다.

이렇듯 중세 문학적 사유를 넘어설 수 있는 독자적 세계관으로 등장한 '정'은 문학을 구성하는 요건의 변화 뿐 아니라 작품 창작의 주체자인 작가와 독자 개념 역시 근대문학으로서의 그것으로 변모케 해 주었다. 무엇보다 작가가 나아가야 할 방향이 외부로부터 주어진 목적 하의 문학(그것이 중세의 보편윤리나 도덕, 혹은 애국 계몽기의 독립과 계몽의 담론이든)에서 벗어나 작가의 의지와 욕구에 따라 현실을 새롭게 구성할 수 있는 사유의 기반을 제시해 주었다. 이를테면 한국 근대문학의 시초로 『무정』을 꼽는 근거는 문체나, 주제의식, 서사기법 등 형식적 요건뿐만 아니라 과연 자신은 누구를 진정 사랑하고 있으며, 자기 의지와 욕망이 바라는 것은 무엇인지를 끊임없이 탐색하는 인간상을 제시하였기 때문이다. 『무정』 이전의 이광수의 단편 뿐 아니라 유학생들에 의한 내적 고민과 번민을 토로한 고백체 서사가 유독 이 시기에 집중적으로 쓰여진 것 역시 근대적 인간상이 산출되는 문학사적 과정의 산물로 보아야 한다.[45]

자신에 대한 정체성이 외부의 선험적 조건에 의해 주어졌던 봉건시대에 글을 쓴다는 것은 그것이 도의 구현을 위한 자기성찰이든 아니면 오락으로서의 그것이든 작가가 나아가야 할 방향은 이미 주어져

44 황종연, 「문학이라는 역어」, 앞의 책, 34쪽.

45 이러한 측면에서 볼 때 신소설은 고전소설과 『무정』의 중간지점에 놓여있다. 『무정』 역시 우연이나 비이성의 세계가 엿보인다는 점에서 전근대 요소를 지니고 있다. 예컨대 결혼 문제를 보더라도 이광수는 인간의 본성과 의지 문제를 관념이 아닌 인물들의 삶 속에서 보여주고자 했다면 이인직은 『혈의누』에서 개인 의사에 따른 근대적 혼인관을 관념으로 주장할 뿐 실제 연애에 따른 갈등과정을 생략하였다.

있었다. 고대소설의 주제가 권선징악으로 집약되듯 선과 악은 정해져 있으며, 선이란 개인 의지에 의한 소산이 아니라 얼마나 유교적 덕목에 충실한가를 의미한다. 근대문학 생성 초기에 '권선징악'이 그토록 비판받았던 것은 조선인의 감정을 일정 틀 속에 가두어 놓아 타인의 삶에 대한 진정한 관심과 성찰에 눈을 돌릴 수 없게 만들어 놓았기 때문이다. 근대적 세계관에 눈을 뜬 작가들은 이제 자신의 본래적 욕구에 따라 세계를 주관적으로 파악하고 현실을 새롭게 그려낼 수 있는 공간을 확보하고자 한다. 애국계몽기에 등장한 다양한 서사물들은 인간 삶이 놓여 있는 구체적 현실을 발견케 했다는 점에서 문학사적 의의가 있지만, '국민・국가'라는 목적 달성을 위한 도구로서의 문학이었다는 점에서 근대문학과는 거리가 있다.

1910년 이후 세계와 인간에 대한 새로운 관점을 확보한 유학생들에게 근대문학이란 "인생의 생활 상태와 사상, 감정"이라는 "최정(最正)한 재료를 최정(最正), 최정(最精)하게 묘사"[46]하는 것이며, 이를 통해 독자는 고상한 쾌락뿐만 아니라 감동이라는 미학적 쾌감을 얻는 것으로 새로이 개념 정립된다. 이때 독자로서 개인이 얻는 '감동'이라는 정서는 이전까지 교양으로서 '문'을 생산하고 소비했던 사대부들만의 문학과 오락과 여흥으로 문학을 접했던 평민 독자를 하나로 응집시켜주는 역할을 한다. 각각 다른 세계관에 대한 이해로 사대부 문학과 평민 문학으로 이원화될 수밖에 없었던 것이 중세 문학이었다면 근대문학의 독자들은 실생활, 참인생을 담은 문학을 통해 "여하한 생명과 능력으로 경험치 못할 인생의 각 방면, 각종의 생활과 감정을 경

46 이광수, 「문학이란 하오」, 앞의 책, 548쪽.

험"하고 이로서 "각 방면 각 단계의 세태인정의 기미"[47]를 파악할 수 있는 심미적 독자로 재탄생하기에 이른다. 계몽이나 권선징악 등 주제가 분명하고, 작가가 독자에게 가르침을 전달하는 식의 일방적 서사는 독자의 상상력이나 새로운 세계에 대한 이해의 문을 열어놓을 수 없다. 독자 역시 실제 인간 삶에 대한 관찰을 통해 감수성이 자극받고 뿐만 아니라 자신의 삶을 스스로 반추하는 자신을 발견하게 된다. '정'은 작가가 자율적 세계관을 통해 작품 활동을 할 수 있는 토대를 제공해줄 뿐만 아니라 독자 역시 미학적 감수성을 통해 자발적으로 삶의 질서와 윤리 문제를 반성케 한다는 점에서 독자의 위상 또한 변모케 한 기제로서의 역할을 했다.[48]

인간에 대한 인식이 달라지고 이에 따라 감정의 영역이 심미성, 즉 '미'를 공통분모로 하여 예술이 범주화되는 현상은 분명 1900년대 담론과 확연히 구분된다. 주지하듯 소설의 위상은 애국계몽기에 계몽과 교육의 필요에 의해 높아졌고 미술과 음악 역시 실용 목적 하에서 그 중요성이 인정되었다.[49] 따라서 한국 문학사에서 문학과 예술이 계몽

47 위의 글, 550쪽.

48 문사와 작가 사이를 오가던 이광수는 장편 『무정』의 마지막 장면을 삼랑진 수해 극복의 장면으로 설정하면서 인물들의 생생한 과정을 통해 독자 역시 하나의 감정으로 응집시킨다. 비록 삼랑진 수해 장면은 개개인의 모든 갈등을 계몽의 논리로 봉합했다는 점에서 한계가 있지만 일방적 교훈 전달이 아닌 독자들의 감수성을 통해 조선인으로서 하나 됨을 경험케 했다는 점에서 근대 독자 형성에 미친 바가 크다. 김기전의 「『무정』 122회를 독(讀)하다가」에서 김기전은 『무정』이 좋은 작품인 이유로 읽는 이에게 감동을 줄 뿐만 아니라 참된 인생관의 제시와 교훈을 준다는 점을 들고 있다. 이로 볼 때 정의 감발을 통한 감수성과 감동의 문제는 근대독자 형성에 큰 영향을 미쳤음을 알 수 있다. 김기전, 「『무정』 122회를 독하다가」, 『매일신보』 1917.6.15~6.17.

49 1910년대 교육론의 중심에는 지덕체의 사유구조가 자리하고 있었으며 미술이나 음악은 이러한 배치 속에서 지의 영역을 차지하고 있었다. 더욱이 19세기 말에서 20세기 초 지식 담론을 관통하는 키워드가 실용주의였고 이에 따라 교육의 일차적 목적은 생존경쟁에 적응할 성질을 구비하도록 하는 것이었다. 따라서 미술은 지의 영역 속에 새로운 앎의 일부로

기획의 하위요소가 아니라 자율화되는 과정은 예술이 독립 장르로 분화되는 지식 장의 변동과 사회 범주에 대한 인식 변화 속에서 가능한 일이다. 전문적 예술 동인지가 창간된 이후 논설과 소설을 병행하며 썼던 현상윤이나 진학문 등과 같은 논자가 점차 다른 영역에서 활동을 하고 예술가 집단이 따로 등장하게 된 과정은 자율적 근대 문학의 성립과 무관하지 않다.

결국 한국문학사에서 문학이 봉건적 사유의 틀에서 벗어나 근대적 제도로 자리를 잡아가는 과정은 인간에 대한 새로운 이해와 '정'이라는 심미적 능력의 발견과 더불어 생각하지 않을 수 없다. 그러나 각 개인이 가지고 있는 감정이 타인에 대한 감정적 이해의 매개인 '동정(同情)'으로 변화될 때 민족 통합과 '감정교육'이라는 계몽 논리 안으로 다시 포섭되고 만다. '동정'이라는 어휘는 이광수의 논설과 소설을 설명하는 핵심 키워드이다. 이광수는 일찍이 「동정」[50]이라는 제목 하에 "동정이란 나의 몸과 맘을 그 사람의 처지와 경우에 두어 그 사람의 심사와 행위를 생각"하는 것이며, "정신발달의 도가 높은 개인이나 민족은 동정의 염(念)이 부하고 정신발달의 도가 낮은 개인이나 민족은 동정의 염(念)이 핍(乏)할지라"하여 '동정'을 정신문명과 연동해서 살피고 있다. 이는 문사와 작가로서 동시적 삶을 살았던 이광수 식의 세계 이해의 방법으로 볼 수 있다. 조선의 악습과 봉건의 질곡으로부터 '정'을 통해 개체의 자율성을 회복시켰지만 조선민족을 계도해야 한다는 선지자적 의식에서 벗어날 수 없었던 문사 이광수는 '정'을 다시 교육

받아들여졌다. 윤세진, 「미술의 탄생」, 국사편찬위원회 편, 『근대와 만난 미술과 도시』, 두산동아, 2008.

50 이광수, 「동정」, 『청춘』 제3호, 1914.12, 58쪽.

논의와 결부지어 "정육을 기면(基勉)하라"는 선언을 통해 민족 혹은 국가를 형성하는 데 필요한 개인 윤리로서 '동정'론을 제기한다. 즉 이광수의 '동정'이란 '감정과 계몽이 결합하는 매개'[51]로 작용하여, 개체로서의 욕망은 민족의 발전이라는 당위 아래 다시 통합된다. 이는 정치논리에서 벗어나 예술가로서 독자적 길을 걷고자 했던 예술가 집단과 문사와 작가의 길을 함께 걸었던 이광수와의 차이이기도 하다.

다시 말해 '동정'이라는 감정은 개인이 다시 공동체로 접합될 수 있는 손쉬운 기제임에도 '동정'의 느낌은 타인보다 우월한 입장이 전제되었다는 점에서 한계가 있다. 즉 연민의 감정은 타인과의 동등한 입장이 아닌 자신의 입장에서 상대를 편향적으로 바라보는 위계를 전제로 한다. 근대소설은 '나'의 발견에서 출발한다고 할 때, 이때의 '나'는 동정이라는 위계적 감정 구조가 아닌 민족 내부에 완전히 포섭되는, 살아있는 민족으로서 '나'를 그려내는 것이다. 그러한 점에서 '동정'은 계몽적 색채를 갖고 있다. 1910년대 이광수 문학에서 '동정'이라는 감정 구조를 쉽게 찾아볼 수 있는 반면, 1920년대로 넘어가는 동인지 문학에서 '동정'은 그 모습을 완전히 달리한다. 예컨대 김동인의 단편이나 염상섭의 「만세전」, 현진건의 「운수좋은 날」에서의 '동정'은 현실의 모습을 담아내는 리얼리즘으로 대체되는 것이 이를 입증한다.

---

51 박숙자는 이광수의 '동정'을 후천적으로 계발되는 '윤리'이자 근대 초기 네이션을 상상하는 가운데에서 태동하는 것으로 보았다. 즉 '정'으로 표현되는 동정은 신체적인 감각 이전에 놓인 인식적인 각성이며 민족 국가를 형성하는데 필요한 개인윤리로서, 이때의 개인 내면은 민족을 번역해 낼 수 있는 매개라고 지적하였다. 박숙자, 『한국문학과 개인성』, 소명출판, 2008, 140~141쪽.

2. 미적 감수성의 분화와 심미적 개인의 탄생

1) 내면 창출로서의 감정과 근대예술에 대한 열망

한국문학사에서 본격적으로 근대문학이 출현하게 된 시기를 문학이 예술로서 독자적인 장을 마련해 나가기 시작하는, 동인지 시대로부터 보는 논의는 일반적이다. 그러나 어떠한 문학사적 경로를 거쳐 문학의 자율성을 획득해 나아갔는가는 한국 근대문학의 기원문제, 즉 문학사적 전통과 외부세계로서의 근대의 접합이 맞물린 첨예한 문제이다. 이는 근대의 출현이 식민지라는 정치적 억압과 동시적으로 진행된 우리 역사의 특수성에 말미암는다. 즉 문명으로서 근대적 세계에 도달하기 위해서는 억압의 대상인 일본을 통한 학습과 모방의 과정을 거쳐야 되는 의식의 분열을 동반하기 때문이다. 이 과정에서 우리 민족의 전통이 철저히 부정되었다는 점에서 한국의 근대문학은 전통과 근대가 충돌하고 접합하는 과정 속에서 형성되었다.

서구의 문학사를 보아도 미적 근대성의 역사는 '자율성 획득'을 위한 투쟁의 역사라고 할 수 있다. 미적 자율성은 미적 이념의 생산과 갱신을 위한 원리에 의해 지탱되며, 또한 주체의 자기 해방과 갱신을 위한 신념에 의해서 촉발[52]되었다. 우리의 경우 미적 근대성은 서구에서처럼 산업주의의 비약적 발전 속에 산업화・기계화된 생활에 먹혀 들어갈 위험에서 자기를 지키려는 예술의 방파제로서 옹호된 것[53]이 아

52 김춘식, 『미적 근대성과 동인지 문단』, 소명출판, 2003, 30~31쪽.

니다. 또한 일본의 경우처럼 국민을 천황과 국가에 충성하는 충량한 구성원으로 만들기 위한 '국민국가'의 이데올로기 속에서 미적인 것들이 만들어지는 집단적 문화주의[54]와도 다르다.

안확은 「조선의 미술」[55]에서 미술사에 대한 통시적인 분석을 하는데, 여기에서 조선시대의 유교 숭배사상이 순정한 심미심에 의한 미술을 방해했음을 지적했다. 미술이 행해지는 동기에 주목한 그는 한국의 미술사에서 심미사상은 오히려 단군시대에 발전했다고 보고, 유교사상 이후 세인들이 미술을 오락적 완롱물로 여겼다고 비판하는 등 심미성의 측면에서 미술에 접근하였다. 저자는 같은 맥락에서 「조선의 문학」[56]에서 문학이란 '미감각을 문자로 표현'한 것으로 정의하였다. 안확이 미술을 소비되고 마는 오락으로서가 아니라 인간의 감수성에 영향을 미치는 '문화적 가치'로서 보는 이와 같은 시각은 문학에서도 나타난다.

최두선은 「문학의 의의에 관하여」[57]에서 문학이 문학다울 수 있는 요건으로 문학의 생명 있음과 이를 향유하는 독자의 입장에서 '생명의 맛봄' 문제를 제시하였다. 이때 문학의 요건으로 제시된 '생명'이란 인간을 지·정·의의 심리적 형태로 나누고 이 중에서 지식보다 정의(情意)의 만족인 '정의 경험에 감촉'되는 것을 의미한다. 이광수 역시 「문학이란 하오」에서 문학자를 지식을 전달하는 자가 아닌 "미

53 아놀드 하우저, 『문학과 예술의 사회사』 현대편, 창비, 1998, 21쪽.
54 김춘식, 앞의 책, 16쪽.
55 안확, 「조선의 미술」, 『학지광』 제5호, 1915.5.
56 안확, 「조선의 문학」, 『학지광』 제6호, 1915.7.
57 『학지광』 제3호, 1914.12.

감과 쾌감을 발(發)케할 만한 서적을 작(作)하는 사람(人)"으로 정의하고 문학 역시 "사람(人의) 정(情)을 만족케 하는 서적"이라 하였다.

문학에서 '정(情)'의 부상은 문학이란 구체적 인간의 삶을 다룬 것이어야 한다는 인식의 전환을 가져왔으며, 그 구체적 삶의 여실한 묘사란 현실 속에서 인간이 겪는 세세한 감정의 표현을 말한다. 즉 우리 문학사에서 근대문학의 요건으로 제시된 '정'은 중세의 집단적 삶뿐만 아니라 중세의 정치논리에서 벗어난 개체로서의 인간 해방이자 자율적 문학의 기틀을 제시해주는 이념의 지반이 되었다. 과거 전제정치 하에서 억눌린 개인들을 자율적 주체로 설 수 있게 해주는 기제인 '정'은 중세의 억압으로부터 개인의 해방이라는 역할뿐만 아니라 세계를 새로운 관점에서 파악하고 이해하는 심미적 개인의 탄생을 가능케 하는 요건이기도 하다. '정'을 통한 감정교육의 중요성은 음악 잡지 『삼광』에서도 찾아볼 수 있다. 홍영후는 플라톤의 말을 빌어 "음악은 실로 감정교육상, 유일의 기능적 과학"임을 전제한 후 "만일 음악을 학교교과 중에서 제거할진대 도저히 인생의 균제조화(調和均齊)를 도치(陶治)할 수 없다"[58]라고 했다.

이제 개인의 삶을 이끌어가는 동력은 이념이나 관습, 신분에 의한 외부기제가 아니라 심리적 감동과 반응 등의 내적 정서이며, 이것은 스스로 감발을 받고 행동하는 개인의 등장을 의미하게 되었다. 그러한 측면에서 정을 통한 감동은 효용론적 문학관의 공리와 크게 구분된다. 다음은 1920년대 초 『개벽』에 실린 글로 문학의 핵심자질을 감

58 홍영후, 「음악이란 하오」, 『삼광』 창간호, 1919.2, 4쪽. 음악을 통한 감정교육에 대한 언급은 창간호에 이어 발간된 제1년 2호의 홍영후, 「창가유희의 교육상 효능」에서도 찾아볼 수 있다.

정으로 보고 있는 부분이다.

> 감정이라고 하는 것이 문학에 필요하다는 것은 다시 말할 여지가 업스나 특히 純文學 즉 시가나 희곡, 소설에는 더욱 필요한 것이다. (…중략…) 그러나 우리가 입으로 감정 감정하지마는 그 감정에도 여러 가지 종류가 잇는 것이니 문학에 사용할 감정은 어떠한 감정인가. (…중략…) 문학에서 이러한 열등의 감정은 제거하고 고상한 감정을 사용한 것은 이미 말한 바와 갓거니와 고상하다고 하는데도 그 범위가 넓고 정도가 여러 가지니 무슨 표준으로써 감정의 우열을 정할가 하면 대개 四種의 구별이 있다. 第一은 감정이 정당할 것, 第二는 감정의 품위가 고상할 것, 第三은 감정에 힘이 잇슬 것, 第四는 감정이 不易의 性 — 을 가진 것이다.[59]

위 지문은 문학이란 감정에 따른 활동이며, 이때의 감정은 저속한 감정이 배제된 고상하고 품위 있는 감정을 통한 행위이어야 한다는 논의이다. 인간의 예술 활동에 있어 감정은 필수불가결한 것으로서, 보고 느끼고 사유하는 것을 지배하는 핵심 요건이다. 인간이 예술 활동을 한다는 것은 감정을 통해 인간으로 하여금 새로이 '보는 것'을 가르쳐 주는 것으로 설명할 수 있으며 이때의 '본다'는 것은 단순히 보는 것이 아닌 사물의 본질을 꿰뚫는 것이라 할 수 있다. 그리하여 예술 작품 속에 표현된 대상은 주어진 대상을 그대로 복사하는 're-presentation'이 아니라 주관에 의해 다시 구성하는 'expression'이라 할 수 있다.[60] 이 때 주관에 의해 구성된 표현은 개인으로서 작가가

59 효종생, 「현당독폐」, 『개벽』 제8호, 1921.2.

가지고 있는 미학적 상상력과 감성이 주요 원천이 된다.

서구나 동양 모두 근대 이전의 예술은 신으로부터의 속박과 고답적 이념에 억눌린 집단 감수성 시대의 소산이라 할 수 있다. 그러나 근대 이후의 예술은 개인에게 정체성을 부여해 왔던 외부의 틀을 제거하고 자신을 인식하는 인간으로서의 개인화[61]와 더불어 진전해 왔다. 이는 작가가 세계에 대해 갖는 고유의 주관성을 근본 전제로 할 뿐만 아니라 관찰자 쪽에서도 새로운 감수성이 요구된다. 독자가 예술을 통해 느끼는 유쾌함 혹은 심미적 쾌락은 감정의 문제이며, 작가가 구성하는 상상의 소산과 마찬가지로 독자 역시 작품을 통한 상상력으로 새로운 세계를 경험할 수 있기 때문이다. 이처럼 작가의 상상에 의한 세계 재현이 경험 그 자체의 전달이 아니라는 점에서 미학적 감수성이 요구되는 것과 마찬가지로, 독자 역시 작품 내 세계가 경험세계가 아닌 예술적 생산을 그것 자체로 받아들인다는 점에서 미적 판단력이 요구된다. 이로 볼 때 근대 예술은 작가와 독자 모두의 세계인식과 미적 감수성에 대한 변환을 요구한다.

1910년대 한국 문학은 미적 상상에 의한 자율적 세계를 구성하는 작가의 인식력이 부족했던 시기일 뿐만 아니라 독자 역시 창작된 세계를 실제 경험세계와 동일시하지 않으면서 진실반영의 또 다른 세계로 받아들이는 미적 판단에 대한 인식이 부족했던 때로 말할 수 있다. 근대문학 형성 초기에 유독 '사실'에의 강조를 통해 전대소설과 구분되는 새로운 소설을 창작하려는 시도가 많았다. 이는 중세적 문학의

---

60 조요한, 『예술철학』, 미술문화, 2003, 41쪽.
61 위의 책, 115쪽 참조.

특질인 비현실적 세계와 이념에 속박된 인간상에서 벗어나, 실제 현실 속에서 일어나는 인간 삶의 진실을 담고자 하는 세계관의 변화로 보아야 한다. 그러나 동시대 현실 속에서 벌어지는 인간 삶의 사실적 재현을 근대소설이라 했을 때 '사실'이란 경험적 세계를 그려내는 것이 아니라 인간의 상상을 통한 허구적 요소를 통해 현실보다 더한 진실의 삶을 보여주는 것을 말한다. 따라서 이때의 '진실'이란 '허탄무거'로서의 허구, 혹은 강제된 이데올로기, 관습적 사고에 대한 대립항으로써 한 시대의 보편성이 담지된 '진실'이어야 한다. 즉 근대소설은 소설이 갖는 허구적 특징을 통해 실제 사실보다 더한 인간 삶의 참모습을 보여주려는 소설관의 변화 속에서 나타났으며, 이때 작가가 보여주는 허구적 구성능력은 인간과 현실 사이의 관계변화 뿐만 아니라 미적 상상력이 예술로 받아들여지는 과정을 전제로 한다.

미적 상상력은 주어진 사실이나 경험의 문제에 대한 단순한 관찰이 아니라 대상에 대한 감정의 경향과 대상의 뚜렷한 성질을 감상하는 것을 의미하"[62]며, 하나의 대상이 예술이 되기 위해서는 작가가 직접적으로 감정을 표현해서는 안 되고 작가 자신으로부터 유리되어 객관화되는 과정을 거쳐야 한다. 이 과정에서 소설 속에 그려지는 묘사는 단순히 외부세계를 그리는 것과는 이질적인, 가라타니 고진의 표현을 빌자면 '외부 세계' 그 자체를 발견해야 가능하다. 즉 지각 양태의 전도가 그동안 존재했으되 존재하지 않았던 '풍경'을 창출한 것처럼 '내적 인간'[63] 역시 만들어지는 것이다.[64]

62 멜빈 레이더, 『예술과 인간가치』, 까치, 1987, 79쪽.
63 가라타니 고진, 앞의 책, 35~38쪽.

『학지광』에서는 소설과 수필 사이의 중간형태의 서사로, 주체적 삶을 살고자 하는 욕망과 그에 따른 감정의 분출 혹은 철저하게 자기로서 사는 삶의 방식으로서 예술이 옹호되는 고백적 발화를 쉽게 찾아볼 수 있다. 정치적 공리성이 철저히 배제되고 개인적 진실을 담고자 하는 열망 속에 등장한 1910년대 서사를 읽는 것은 당시 개인 내면이 존재하는 방식뿐만 아니라 사실에서 허구적 가치의 발견으로 넘어가는 근대소설의 한 경로를 유추케 한다.

『학지광』 제3호에는 최승구의 「남조선의 신부」[65]라는 서사가 실려 있다. 이 글은 저자인 '나'가 배를 타고 전남의 어느 섬에 들어가던 중 배 안의 승객인 한 여인에 대한 관찰과 그에 대한 감상을 기록한 일종의 기행적 수필이라 할 수 있다. 배 안에 함께 탄 신부는 친정어머니와 이별한 후 자신이 탄 배가 망망대해를 향해 나아갈 때 통곡하는데 '나'는 그녀의 통곡 소리를 들으며 그 여인이 무엇 때문에 그리 슬퍼하는지 여러 방면으로 짐작해 본다. '나'는 성장(盛裝)한 어린 신부를 보면서 그녀가 시집가서 겪게 될 일생을 떠올리기도 하고 그녀의 통

---

64 문학에서 자아에 대한 발견과 표현에의 욕구가 인간에 대한 새로운 이해에서 비롯했듯 동시대 한국의 미술사에서도 같은 경향을 유추해 볼 수 있다. 1910년대는 한국에 새로운 화단이 형성되는 초기단계로 볼 수 있는데 특히 유학생들 사이에서 유화가 인기를 끌었다. 이는 동아시아의 한자 문화권에서 탈피하여 국제 세계로의 시야 확장으로 볼 수 있는데 화폭상의 변화로는 관념상의 이상경인 산수화 중심의 미술에서 실제 인간 삶이 담긴 현실 세계가 미술의 주요 소재로 등장한 것을 들 수 있다. 풍경화는 전통적인 산수화와 달리 인간의 시선에 의해 시각적으로 전유되고 대상화된 자연을 재현한 것으로, 풍경화의 성립은 새로운 표현기법의 변화 뿐 아니라 자연에 대한 시선의 변화 역시 동반한 것이다. 이 시기 풍경화뿐만 아니라 나체화 역시 미술가들의 관심을 끌었는데 인간의 나체를 그린다는 것은 자연의 일부로 몸을 인식하는 방식에서 벗어나 인간의 신체를 미의 원형으로 사고하는 인간 중심주의의 표현으로 읽을 수 있다. 윤범모, 『한국근대미술』, 한길아트, 2000; 윤세진, 앞의 글, 참고.

65 최승구, 「남조선의 신부」, 『학지광』 제3호, 1914.12.

곡 속에 그녀가 그리워하고 있을, 혹은 두려워하고 있을 일들을 생각하며 그 눈물에 공감하는 나를 발견한다. 이 수필은 지극히 평범한 한 개인의 삶이 자신의 감정 속에서 새로운 의미로 관찰되는 과정을 보여주었다는 데서 그 의미를 찾을 수 있다. 즉 감정적 개체로서 인간에 대한 발견이자 근대문학의 요소인 정의 충족과 미의 요소가 반영된 서사라 할 수 있다.

위의 글이 개인의 감상을 자유롭게 표현하는 수필이었다면, 수필과 소설 사이의 경계에 놓인 글들에서는 경험한 사실과 의견, 사적 감정이 섞여 있어 자아발견의 근간으로 제시된 감정을 어떠한 형식과 표현으로 드러내야 하는가로 고민했던 근대문학 초기의 지형을 살펴볼 수 있다. 『학지광』 제20호에 실린 '용주인'이라는 필명의 「벗의 죽음」은 젊은이들을 주인공으로 내세워 당대 현실의 문제와 이에 대한 비판을 담은 소설이다. 그러나 현실의 문제를 비판하고자 하는 주제에의 집착과 갑작스런 친구의 죽음을 통한 슬픔의 감정 유발 등으로 주제나 인물의 형상화 과정에서 자연스런 문학적 의장을 갖추었다 하기 어렵다. 학교 선생 창호는 결혼을 앞두고 사주를 신부에게 보낼 채비를 하면서 조선사회의 애정 없는 결혼 풍습을 비판하고 '강력생활'의 중요성에 대해 친구들과 논한다. 이 과정에서 드러나는 대화는 작가에 의한 주제의 직접전달에서 크게 벗어나지 못하고 있어 소설 형상화에 요구되는 표현적 요소에 대한 감각이 떨어진다.

「우리 동포에게 얼마나 교육이 필요한가를 알 수가 있습니다. 교육만 진보가 되면 자연히 청년남녀들이 자기부형의 세력과 인습의 기반(羈絆)을 벗을 것이니까, 그때는 새로운 도덕에 합당한, 인성과 개성을 존중하는 방법을 강구하겠지요」(…중략…)「우리에게는 강력생활이 있을 뿐이여요. 이것이 없고는 조선사람은 살 수가 없어요」

(…중략…) 군이 계시든 세상에 그대로 남아있는 군의 벗이엇든 창호는 한량없이 슬퍼하나이다. 멀지 아니한 장래에 다시 만날 것을 확신하는 아우는 사람이 죽는다는 그 사실에 대해서는 그렇게 슬픔을 느끼지 아니하나이다. 마는 여러 가지 사명을 가지신 君이 君이 아니면 다하지 못할 사명을 마치시지 못하시고, 가셨으니 이것이 우리 사이의 정의(情誼)로부터 나오는 슬픔과 군의 부모와 처자를 생각하고 끓어 나오는 슬픔보다 더 크나이다.[66]

현실계의 사실 구성을 근간으로 하는 근대소설에서 사실주의란 실상 경험적 관찰보다 수사의 힘에 의해 이루어진다고 말할 수 있다. 즉 사실주의란 단순히 경험적으로 관찰된 자료의 문제가 아니라 이러한 자료가 어떠한 방법으로 기술되는가 하는 문제이고 이때의 기술이란 작가의 상상력의 힘과 언어구사력에 의존되기 때문이다.[67] 그러한 측면에서 보았을 때 위의 글은 현실에 눈을 뜬 개인과 각 개인이 지니고 있는 '정'적 요소를 통한 새로운 글쓰기라 할 수 있지만 주제를 미학적으로 형상화시키는 데 있어 현실 속 경험이나 주제 전달, 인물 형상화 등이 문학적으로 융합되지 못했던 과도기적 서사로 볼 수 있다.

그럼에도 불구하고 1910년대 유학생들은 서구 이성과 보편지식에

66 용주인, 「벗의죽엄」, 『학지광』 제20호, 1920.6.
67 김우창, 『심미적 이성』, 솔, 1992, 249쪽.

기대어 근대문학 기원의 주인공이 되고자 했다. 유학생들을 주축으로 한 새로운 문학은 보편지식이라는 영역의 획득과 감정을 지닌 인간으로서의 자기발견과 해방의 공간을 의미한다. 즉 이전시대의 예술이 사상이나 이념에 종속된 것이거나 외부 세계로부터 단절된 고립된 미학의 산물이었다면, 근대 예술은 발견된 자기를 최대한 실현할 수 있는 장으로서 기능을 한다. 이처럼 중세 문학에서 벗어나 근대적 문학관으로의 이동은 '정'을 지닌 자율적이고 의지적인 인간에 대한 새로운 발견이자 살아있는 개체들의 진실을 사적인 영역에서 묘사하는 문학관의 전환을 의미한다.

『학지광』 제19호에 실린 「서광」은 추운 겨울날 새벽, 만월대 위에서 태양을 바라보면서 자신의 미래에 대해 결의를 다짐하는 청년의 모습을 담은 글이다. 이 서사는 새 시대를 이끌어 갈 주인공의 "강한 의지와 굳센 자신", "필요할 때에 흘릴 눈물과 더 필요할 때에 쏟을 피를 준비하고 각오"하는 강인한 청년의 의지를 담고 있어 인상적이다. 이 소설은 삼인칭 'K'와 일인칭 주인공 '나'의 시점이 불일치하게 교차되지만, 내용적 측면에서 불확실한 미래와 현실의 강한 열망 사이에서 갈등하고 스스로를 다짐하는 감정의 극대화만으로 한 편의 서사를 구성했다는 점에서 주목할 만하다.

『학지광』 제22호에서 김환은 '암루생'이라는 필명으로 「병중에서」라는 서간체 서사를 실었다. 이 글의 후반부에서 주인공은 예술에 투신하고자 하는 갈망과 예술적 창작물로써 소설에 대한 자신의 생각을 밝히고 있다. 이는 감정적 생활의 중시와 흥미, 외부 사물에 대해 민감하게 반응하는 자아를 발견할 때 자아의 갱생을 얻고 '아티스트'가 될 수 있다고 주장하는 최승구의 논의[68]와 맥을 같이 한다. 즉 진정 자신의 삶을 사는 방법으로 '감정적 생활'이 옹호되고 그 욕망의 극대화가 예술에의 투신으로 이어지는 사상이 일맥상통한다.

> 벗이여! 나는 예술을 위하여 헌신하겟다는 생각이 요사이 매오 강하야졋습니다. 현재 자기가 밧는 이 비근한 경험이라도 나는 거긔에 예술의 가치를 붓치고 쓰다 괴롭다하는 생각 중에서 자기의 그 괴로워하는 태도와 쏘는 심리의 태도작용을 관찰하랴는 생각이 쫓겨가며 나올듯~하다가는 그만 쫓겨드러감니다. 자기를 써나셔 자기의 일을 자기가 관찰하기는 매오 어려운 일이올시다. 김동인씨의 「마음이여튼자여」는 작자가 자기를 써나 사실을 사실대로 관찰한데 참 생명이 흐르는 예술품이되엿습니다. 물론 사물 가온데는 작자자신도 포함한 것이올시다. (…중략…) 소설도 불완전한 사회에셔 참된 예술의 가치를 엇을 수가 잇는 것이올시다. 사회가 완전무결하다하면 다만 져들은 예술을 오락적으로 생각하고 맙니다. 살인, 강도, 등의 범죄가 날노 끈치지안코 남을 미워하고 남을 시기하고 남을 속이고 남을 괴롭게하고 남을 울니고 하는 사회에셔 그 불완전한 사회를 거짓업시 보는 소설이 참 예술적가치를 가지게되고 사회 그 물건도 생명력이 풍부하여지는 것이올시다.[69]

68 "「우리의 계련(系練)은 먼저 감정적 생활을 허도록」해야겟다고. 예를 들어 말슴허면, 오관(五官)은 다가젓겟소. 허나, 작용은 조금도 허지 못허오. 「월색은 청명허다」허나 청명헌 것을 실제에 사지가 흥분되도록 늣기지 못허오. 「쏫은 어엽부다」하나, 실제에 화예의 향기를 쪽 빠러마실 듯이 늣기지 못허오. 「술은 달다」허나 실제에 입맛을 짝짝 다시듯이 늣기지 못허오. 이와갓치 신경에 고장이 생긴 사람은, 누가 자기의 흥미를 어지럽게 헌다헐지라도, 다만 「자미읍게 되얏구면」헐쌘이지, 그 흥미를 다시 만들겟다허는 생각은 읍소 (…중략…) 아아 나는 이 두 번째 갱생(更生)허는 째를 바라오! 형은 이 째에 아틔스트라고 불너주기 원허는 바요" 최승구, 「감정적 생활의 요구」, 『학지광』 제3호, 1914.12, 17~20쪽.

이 시기 유학생 잡지에서 자아 존재의 회복과 자기표현의 욕구가 예술에 대한 갈망으로 표출되었던 것은 정치적 해소구 없는 식민지 사회에서 예술에의 투신이야말로 발견된 '자기'를 실현할 수 있는 유일한 장이었기 때문이다. 그러나 예술을 하고자 하는 선언적 강조만으로 예술이 될 수는 없는 것이며 암루생이 지적했듯 "작자가 자기를 떠나 사실을 사실대로 관찰"하는, 즉 자신을 객관화시켜 새로운 객체를 창조하는 과정 속에 참다운 예술로서 근대소설이 탄생한다.

이렇듯 '정'을 통한 인간 감수성의 확대와 이를 통한 자발적 윤리주체의 구성은 각 개인에게 내재된 심미성과 미적인 정조로 이어지면서 예술이 정치로부터 독립해 자율화될 수 있는 사상적 거점을 제공해준다. 이제 문학, 혹은 소설은 더 이상 "권선징악적 수신강화나 설교도 안이오 또 진리를 논구ᄒᆞᄂᆞᆫ 과학"[70]도 아니며 "활(活)ᄒᆞᆫ 생명이 잇스면 문학의 가치가 확유(確有)"[71]되는 자족적인 것으로 인식된다.

> 小說家卽藝術家요藝術은 人生의精神이요思想이요 自己를對象으로한 참사랑이오社會改良, 新人合一을 遂行할 者이오. 쉽게 말하자면, 藝術은 個人全體이오. 참 藝術家는 人靈이오. 참 文學的作品의神의囑이오. 聖書이오.
>
> 우리는 참自己 참사랑, 참人生, 참生活을 理解하여야하오. 이거슬 理解하랴면은 참 藝術을 理解하야하오, 참藝術을 이해하랴면은 美術, 音樂, 文學과 親하여야하오.[72]

---

69 암루생, 「병중에서」, 『학지광』 제22호, 1921.6.
70 춘원, 「답묵해」, 『매일신보』 1918.3.30.
71 백대진, 「문학에 관한 신연구」, 『신문계』 32호, 1916.3, 13쪽.
72 김동인, 「소설에 대한 조선사람의 사상을」, 『학지광』 제12호, 1917.4, 56쪽.

> 人生과밋藝術은한거름더깁흔 根柢엣意味는合一이며, 一致며, 同一的인바 一合一이며, 一致며同一的아니여서는아니될 것은 藝術이人生에對하야의意味할것이업게됨으로써라 藝術的理想을가지지못한人生은 空虛며, 짤아서 無生命이며, 無價値의 것아니될수밧게업다.
>
> 그러기에藝術의向上은全生活의向上이며 짤아서, 全生活의向上은藝術의向上아니여서는 아니됨과 갓치[73]

위 지문에서는 예술의 향상은 인생의 향상이기에, 참인생을 이해하기 위해서는 예술에 대한 이해로써 음악, 미술, 문학과 가까워져야 한다고 말하고 있다. 더 나아가 삶의 고양은 예술과 같이 진행되는 동일화의 과정으로 파악한다. 안확 역시 "범인이 미를 희(喜)하고 추를 염(厭)"하는 보편심리를 '심미심의 감성'과 결부시킨 후 "미술은 정신이 물류(物類)중에 현(現)한 자"인 까닭에 미술품의 영묘함은 재료의 문제가 아니라 '사상의 표현'에 달린 것이라 본다.[74] 안확은 이 논문에서 유교가 발흥된 이후로 우리 민족의 미술이 오락적 완롱물(玩弄物)로 천시되었다고 비판한 후 민족 문화의 중요성을 강조하였다. 무엇보다 서구의 지식을 자양분으로 하여 새로운 주체가 되고자 하는 유학생들에게 예술은 삶을 고양시키는 생활의 일부로서 자리하게 된다.

> 人生과밋藝術은한거름더 깁흔根柢엣意味는合一이며, 一致며, 同一的인바一合一이며, 一致며 同一的이니어서는아니될것은藝術이人生에對하야의

73 김억, 「예술적 생활」, 『학지광』 제6호, 1915.7, 60~61쪽.
74 안확, 「조선의 미술」, 『학지광』 제5호, 1915.5, 47쪽.

> 意味할 것이 업게 됨으로써라. 藝術的 生活을가지지못한人生은空虛며, 짤아서, 無生命이며, 無價値의 것아니될수밧게업다. (…중략…) 人生을 向上식이며, 改革식이며, 創造식이며, 發展식이며, 模倣식이는것은藝術임으로나는藝術을人生을위하여要求한다.[75]

김억에게 있어 예술은 삶과 함께 진행되는, 불가분의 관계를 맺는 것으로 인식되고 있다. 인생을 진보시키는 동력을 예술에서 찾는 논의는 그 외 여러 논자들의 글에서도 드러난다. 김동인 역시 예술을 문명세계와 직결시키면서 '참자기', '참인생'을 위한 '참예술'론을 제기하고[76]있으며, 전영택 역시 "예술은 그 본질상, 확실히 오인의 실생활의 일부"이기에 "생활이 엄숙한 사실인 것처럼 예술도 진실 되고 엄숙한 사실"[77]이어야 한다고 주장하고 있다.

당대 남성들보다 더한 압박 속에서 살아야 했던 나혜석의 경우도 "그의 삶에서 가장 행복했던 순간은 예술적 기분을 깨닫는 때"[78]라는 발언처럼 그녀의 예술 활동은 자아의 최대치를 발산케 하는 본질로서 기능했다. 예술에 대한 갈망은 『여자계』에서도 찾아볼 수 있다. 망향초의 소설 「영희의 일생」[79]에서 영희는 "봄이 오면 전신체의 신경으로붓허 알는" 예민한 감각을 소유한 인물이다. 그녀는 병석에서 일어나자마자 무섭게 '지식열'이 일어나 책을 가까이 하고 오래된 피아노

75 김억, 「예술적생활」, 『학지광』 제6호, 1915.7, 60~61쪽.
76 김동인, 「소설에 대한 조선사람의 사상을」, 『학지광』 제18호, 1919.1.
77 전영택, 「범인의 감상」, 『학지광』 제20호, 1920.6, 49쪽.
78 나혜석, 「이혼고백서」, 서정자 편, 『정월 라혜석 전집』, 국학자료원, 2001, 473쪽.
79 망향초, 「영희의 일생」, 『여자계』 제5호, 1920.6.

를 치며 그 속에서 "광상적(狂想的)인 화려한 조율이 영원한 허무의 세계에 흘러"가는 것을 사랑하는 '예술의 나라의 여왕'이 된다. 미완으로 끝나 전체적인 줄거리를 파악하기는 어렵지만 영희가 경험하게 되는 '기이한 인연'으로서의 남성은 그녀의 예술에 대한 몰입과 무관하지 않음을 짐작해 볼 수 있다.

이처럼 유학생들을 이끈 '예술'이라는 언표와 이들이 지향하는 예술적 삶이란 객관적 학문의 대칭 항으로서 인간에 대한 탐구이자, 자신의 감정을 극대화시킬 수 있는 영역이며 더 나아가 자아의 내적 욕구에 충실한 본래적 삶의 향유로 보아야 한다.

2) '속사람'의 발견과 근대적 개체들 간의 소통으로서의 애정

사회적 근대성이 확립되지 못한 1910년대 무렵, 번역어로서 '리터러처'의 실천은 자신의 운명을 스스로 개척할 수 있는 근대적 주체의 생성과 주체적 개인되기의 관건인 '자동자재'와 '자율자재'인 '정'의 확인과 맞물려 진행되었다. 즉 작가의 상상력에 의해 그려진 허구적 주체의 생산에서 중요한 것은 내면을 지닌 인간이 자신의 의지로써 새로운 세계를 창조할 수 있는 '깬사람' 되기이다.

이를 1910년대 소설의 지형도 안으로 축약해서 말하자면 「소년의 비애」나 단편 「무정」에서 장편 『무정』 사이에 이르는 거리라 하겠다. 이광수 단편 「무정」에서 아버지를 일찍 여의고 자신의 의사와 상관없이 12세의 어린 신랑을 남편으로 맞이했던 부인은 자신의 불우한 삶에 대해 저항하려는 시도조차 하지 못한 채 운명에 순응하고 마는 전형적 조선의 여인이다. 자신의 삶을 구성하는 것은 자기 밖의 존재자들인 남편과 시부모로, 그녀에게는 배 속의 아이만이 그녀의 삶을 지탱할 수 있게 해 주는 유일한 이유였다. 그러나 그녀는 배 속의 아이를 낳기도 전에 점쟁이가 여자 아이라 하는 말에 신세 한탄을 하다 결국 자결하고 만다. 결혼 전에는 아름답고 총명했던 그녀는 무의지적인 조혼과 이후 자신의 삶이 송두리째 파멸해가는 현실에 저항조차 못 해보고 삶을 마감하고 마는 수동적 존재이다.

이광수의 「소년의 비애」에서 문학에 관심이 많은 문호는 자신처럼 문학을 좋아하고 재주 있는 종매 난수를 사랑하면서도 그녀의 삶이 파멸되어가는 과정을 지켜볼 뿐, 그 어떤 행동도 적극적으로 행하지 못하는 나약한 '소년'이다. 재주 있고 예쁜 난수는 당자와 상관없이 집안 간에 이루어지는 혼사를 치르게 된다. 상대자가 바보 천치인걸 알게 되자 그녀를 사랑하는 문호는 난수에게 도망가자고 권유하지만 난수는 이를 거절하고 불행한 삶으로 걸어 들어간다. 문호 역시 난수의 재주를 아끼고 그녀를 진심으로 사랑하지만 그녀의 불행에 어떠한 행동도 행하지 못하고 단지 몇 년이 지나 영원히 지나가버린 자신의 소년 시절을 회상하며 눈물을 흘리는 나약한 인물에 불과하다.

「소년의 비애」나 「무정」이 주제나 구성뿐만 아니라 인물의 형상화 측면에서 근대소설에 미치지 못한 바는 현실을 변화시킬 수 있는 개인의 의지와 그 변화된 현실을 담아내지 못했기 때문이다. 전대의 소설에서 주체를 장악한 핵심은 신과 운명이라는 초월적 힘이었으며 개인의 의지로 현실을 바꾸는 것은 불가능했다. 조선시대 소설인 『춘향

전』이나 『홍길동전』에서 주체의 의지로 현실 변경이 가능해 보이는 것은 실제 현실에서 불가능한 소설 내의 질서에 한정된다. 즉 유교적 위계질서의 완고함에 따른 불만이 비현실적 이야기를 통해 억압된 인간성을 폭발시킨다는 점에서, 완고한 이념의 또 다른 대립물[80]이지 실제 현실을 그려내는 리얼리즘으로 볼 수 없다. 허탄무거가 아닌 실제 인간 삶의 진실을 담아내는 근대소설에서 더 이상 신과 운명에 지배당하지 않고 주체적으로 삶을 이끌어가는 주체의 등장과 그 주체의 역량에 의해 변화 가능한 사회를 그려낼 때 비로소 근대소설이 등장했다 할 수 있다.

단편 「무정」에서 자신에 대해 각성할 줄 모르고 운명과 가문이라는 거대한 틀에 종속된 주인공은 '정'을 결여한 인물들에 의해 죽음을 맞이할 수밖에 없었다. 또한 「소년의 비애」의 문호 역시 현실의 모순을 느끼고 있지만 스스로 운명을 창출할 수 있는 의지적 개인이 되기에는 역부족이다. 「소년의 비애」와 『무정』 사이의 거리는 문학을 사랑하는 순수한 소년이 운명에 저항하지 못하고 무의지적으로 남편이 되고 아버지가 되고 마는 참자아 발견 이전의 '소년'에서, 주체의 의지를 확인하고 그 의지를 통해 삶을 변화시킬 수 있는 가능성을 발견한 근대적 자아로서 '청년' 되기의 거리이다.

이광수의 『무정』은 본능과 이성을 동시에 가진 현실적 인물인 이형식이 봉건과 근대를 대표하는 두 여성과의 관계 속에서 스스로 '깬사람'이 되어가는 과정을 담은 소설이다. 특히 삼종지도의 이념에 매여 있던 영채나 관념으로서의 근대를 동경했던 선형과 신우선이 진정한

80 김창룡, 『우리 옛 문학론』, 새문사, 2003, 377~378쪽 참조.

근대주체로 자리하는 과정을 담았다는 점에서 근대소설에 다가섰다고 볼 수 있다. 『무정』의 형식은 전대 소설의 평면적 인간형에서 보기 어려운 인간 내부에 비속함과 존귀함 모두를 지닌 '욕망하는' 인간의 모습 그대로를 담지한 인물로, 이광수는 주인공 형식을 통해 인간에 대한 '전면적 진실'[81]을 담아내었다.

『무정』의 큰 흐름은 돈과 권력을 가진 김장로의 외동딸 선형의 개인교사를 맡은 형식이 갑자기 나타난 은사의 딸인 영채와 선형을 놓고서 누구를 아내로 택할 것인가 갈등하는 상황이다. 재산과 미모를 겸비한 선형과 기구한 처지에 놓인 영채를 끊임없이 비교하는 형식은 "얼굴의 아름다움이나 그 부모의 귀여워함은 피차에 다름이 없건마는 현재 두 사람의 팔자는 왜 이다지도 다른가"라면서 영채의 기구한 팔자에 연민을 갖는다. 하지만 끊임없이 영채의 기구함이 그녀의 순결을 앗지 않았는가 하는 것에만 관심을 갖는다는 점에서 남성으로서의 성적 소유욕을 숨기지 않는다. 영채가 형식에게 들려준 악한에게 붙들려 도망한 사연을 듣고 나서 형식은 영채의 몸을 다시금 살핀 후 돌연 순결한 선형을 떠올리며 "저 선형과 영채를 비교하면 실로 매음녀와 선녀의 차이가 아닐까"하는 마음을 내 보인다. 그러나 같은 자리에서 영채의 이야기를 듣던 노파의 애처로워하던 표정과 눈물을 보고 금세 마음이 변해 "그렇게 꽃송이같이 어여쁘던 영채가 설마 그렇게 몸을 더럽혔을 리가 있으랴"하는 자기 부정을 한다. 자기를 위해 순결을 지켜온 영채를 구원해 내야 한다는 일말의 의무감을 갖고 있었지

81 김윤식은 형식이 지닌 영채의 순결에 집착하는 남성으로서의 기본 본능과 민족을 이끄는 선지자로서의 분열을 헉슬리의 표현을 빌어 '전면적 진실'로 설명하고 있다. 김윤식, 『한국 근대문학의 이해』, 일지사, 2004, 55쪽.

만 근본적으로 형식은 미모와 재산, 게다가 미국유학까지 보장된 선형을 거부하면서까지 영채를 아내로 취할 마음은 조금도 없었던 이기심을 그대로 보여준다. 영채의 자살소식을 듣고 나서 취한 그의 위선적인 행동들과 그 다음날 이루어진 선형과의 약혼이 이를 증명한다. 형식은 끊임없이 갈등하는 자아의 모습을 드러냄으로써 자신의 비속함과 이기심을 위장했으나 그의 이기심은 무식하고 탐욕스럽다고 생각해 온 노파에 의해 폭로되는 상황에 처하게 된다.

> "이 선생이 잘못해서 죽었구려."
>
> "어째서요?"
>
> "그렇게 십여 년을 그립게 지내다가 찾아왔는데 그렇게 무정하게 구시니까."
>
> '무정하게' 하는 말에 형식은 놀랐다. 그래서,
>
> "무정하게? 내가 무엇을 무정하게 했어요?"
>
> "무정하지 않구. 손이라도 따뜻하게 잡아주는 것이 아니라……."
>
> (…중략…) "옳지, 내가 보니깐 영채씨는 선생님께 마음을 바친 모양이던데, 그렇게 무정하게 어떻게 하시오. 또 간다고 할 적에도 붙들어 만류를 하든가 따라가는 것이 아니라……" 노파의 말에 형식은 더욱 놀랐다. 과연 자기가 영채에게 대하여 무정하였던가.[82]

형식과 신분과 지위 면에서 큰 차이가 나는 노파는 형식과 대등한 자리에서 형식의 무정함을 타박한다. 노파를 통해 드러나는 형식의

82 이광수, 『전집』 1, 132쪽.

무정함은 형식 내부에 감추어진 추악한 면모에 대한 확인으로서 작용한다. 이광수는 자신의 실존적 모습이 투영된 이형식을 이상적 인물이 아닌 '보통의 인간'[83]으로 그려내고자 하는 의도를 감추지 않았다. 곳곳에 드러나는 작가로서의 발화는 인간적 면모를 지닌 형식과 그와 관계 맺는 인간 군상들의 모습을 통해 전근대와 근대의 교차점에 놓인 당대 개인들의 의식을 그려낸 것이다.

> 형식은 선형에게 대하여서나 영채에게 대하여서나 아직 참된 사랑을 가져 보지 못하였다. 대개 형식의 사랑은 아직도 외모의 사랑이었다. 형식은 선형을 자기의 생명과 같이 사랑하노라 하면서도 선형의 성격은 한 땀도 몰랐다. (…중략…) <u>형식의 사랑은 실로 낡은 시대, 자각 없는 시대에서 새 시대, 자각 있는 시대로 옮아가려는 과도기의 청년(조선청년)이 흔히 가지는 사랑이다.</u>[84] (밑줄은 인용자)

일본 유학을 통해 형식은 스스로 개화된 문명인이라 자부했지만 영채의 등장은 그의 위선을 여지없이 드러내준다. 영채가 상징하는 전근대적 관습과 의무에의 구속 앞에, 형식은 부와 권력을 탐하는 속물적 인간에 불과하기 때문이다. 형식은 문명인의 사랑이라 자부했던 자신의 사랑은 유치한 것이자, 정신 역시 유치한 '어린아이'로서의 그것에 머물렀음을 시인한다. 그러나 유치한 자기에 대한 확인은 자신의 역량부족이었다기보다 '어른 없는 사회'인 조선에 사는 개인들이

83 하타노 세츠코, 최주한 역, 『『무정』을 읽는다』, 소명출판, 2008, 320쪽.
84 이광수, 『전집』 1, 181쪽.

기에 갖는 한계라 한다. 즉 자신 뿐 아니라 선형과 영채 모두 "조상 적부터 전하여 오는 사상의 계통은 다 잃어버린", "어른 없는 사회에 처"한 존재[85]들로서, 형식의 부끄러움은 이기적 욕망이 꿈틀대는 자신에 대한 반성보다 '어른 없는 사회'에서 '스스로 어른인 체'했던 자기의 발견에 있다. 소설의 대단원인 삼랑진의 수해 장면에서 각 개인의 갈등이 "우리들은 배우러 간다"라는 절대적 명제 속에 봉합될 수 있었던 것은 전근대 사회인 조선을 근대적 사회로 만들어가기 위해서는 각 개인의 내적 욕망은 근대와 민족 앞에 유보되어야 한다는 암묵적 전제가 내재되었기 때문이다. 즉 식민지 상황에서 방황하고 갈등하는 지식인으로서의 내면보다 민족을 책임진 지사와 문사로서의 작가 '이광수'를 포기할 수 없음이 『무정』을 성장소설이자 계몽소설로 만드는 요인이다.

그러나 『무정』에서는 당대 유학생들이 소리 높여 외친, 운명의 지배에서 벗어나 참 '자기'로 살기와 전대의 관습적 속박에서 벗어나 자신의 감정과 의지의 발현을 최대화하고자 했던 의식이 소설 속 인물로 형상화되었다는 점에서 의미가 있다. 선형과 영채 사이에서 '대체 자기는 누구를 사랑하는가'하는 형식의 번민이 외부적 장애가 아닌 자신의 내부 욕망에 충실하고자 하는 보편적 인간상의 제시이듯, 선형과 영채 모두 욕망과 감정을 지닌 살아있는 인간으로서의 모습으로 그려져 있다.

---

85 영채의 부친이자 형식의 은사인 박진사의 죽음이 상징하는 것은 시대보다 너무 앞서 깬 개인이 희생되고 마는 조선의 현실이다. "박선생은 너무 일찍 깨었었다. 아니, 박선생이 너무 일찍 깬 것이 아니라, 박선생의 동족이 너무 깨기가 늦었었다." 이광수, 위의 책, 116쪽.

영채는 가만히 앉아서 이때껏 접하여 오던 여러 남자를 생각하여 본다. 자기의 손목을 잡아 끌던 사람, 겨드랑이로 손을 넣어 끌어 안던 사람, 억지로 빰을 대던 사람, 음란한 눈으로 자기를 유혹하여 교만한 말로 자기를 위협도 하던 사람 (…중략…) 그때에는 그렇게 원수스럽고 미워보이던 남자들조차 무어라고 말할 수 없는 따뜻한 감각을 준다.

남자의 살이 자기의 살에 와 닿던 감각이 자릿자릿하게 새로워진다. 지금 내 곁에 남자가 하나 있었으면 작히 좋으랴. 누구든지 손을 달라면 손을 주고 안아 준다면 안기고 싶다.[86]

그간 영채의 욕망을 억압한 것은 '열녀전'과 '소학'으로 상징되는 유교적 관습이다. 영채에게 '정절'이란 형식에 대한 사랑과 그 감정의 발로가 아니라 자신의 삶을 틀 지운 도덕률에 불과하다. 영채는 기차 안에서 만난 병욱을 통해 "자기가 지금껏 유일한 세상으로 알아오던 세상이 기실 보잘 것 없는 허깨비에 지나지 못"한 것임을 깨달았으며, 비로소 자유로운 사람으로 '부활'하게 되었다. 영채가 '열녀전'의 세계 속에 갇혀있듯이 선형 역시 '예수교'의 세계에 갇힌, '인생이라는 불세례를 받지 못한' 사람이기는 마찬가지이다. 선형 속에 있는 '사람'이 비로소 깬 것은 형식을 두고 영채와의 사이에서 느낀 질투의 감정과 삼랑진 수해에서의 타자와의 마주침 속이다.

이처럼 선형과 영채 모두 '깬사람'으로 거듭나지만 이들은 형식, 혹은 병욱에 의해 껍질이 깨여가는 인물인데 반해 이광수의 분신이기도 한 형식은 저 스스로 '깬사람'일 뿐 아니라, 인간 누구나가 가지고 있

86 같은 책, 161쪽.

는 '참사람'을 알아보고 그 깨어남을 도와주는 존재라는 점에서 두 여성과 차이가 있다. 그러기에 이후 형식은 자신이 영채의 육체만을 집착하고 그녀의 '속사람'을 보지 못했음에 부끄러워한다. 반면 지식인이되 아직 덜 깨인 우선의 경우, 영채가 기생 '월향'일 경우에는 정절의 깸이 마땅하고 그녀가 영채일 때는 순결을 지킴이 당연하다고 생각하는 모순에서 벗어나지 못한다. 형식은 영채를 향해 진심어린 동정을 보내는 노파의 내면에 있는 '참사람'에 놀라며 "저들도 사람이다. 저들의 속에도 '참사람'이 있기는 있다"[87]라면서 근대적 사회의 기본요건인 평등한 인간관계에 대한 진보적 시각을 내보인다. 그러나 악한 배명식이나 속물인 김종렬이 모두 자신과 같은 사람이 될 수는 없다고 단언한다. 그것은 "예수가 예수의 옆구리를 찌른 로마 병정도 될 수 있고, 그 로마 병정이 예수로 될 수도 있음"을 알지만 어떠한 힘에 의해 예수가 되기도 하고 예수를 찌른 병정이 되기도 하는 것은 전적으로 각 개인의 몫으로 남기 때문이다.

> 그네가 보기에 특별히 좋은 사람도 없고 특별히 좋지 못한 사람도 없고, 다 전생의 인연과 팔자를 따라 살아가는 것이라 한다. 이렇게 말하면 그네의 인생관과 형식의 인생관이 얼마큼 일치하는 듯하다. 그러나 두 인생관의 근본적 차이점은 이러하다.

87 김현주는 이형식이 노파 뿐 아니라 기차 안의 다른 사람들을 '사람'의 관점에서 재정의하는 것을 '상상력'의 관점에서 해석하고 있다. "상상을 통한 입장의 교환, 다시 말해 자기를 노파의 처지에 두고 노파를 자기의 처지에 두는 상상적 경험"이 노파 속에 있는 내재성을 발견할 수 있는 근거가 된다는 것이다. 김현주, 「1910년대 '개인', '민족'의 구성과 감정의 정치학」, 『현대문학의 연구』 22, 한국문학연구학회, 2004.2, 271쪽.

형식은, 사람은 다 같은 사람이라 하더라도 개인 또는 사회적 노력으로 개인이나 사회가 개선될 수 있고 향상될 수 있다 하고, 그네는 모든 일의 책임이 전혀 사람에게 있지 아니하니 다만 되는 대로 살아갈 따름이요, 사람의 의지로 개선함도 없고 개악함도 없다 한다.[88]

형식이 욕망과 따뜻한 정을 가지고 있는 인간이듯 다른 사람 역시 저 자신을 싸고 있는 '껍데기'를 벗기면 '참사람'의 인자를 가지고 있다고 형식은 믿는다. 그러나 팔자나 전생의 인연, 혹은 껍데기 속에 숨겨져 있는 인간으로서의 '참사람'을 발견하지 못할 때에는 악한 배학감이나, 시대가 바뀌어도 변화할 줄 모르는 성문 밖 '노인'과 같은 구태의연한 삶을 살아갈 수밖에 없다. 형식이 자신의 의지에 의해 '화륜선'을 보고 놀라던 과거의 소년을 죽이고 전혀 다른 '이형식'이란 사람을 만들어 갔듯, 이제 개인의 삶을 이끌어주는 기제는 과거의 관습이나 도리, 혹은 운명이 아니라 각 개인이 지니고 있는 의지와 노력, 욕망이다. 그러기 위해 요구되는 것은 인간이 자신을 발전시키고자 하는 의지와 욕망, 그리고 사람이기에 자유로이 느끼는 감정이다. 이광수는 이형식의 입을 빌어 인간이 가지고 있는 감정으로서의 사랑이나 질투, 실망, 낙담, 슬픔 등을 '정신적 마마'로 표현하는데, 그 정신적 마마를 대신할 수 있는 것이 바로 '종교'나 '문학'이다. 무정의 결말 부분에서 영채에 대한 선형의 질투심에 대해 "그가 만일 종교나 문학에서 인생이라는 것을 대강 배워 사랑이 무엇이며 질투가 무엇인지를 알았던들 이 경우에 있어서 어떻게 하여야 할 것을 분명히 알았을

88 이광수, 『전집』 1, 110쪽.

것이언마는"[89]이라는 언급은 감정교육에 있어 문학이 가지는 중요성을 보여주는 경우라 하겠다.

'깬사람'에 대한 강박은 여자 유학생들 역시 예외는 아니다. "우리들은 갓깨운 병아리"[90]라 정의하고 있는 여자 유학생들은 현실을 자각하고, 분투하는 삶에의 강박을 느낀다. 「경희」에서 주인공 경희가 "내 명칭은 무엇인가? 사람이지! 꼭 사람이다"라는 절규는 치열한 삶을 살아야 한다는 자기 검열의 표출이다. 『여자계』 제3호에서는 헬렌 켈러의 사진으로 겉표지를 장식하였다. "켈러여사보담 눈과 귀와 입의 자유를 더 가"진 여자 유학생들이 "켈러 여자의 생애-그 노력만 본받을 때"[91] 진정한 '깬사람'으로 거듭날 수 있다는 자기 강박은 남성 유학생들의 강박보다 더할 수밖에 없다.

주체적으로 자신의 삶을 이끌어가는 개인의 등장이 근대소설 출현의 계기가 됨을 볼 때, 한국문학사에서 근대문학의 기원은 제도로서 근대문학의 수용과 그 생성을 되짚는 것이 아니라 자신의 삶을 주체적으로 만들어가는 근대적 주체로서 개인이 문학 속에 어떻게 등장해 가는지 살피는 작업으로부터 출발해야 한다. 앞의 유학생 글쓰기에서 보았듯 제군을 향한 우렁찬 발화와 동시에 개인의 내밀한 발화가 많았던 특징은 개인의 진실과 자아 탐색이 근대문학의 첫 관문이기 때문이다. 그러나 식민지 상황이 고착화되기 이전인 1910년대에 개인으로서의 주체는 개체이기보다 '우리'로서의 주체[92]가 먼저여야 했

89 위의 책, 196쪽.
90 『여자계』 제2호 겉표지에 실려 있는 시의 첫 구절이다.
91 육당선생, 「청춘에서 여자계의게」, 『여자계』 제2호, 1918.3, 45쪽.
92 주체가 반드시 개체인 것은 아니다. '우리'로서의 주체, 즉 집단적 주체들로도 존재한다.

다. '깬사람'은 '청년', 혹은 '청년여자'로 흡수되었으며, 1920년대 동인지 문단의 출현과 더불어 비로소 발견된 주체의 의미를 물을 수 있었다. 즉 근대문학이 제도로서 자리 잡은 1920년대에 이르러 세계의 질서와 무관하게 움직이는 개인의 내면만으로도 자율적으로 기능할 수 있는 '문학'이 가능했다.[93]

'어른 없는 세계' 가운데 스스로의 의지에 의해 진정한 자신을 발견해 나가는 '근대주체' 되기의 과정을 다룬 『무정』에서 주인공 형식의 번민의 핵심은 '참사랑'이 무엇인가 하는 문제이다. 당시 유학생들의 서사에서 자기의 드러냄 혹은 자아 발견의 과정으로 타인을 향한 열정의 발산을 쉽게 볼 수 있다. 특히 '동성애'로 보아도 무방할 만큼 동성을 향한 열정은 빈번했는데, 당시 '감정'의 문제는 근대인의 핵심자질로 여겨졌을 뿐만 아니라 진정한 사랑에 따른 갈등은 주체적이고 개성적 자아의 탄생을 말해주는 핵심요건으로 자리했다. 이는 "신의 예정조화에 따르거나 공동체와의 관계에 긴박되는 존재로서의 인간이 아니라 자신의 의지에 따라 스스로 감성적·이성적 가치판단을 내리고 독자적으로 결정하고 행위 할 수 있는 존재로서의 인간"[94]임을 말해주는 것이기 때문이다.

하나의 집단이 공동의 규정성들을 가지는 한에서 집단적 주체의 형성은 가능하다. 이정우, 『주체』, 산해, 2001, 12쪽.

93 이를테면 이광수 문학에서 타인의 아픔을 이해하는 '동정'이라는 감정은 계몽과 결합하는 매개가 되며 그러한 동정의 감정을 통해 개인이 전체의 일부로 환원되는 경우를 「어린 벗에게」나 『무정』에서 쉽게 발견할 수 있다. 반면 1920년대 횡보의 문학에서 '개인'은 전체의 1 / n도 아니며 전체의 일부로 환원될 수도 없다. 횡보는 「개성과 예술」(『개벽』 22호)에서 개인의 개성을 예술과 직접 연결시키고 있는데 횡보가 강조하는 '작자의 독이적 생명'이란, 개인의 '차이'에 기반한 개인과 세계의 관계 재현을 말한다. 박숙자, 앞의 책, 144~162쪽 참조.

94 유문선, 「3·1 운동 전후의 현실과 문학적 대응」, 『새민족문학사 강좌』 2, 창비, 2009, 92쪽.

루소 역시 『고백록』에서 "내가 의지할 수 있는 진실한 지침은 오직 하나이다. 나의 존재의 발전에서 그 특징이 되었던 연속된 감정들이 그것이다"[95]라고 말했듯 감정의 문제는 자아의 진실된 의식을 보여주는 척도가 되기에 충분하다. 이처럼 감정의 발현이 주체로서의 자기표현임은 애국계몽기의 대표적 서사양식이었던 영웅서사나 그 뒤를 잇는 신소설에서의 감정표현과 대비해 볼 때 확연히 드러난다. 신채호가 불러온 을지문덕이나 이순신과 같은 영웅의 모습에서 볼 수 있었던 감정은 독자의 감발을 위한 장치이다. 또한 이인직과 이해조의 소설 속 등장인물이 보이는 분노하거나 슬퍼하거나 기뻐하는 등의 감정 표현 역시 사건의 전개와 관련된 인물의 정적 반응일 뿐이다.[96]

이처럼 한국 근대소설의 형성기에 있어 자아의 자기의식, 감정, 자기표현의 빈번함은 비단 우리 문학사만의 특징이 아니라 근대적 예술관 출현 과정의 보편적 현상으로 볼 수 있다. 서양 예술사에서 근대예술의 태동을 말할 때 중요한 가늠자가 되는 것 역시 예술가의 '자기의식'이다. 근대예술의 시작은 예술가가 스스로를 주체적이면서도 독립적인 존재로 이해하고 인지하는 것으로 요약된다. 이를테면 르네상스 시대의 예술가들은 신이나 궁정에 소속된 노예적 운명에서 벗어나 자기 자신을 독립적인 존재로 자각함으로써 근대예술의 모태가 되었다.[97]

『무정』을 통해 보았듯 '참사랑'에 대한 열정은 자신의 감정이나 욕

95 *Starobinski, confessions 7, The University of Chicago Press, 1988*, p.197; 찰스 귀논, 『진정성에 대하여』, 동문선, 2005, 97쪽.

96 구장률, 「근대지식의 수용과 소설 인식의 재편」, 연세대 박사논문, 2009, 157쪽 참조.

97 조영복, 「근대 초기시의 미적 개념의식과 근대시 장르의 체계화 과정연구」, 해방전 편, 『논문으로 읽는 문학사』 1, 소명출판, 2008, 27~28쪽.

구, 욕망에 충실한 내적 자아 추구의 과정이다. 그러나 그때의 감정은 진정성을 동반하지 않으면 안 된다. 이를테면 극한 방법을 동원하여 영채를 겁탈한 배학감의 경우 기생인 영채의 순결을 부당하다고 여겼다는 점에서 배학감의 도덕관념은 "구사회적 윤리의 기초인 신분제적 질서의 세계"[98]에 머물러 있다. 이것은 노파를 자신과 동등한 입장에서 똑같은 사람으로 바라보았던 형식의 근대적 시각과 큰 차를 갖는다. 형식과 배학감이 타인에 대해 갖는 감정의 차는 '정'의 문제와 결부된다. 즉 형식이 속사람을 깨치고 근대적 자아로 거듭난 것이나 영채나 선형, 우선, 노파 등이 소설의 후반에서 '깬사람'이 되어가는 것은 "나의 몸과 맘을 그 사람의 처지와 경우에 두어 그 사람의 심사와 행위를 생각하여 주는",[99] '동정'의 소산이기 때문이다. 반면 배학감이 끝까지 악한으로 남는 이유는 '동정'하는 마음이 결여된 '무정'한 인간이기 때문이며 그러하기에 타인과 동등한 입장에서 감정의 진정을 다하는 관계를 만들지 못하고 전근대적 세계관 속에서 통용되던 남녀관계인 기생질, 작첩, 남색 등의 성적 욕망의 추구에 아무런 죄의식을 갖지 못한다.

그렇다면 깨어있는 주체, 피와 감정을 지닌 살아있는 인간으로서 자기 보증의 방법으로서의 '사랑'[100]이란 "저 형식적 종교가 도덕가가

98 배개화, 「장편『무정』을 통해 본 '은유'로서의 감정」, 『국어교육』 124, 한국어교육학회, 2007.10, 589쪽.

99 이광수, 「동정」, 『청춘』 제3호, 1914.12, 57쪽.

100 김우창도 『무정』에서 드러나는 '연애'를 단순한 남녀관계로 해석하지 않고 새로운 인간관의 등장으로 설명하고 있다. 즉 자유연애는 '개체의 자각'과 결부된 것으로 "이 개체의 근거의 일부로서의 감각적이고 감정적인 인간의 발견에 관계되어 있다"라고 보는 견해가 그것이다. 김우창, 권영민 외 공편, 「감각, 이성, 정신」, 『한국문학이란 무엇인가』, 민음사, 1995, 19쪽.

입버릇으로 말하는 그러한 애정을 닐음이아니라, 생명있는 애정—펄펄끓는 애정"으로 "모자의 애정, 어린 형제자매의 애정, 순수한 청년남녀의 상사하는 애정"이나 "그대(동성)와 나와 가튼 상사적 애정"[101]을 일컫게 된다. 이광수의 소설뿐만 아니라 1910년대 유학생 소설에서 쉽게 찾아볼 수 있는 독백적이고 자기중심적인 사랑은 근대적 주체로서 '정'을 지닌 자아의 순수한 자기 정신의 추구로 볼 수 있을 뿐만 아니라 유교적 관습 하의 강제적 조혼을 비난하고 '사랑'을 통해 근대인의 면모를 보여주고자 한 유학생들의 의식으로 볼 수 있다. 무엇보다 동성애[102]로 보여질 수 있는 과도한 감정의 교환은 소수의 '깬 사람'들끼리 나눌 수 있는 감정의 교감, 혹은 소통에 대한 욕망이라 하겠다. 근대를 경험한 이들이 그렇지 못한 조선인들과의 관계맺음에서 괴리감을 느끼는데 '연애'는 단순히 상대를 향한 감정이 아니라 현실 속에서 상대와 감정을 교환해 가는 일종의 사회적 관계라는 점에서 관계의 동등성이 확보되지 않고는 불가능한 일이다.[103] 『무정』에서 영채와 월화 사이의 에로틱한 행위는 월화가 진심으로 소통할 수

101 이광수, 「어린 벗에게」, 『전집』 8, 68쪽.

102 서영채는 이광수 소설에 등장하는 남성끼리의 사랑의 관계를 동성애라는 성적 취향과 아무 관계가 없는 것으로 보고 있다. 이는 동성 선택에 대한 내적 갈등이나 일반적이지 않은 성적 취향에 대한 정체성 문제 등이 전혀 드러나 있지 않기 때문이다. 그러나 역으로, 대상 선택에 있어 섹슈얼리티에 무관심하다는 것은 탈성화(desexualize)되어 있다는 것으로 철저하게 관념적이고 정신적인 것에 사랑이 제한되어 있는 것은 아닌가 하는 관점을 피력하였다. 서영채, 『사랑의 문법』, 민음사, 2004, 55쪽.

103 「어린 벗에게」나 「윤광호」에서 철저하게 일방적으로 통행된 사랑의 표현은 자신이 살아있음을 증명하는 방식이다. 따라서 감정의 진정성만 보장되어 있다면 기혼남이 처녀를 사랑하는 감정은 죄의식을 동반하지 않아도 된다. 그러나 이광수의 희곡 「규한」이나 『학지광』 22호에 실린 성해의 「번뇌의 밤」에서 봉건적 '아내'는 지식인 남편에게 감정 교환의 대상조차 되지 못한다. 그렇다면 당시의 '연애'는 동등한 개인들 간의 관계를 의미하는 것으로, '연애'는 그 자체로 근대에의 선취라 할 것이다.

있는 상대가 영채밖에 없었음이며, 이광수의 단편 소설에서의 동성간의 끌림이나 『학지광』에 수록된 「동정의 루」에서 보인 사제관계의 친밀함은 깨어있는 '자아'에 대한 확인이자 근대적 주체로 선 자들 사이의 소통으로 보아야 할 것이다.

이 무렵 『학지광』의 논설에서는 유교적 삶의 근거를 무너뜨리고 근대적 인간으로서 요구되는 새로운 담론들이 등장한다. 주요한은 「전적 생활론」[104]이라는 글에서 문명한 사람이 갖는 '완전한 생활'로 "노동과 애(愛) 종교로 지은바 삼각형의 생애가 곧 완전한 인생이요 이 삼자 중에 一이라도 빠지면 삼각형은 틀어지어 그 생애는 불완전한 것이로다"하여 근대인의 삶의 요건으로 노동의 신성함뿐만 아니라 '개인-가정-나라'의 연동 속에 '사랑'이라는 요건을 꼽고 있다. 이때의 '사랑'은 사람이 추구해야 할 육적 생활 외의 영적 생활과 연관된 것으로 이광수가 유교 비판에서 흔히 반복하는 "영적 결합이 없는 부부는 이미 부부가 아니오 야합"[105]이라는 논의와 맥을 같이 한다. 이들에게 '사랑'이라는 감정의 열정은 자기표현의 욕구이자 소통에 대한 간절한 욕망이다. 『학지광』 제22호의 「D兄의게」는 젊은 유학생으로서 갖는 번민과 고통이 담긴 편지글로 "나를 진실로 이해하고 사랑하는 이는 형뿐이라"[106]하는 토로 속에 이해받고자, 소통하고자 하는 그들의 갈망이 드러나 있다.

감정과 욕구를 지닌 자아를 발견한 이들은 더 이상 주어진 운명에

104 전영택, 「전적 생활론」, 『학지광』 제12호, 1917.4.
105 이광수, 「혼인에 대한 관견」, 『학지광』 제12호, 1917.4.
106 정도(晶島), 「D형의게」, 『학지광』 제22호, 1921.6.

순응하지 않으며 "자기의 진정한 의사"[107]에 따라 "자기를 중심으로 하는 의지"[108]적 삶을 소망한다. 그러나 자기표현 욕구의 실현이 불가능한 전근대와 근대라는 과도기적 시간대의 식민지 현실에서 사랑에 따른 감정의 분출과 자유연애에의 갈망은 근대인 되기의 가장 유효한 기제로 작동했다. 이광수의 단편 「윤광호」에서는 중세의 유교적 질서에서 완전히 해방된 개인의 모습이 드러나는데 '특대생' 광호는 세상이 알아주는 명예와 성공에 대한 갈망에 만족하지 못하고 정신적 공동(空洞)에 시달리는 남자이다. 그의 공동을 치유할 수 있는 방법은 "누구나 하나를 안아야하겟고 누구나 하나에게 안겨야하겠다"하는 '구체적 사랑'에 대한 요구이다. 윤광호는 우연하게 눈에 들어온 'P'라는 대상에 대해 맹목적 열정을 보이는데, 부모에 대한 효를 으뜸으로 치던 조선 사회에서 상상할 수도 없는 생각을 하기에 이른다.

> 母親은 마땅히 죽을 사람이로되 P는 決코 죽어서 못될 사람이었다. 天地는 없어질지언정 P는 없어서 되지 못하였다. 光浩의 목숨은 P를 爲하여 있고 P가 있기 때문에 있는 것이었다. P가 今時에 죽는다 하면 光浩의 生命은 그 瞬間에 消滅될 듯하다. 광호로는 P를 除하고는 생명도 생각할 수 없고 宇宙도 생각할 수 없다.[109]

자신을 낳아 준 어미보다 우연히 마음을 앗긴 대상인 'P'에 대해 더

107 이상천, 「새도덕론」, 『학지광』 제5호, 1915.5.
108 최승구, 「너를 혁명하라!」, 『학지광』 제5호, 1915.5.
109 이광수, 「윤광호」, 『전집』 8, 99쪽.

한 집착을 보이는 광호는 'P'를 향한 사랑만이 '자기 생명의 전내용'이기에 그에게 실연당했음을 알았을 때 삶에 대한 미련 없이 제 스스로 목숨을 버릴 수 있는 것이다. 그의 삶은 철저하게 자신의 감정에 충실한 것으로 비록 자살이라는 극단의 선택을 했지만 개인 의지에 의한 삶의 파멸이라는 점에서 구시대 윤리에서 벗어나 주체로 살고자 하는 자기표현의 최고치로 볼 수 있다.

같은 맥락에서 주낙영의 「마을집」에서 유학생 창호가 '나의 부모의 땅 나의 조선(祖先)의 땅을 저주'하면서 떠나는 것은 무식하고 감정 없는 고향 사람들과 자신 사이의 소통단절을 느꼈기 때문이다. "그네들의 눈에는 아무 熱도 업소 아모 感情도 업소. 다만 그저 먹고 닙기밖에 할 것이 업소"라는 유학생 창호의 절규는 참된 자아를 열망하는 유학생들과 조선의 일반 민중 사이의 간극을 극명하게 보여주는 부분이다.

/ 제4장 /

‘근대소설’의 수용과 근대예술의 실천

1. 계몽의 후퇴와 사실성 강조

1) ‘사실’ 소설의 등장

1910년대 무렵 새롭게 변동해가는 소설 개념을 살펴보면 당시 서사적 글쓰기에서 전대소설과 구별되는 특질로서 ‘사실’과 ‘현재’의 문제에 주목했음을 알 수 있다. 현재 일어나는 사실들의 이야기를 내세우면서 새로이 등장한 신소설이 ‘가공구허’나 ‘허탄무거’라는 전대 소설의 안티테제였음은 익히 알려진 바이지만, 그 이전 서사인 계몽적 대화체 소설이나 역사전기체 서사 역시 당대의 현실에 기반했다는 측면에서 볼 때 근대 소설의 정신에 육박했다 할 수 있다.

특히 신소설의 경우는 사실 관계 속에서 이야기의 가치를 찾았다는 점에서 흥미롭다. 『만세보』에 실린 「혈의누」의 광고에서 강조하는 바는 ‘평양성중에 살던 옥련이라는 김씨여야’가 겪은 실사(實事)라는 점이다. 이해조 역시 「화의 혈」의 「서언」에서 근일 자신이 저술한 소설들은 "모다 현금의 잇는사름의 실지 샤젹"이기에 현존하는 사람의 행동을 "허언랑셜은 한 구졀도 긔록지 안이ᄒᆞ고 뎡녕히 잇는 일동 일졍" 그대로 담은 것이라 강조하고 있다. 즉 이인직이나 이해조 모두 그들 소설의 입각점을 사실성에서 찾았다.[1] 물론 이들의 소설이 진행되어 가면서 소설과 허구 사이에 대한 입장변화는 있지만[2] 당시 새로이 등장하는 '신(新)'소설의 요건으로서 실제 인생에 대한 기록과 사실의 문제를 중시했음은 한국 근대문학 형성의 주요한 변곡점으로 보아야 한다.

이 시기 신소설 혹은 계몽적 서사에서 '사실'의 문제가 중시되었던 것은 당면 현실에 대한 구체적 파악과 그 극복이 요구되는 시대정신과의 문제를 염두에 두지 않을 수 없다. 즉 계몽에 대한 요구는 현실적 사유를 동반하고 그 과정에서 이야기로서 '소설' 장르는 가장 효과적으로 일반 백성들을 계몽시킬 수 있는 도구로써 활용되었기 때문이다.[3] 즉 한국문학사에서 소설의 발전은 계몽에의 요구를 통해 그 의미

1 그러나 아이러니한 것은 그들이 사실에 대한 기록을 표방했으나 실제 작품 속 인물들이나 서사공간, 시대배경에서 당대 조선 사회를 반영하지 못하고 있음이다. 『혈의루』를 놓고 볼 때 1906년에 지어진 이 작품의 시대배경은 1894년 청일전쟁이고 이야기 배경이 일본과 미국으로 설정되어 있어 현실감이 떨어진다. 또한 옥련이의 출세 과정 역시 서사적 당위나 필연으로서가 아니라 운명과 우연 사이의 줄타기 속에서 이루어졌다는 점에서 비현실적 허구이다.

2 이해조의 경우 소설의 허구성에 대한 견해는 「화의혈」과 「탄금대」 후기에서 크게 달라지는데 소설의 요건으로 "빙공착영으로 인정에 맛도록 편즙"하는 것을 들고 있기 때문이다. 한국학문헌연구소 편, 『신소설, 번안(역) 소설』 8권, 아세아문화사, 102쪽.

3 박은식이나 신채호와 같은 '문이재도'적 사유에 익숙한 개신 유학자들이 문학에 주목한 것은 문학을 다분히 효용론적 관점에서 바라보았기 때문이다. 박은식의 「서사건국지」에서 '소설이란 사람을 가장 잘 감동시키기 때문에 풍속과 교화에 매우 큰 관계가 있다'고 보는 입장이나 신채호의 「근금국문소설 저자의 주의」와 「소설가의 추세」에서 '소설은 국민의 나침반'으로 여기는 사고가 이를 잘 보여준다. 문학을 효용성 측면에서 접근한 것은 신소설 작가에서도 마찬가지인데 신소설 작가일 경우 '풍속교정'이라는 효용성도 중시하지만 동시에 문학이 갖는 쾌락적 기능에 주목을 했다는 점에서 구별된다.

가 새로 발견된 이후 유학생들에 의한 서구의 근대적 학문 체계의 수용과 미적 양식으로서 문학이 자율적 영역으로 구축해가는 과정 속에서 이루어진 것으로 보아야 한다. 이광수가 'literature'라는 역어를 통해 근대적 문학 개념을 정착시키고자 한 것도 중세의 문학적 사유에서 벗어나는 것뿐만 아니라 계몽적 문학과도 차별화된, '정'이라는 미적 구현체로서의 문학을 실현하고자 했기 때문이다. 즉 우리의 문학사에서 근대 문학으로의 이행은 계몽에서 탈계몽으로 나아가는 과정이자 공동체적 결속을 위한 문학에서 자아 발견으로서의 문학으로 나아가는 과정으로 설명할 수 있다. 즉 도덕과 윤리의 추구가 아닌 삶의 의미를 천착해 가는 서사가 등장할 때 비로소 근대문학에 대한 의식이 가동되었다고 보아야 한다.

소설이란 '있었던 혹은, 있는 이야기'가 아니라 '있을 수 있는 이야기'로 정의할 수 있다. 그러나 '있을 수 있는 이야기'에 불과하기에 '있는 사실'에의 기록인 역사와 비교되어 가치를 인정받지 못해 온 소설은 근대 계몽기에 들어 사실에 근거해 삶의 진실을 효과적으로 전달해 줄 수 있는 새로운 영역으로 평가받는다.[4] 소설은 과거의 '황당

4 유교 문화권의 전통에서 역사 기술은 실제 일어났던 사건들을 세밀하게 나열하고 기록하는 것이었다. 그러나 계몽으로서 소설의 효용이 부각되기 시작하는 애국계몽기에 오면 역사와 소설이 만나 '역사전기소설'이라는 새로운 양식이 탄생된다. 당대 신채호나 박은식과 같은 애국 계몽운동가들은 우리 역사 속에 있는 영웅을 불러와 민족적 자부심을 함양케 했다. 신채호는 구사(舊史)의 서술방법이 역사 속에 내재한 실재를 재현하는데 적합하지 않다고 깨닫게 되자, 역사서술의 방식을 개혁하는데 관심을 기울인다. 단편적 사건만을 무차별하게 나열하던 전래의 서술전통이 객관적 실재에 대한 이해를 오히려 어렵게 한다고 보고 '인과성'을 사건 기술에 도입한다. 역사가는 인과성에 따라 해석되고 발견된 사실들이 객관적 사실이라고 납득시키기 위해 행간에 숨겨져 있는 모티프들을 찾아내어 원인, 과정, 결과를 개연성 있는 이야기로 엮어내어 설명한다. 즉 이 시기에는 사실을 기록하던 역사에 허구적 요소가 도입되고 허구적 이야기로서의 소설은 '사실'에의 확인이 중요한 요소로 부각된다. 송은영, 「근대 소설의 역사성과 허구성」, 『상허학보』 10, 상허학회,

무계'하거나 '허언낭설'에의 기록이 아니라 현실의 등가물로서 진실을 보여줄 수 있는 사실을 근간으로 한 현실의 유비적 구성물로 새롭게 인식된다.

다음은 『청춘』에 실린 현상윤의 소설 「박명(薄命)」의 후기로, 당시 허구로서 이야기 창작에 사실 문제가 중요하게 여겨졌음을 알 수 있는 지문이다.

> 이 한篇은 年前에 이 小說 가운데 말한 地方에 살던 親舊 두 사람이 나와 함긔 平壤 ◯◯學校에 와서 工夫하다가, 可痛하게도 두 사람 다 장서(長逝)의 사람이 된 事實을 合틀어 쌔로 하고, 若干 고기를 부친 것인데 이 事情을 斟酌하시는 兄님들은 지금 이 졸저를 보아, 넷 생각에 쓰거운 눈물을 禁치 못하오리다.[5]

「박명」의 후기가 보여주듯 이 소설은 허구임에도 자신이 직접 경험한 실제 사건을 바탕으로 한 사실의 재구성이다. 비록 작가 상상력의 소산이라는 점에서 허구이지만 소설의 근간을 실제 사실에서 끌어왔음으로 볼 때 리얼리즘에 대한 의식의 단초를 엿볼 수 있다. 소설에서 실제의 문제를 중시한 현상윤의 소설관은 이후 유학생으로서 자신의 실제 삶의 투영으로 보아도 무방한 「핍박」의 창작으로 이어진다.[6]

2003, 99~101쪽.

5 현상윤, 「박명」, 『청춘』 제3호, 1914.12, 138쪽.

6 그러나 김일수는 현상윤의 실제 중시적 사고가 오히려 허구적 글쓰기로서 소설 창작을 그만두게 한 이유가 아닌가 하는 의문을 드러내고 있다. 현상윤에게 있어 소설은 자신의 실력양성론에 입각한 계몽적 실천으로서의 그것을 벗어나지 않았다. 신교육을 받은 지식층으로서 억압당하던 당대 조선인의 실제 삶을 그려냄으로써 계몽을 실현하려는 그에게

『태극학보』의 편집 겸 발행인으로 활동한 백악춘사라는 필명을 썼던 장응진 역시 실제 일어난 사건을 소설화했다. 현재 밝혀진 장응진의 작품은 『태극학보』에 실린 네 편으로 「다정다한」과 「마굴」이 실제 사건을 작품화 한 사건 중심의 서사라면, 「춘몽」과 「월화의 자백」은 주인공의 내적 심정을 다룬 1인칭 화자의 독백적 서사이다.

추리소설의 성격을 띠고 있는 「마굴(魔窟)」[7]은 신랑을 모의 살해한 사건의 범인을 잡는 과정을 다룬 것이다. 이 작품은 서두에 "광무 5년 춘3월"이라는 구체적 시간뿐만 아니라 "황해도 장진군 동면 화천동"이라는 장소까지 밝히고 있어 사실을 소설화했음을 작가 자신이 분명히 밝혔다. 그러나 소설의 시간적 배경이 되는 1901년은 장응진이 일본에 유학하고 있었던 시기였으므로 작품 창작의 동기인 '사실'은 전해들은 이야기이거나 신문 기사의 내용을 바탕으로 한 것이라 추정해 볼 수 있다. 1880년대 출생한 장응진이 일본에 건너간 때는 1899년으로 그의 나이 20세 때였다. 이로 보아 장응진이 비록 일본에서 서구의 문학을 익혔다 하더라도 조선후기 소설양식인 전기나 공안류 양식이 서구의 소설양식보다 익숙했을 것이다.[8] 그러함을 증명하듯 패륜사건을 다룬 「마굴」은 조선후기 공안소설의 서사문법과 회장체 작법을 취하고 있다. 그러나 문체면에서 지문이 한주국종이었던 반면 인물들 사이의 대화는 구어체로 쓰여져 있어 근대소설로 진일보한 면을 엿볼 수 있다.

미적 자율성으로서 소설은 계몽의 실천이 불가능한 영역이기 때문이다. 김일수, 「핍박(逼迫)론 : 계몽적 주체의 후경화」, 『공주영상정보대학 논문집』 제4호, 공주영상정보대, 2002.

7 「마굴」, 『태극학보』 제16호, 1907.12.

8 구장률, 「근대지식의 수용과 소설 인식의 재편」, 연세대 박사논문, 2009, 152~153쪽 참조.

이보다 10개월 앞서 창작된 「다정다한(多情多恨)」[9]에서 장응진은 자신의 소설 제목 앞에 '사실(寫實)소설'이라는 부제를 달아 놓기까지 했다. 이 작품은 애국계몽기에 독립협회와 만민공동회에서 활동했던 삼성(三醒) 김정식 선생의 행적을 소설화 한 것으로 그 무렵 실제 있었던 개혁당 사건 혹은 조선협회 사건을 배경으로 했다. 즉 개화지식인 삼성 선생이 정부 내 수구 세력들의 억압과 탄압 속에 정치계에서 축출되어 정치범으로 전락하는 운명과 그 속에서 기독교에 귀의하고 사회사업에 헌신하는 과정이 그 내용이다.[10] 이 작품은 당시 주요활동을 했던 실제 인물을 서사의 주체로 삼았다는 점에서 당대 사회문제에 대한 관심의 촉발 속에 현실감 있게 독자들에게 다가왔을 것이다.

'사실'을 창작의 동기로 삼은 장응진의 두 작품은 당시 실제로 벌어졌던 사회문제를 다루었다는 점에서 근대적 요소를 찾아볼 수 있다. 그러나 전반적인 발화방식이 작가의 이념 전달을 위한 단일 서술자의 일방적 목소리였음을 볼 때, 근대와 전근대가 공존한 계몽기 서사의 특징을 보여준 작품으로 꼽을 수 있다.

---

9 「다정다한」, 『태극학보』 제6호, 1907.1, 제7호, 1907.2, 1~2쪽.

10 「백악춘사 장응진 연구」에서 김윤재는 이 작품 내에 일본 협회사건이라는 명칭에서 시사되는 사건의 내용, 사건 발생연도, 60여 일간의 신문기간, 석방년도 등이 동일한 것을 들어 일본협회 사건과 조선협회 혹은 개혁당 사건은 동일한 것이며, 「다정다한」이 이를 서사화 했음을 구체화했다. 더욱이 이를 소설화한 장응진이 기독교인이고 김정식이 동경에 도착했을 때 태극학회 회장으로 재임하고 있었다는 점, 과거 장응진도 만민공동회에 직접 참여했으며 「다정다한」이 발표된 때가 김정식의 동경 도착 이후 5개월 뒤인 것으로 미루어 볼 때 김정식과 장응진의 친분관계는 1906년 8월부터 1906년 12월 사이였을 것이라 추정하고 있다. 따라서 연구자는 이때 장응진이 김정식으로부터 그의 행적을 전해 듣고 소설화 했다고 밝히고 있다. 김윤재, 「백악춘사 장응진 연구」, 『민족문학사 연구』 제12호, 민족문학사학회, 1998, 192~195쪽. 이외에 장응진에 대한 연구로는 양진오(「기독교 수용의 문학적 방식과 그 의미에 관한 연구」, 『어문학』 83호, 한국어문학회, 2004)와 지덕상(「백악춘사의 개화기문학적 위치」, 『국어교육』 46호, 한국어교육학회, 1983) 등을 들 수 있다.

이광수의 초기 서사물에서도 당대 일어난 사건을 소설화한 것들을 발견할 수 있다. 초기 유학생 잡지인 『대한흥학보』에 실린 이광수의 단편 「무정」은 이광수가 우리말로 쓴 최초의 창작 소설로 당시 사회적 문제이자, 계몽가 이광수가 가장 비판한 강제결혼, 조혼의 폐해를 담은 동시대 반영의 서사물이다. 특기사항은 작품 후기에서 "차편(此篇)은 사실을 부연한 것이니 마땅히 장편이 될 재료로되 학보에 게재키 위하여 경개(梗槪)만 서(書)한 것이니 독자 제씨는 양찰(諒察)하시압"[11]이라 덧붙인 점이다. 이로보아 장편소설로 다룸직한 내용이나 축약해 뼈대만으로 짧게 쓴 것임을 알 수 있다. 단편 「무정」은 이야기로서의 서사와 작자의 부연설명으로 나뉘어져 있는데 소설의 앞부분에서 현실감 있는 이야기 전달을 위한 장치로서 공간적 배경에 대한 상세한 묘사가 인상적이다.

> 유월 중순, 지지는 듯하는 태양이 넘어가고 안개 같은 수증기가 만물을 잠가, 山이며, 川이며, 가옥이며, 모든 물건이 모두 반이나 녹는 듯 어두운 장막이 차차 차차 내림에 끓는 듯하던 공기도 얼마큼 식어가고, 서늘하고 부드러운 바람이 빽빽한 밤나무 잎을 가만가만히 흔들어서, 정숙한 밤에 바삭바삭하는 소리가 난다.

---

11 1910년대 단편소설을 네 가지 유형으로 분류하고 있는 김영민에 따르면 이광수의 「무정」이나 「헌신자」와 같은 작품들을 '축약형 단편소설'로 명명하고 있다. 1910년대 단편소설 작가들이 처음부터 단편 양식에 대한 의식을 가지고 있었다고 보기 어렵다. 단지 통속화한 신소설과는 다른 양식으로 이야기를 다루되 발표 지문에 맞게 짧게 길이 조정을 했는데 이렇게 해서 탄생한 문학 양식을 '축약형 단편소설'로 분류하고 있다. 이광수의 두 작품과 현상윤의 「박명」, 백대진의 「금상패」, 안국선의 「공진회」가 이에 속한다. 김영민, 『한국근대소설사』, 소명출판, 1997, 349~340쪽.

처소는 博川松林. 몽롱한 月色이 꿈같이 이 촌락에 비치었는데, 기와집에 사랑문 열어 놓은 생원님들은 몽몽한 쑥내로 문군(蚊群)을 방비하며, 어두운 마루에서 긴 대 털며 쓸 데 없는 수작으로 시간을 보내나, 피땀을 죽죽 흘리면서 전답에 김매던 가난한 농부와 행랑 사람이며 풀 뜯기와 잠자리 사냥에 피곤한 아동배는 벌써 세상을 모르고 昏睡하는데, 이 村中 중앙에 있는 사, 오 채 瓦屋 뒷문이 방싯하고 열리더니, 그리로 한 이십 세나 되었을 만한 젊은 부인이 왼편 손에 자그마한 사기병을 들고 나온다.[12]

앞부분만 보아서는 마치 장편의 서두라는 인상을 주기에 충분하다. 그러나 부인의 자결에 대한 묘사가 이루어지는 부분에 이어 작가는 직접 개입하여 주인공의 삶을 설명한다.

가련한 이 부인은 지금, 잔혹, 무정, 심통한 고통에 쌓여 '아이고 배야, 이놈!' 하는 소리로 이것을 벗어나려 하지도 못하고 범의 입에 물린 토끼와 같이 '고통'의 하라는 대로만 하고 목숨 끊어지기만 기다리는도다. (…중략…) 전자는 인류에 가장 불행하며 가련한 자요, 후자는 가장 복이되며 운 좋은 자니라. 제왕, 부귀, 그 무엇인고?

전자에 속하는 가련한 저 부인은 고독의 비애가 그 극점에 달하야 愛를 失한 시에 그 행복과 기쁨을 잃고, 심지어 그 생명까지 버리려 하는도다.[13]

한좌수의 며느리이자 한명준의 아내인 이 소설의 주인공은 지금으

12 이광수, 「무정」, 『전집』 1, 561쪽.
13 위의 글, 562쪽.

로부터 8년 전, 16세라는 어린 나이에 자신의 의사와 상관없이 12살 짜리 남편을 맞는다. 혼인 날 남편을 처음 본 주인공은 남편에게 실망했고 역시나 남편은 남편으로서 제 구실을 못하고 오입쟁이에 첩까지 두는 위인이 되어간다. 한명준의 아내는 임신 후 뱃속 아이에 모든 삶의 희망을 걸었으나 점쟁이가 던진 태아가 여아라는 말에 자살을 하고 만다. 이러한 줄거리는 「무정」의 서사 뒤에 이은 작자의 부연설명을 통해 파악할 수 있는 것이고, 묘사는 부인이 자결하는 장면에서 끝이 났다.

묘사의 사실성과 작가의 계몽적 발화가 결합된 단편 「무정」은 계몽성이 점차 탈각해가면서 근대소설에 이르는 한 경로를 보여준다. '송림 한좌수의 자부'의 일생을 다룬 이 소설은 비단 한 여성의 불행한 삶에 대한 조명이기도 하지만 동시에 당시 조혼과 남성 가부장의 폭력적 구조 속에서 살아야 했던 보편적 여성들의 비극적 모습을 보여준 것이다. 무엇보다 죽음을 선택할 수밖에 없는 부인의 처절한 심정에 대한 핍진한 묘사는 허구로서의 이야기와 사실로서의 이야기 사이의 간극을 메워주는 역할을 한다. 이제 개인적 경험은 보편적 인간 삶의 문제로 인식되고, 소설은 단순한 흥미로서의 이야기가 아니라 인간 삶의 진실을 보여주는 역할을 담당하게 된다.

이광수가 오산학교 교사로 부임했을 시 남강 이승훈 선생과의 만남을 다룬 작품 「헌신자」에서도 「무정」에서와 같은 후기가 붙어있는데 이 역시 '사실'로서의 소설임을 강조하였다.

> 고주왈(孤舟曰) 이는 사실이오. 다만 인명은 變稱. 이것은 한 장편을 만들

만한 재료인데 없는 재조로 꼴못된 단편으로 만들었으니 주인공의 인격이 아주 불완전하게 나타났을 것은 물론이요. 이 죄는 용사(容赦)하시오.[14]

이광수가 메이지 학원 보통부를 졸업한 것이 1910년 3월이며 중학을 갓 졸업한 19살의 춘원은 오산학교 교사로 4월에 부임을 한다. 이광수의 생애를 밝힌 김윤식은 이광수가 오산학교의 교원으로 나선 이유에 대해 어린 지사로서의 사명감을 들었다. 그 사명감 안에는 비분강개나 조부에 대한 효도라는 명분론 이외에도 '자신은 무엇을 배울 때가 아닌 남을 가르칠 때라고 자임'한 자만심을 중요한 이유로 제기했다.[15]

여기는 평안도 어느 지방, 사립학교 사무실이다. 장판한 동향 두 칸 방 아랫목에 젊은 학생 6,7인이 둘러앉았소. 그 가운데는 어떤 한 50쯤 되었을 만한 노인이 누웠는데 아마도 대단히 몸이 편치 아니한 모양. 주위의 앉은 학생들은 그의 사지를 주무름이라. 방금 시험중이라 일각이 삼추 같은 이 때에 시험준비는 아니 하고도 이렇듯이 종일토록 어떤 병인을 간호하니 이 간호를 받는 이는 과연 어떤 사람인가. 독자는 차차로 알으시리라. (…중략…)

나는 이 사람의 역사를 말하기를 대단히 좋아하는 자요. 내가 이렇게 말하니까 독자 제씨는 내가 그의 친척이라든지, 아니하면 마음과 주의가 같은 자라든지도 생각하시겠지요마는 나는 그를 안 것이 작년이오. 따로이

14 이광수, 「헌신자」, 『소년』, 1910.8, 58쪽.
15 김윤식, 『이광수와 그의 시대』, 솔, 1999, 264~265쪽.

그에게 진 은혜도 없고, 또 나와 그와는 한가로이 앉아서 心肝을 토로하여 본 적도 없으니 자세히 그의 마음이나 주의를 직접으로 알 수는 없어. 그러나 나는 그의 다르난 마음과 사적으로 능히 그의 마음과 주의를 대부분은 아는 자로 자인하오.[16]

소설은 병중에 있는 남강 이승훈과 주변의 학생들이 모인 장면 묘사에서 시작하고 있지만 곧이어 작가가 나서서 독자에게 주인공에 대한 삶을 요약적으로 제시해주는 방식으로 서사를 이끌어가고 있다.[17] 「무정」이 사실에서 재료를 취해 당대 조선여자의 비극적 삶을 그려내었던 것과 마찬가지로 「헌신자」 역시 오산학교를 세우고 민족에 대한 교육열을 지폈던 남강 이승훈, 개인의 경험을 근거로 한 '사실소설'이다.

'허탄무거'라는 부정적 특질을 일체 부정하고 새로운 시대의 도래와 그에 따른 시대관이 반영된 신소설이 '사실' 관계를 내세웠던 것은 참된 서사는 꾸며낸 이야기가 아닌 실제 삶을 토대로 한 것이어야 한다는 인식이 전제된 것이다. 이것은 현실과 소설 사이의 관계에 대한 인식이 명료하지 않았던 당시대 소설관과 연관된 것이지만 무엇보다 소설을 구성하는 장치로서 '허구'에 대한 인식이 확립되지 않았음을 보여주는 것이다. 당시 실제 인생탐구와 이를 통한 진실한 인간의 삶을 보여주는 소설의 요건으로 강조된 '사실'은 리얼리즘의 그것이 아

16 이광수, 「헌신자」, 『전집』 1, 565~566쪽.

17 김영민은 「헌신자」 역시 「무정」과 마찬가지로 '축약형 단편소설'로 분류하지만 시점의 선택과 이야기 서술 방식에서 단순히 신소설의 축약이라 보기 어려운 시도들이 도입되었다고 보았다. 그러나 작품의 전개 과정이 결국 이야기 서술자인 나의 설명적 해설과 요약적 제시로 채워져 있다는 점에서 장편 양식 내지 '신소설 축약형의 단편'으로 분류하였음을 밝혔다. 김영민, 앞의 책, 353쪽.

니라 실제로 존재했던 '사실'을 의미하기 때문이다. 그러나 사실관계만이 중시될 때 미학이 틈입할 여지는 없다. 소설은 있을 수 있는 '사실'을 토대로 하여, 보이는 현실 뒤편에 자리한 진실의 문제를 제기하고 작가의 상상력으로 현실을 재배치하거나 새로이 구성하여 더 나은 삶의 방향을 제시해주는 역할을 하기 때문이다.

근대소설은 개인의 발견과 동시적으로 진행된 것이라 할 때 개인은 주체의 시각으로 현실을 새로이 구성할 수도, 혹은 비틀기도 하여 보여 지는 사실 너머에 존재하는 다양한 인간 삶의 모습을 구성할 수 있는 존재이다. 진정한 근대소설은 단순히 주어진 사실의 기록과 사건의 재현이 아니라 작가의 상상력으로 현실에 기반 한 새로운 세계의 창작을 의미함이기 때문이다.[18] 중세시대의 문학이나 앞 시대 계몽기 문학에서 독립적 주체로서의 자아가 작품 속에 드러날 수 없었던 것은 작가 역시 근대적 자아로서 자신을 인식하지 못했기 때문이다. 서구의 문학에서 자기인식과 자기 확신의 과정이 종교의 자유와 인권 보장 하에서 가능했던 것처럼,[19] 우리의 문학에서도 신분과 전통에 매이지 않은 자기로서의 온전한 생을 인식할 때 세계를 객관적으로 바라보고 주체의 의지에 따라 현실을 다시 쓰고 구성하는 일이 가능해진다.

현실계의 '사실'을 통해 소설이라는 이야기의 진정성을 확보하고자

18 한국 근대소설사의 초미에 소설을 짓는 작가가 '기자'라는 명칭으로 출발한 것은 '소설'이란 기록한다는 '기(記)'의 의미에 지배되었던 사정과 연관 지어 볼 수 있다. 소설이 개인적인 창조 활동이 되기 위해서는 '기자'라는 명칭에서 벗어나 '허구'라는 자질 획득과 창조로서의 '작(作)'으로 새롭게 부상되어야 한다. 권보드래, 『한국 근대소설의 기원』, 앞의 책, 130쪽 참조.

19 리히하르트 반 뒬멘, 『개인의 발견』, 앞의 책, 14~15쪽 참조.

하는 시도는 주체로서 자아에 대한 각성이 생기면서 '자아'의 눈이 투영하는 외부 사물과 현상에 대한 이해 역시 사실에 근접한, 혹은 사실 이상의 이야기라는 인식에 이르게 된다. 소설에서 '사실-효과'의 창출에 있어서 무엇보다 두드러진 요소는 묘사의 핍진성이다. 묘사적 핍진성은 전대 소설과 구분되는 으뜸 요소로서, 존재하지 않는 허구와 실제 현실 사이의 차이와 경계를 허물고 두 세계를 동시적 층위에 놓도록 하는 효과적인 기제이다.[20]

그런데 1920년대 초 동인지에 실린 소설에서 주목할 점은 인생의 '활사실'이라는 현실감이 그들이 만들어 내고자 하는 근대 '소설'과 겹쳐지면서 '소설'과 현실 사이의 경계가 지워지는 현상이다.

> 나는 내일과 비슷한 小說을 求하여 거긔서 위로을엇으려고 몬져 ᄯᅡᆫ눈치오의 ᅗᅳ란체스카를 보왓다. 파오로의 愛人ᅗᅳ란체스카가 슬혀하면서도 파오로의 兄의게 싀집갓다가 마즈막에 파오로와 情死하든 것. 거긔서 내煩悶에 대한 解決은 손톱눈만치도 못엇엇다. (…중략…)
>
> 小說에서 아모것도 엇지못한나는 人生의 活寫實가운데 내게 類似點이 잇는 것으로 내 問題를 解決하려하엿다. 걸핏머리에 ᄯᅥ오르는 것은 나와Y밧게 다른 Y라는 女性의事實이다. 그Y도 어려슬ᄯᅢ에 엇ᄯᅥᆫ집아들과 約婚을 하여두엇지만 그Y가 S女中學校卒業할 림시에 엇ᄯᅥᆫ 다른사람과 婚談이니러나고 자기와 約婚하엿든 男子의집안에는 代代로 긴—병이傳하여 나려옴으로 그Y는 새로 연담이 니러난 집으로 가려할 그ᄯᅢ에 前에 약혼하엿던 사

20 곽상순, 「사실주의 단편소설과 묘사적 핍진성」, 『어문연구』 제33권 제2호, 한국어문교육연구회, 2005 여름, 262쪽.

람의 집에서 굿세인 談判이 니러남으로 그만Y는 그집으로갓지만, 지금은 自己의 生活에 滿足할쌘안이라. 엇썬 女子던지 自己만큼 福밧는 이는 없으리란말까지 한다고 한다.[21]

김동인의 위 작품은 자신의 실제 이야기를 C형에게 편지로 보내고, 편지 안에서 다시 자신의 일기를 삽입하는 방식으로 서사를 이어간다. 주인공 '나'는 자신의 삶을 위로받기 위해 소설 안에서 또 다른 소설을 언급하고, 더 나아가 실제 '활사실'을 빌어 소설 속 자신의 상황을 반추하고 있다. 즉 현재 진행 중인 소설적 글쓰기 속에서 이미 존재하는 이야기로서 소설과 실제 현실이 동시적으로 배열되는, 즉 텍스트 내부와 외부의 교차를 통해 소설의 허구성을 지워가고 있다.

소설이 계몽을 위한 공동체적 글쓰기에서 개인적 글쓰기로 변환되는 과정은 한국의 근대소설 정착에서 주요한 요소이다. 이는 소설에 대한 위상 변동으로, 소설의 지위 획득을 위해 요구되었던 것은 상상을 통한 허구적 구성물임에도 그것이 인간 삶의 사실을 토대로 한 이야기라는 점이었다. 근대 초, 유학생들에 의해 서구의 지식과 예술 담론을 제도화하려는 시도 하에 새로이 만들어져 갔던 '소설' 양식은 허구를 어떻게 보아야하는가에 대한 물음이 내재되어 있었다.[22] 즉 허구가 황당무계하게 지어낸 이야기거나 유교적 가치관 전파로서의 수

21 김동인, 「마음이여튼자여!」, 『창조』 제5호, 1920.3, 24~25쪽.

22 소설 텍스트가 자율화 되는 과정을 밝힌 손정수 역시 허구텍스트로서 소설 장르에 대한 관념이 보편화되지 않은 근대 초기의 경우, 소설은 사실과 허구의 관계를 해결함으로써만 그 개념의 정착을 기대할 수 있는 조건 아래에 있었음을 지적하였다. 손정수, 『텍스트의 경계』, 태학사, 2002, 29쪽.

단이 아닌, 현시대의 삶과 진실을 말하는 통로라는 인식 변환의 과정 속에는 허구란 실제 '사실'에 대한 이야기라는 전제가 깔린 것이다. 다음 작품에서도 허구로서의 소설 창작이 삶과 동일시되는 인식을 엿볼 수 있다.

> 영순은 무슨 小說册이나 하나 못 가지고 온 거슬 恨하면서 우둑커니 서 잇다가 「올치 사안 小說을 닑으리라」이런 생각이 니러낫다. 곳 산 小說을 차자 보앗다. 그 째에는 그의 周圍에 보이는(잇는) 모든 거시 죄다 小說노 보엿다. 져 각쳐에서 모혀온 할머니, 아쥬머니, 老人, 青年, 저 壯한테 하고 왓다갓다 하는 看守들 죄다 小說이다. 이 監獄이라는 거시 벌서 小說쥬머니다. 올타, 이 監獄 안에 몃 千名 잇는 罪人가 다 —아이구— 그거시 하나식 하나식 죄다 小說이로구나.
>
> (…중략…)
>
> 「영선이도 小說이다. 나도 小說이다」
>
> 「사람은 小說이다. 人生과 世界가 小說이다.」
>
> 「 人生은 藝術이다. 왼누리는 藝術이다.」
>
> 영순은 直覺的으로 이러한 斷案을 내렷다. 그리고 생각하엿다. 영선이 監獄에 가친 곳도 한 小說을 짓고 잇는 거시오. 내가 이러케 추운데 영선을 究하려 온 것도 한 小說을 짓고 잇는 거시다.[23]

영순이가 읽으려고 하는 활자화 된 '소설책'과 실제 그녀 눈앞에 벌어지고 있는 구체적 인간 현실이 동일한 비중을 지니고 있음을 보여

23 전영택, 「생명의 봄」, 『창조』 제5호, 1920.3, 10쪽.

주는 부분이다. 눈앞에 존재하는 인간 군상마다 곡절한 삶이 있기에 그것은 '산 소설'이 되기에 충분하다. 작가가 묘사하고 있는 인물들의 삶은 소설 밖의 '소설 쓰기'와 동일한 것으로, 작가는 자연스레 삶과 소설의 경계를 해체시킨다. 이처럼 근대적 문학 제도가 정착되기 이전의 '소설'은 '사실'로서 실제세계의 연장선상에 놓여 있음을 알 수 있다.

'사실'에의 강조는 텍스트의 진실성을 보증받기 위한 유용한 수단이었기에 1920년대 초까지 중시되었다. 그러나 동인지 작가들에게 소설이란 '사실'을 바탕으로 하되 '사실' 이상의 것으로, 작가의 상상력을 거친 예술작품이라 여겨졌다. 이를테면 김동인은 「마음이 여튼 자여」에서 "지난 여름 제가 옥 안에 잇을 때에 엇던 사람이 소설노 쓰면 엇써냐"는 이야기를 듣고 이후 쓴 것이라 한 후 "그러고 보니 모델 문제가 니러남을 막기 위하여 두어 마듸 쓰겟다"며 독자에게 현실과 소설 사이의 구별에 대해 당부하고 있다.

> 제일의 니야기의 남녀주인공의 성격은 다른 사람의게서 엇어쓴 것이니 싼 원주인공과는 성격이 온전이 사실이 업는 것이오며 잠간만 나오고도 이 니야기의 큰 사역을 스는 C라 하는 인물은 온전한 가공의 인물이올시다.[24]

> 올습니다. 재미잇는 事實이 이스니 小說이나 하나 써보자 해서는 안됩니다. 惑은 참을 수업는 「自己感情이나 經驗을 한번 小說노 發表해보자 해서는 안됩니다. 이거슨 작가의, 가장 싸지기 쉬운 잘못이오 위험인줄 압니다. 엇

24 김동인, 「남은 말」, 『창조』 제3호, 1910.11, 77~78쪽.

더한 材料를 가지고서든지 그거슬 藝術化해야 비로소 小說이되겟지오.[25]

비록 작품의 소재는 실제 있었던 이야기이지만 작가는 이를 창조적으로 변형시켜 가공의 인물을 만들었음을 밝혔다. 김동인은 「악한자의 슬픔」에 대한 후기에서도 "엇던 작품에서던지, 지상(紙上)에 흐르는 글자를 보시지 말고, 한층 더 기피 조희 아래 감초여 잇는 글자, 작가가 쓰려하면서도 쓰지 못한 말을 차져보셔야 합니다"라는 강조를 통해 독자가 작품과 실제 현실을 동일시하는 것에 경계를 내보인다. 동시에 독자는 줄거리를 따라가는데 급급해 할 것이 아니라 작가가 작품을 쓴 의도가 무엇인지 살펴보라는 당부를 한다.

무엇보다 근대문학 초기의 작가들에게 소설 창작이란 재미있는 '사실' 발견의 기록이나 자기감정의 직접적 노출이 아니라, '예술화' 과정이 수반되는 것임은 분명하다. 전영택도 「운명」에 대한 언급에서 "그 재료가 엇든 사실인 거슨 숨길 것업스나", 이 작품은 주인공 오동준 본인의 이야기가 아니라 "전혀 예술작품을 위해 쓴 것"[26]임을 분명히 했다. 이러한 인식을 통해서 볼 때 소재로서의 '사실'이나 개인적 경험이 진실한 이야기 구성을 위해 요구되었음은 분명하다. 그러나 소설 장르가 점차 자율성을 형성해 나아가면서 사실에 대한 강박보다 예술적 형상화에 점차 무게가 실리게 된다. 그럼에도 한국의 근대문학 형성에 있어 '사실'의 관계는 이후까지 이어진다.

빈궁문학의 대표적 작품으로 꼽히는 최서해의 「탈출기」는 『조선문

25 전영택, 「남은 말」, 『창조』 제5호, 1920.3, 99쪽.
26 위의 글, 100쪽.

단』 6호에 실렸다. 그러나 『조선문단』의 창간호에 이미 「탈출기」에 대한 언급이 있었다. 창간호에는 시와 소품, 감상의 항목으로 몇 편의 입선작을 싣고 있는데, 그 외 '풍년々'의 이름으로 「탈출기」가 가작으로 당선되었음을 광고하였다. 그것이 소설의 항목이 아닌 '감상'으로 묶인 것과 연관지어 최서해의 「탈출기」에 대한 자전적 언급을 살펴보아야 한다. 서해는 「홍염과 탈출기」에서 자신의 작품이 '사실3 공상7분주의'에 의해 씌어졌다면 「탈출기」만은 완전한 사실이라고 고백하고 있다.[27] 그러한 측면에서 볼 때 사실을 통한 경험서사가 허구적 진실이 담보된 소설로 변화되는 과정은 한국 문학사에서 상당 기간 이어졌던 문학사적 특징이라 할 수 있다.

이렇듯 초기 동인지 문인들의 작품에서 '사실'에의 강조는 어렵지 않게 찾아볼 수 있는데 이때 '사실'이란 문학적 형상화를 위해 요구되는 예술화 과정으로 보아야 한다. 즉 모델로서 사실적인 것을 세밀하게 묘사하는 것이어야 말로 "독자로 하여금 주인공과 가튼 세계를 살게 하고 주인공의 인격에 공명케"[28] 할 수 있기 때문이다. 즉 사실보다 더한 인간 삶의 참모습을 그려내고, 이를 위해 요구되는 핍진한 묘사와 허구적 형상화를 위해 사실이 중요했던 것이다. 그러한 측면에서 볼 때 한국의 초기 근대소설에서 '사실'로부터 '허구'로 이어지는 과정은 소설이 담지하고 있는 인간 삶의 모습뿐만 아니라 미적 상상력이 어떻게 미의 구현으로서 예술로 이어지는지를 보여준다.

---

27 기록서사에서 근대소설로의 변화과정을 살핀 이경돈은 「탈출기」의 원본이 '감상문'으로 평가되었던 사실과 「토혈」의 개작이 소설 「기아와 살육」이었음을 볼 때, 최서해의 작품인 「탈출기」나 「토혈」을 통해서도 기록서사와 소설이 갖는 친연성을 입증할 수 있다 했다. 이경돈, 「기록서사와 근대소설」, 『상허학보』 제9집, 상허학회, 2002.9, 209쪽.

28 벌쏫(주요한), 「장강 어구에서」, 『창조』 제7호, 1920.7, 54쪽.

2) 자기 삶의 투영으로서 유학생의 자전적 소설

일본의 식민지가 된 조국의 현실과 급속한 자본주의 사회로 변동해 가는 제국의 면모를 모두 경험하고 있는 유학생들은 그들의 상황 변화에 민감하게 반응하였다. 애국계몽기의 작가들이 계몽이라는 이정표를 지녔던 것처럼, 신소설 작가들 역시 일본의 근대화 담론과 제국의 현실논리 수용이라는 방향성을 가지고 있었다. 그러나 집단적 자아의 해체 속에 식민지 담론을 수용할 수 없었던 지식인의 양심을 지닌 당대 유학생에게 근대적 주체에 대한 욕망은 자신을 어떻게 정립해야 하는가에 대한 치열한 고민을 동반한다. 1910년대에 글을 쓰는 주체가 곧 대상이 되는, 즉 자신의 삶을 그대로 반영하는 내밀한 글쓰기의 빈번함은 자신의 경험과 사유를 담아낸 이야말로 현실과 타협하지 않는 가장 진실할 수 있는 영역이기 때문이다.

무엇보다 허구와 소설 사이의 경계가 흐릿했던 1910년대에는 허구와 사실의 혼종 가운데 자신의 삶을 재구성하는 글쓰기로 자신의 정체성을 찾으려는 서사물들이 많았다. 이 과정 속에서 자아의 진실은 문학적 허구로 재탄생하게 된다. 즉 현재의 자아와 과거의 자아의 거리는 허구적 변형 혹은 허구의 공간이며 허구는 진실이 아닌 사실의 대립항으로써 진실은 허구와 다시 만날 수 있게 된다.[29]

이 시기 이광수를 비롯한 나혜석, 현상윤, 진학문 등의 유학생 소설에서 자신의 삶을 근거로 한 자서전적 소설이 많은 것은 실인생의 반

---

29 윤진, 「진실의 허구 혹은 허구의 진실－자서전 글쓰기의 문제들」, 『프랑스어문교육』 제7집, 한국프랑스어문교육학회, 1999, 273~274쪽.

영이야말로 "인생의 사상과 감정과 생활을 극히 자유롭게, 여실하게 발표하고 묘사"[30]하는 '리터러처'로서의 그것이 참된 문학이라 여겨졌기 때문이다. 이광수를 비롯한 유학생들의 근대 문학관을 통해 드러나듯 문학은 인간 '정(情)'의 산물로 '지(智)와 의(意)의 노예'가 아닌 '오인 자신에 관한 사(事)'로 새로이 정의된다. 이제 참다운 문학의 실현을 위해 주체의 자각과 그 개인의 삶이라는 주관적이고 사적인 것들이 새로이 부상하기 시작한다.

> 마지막에 咸은 가장 熱心으로 「個性의 發揮는 지금나의 希望欲求의 全體인데 이 생각은 은제까지도 變함이 업슬것갓소」
>
> 하고 蔡는虛無主義로서 社會主義로 돌아오든 말, 自然主義로서 道德主義로 돌아오던말과 및 文藝上로서는 寫實主義를 盲信하든일이 꿈갓다하고 로맨틱思想에도 取할것곳一里가잇는것과 主義그것이 매우 우수우나 그러나 아직까지 무엇이든지 사람이 客氣를 가져야하겟단 말을 다한뒤에
>
> 「이것저것 다 쓸대잇소 술이란 것이 長醉不醒하은 못하는것이고 또 말하면 實地를 쌀으지못하길네 理想이란물이 存在하는것이지마는 번연하이런줄을 알고잇다가도 참으로 實世間에 接觸할때에는 限量업는 哀感이 새삼스럽게 납듸다」
>
> 하면서 무슨 意味가 잇는 듯 포켓트에 손을 집어느면서 이러나 「時代의 犧牲」이란 소리를 여러번 노랫調로 불으더라.[31]

30 이광수, 「문학이란 하오」, 앞의 책, 549쪽.
31 진학문, 「요조오한」, 『대한흥학보』 제8호, 1909.12.

위 지문은 진학문이 1909년 유학생 잡지인 『대한흥학보』에 실은 '사첩반'이라는 뜻을 지닌 「요조오한」의 일부이다. 제목이 말해주듯 위 작품은 사첩반의 좁은 하숙방에서 이상과 현실 사이에서 고민하고 있는 유학생의 대화를 담은 짧은 길이의 사실적 서사이다. 종래 소설이 현실과 비현실을 넘나들면서 작가가 표출하고 싶은 바를 자유롭게 그려냈다면, 이 시기 지식인들에 의해 쓰여 진 짧은 단편에서는 자신의 실제 삶을 그대로 반영하는 식의 자기를 중심으로 세계를 대상화하고 재구성한 서사를 쉽게 발견할 수 있다. 앞장에서 다루었듯 근대적 주체로서 자기의 발견과 세계관 교차의 정점에 서 있었던 유학생들에게 그들이 속한 현실과 그 속에서의 당면 과제는 어떤 것보다 중요하며, 이를 표출하는 과정에서 글 쓰는 존재와 경험하는 존재는 동일 인물이 된다.[32] 무엇보다 주어진 관념에 따르거나 비합리적 허구가 아닌 자신의 일상과 그 개인적 경험이 중요시된다는 점에서 근대소설의 개념에 가까이 다가섰음을 알 수 있다.

「요조오한」의 문체 면에서 특기할 점은 글 쓰는 존재로서의 '서술적 자아'와 경험한 존재로서의 '경험적 자아'의 혼재이다. 즉 이야기 전달의 상투적 어미인 '더라' 사이에 자신의 직접 경험과 감정을 표현하는 '다'체가 함께 쓰이고 있다. 일상의 발견과 개인적 경험의 중시는 소설이 다루는 제재와 의미뿐만 아니라 일상적 언어의 사용을 가

32 자기를 표현한다는 것, 즉 경험한 존재가 글 쓰는 존재로 전환된다는 것은 나를 포함하여 세계를 대상화한다는 것과 다르지 않다. 글을 쓴다는 것은 과거를 재구성하는 작업이며 대상을 어떻게 배열하고 구성할지의 문제인, 즉 대상을 바라보는 내가 요구된다. 이 시기 고백 형식의 편지와 서사가 많았던 것은 분열의 틈새를 메워 완전한 하나로서의 자기를 확립하고자 하는 자기 동일성에의 욕망과 그 실현의 방식으로 볼 수 있다. 이은주, 『한국 근대 단편소설과 정의 양식』, 역락, 2007, 156~157쪽 참조.

져왔다는 측면에서도 의의가 있다.[33]

이광수의 초기 단편에 해당하는 「김경」이나 「방황」, 「윤광호」 역시 이광수의 실제 삶을 바탕으로 한 소설들이다. 1913년 오산을 떠나 구 개월간 시베리아 등지에서의 방랑을 마치고 돌아온 이후의 심경을 담은 「김경」에서 이광수는 자신의 지난 삶을 그대로 보여준다.

> 金鏡은 본래 이곳 사람이라 어려서 父母를 여의고 그 어린 누이 둘과 함께 東西로 漂泊하다가 金鏡은 어찌어찌 攀緣을 얻어 東京에서 中學校까지를 마치고, 저 포플라 그늘에 보이는 灰壁한 ○○학교에 教師로 延聘되기는 距今 午年前 일이다. 그러나, 그가 이 學校에 教師로 옴은 當時에 流行하던 愛國熱로 그러함은 아니요, 故鄕 學校라는 私情으로 그러함도 아니라. 마침 某處에서 나던 學費도 끊어지고, 또 故鄕에는 八旬이나 된 老祖父가 계시매, 얼마 아니되는 餘年을 가깝게 모시리라 함과, 그뿐 아니고 大學은 마치어 무엇하나. 獨學이 으뜸이요, 또 나의 長技는 詩人인즉 詩人은 天成이라, 어찌 배움을 기다리리오. 배우려 함이 도리어 天才를 束縛하게 하는 張本이니 차라리 故國에 돌아가 田園에 숨어 아직 캐어보지 못한 朝鮮民族의 人情의 機微와 實社會 人生의 살아가는 맛을 探究하리라 하는[34]

이광수는 이 소설에서 주인공 '김경'을 통해 자신이 오산학교 교사

33 '－더라'와 '－다'체는 이렇듯 혼재하다가 현상윤의 「핍박」이후 거의 '－다'체로 통일된다. 이렇듯 일상생활의 언어가 문자로 정착되었다는 것은 인간 의식의 변화에도 영향을 미치는데 자기 자신에 대한 인식을 새롭게 할 수 있다는 점에서 그러하다. 우정권, 『한국근대 고백소설의 형성과 서사양식』, 소명출판, 2004, 70쪽.

34 이광수, 「김경」, 『전집』 1, 569쪽.

로 처음 오게 되었을 무렵의 심경과 자신의 성격형성에 미친 외부 영향으로서 일본에서 접한 사상, 그리고 '자기희생'이라는 명분 속에 오산에 머문 나날들과 이후 그와 학생 사이의 거리감까지를 사실 그대로 기록하고 있다. 이광수는 '김경'이라는 주인공을 내세웠지만 실상 소설의 형식을 통해 자신의 삶을 최대한 객관화시키고 있다. 이렇듯 자신의 실제 삶을 재구성하는 서사는 비현실적 요소와 계몽의 발화에서 벗어날 뿐만 아니라 이야기의 진실성을 위한 묘사의 적실성이 요구된다.

『청춘』 3월호에 실린 이광수의 「방황」은 작가의 유학시절 체험담으로 작품 속 등장인물 간의 대화만 없다면 일기로 보아도 될 정도로 사건 전개 없이 자아의 내면 감정만으로 기술되어 있다. 주된 서사는 학생들 모두 학교에 가고 없는 빈 기숙사의 관내에서 감기 몸살로 열에 들뜬 '나'의 외로움의 심정이다.

> 내 몸의 따뜻한 것이 感覺된다. 그러고 나는 只今 저 하늘을 쳐다보고 또 只今 하늘이 나를 삼키려 할때에 무섭다는 感情을 가졌다. 나는 살았다. 確實히 내게는 生命이 잇다. 只今 이 이불 속에 가만히 누어 있는 이 몸뚱이에는 確實히 生命이 있다. 이렇게 생각하고 나는 이불 속에 가만히 다리도 흔들어 보고 손가락도 움직여 보았다. 움직이리라 하는 意志를 따라 다니며 손가락이 움직이는 것과 또 그것들이 움직일 때 「움직이네」하는 筋肉感覺이 생길 때에 「아아 이것이 生命이로고나」하고 나는 빙그레 웃었다.[35]

35 이광수, 「방황」, 『전집』 8, 91쪽.

빈 기숙사에 홀로 누워 자신과 독대하면서 절대적 고독과 싸우는 '나'는 살아있음으로 인해 가지는 몸의 감각, 정신의 감정, 의지를 통해 생명을 확인한다. 익명의 친구가 전해준 우유와 나를 간호하는 K군의 애정에 감동받은 '나'는 그 애정에 눈물 흘리는 나약한 존재이다. 적막하고 쓸쓸한 빈 방에 누워 '나는 혼자로다. 나는 혼자로다'를 외치며 "불쌍한 조선 사람을 위하여 이 조그마한 몸을 바치리라고 결심하고 기도"하기도 하지만 동시에 중이 될까보다 하는 양 갈래의 마음속에서 어떠한 삶을 사는 것이 참된 자신의 삶인지 고민한다. 자살을 생각하는 것만이 삶의 위로가 될 만큼의 극도의 외로움을 갖고 있는 주인공은 바로 그 외로움과 번민으로 인해 타인과 다른 자아의 존재감을 확인한다. '나'는 조선인의 내부에 속한 존재가 아니라 '불쌍한 조선인'을 위해 끊임없이 자기희생을 하는 조선인 밖에 서 있는 존재이다. "조선을 유일한 애인으로 삼아 일생을 바치기로 작정"한 것이 사회적 자아로서의 '나'라면 본질적 자아는 조선과 민족이라는 나를 짓누르는 것에서 벗어나고 싶은 욕망을 지닌 존재이다.

이 작품에서 드러나듯 당시 이광수는 이미 '노형 혼자의 몸이 아닌', '조선인 전체가 노형에게 기대하는 바'를 저버릴 수 없는 공적 인물이었다. 그런 그가 조선과 민족에 대한 자신의 솔직한 심경을 고백하고 한없이 나약한 일개인으로서의 적나라한 모습을 보여준 것은 그것만이 가장 진실한 자신의 참모습이기 때문이다. '있어야 하는 자아'와 '현재 있는 자아' 사이의 간극을 직시하고 이를 묘사함으로써 "실재의 사상과 감정과 생활을 여실하게 만인의 안전에 재현"하는 근대로서의 '문학'을 실천했다는 측면에서 이러한 자기 체험적 소설은 유의미하다.

무엇보다 이 과정에서 과거 전지전능했던 작자의 모습 대신 현실을 자신의 관점으로 축조하는 주체적 의지를 지닌 작가와 그가 만들어 내는 현실이 새롭게 부상하게 된다. 서구에서 '노블'의 출현은 '개인 경험의 제일의성'에 대한 믿음에서 비롯되었고, 그 믿음은 인간이 어떤 선험적으로 결정된 부동의 질서 속에 살고 있음이 아니라 인간 스스로 만들어낸 변경이 가능한 질서 속에 살고 있다는 인식[36] 하에서 나온 것이다. 한국의 근대문학 역시 주체로서 개인의 자각과 그 개인이 살아가는 일상적 공간과 사건을 의미있게 바라보는 새로운 시각의 등장과 함께 문학장이 변동해 나아갔다.[37]

「방황」이 1인칭의 시점에서 씌어졌다면 「윤광호」는 「방황」의 주인공 '나'가 '윤광호'라는 3인칭으로 시점을 옮긴 것으로 보아도 무방하다. 「윤광호」에서는 동경 유학생들 중 특대생으로 존재했던 이광수 자신이 반영되어 있다.

> 尹光浩는 東京 K大學 經濟科 二年級學生이라. (…중략…) 그는 도로혀 熱心한 工夫로 햇슥하여진 容貌를 榮光으로 알고 혼자 빙그시 우섯다. 그는 全留學界에서 이러한 稱讚을 바들째에는 十三年年前의 過去를 回想치아니치못한다. 그째에 自己는 父親을 여희고 母親은 再嫁하고 孑孑한 獨身으로 或은 日本집에서 使喚노릇을 하며 或은 국수집에서 멈살이를 하엿다. 그째

36 황종연, 「노블, 청년, 제국」, 『상허학보』 14집, 상허학회, 2005.2, 271쪽.

37 예술작품이란 우리로 하여금 정서를 '느끼게' 만드는 것이 아니라 정서에 대한 우리의 '이해'를 바꾸어주는 것이라는 점에서 작가로서의 자기인식과 그가 표현해나고자 하는 세계의 변동은 문학을 구성하는 세계관의 변동과 직결된 것이다. 고든 그레이엄, 이영주 역, 『예술철학』, 동문선, 2003.

에 自己의 運命은 悲慘한 無依無家한 下級勞動者밧게 될것이업섯다. 그러나 只今은 東京 一流大學에 學生이되고 婢僕이 承命하는 下宿의 깨끗한 방에서 富貴家의 書房님이나 다름이 업는 (…중략…) 그러나 光浩의 心中에는 무슨 缺陷이 잇다. 補充하기어려울듯한 크고 깁흔 空洞이잇다. 光護는 自己의 눈으로 이 空洞을보고 이것을 볼때마다 一種 形言할수업는 悲哀와 寂寞을 感한다.[38]

기존 소설에서 흔히 볼 수 있는 인물군은 우여곡절 끝에 비천한 신분을 극복하고 큰 성공을 거둬 행복한 삶을 사는 유형이었다. 그러나 이 소설의 주인공은 하급노동자에 불과한 자신의 운명을 개척하고 동경 유학생 가운데서도 특대생이 되어 만인의 칭송을 받는 존재가 된 인물이다. 그러나 세속적 성공을 거두었음에도 주인공은 설명키 어려운 '공동(空洞)'과 이로 인한 '형언치못할 비애와 적막'에 늘 괴로워한다. 주인공 윤광호는 이러한 자신의 정신적 공동을 치유하려는 노력을 하거나 타인과 소통하려는 시도 대신 자기 내부의 욕망만을 향해 나아간다. 「김경」에서처럼 타인과의 격절감과 비애, 외로움은 윤광호를 남과 다른 존재, '불쌍한 조선인'과 구별 짓게 하는 근대인으로서의 표지인지도 모른다. 그러한 광호와 소통할 수 있는 사람은 오직 '김원준'이라는 한 사람밖에 없으며 그와의 관계도 광호에게 '개성'이 싹터 자기만의 사고를 고집하면서 멀어지게 된다.

광호에게 있어 개성과 자아에 대한 자각은 공동체의 삶 속에 자신을 투기하는 방식이 아니라 사회가 요구하는 윤리와 속박에서 벗어나

38 이광수, 「윤광호」, 『전집』 8, 96쪽.

자기 내부의 본질적 욕망만을 향해 내닫는 것으로 발현된다. '아름다운 소녀와 소년'에 대한 집착과 환영으로서의 사랑, 추상적인 '사랑'의 실천을 위한 'P'라는 동성을 향한 무조건적인 집착이 그것이다. 특대생으로서 자신은 '인류에 대한 사랑'과 '동족에 대한 사랑'을 실천해야 하고 '자신의 명예와 성공에 대한 갈망'에 부흥해야 하며, 그렇게 되었을 때 공동체가 요구하는 사회성원으로 자리할 수 있다. 그러나 광호는 이러한 사회적 기대와 타인과의 관계를 정면으로 거부하고 단독자로 남고자 한다. 그의 최후 선택인 '자살'은 공동체 내부로 살 수 없는, 이단자의 삶만이 본래적 자아의 실현이라 생각하는 또 다른 방식의 자기 삶의 완성으로 볼 수 있다.

「슬픈모순」이라는 작품을 통해 1910년대 리얼리즘 소설의 한 성취를 보인 바 있는 양건식은 「귀거래(歸去來)」에서 실제 자신의 삶을 투영하고 있어 주목된다.

一, 作者

作者ᄂᆞᆫ돗자리에비스듬이팔베ᄀᆡᄒᆞ고드러누어月報에揭載ᄒᆞᆯ小說의末端을口授ᄒᆞ고안ᄒᆡᄂᆞᆫ窓엽헤一脚册床을놋코男便의口授ᄒᆞᄂᆞᆫ것을筆記ᄒᆞ고잇다. (…중략…)

안ᄒᆡᄂᆞᆫ얼골을들고嫣然一笑ᄒᆞ며「이ᄯᆡᆺ것王子가지으신中에이것이ᄂᆡᄉᆡᆼ각에는그中낫소」作者의ᄲᆡᆷ은고만붉어진다－그러ᄂᆞ이ᄂᆞᆫᄒᆡ빗으로그러ᄒᆞᆫ지도몰으지－그러ᄒᆞ눈에ᄂᆞᆫ媚笑ᄅᆞᆯᄯᅴ웟다.

「응그ᄅᆡ도무엇그리잘될것은업지」

「안이지오事實은恒茶飯의이약이지만은그러도結構가巧妙ᄒᆞ고文辭가淸新ᄒᆞ곳도ᄒᆞᆫ眞實ᄒᆞᆫ이약이라世上에有志ᄒᆞ고正直ᄒᆞᆫ讀者가잇슬동안에ᄂᆞᆫ이러ᄒᆞᆫ小說이有益ᄒᆞ지오」

作者ᄂᆞᆫ그소릐에조꼼힘을어덧던지 「글세나도조곰그런줄은알지만은來日이되면ᄯᅩ잘못되얏다고ᄒᆞᆯᄂᆞᆫ지도몰ᄂᆞ아모럿헌지編輯長에게ᄒᆞᆫ番ᄒᆞᆫ뵈힌然後에야알지」

「그러면 編輯長의게뵈히지안이ᄒᆞ면判斷치못ᄒᆞ신단말슴이오」

「안이그런것은안이지만은모다보ᄂᆞᆫ사ᄅᆞᆷ마다ᄂᆡ가지만은 小說은무슨 意味인지알슈가업다ᄒᆞᆫ닛가그러編輯長이ᄂᆞ보고잘되얏다ᄒᆞ면잘된줄안다ᄒᆞᄂᆞᆫ말이오」

作者의안히ᄂᆞᆫ男便을爲받ᄒᆞ야憤然히말을ᄒᆞᆫ다「朝鮮ᄉᆞ람程道에무슨文學을알겟소그져쓸ᄃᆡ업ᄂᆞᆫ이야기ᄂᆞ느러노흐면小說노알지」[39]

양건식 스스로 소설의 제목 앞에 '사실소설'이란 명칭을 달았음을 볼 때 자신의 실제 삶을 그대로 기술하겠다는 의도를 읽어낼 수 있다. 실제 사건의 전개 역시 양건식 자신을 작중인물 '소설가'로 설정하여 작품의 창작과정을 그대로 기술하였다. 이 작품은 소제목을 '작가'-'편집장'-'활판직공'-'비평가'의 순으로 붙여서 소설이 나오기까지의 과정을 순차적으로 담아내었을 뿐만 아니라 소설에 대한 자신의 생각을 제시했다는 데에 의의가 있다. 양건식이 생각하는 소설이란 항다반의 이야기이지만 교묘한 결구와 청신한 문체를 갖춘, 삶의 진실을 담은 것이어야 한다. 그러면서도 세상에 유지(有志)하고 독자에게 유

39 양건식, 「귀거래」, 『불교진흥월회보』 제6호, 1915.8.

익함을 주는 이야기여야 한다는 점에서 소설을 미적 구성체이자 효용성의 도구로 보았던 당시대 소설관을 살펴볼 수 있다.

소설가와 그 아내의 대화를 중심으로 전개된 대화에서 특기할 것은 이야기의 범주를 벗어난 본격소설에 대한 일반인들의 인식이 어떠한지를 보여주는 부분이다. 편집장과 활판직공 뿐만 아니라 기자 모두 소설에 대한 이해가 부족하여 월보 발행하는 날 그들에게 비평 겸 신판소개를 해 달라고 해 보았자 "문학에 대한 소양도 없는 삼면기자가 주마간산으로 한 번보고 생각나는대로 아무렇게나 판단해 쓰"고 마는 것이 당대 문학비평의 일반이다. 작가의 작품을 유일하게 이해해 줄 수 있는 독자는 아내밖에 없으며 그러하기에 아내는 "조선사람 정도에 무슨 문학을 알겠소. 그저 쓸데없는 이야기나 늘어놓으면 소설이나 알지"라고 자조한다.

이 소설은 일상을 토대로 자신의 삶을 객관화 한 동시에 그가 쓰고 있는 소설 양식의 의미와 그 창작 과정, 이를 바라보는 당대 인식과 자신의 생각을 모두 담아내었다는 점에서 중층적 의미를 함축하고 있다. 「귀거래」는 양건식의 소설론인 「춘원의 소설을 환영하노라」[40]에서 비판한 신소설의 "구시대 시대상의 고취"이자 "고루한 옛날 사상"의 한계를 넘어 실제 작품 창작을 통해 "인생에 관한 제현상"을 담아내었기 때문이다.

양건식은 이 작품에서 객관적으로 자신의 삶을 바라보고, 소설가로서 자기 면모를 사실대로 드러내었는데 이처럼 자신을 객관화시키는 작업은 독립된 개인으로서 '자아(我)'에 대한 인식을 전제로 한다. 이

40 『매일신보』, 1916.12.28~12.29.

는 작가가 자기 자신의 '개인성'을 인식하고 세계와의 거리를 의식적으로 자각하기 시작했다는 의미이자 비로소 봉건시대의 이데올로기와 집단이 요구하는 계몽적 문학에서 벗어나 개인의 문학으로 나아가기 시작했다는 증표이다.[41]

남성 유학생뿐만 아니라 여성 유학생인 나혜석과 김명순의 경우에도 자신의 삶을 투영해서 소설화 하였다. 『여자계』 3호에 실린 나혜석의 「회생한 손녀에게」는 나혜석의 유학생활 중 있었던 경험을 서사화 한 작품이다.[42] 할멈이 손녀에게 보내는 편지형식으로 쓰여진 이 작품은 나혜석이 연인 최승구를 폐병으로 보낸 심정을 담은 것이다. 아픈 손녀를 소생시키고자 간절하게 간호하는 할머니의 안타까움은 곧 최승구를 향한 나혜석의 간절함이다. 나혜석은 이 작품을 통해 사랑하던 사람을 간호해 보지도 못하고 저 세상으로 보낸 회한을 그려내었다.

> 그것은 내가 전에 극히 사랑하던 친구 하나가 폐병으로 피를 뱉고 기침을 한번 시작하면 온 몸이 불덩이같이 열이 일어나 숨이 차서 애를 쓰는 것을 목도한 적이 있었으므로 그날 네가 애쓰는 형상에 우연한 자극을 받아 1년 전 일을 회사하는 동시에 그렇게 눈물이 흘렀었다. 그 사람은 그 병으

41 한기형, 「1910년대 단편소설과 낭만성」, 앞의 책, 213쪽 참조.

42 연보에 따르면 나혜석의 오빠 나경석은 동생을 같은 동경 유학생 중 가장 출중한 최승구에게 소개시켜 주고 이를 계기로 둘은 지적 동반자이자 사랑하는 연인 사이가 되었다. 그러나 최승구는 이미 조선에 처가 있는 유부남이기에 이에 대한 정신적 압박과 경제적 고통 등으로 말미암아 폐병을 얻게 되었다. 1915년 폐병으로 최승구는 귀국하고 나혜석은 동경에 남아 학업을 계속하던 중 병세가 덧치자 최승구를 보고자 나혜석은 조선에 일시 귀국한다. 그러나 연인과 긴 시간을 함께 하지 못하고 최승구는 나혜석이 동경으로 돌아간 지 얼마 되지 않아 사망한다. 이상경, 앞의 책, 110~125쪽.

로 인하여 죽었다. 그래서 추도회도 하고 1년제까지 지냈다. 내가 주야로 마음이 아파서 애를 쓰고 가슴을 치며 후회한 것은 '내가 왜 그 친구를 위하여 내 공부를 폐지하고 철야하여 간호를 못하였던구' 함이었다. '내 정성을 다하여 그 친구에게 위안을 주었더라면 그는 결코 죽지 않았으리라' 함이었다.[43]

당시 남성 유학생이 자신을 모델로 한 작품에서 흔히 드러나는 것은 자신의 감정과 욕망에 대한 최대한의 발산이었다. 사랑의 좌절이 자살이라는 극단적 방식으로 표현되는 것 역시 같은 맥락이다. 근대적 시각에서 보았을 때 자아는 이전의 '확장된 자아'가 아닌 '원자적 자아'로 자아는 경험의 중심이 되고 외부와 결정적 관련이 없는 자기 정의적이고 자기 충족적인 자아이다.[44] 근대를 선취했다 자부하고 이를 표현해 내고자 하는 남성 유학생 작품 속에서 자아는 타인과 소통할 수 없는 원자적 자아로서 그것이었다. 그러나 나혜석이 그린 소설 속 자아는 이광수 소설 「김경」의 주인공처럼 '톨스토이와 목하상강(木下尙江)의 진실한 제자로 자임'하는, 그리하여 조선인들과 쉽게 소통할 수 없는 우월한 자아가 아니라 '할머니'로 대표되는 누구에게나 친근하고 인자한 자아이다. 나아가 '심정적' 할머니는 비단 일 개인으로서의 할머니가 아니라 수만 명 악역(惡疫)을 구해준 '나이팅게일' 같은 천사, 즉 '수만 명의 할머니' 이다. 그러면서도 이 '할머니'는 민족을 구원할 선지자로서 자신을 내세우거나 근대라는 앞선 시간대를 경험

43 나혜석, 「회생한 손녀에게」, 『여자계』 3호, 1918.9, 60쪽.
44 찰스 귀논, 강혜원 역, 『진정성에 대하여』, 동문선, 2005, 67쪽.

한 우월한 자아가 아니다.

> 깍두기 고추장을 먹고서야 너는 정신이 반짝 나며, 감구미(甘口味)를 붙였다고 했지? 글쎄 내가, 그 궂은 새우젓에 맵디매운 고춧가루를 버무려 이 손으로 주물럭 주물럭해서 네게 갖다가 준 나나, 또 그 고린내가 풀풀 나는 보기만 해도 눈물이 빠질 그렇게 빨간 깍두기를 먹으며 "참 맛도 좋소" 하는 너나 생각해 보면 우습다. 달콤하고 냄새도 좋은 오므라이스나 가기후라이(굴튀김)의 맛보다도 그 짜디짜고 맵디매운 깍두기 맛이 그다지 좋단 말이지? (…중략…) 그 어두컴컴한 오지 항아리에 솜씨 없이 울쑥불쑥 담아서 할멈이 갖다가 준 그 깍두기로 네 병근이 쏙 빠졌어!? 손가락을 넣었다가 쪽쪽 빠니까 정신이 번쩍 나더란 말이지? 그러면 너는 그 깍두기 맛으로 회생한 너로구나[45]

손으로 주물럭 주물럭 한 고린내 풀풀 나는 깍두기를 담가 준 할머니나 그 맵디매운 깍두기 맛으로 회생한 손녀는 서양의 맛을 상징하는 '오무라이스나 가기후라이'보다 오지항아리에 솜씨 없이 담긴 깍두기 맛에 더 정감을 느낀다. 남들이 맛있다 하는 '스프나 빵', 혹은 '라이스 카레나 미소시루'와 같은 서구적 음식이 아니라 조선 대대로 이어져 내려온 '깍두기'의 맛이었기에 회생할 수 있었던 손녀와 할머니는 영락없는 조선의 '깍두기의 딸'인 것이다. 이 '깍두기의 딸'로서 '영생'하고자 하는 나혜석은 남성지배의 봉건적 생활 유습이 여전한 식민지 조선에서 동시대 모든 여성의 삶을 대변해주는 친근하고 보편

45 나혜석, 「회생한 손녀에게」, 앞의 글, 62쪽.

적인 여성이고자 했다. 바로 이러한 점이 자신의 삶을 다루되 고립과 관념의 세계로 빠져들었던 남성 유학생들의 소설과 「회생한 손녀에게」가 갖는 차이점이다.

2. 자아탐색의 확대와 현실인식의 심화

1) 자기성찰로서의 고백서사

일본에서 서구 교육을 토대로 자신의 사유기반을 마련했던 유학생들에게 자신의 정체성에 대한 치열한 물음과 새로운 질서에의 모색, 근대주체로서 스스로를 확인받고자 하는 욕망은 삶의 전반적 방향을 틀었으며 문학 역시도 진실성이 담보된 것이야말로 진정한 문학이라는 의식을 싹트게 하였다. 보편적으로 근대적 산문예술인 소설의 정착이 근대 사회의 전반적 성숙과 동시적으로 이루어지는 것으로 볼 때, 일본의 근대 문학만 해도 일본 사회의 근대화와 동시적으로 진행된 과부족이 없는 상사형(相似形)으로 전개되었다.[46] 하지만 우리 문학

46 일본의 지식인들에게 일본과 서양 사이의 거리는 시간의 문제에 불과했다. 서양은 언제라도 추격 가능한, 그리고 언젠가 확실히 도달할 수 있는 목표로서 그들 앞에 놓여 있었다. 일본의 문명발달과 그 사상적 기반으로서 근대사상의 전개는 근대문학이 확립되는 바탕을 마련해 주었다. 쓰보우치 쇼요가 게사쿠 개량을 염두에 둔 『소설신수』(1885)를 썼을 때, 일본문학의 근대화는 확고하게 하나의 방향을 잡아나갔다. 미요시 유키오, 정선태 역, 『일

사의 전개는 물질 방면의 근대를 주체적으로 이루어갈 수 없는 현실 속에서 정신적 진보로서의 개인의식의 분화와 물질적 진보 사이의 낙차가 큰 비동시적 진행과정을 겪어왔다. 한국문학사에서 근대문학의 발생에 대한 이해는 식민지 시대라는 상황논리를 염두에 두지 않을 수 없다. 당시 일본을 통해 서구 문명과 지식에 경도된 유학생들, 더욱이 문학을 삶의 방향으로 설정한 이들에게 식민담론에 흡수되지 않으면서, 중세의 오락으로서의 이야기와 결별한 새로운 문학 창출은 지난한 의식의 고투과정이었음이 분명하다.

1910년대 주된 서사는 실제 인물과 사건을 대상으로 한 소설뿐만 아니라 자신의 삶을 고백의 형식으로 담아내는 자기 내면의 이야기였다. 이는 자아의 발견과 그 최종심급으로서 '정'이라는 주관적 자아의 진실이 통용될 수 있기 위해서는 거짓이 아닌 사실로서의 체험과 거짓 없는 자기 삶의 고백이 요구되었기 때문이다. 이러한 개인의 감정상태를 서사화한 내적 고백류의 서사는 '무엇'인가의 교훈이나 계몽의 담론이 아니라 한 개인의 삶에 주목했다는 점에서 새로운 시대의 진리 수용방식이라 할 수 있다. 이것은 주어진 현실을 수동적, 혹은 관조적으로 바라보던 인식에서 벗어나 그 사건 혹은 사실 배후의 진실에 눈을 뜬 것으로 읽을 수 있다.

앞서 자신의 실제 사건을 소재로 소설쓰기를 한 장응진의 또 다른 작품으로 주인공의 내적 번민을 다룬 작품이 있다. 몽유록 형식을 취하고 있는 「춘몽(春夢)」은 고소설에서 볼 수 있는 입몽 이후 각몽 과정에서 얻어지는 의식의 각성이 아니라 꿈에서 깨어난 후 자신의 인생

본문학의 근대와 반근대』, 소명출판, 2005, 119~122쪽.

에 대한 고민 토로로 이루어진 작품이다. 이 작품의 줄거리는 시험을 앞둔 주인공이 괴로운 제 심사를 제어치 못하고 산을 서성이다가 발을 헛디뎌 추락하는데 깨어보니 꿈이라는 내용이다. 이 작품은 출구 없는 식민지 현실 속에서 자신이 누구인가 하는 자아정체성에 대한 물음만으로 한 편의 서사를 완성했다는 측면에서, 계몽의 도구에서 벗어난 리얼리즘 소설의 단초로 볼 수 있다. 무엇보다 「춘몽」은 1910년대 이후 일인칭 자아를 서술의 주체로 하는 한국근대 단편의 선구자적 역할을 담당했다.[47]

> 아아 寂寞ᄒᆞ구나! 나—어ᄃᆡ로 向ᄒᆞᆯ고? 一步를 前進코져, 短杖으로, 前路를 더듬으니, 忽然背後에셔——一聲이 有-ᄒᆞ되(快樂ᄒᆞ라, 肉身의 快樂을 求ᄒᆞ라, 此世의 快樂을 快樂ᄒᆞᆯ샌이니라)아아 快樂! 快樂은 내 平生의 期望ᄒᆞᄂᆞᆫ바로다, 美衣美食과, 美色美酒와 凡百世間榮樂을, 모르는거ᄉᆞᆫ, 아니나, 다못 此로써, 余의 一片靈心을, 滿足히 慰勞치못ᄒᆞᆯ거ᄉᆞᆫ, 엇지ᄒᆞᆯ고? 도라보니, 黑洞洞然無跡, 又一步를 前進ᄒᆞᆯ 時에, ᄯᅩ背後에셔聲이有ᄒᆞ야 曰(勇氣를 發ᄒᆞ라, 不然ᄒᆞ면, 惡魔의 窟에陷ᄒᆞ리라) 아아 勇氣! 勇氣ᄂᆞᆫ, ᄂᆡ平生의 主張ᄒᆞᄂᆞᆫ바이나, 源泉이 有 ᄒᆞᆫ 勇氣가……? 도라보니 黑洞洞寂然無. 又一步를 前進ᄒᆞ니, ᄯᅩ背後에셔 聲이 有ᄒᆞ야 曰(活動ᄒᆞ라, 活動은 네의 生命이라, 世界ᄂᆞᆫ 活動ᄒᆞᄂᆞᆫ者의 舞臺니라) 아아 活動! 活動은 내 一生의 **ᄒᆞᄂᆞᆫ바이나, 慰籍가 有ᄒᆞᆫ活動을……? 도라보니ᄯᅩ莫然無消息. 更一步ᄅᆞᆯ 前進ᄒᆞ자, 背後에셔, ᄯᅩ 高聲大呼曰(信仰ᄒᆞ라, 信仰ᄒᆞᄂᆞᆫ자ᄂᆞᆫ幸福이라나) 아아 信仰! 信仰은 내

47 김윤재는 「백악춘사 장응진 연구」에서 반식민지 혹은 약소국 지식인의 내적 번민을 소설화한 작품으로는 「춘몽」이 우리 근대문학사상 최초의 작품이라고 평가하였다. 김윤재, 앞의 글, 198쪽.

一生의 所望이럿마는, 情에셔 發흔信仰보다 내 異性을 滿足흐는 信仰이잇스면……[48]

위의 지문은 인생이 무엇이며, 어떻게 살아야 하는가 하는 고민과 그 고민마저 누구와 함께 할 수 없는 적막한 심사 속에 주인공은 어디선가 들려오는 홀연한 목소리를 통해 자신의 욕망과 삶의 방향에 대한 답을 모색하고 있는 장면이다. 이 소설에서 좋은 옷과 음식, 미색에의 욕구가 삶의 전부가 될 수 없는 지식인으로서의 자의식과 진실된 삶을 위한 용기와 활동, 나아가 신앙을 추구하지만 당면한 현실적인 문제들로 번민에 휩싸인 개인의 모습이 담겨있다.

당대 진실한 인간 삶에 눈을 떴을 때 그들이 그려내야 하는 현실은 식민지 상황 하에 놓인 절망적 자아이다. 식민지 백성으로서 현실에 타협한다 함은 일제에 복무하는 것이고 현실에 저항할 때 그들의 의식은 나아갈 곳 없다. 그러한 측면에서 제국과 식민의 경계에 놓인 당대 지식인들의 내면에 대한 성찰은 현실을 읽는 또 다른 눈으로 볼 수 있다.[49] 이러한 시대적 배경 속에서 가장 진실된 영역은 개인의 내밀

48 백악춘사, 「춘몽」, 『태극학보』 제13호, 1907.9, 36~37쪽.

49 가라타니 고진은 『일본근대문학의 기원』에서 '풍경'이란 단순히 바깥에 존재하는 것이 아니라 풍경을 인식하는 지각 양태가 변하지 않으면 안 되는 것으로 보고 있다. '풍경'의 발견은 고독하고 내면적인 상태와 긴밀하게 연결되어 있는데 이는 주위의 외적인 것에 무관심한 '내적인간'에 의해 풍경이 발견됨을 말한 것이다. 즉 풍경이란 오히려 '바깥'을 보지 않는 자에 의한 새로운 발견이다. 고진이 '내적인간'에 의한 풍경의 발견과 내면 혹은 '진정한 자기'의 출현을 고백이라는 형식 또는 고백이라는 제도에 의해서 찾았던 것은 일본의 근대화와 문학의 근대화가 동시적으로 진행된 일본의 경우에서 생각해 볼 수 있는 문제였다. 우리의 문학사에서 물질과 의식의 근대화는 상사형이 될 수 없었던, 오히려 배리적 관계였음을 볼 때 한국 문학사에서 고백적 서사의 출현은 사소설이 범람했던 일본 문단의 영향도 무시할 수는 없지만 현실을 밀고 갈 수 없었던 정치적 상황의 봉쇄 역시 주요한 요인이 되었을 것이라 여겨진다. 가라타니 고진, 앞의 책, 36쪽 참조.

한 경험 혹은 관념의 영역이다. 즉 매 순간 느끼고, 감각하고, 반응하는 자신의 모습 속에서 부끄러움 없이 살아가기와 '갱생'을 꿈꾸는 자아를 소망한다. 또한 그러한 자신의 감정과 열정을 이해해 줄 대상과 소통하고 교류함만이 참자아의 상을 구축해 가는 방법이다.

兄보다나도, 처음에는壯快허다는感情이잇섯소. 또支待코저도하얏소. 허니, 瞬間에消滅되얏소. (…중략…) 아아! 내가나의 係縺 – 풀지못헐밉고, 사랑스러운 係縺 —을 얼마나생각허고, 얼마나사랑허는지! 그것으로하야, 얼마나 煩悶허며, 얼마나우는지! 나는이것을 생각험으로하야, 이러한생각을웃엇소. 「우리의係縺은먼저感情的生活을허도록」해야겟다고 (…중략…) 아아, 나는이두번쌔更生허는쌔를바라오!

(…중략…)

아아! 掩襲이 모라드러오! 常綠樹나 人間들은 恐怖로하야, 사시나(무) 썰듯써오. 混雜이요 毒霧가자욱허고, 天地가 暗黑이요 나는 이瞬間에 非常히 兄을抱擁하고십소! KS兄! 나는 무릅쓰고 집으로 가기爲하여 붓더지고 雨裝허오.[50]

電霆霹靂을 ᄒᆞ오 狂雨가 쏘다지오 自慢하게直立ᄒᆞ엿든 電信柱도 조르〻 흘넛소, 우리집에셔ᄂᆞᆫ 장독소릭기를치우너라고 허둥지중야단들이오. 아직도씌가잇ᄂᆞᆫ것갓히 徐步로 거러가든 行人들은 져러케 左右길을 彷徨ᄒᆞ며 엇지할줄몰라 썰〻미오. (…중략…) 속졀없이 이러케 죽을生覺을ᄒᆞ니 눈물이 ᄒᆞ옴업시 옷깃을적시오 아〻 아모려나 나가다가 벼락을마져 죽든지

50 최승구, 「정감적생활의 요구 (나의갱생)」, 『학지광』 제3호, 1914.12, 17~18쪽.

> 진흙에 밋그러녀 亡身을ᄒᆞᄌᆞᆫ지 나가볼 慾心이오 當場이씨러져가는 집을ᄯᅥ
> 나기 爲ᄒᆞ야 雨裝을 하리려고 고만 擱筆ᄒᆞ오[51]

첫 번째 지문은 도쿄의 미타(三田)도서관에서 폭우가 쏟아지던 어느 날, 비 내리는 바깥의 풍경에 흠뻑 취해 고국에 있는 지인에게 자신이 지금 느끼는 감정을 그대로 토해낸 글이다. 폭우 속에서 상록수나 인간들은 공포로 인하여 사시나무 떠는 듯 하고, 자신은 그 순간 강렬하게 형을 포옹하고 싶다는 열망을 내비치고 있다.

아래 지문은 '1917.5.16, 폭풍우중'이라는 날짜와 날씨까지 기입한 일기 형식의 글이다. 이 역시 천둥번개가 치는 폭우 속에서 분주히 움직이고 있는 행인들과 뒤집힐 것 같은 자동차를 보면서 자신의 내면을 그려냈다. 나혜석은 밖의 풍경을 보다가 속절없이 죽는 삶을 생각하며 눈물을 흘리고, 그 가운데 자신의 인생에 대한 비장한 결심을 드러내 보이고 있다.

이제 중요한 것은 율법과 도덕에 의한 삶이 아니라 '감정적 생활'이며 이 감정적 생활이야말로 진정 '나'로서 삶을 살아가게 하는 동력이다. 어디에도 속박되지 않는 주체로서 '나'에 대한 깨달음과 자신의 욕망에 대한 정직한 직시는 개인이 놓인 현실과 그 속을 사는 인간 존재, 진실의 문제를 탐구케 한다. 이러한 인식론적 전환과 객관으로서 신학문의 본격 유입 속에 '나'에 대한 탐구는 예술과 문학의 중요한 거점으로 새로운 의미를 얻게 된다.

이광수의 중편 「어린 벗에게」는 서간문 형식을 통해 이광수 자신의

51 C W, 「잡감(雜感)-K언니에게 여(與)함」, 『학지광』 제13호, 1917.7, 68쪽.

과거와 현재, 그리고 사랑에 대한 생각을 진솔하게 보여주는 글이다. '와세다 대학 정치과 3년 급에 있는 학생, 임보형을 주인공으로 하는 이 작품은 춘원 생애의 여인관계를 짐작케 할 뿐만 아니라 당시 그의 사랑관을 구체적으로 읽을 수 있는 자료가 되기도 한다.[52] 이광수는 고백의 장치를 통해 기혼남인 자신이 미혼인 여성을 사랑하는 순수한 마음과 그 사랑에 대한 정당성을 강조하였다. 자신은 기혼자이지만 조혼이 주체의 결단에 의해서가 아닌 법률과 도덕의 속박에 의한 타율적 선택이었다는 점에서, 지금 김일연을 향한 마음은 정당한 사랑이라는 자기 변론을 하고 있다. 이어 동시대 조선인들의 애정관에 대한 그의 생각을 여실히 보여주고 있다.

> 나는 旣婚男子라 旣婚男子가 다른 女性을 사랑함은 道德과 法律이 禁하는 바라. 그러나 내 아내에게는 어찌하여 사랑이 없고 도리어 法律과 道德이 사랑하기를 禁하는 金娘에게는 사랑이 가나이까. 法律과 道德이 인생의 意志와 情을 거스리기 위하여 생겼는가. 人生의 意志와 情이 所謂 惡魔의 誘惑을 받아 道德과 法律을 違反하려 하는가. 이에 나는 **道德·法律과 인생의 의지와 어느 것이 原始的이며 어느 것이 더욱 權威가 있는가를 생각하여야 하겠나이다.** (…중략…) 그러므로 **吾人의 意志가 恒常 道德과 法律에 對하여 優越感이 있을 것이니 그럼으로 내 意志가 現在 金娘을 사랑하는 以上 道德과 法律을 違反할 權利가 있다 하나이다.**[53] (강조는 인용자)

---

52 이 작품의 여주인공 김일련이 누구인가에 대해 김윤식은 「어린 벗에게」의 제4신에서, 김일련이 유학계의 수재이며 문학적 천재인 모 청년을 사랑하였다는 것 등을 들어 나혜석을 언급하였다. 이어 당시 춘원, 나혜석, 허영숙을 비롯한 유학생 사이의 관계에 대해 상세히 다루고 있다. 김윤식, 『이광수와 그의 시대』 1, 앞의 책, 623~633쪽.

1910년대 유학생들의 서사에는 이렇듯 자신의 생각을 고백이라는 서사장치를 통해 과감하게 드러내기도 하고, 순간의 열망과 느낌을 날 것 그대로 드러내어 소통에의 갈망을 표현하기도 했다. 동시에 자기 정체성에 대한 의구심과 무력한 자신의 모습을 그대로 드러내기도 했다. 다음 지문은 현상윤의 소설 「핍박」과 양건식의 소설 「슬픈모순」의 일부로서 한없이 무력한 지식인으로서의 자기를 그대로 담고 있는 부분이다.

> 야……「야! 이놈아 우리는 우리니마에 흐르는 땀을 먹는다 소니 조곰이나 미안이아 고통이 잇슬소냐 …… 어리고 철업는 놈아 무엇이 엇재 ―權利니 義務니 倫理니 道德이니 平等이니 自由이니 무엇이 엇재 나는 다모른다―」를 連해連防 불은다. 빨니 걸어도 쓰게 걸어도 이소리는 끗치지 안이한다. (…중략…) 逼迫! 逼迫! 도모지 견댈수가업다, 몸 避할곳이 全혀 업다. 친구를 對하여도 旅行을 하여도 말에 散步를 하여도 안자도 서도 조곰도 나를 덥허 둘곳이 업다. 「이놈아 弱하고 계른놈아」하는말은 四方에서 들닌다. 웃고 꾸짓고 辱하고 미워하고 誹謗한다. 이것이 곧 病된 理由로다. 아아 逼迫! 못살게 구는 逼迫![54]

'나와 같은 약자는 대낮에 이런 활동의 천지를 남과 같이 내노라 하고 다닐 자격이 없다' 이러한 생각이 난다. 그러니까 길에서 노는 아이들도 나보다는 이상의 강한 힘과 공고한 의지를 가지고 있는 듯이 생각되며 이 길로

---

53 이광수, 「어린 벗에게」, 『전집』 8, 87쪽.
54 현상윤, 「핍박」, 『청춘』 제8호, 1917.6, 90쪽.

> 이렇게 지나가는 나는 다시금 부끄럽기도 하고 또 무정스럽기도 하였다. 그래 생각하는 것이 아니라 다만 막연하게 약자에 대한 강자의 압박이라 하는 것을 깊이 통절히 느끼어서 불안과 공포한 생각이 뭇렁소 머리를 때린다.[55]

「핍박」이나 「슬픈모순」에서 다루어지는 주제는 외부사건이 아닌 외부사건에 반응하는 개인의 내면과 그 표출이다. 동경에서 유학한다는 것은 서구의 지식을 수용함이며 이때의 지식이란 미개한 삶을 벗어날 수 있는 '문명'을 의미한다는 점에서 지식은 그 자체로 근대의 지표가 된다. 그러나 그들이 지식으로 배우고 익힌 권리나 의무, 평등, 자유의 덕목들은 실상 현실에서 아무런 힘이 되어줄 수 없었다. 일본 유학을 마치고 돌아온 자들은 조선의 어떤 것과도 소통할 수 없는 고립의 상태에서, 게다가 조선인들이 그들을 바라보는 선망과 조소가 얽힌 시선과 자의식의 이중 억압 속에서 스스로 '핍박'받는 존재로 살아가야만 했다.

특별한 플롯이나 주제 없이 자신의 내적 고백으로 이루어진 서사가 주목되는 것은 그것이 '나'의 발견으로부터 시작하기 때문이다. 근대 소설의 주체는 개인이며 그들이 겪는 '개인적 경험'의 진실이 문제가 된다[56]는 점에서 이러한 서사는 환멸로 가득 찬 낭만주의의 발로가 아닌, 가장 진실되고자 하는 자신의 욕구이자 사회적 가면을 벗고 자신의 내면을 직시하고자 하는 근대적 주체되기의 모습이다. 당대 유

55 양건식, 「슬픈모순」, 『반도시론』 제10호, 1918.2, 73쪽.

56 박헌호, 「식민지 시기 '자기의 서사'의 성격과 위상」, 『대동문화연구』 제48집, 대동문화연구원, 152쪽.

학생들에게 자신의 체험과 그 내면의 감정을 담아내는 것은 가장 참될 수 있는 개인의 진실이기 때문이다.

이러한 시도는 단편소설 양식이 완숙기에 접어들기 이전인 1920년대 초까지 이어진다. 다음은 줄거리가 있는 단편소설임에도 '인생의 진실'과 '참사람' 되기의 열망이 고백적 서사를 통해 직접 드러나 있는 부분이다.

> 무엇이라고 썻으면 지금 나의 이 심정을 가장 천명히 형에게 전할 수 있을까! 큰 경이가 있은 뒤에는 큰 공포와 큰 침통과 큰 애수가 있다 할 지경이면 지금 나의 조자(調子)를 잃은 심장의 간헐적 고통은 반드시 그것이 아니면 아닐 것이고……인생의 진실된 일면을 추켜들고 거침없이 육박하여 올 때 전령(全靈)을 에워싸는 것은 경악의 전율이요, 그리고 한없는 고민이요, 샘솟는 연민의 눈물이요, 가슴이 저린 애수요……그 다음에 남는 것은 미치게 기쁜 통쾌요……[57]
>
> 저는 문학가 문사라는 칭호를 원치 않아요. 다만 참사람이 되기 위하여 글을 봅니다. 그리고 느끼는 바를 견딜 수가 없었습니다. 그리고 나와 같은 느낌과 깨달음이 우리 인생을 위하여 조금이라도 보탬이 될까 하였습니다.[58] (밑줄은 인용자)

앞서 다룬 지문들은 모두 편지 혹은 일기를 통한 고백체의 글들로서 자신이 '지금' 느끼고 있는 열정과 속내를 드러낸 글이다. 그러나

57 염상섭, 「표본실의 청개구리」, 『염상섭전집』 8, 민음사, 1987, 47쪽.
58 나도향, 「별을 안거든 울지나 말 걸」, 『나도향 전집』 상, 집문당, 1988, 67쪽.

이는 골방에 유폐된 자의 고백이 아니라 타인과 소통하고 싶은 간절한 욕구, 혹은 자아로서 제 목소리를 내고 싶은 욕망의 발로로 보아야 한다. '고백'에 대해 정의한 두디에 따르면 "고백은 자신에게만 하는 독백이 아니라 다른 사람들과 의사를 소통하기를 바라는 발화"이다. 즉 고립된 개인의 내면 표출은 오히려 사회적 자아가 되고 싶은 욕망의 표현이다. 인간이 자신의 자아를 인식하는 것은 집단 속에서 타자와 구별되는 자아의 모습이자 자신이 공동체 속에 어떤 존재로 있는가의 문제이기 때문이다.[59] 그러한 점에서 볼 때 1910년대 유학생들의 내밀한 글쓰기를 추동시켰던 동력은 현실을 정직하게 보려는 자아 성찰의 눈이자 진실한 삶에 대한 욕구의 발로로 보아야 한다.

2) 타자로의 인식확장과 현실인식의 심화

『학지광』에 실린 진학문의 「부르지즘」은 이전에 발표된 유학생의 의식과 내면을 다룬 「요조오한」과 분위기 측면에서 상당히 유사하다. 그러나 소설의 핵심인 '사첩방'은 추상적 관념으로서의 공간만을 의미하지 않는다. '사첩방'은 주인공 장순범의 의식 변화를 일으키는 공간일 뿐만 아니라 당시의 시대적 모습을 상징적으로 보여주는 객관적 상관물로서 읽힐 수 있는 부분이다.

---

59 *Terrence Doody, Confession and Community in the Novel, Louisiana State Univ, Press*, 1980, 우정권, 앞의 책, 27~29쪽 재인용.

간 류리(磨硝子)와 갓흔 희미하고 한가한겨울 하늘에, 썸벅썸벅하고 조든 엷은해가 진 後에, 濕하여 위레燈과 停留場의 붉은 電燈의 빗이, 깁흔 안개를 通하여 위레히 흔들닐샏이라. 길에는, 사람의 往來가 적고, 각금가다가 猛獸와갓흔 電車는 요란하게 警鐘을 울니면서 깁흔 안개를 뚤고 살갓이 다라난다. 혹가다 길에 가는 사람은 그 不快한 氣體를 마시는 것이 실인 듯이 숨을 참고 速步로 다라난다. (…중략…)

張順範이는 낡고 더러운 下宿四疊半房에 안저, 희미한 電燈의 붉은 電線을 우두커니 처다보고 안젓다. 미닫이에 박은, 적은 琉璃를 通하여 깁흔 안개의 包圍는 힘세게 에워싸인 것이 늣겻다. 順範은 그 슬인, 陰沈한 안개가 무서운 緊張力을 가지고 房全體를 점점縮小시키고, 나종에는 그 琉璃를 뚤고 房안에까지 闖入하야, 찻든 捕虜를 잡은 듯이 自己의 弱한 몸을 굿세게, 용신못하게, 답답하야 숨이 막히게, 단단히 싸맬것갓치 生覺낫다. 이깁흔 包圍를 破하고, 각금 아래에서 애다러운 女人의 呻吟하는 소리가 들닛다. 그소리가 들닐 쌔마다 順範은 눈을 감고 얼골을 찡그렷다. 그는 下宿女 主人의 呻吟하는 소리엿다.[60]

위 지문은 「부르지즘」의 첫 대목이다. 시점은 거리를 뒤덮고 있는 깊은 안개와 그 속을 지나치는 행인과 전차 묘사를 거쳐 정순범이 거처하고 있는 방안으로 이동한다. 그의 낡고 더러운 4첩반 방 역시 바깥의 깊은 안개에 포위되었으며 이 안개는 마치 유리를 뚫고 침입해 자신의 방뿐만 아니라 그의 몸마저도 옥죄올 듯하다. 마치 1960년대 김승옥의 작 『무진기행』의 안개를 연상시키는 서두의 배경은 단지 서

60 진학문, 「부르지짐」, 『학지광』 제12호, 1917.4, 57쪽.

사 진행을 돕는 데에 그치지 않고 주인공의 내면을 보여주는 상징적 역할을 수행한다. 음침한 4첩 반의 좁은 방 안에 기거하고 있는 주인공 순범을 괴롭히는 것은 하숙집 여주인의 죽어가는 신음소리이다. 주인공 순범의 어느 하루를 보여주고 있는 이 짧은 단편은 죽어가는 사람의 신음소리와 돌연한 P의 방문과 그의 실연 소식, 죽마고우의 갑작스런 죽음을 전보로 접한 충격을 통해 인생의 허무함을 절감하는 주인공 내면의 심경을 담아내었다.

이때 묘사된 하숙방 밖을 덮고 있는 안개와 끊임없이 순범을 괴롭히고 있는 하숙집 여인의 죽어가는 신음소리는 주인공 순범의 내적 괴로움의 투영일 뿐만 아니라 벗어날 수 없는 당시대의 분위기와 그 속을 살아가는 지식인 내면의 묘사이기도 하다. 순범에게 친구 안기섭의 죽음은 일개인의 죽음이기도 하지만 "피할수업는 운명"으로서 "적은 부르지짐과, 싸른 반짝! 무엇 하자는 것인가?! 서로 속이고, 서로 싸홈하자는 부르지짐인가? 돈과 사랑-더러운돈과 거짓 사랑을 세로 쌧자는 반짝인가?!"[61]라는 인간 운명에 대한 성찰의 계기로서 작동한다. 이 소설의 핵심적 상징인 '안개'와 '부르지즘'은 유비적 현실로서 소설이 담고 있는 현실의 영역을 확장시켜 주었다. 뿐만 아니라 묘사의 적실성은 근대 소설로 나아가는 한 계기로 볼 수 있다.[62]

61 위의 글, 59쪽.

62 문체 역시 「요조오한」과 구별된다. 「요조요한」에서 작가는 주인공 '채와 함이 친구가 되었더라'는 식으로 직접 개입하고 있으며 주인공의 번민 역시 상황과 배경에 대한 묘사가 아닌 "번뇌회고담이 나오고 함의 사상회고담이 나와 여러 가지 학생계에서 별노 쓰지아니하는 셧훌은 문예상문자가 두사람의 닙살에서 써러지는데"의 요약적 설명으로 대신하고 있다. 무엇보다 인물의 대화에서 '-다'가 쓰이긴 하지만 주로 '-더라'체가 주를 이루던 것이 「부르지즘」에 오면 '-더라'가 갖는 화자와 주인공의 동화에서 벗어나 '-다' 어미 사용을 통해 이야기의 메타 레벨에 존재하는 화자를 소거하고 이야기에 현실성을 부여한다. 가라

이 작품과 같이 자기의 삶이 투영된 내면 지향의 서사는 삶의 목적을 상실한 역사의식의 부재와 식민지가 강제한 타율적 삶과 결부지어 생각해 볼 수 있다. 앞서 다룬 이광수와 진학문 소설에서의 주인공들은 당대 사회의 어느 부분에도 편입할 수 없는 부유하는 존재들이며 삶에 대한 막연한 모순의 감정과 울분, 비애를 가지고 있으나 이를 적극 해결할 방법조차 가지지 못한 자들이다. 즉 식민지로 전락한 당대 사회의 전망 없음 속에, 의식은 근대를 지향하고 있으나 현실은 반봉건의 문턱을 넘어설 수 없었던 몸과 의식 사이의 괴리를 보여주는 존재들이다.

'허탄무거'로서의 오락이거나 더 이상의 계몽의 요청으로서 문학도 아닌 현실적 사유와 진실한 자아를 표현하는 개인의 삶이 반영된 자기 서사는 점차 개체만을 응시하던 유폐된 공간에서 벗어나 외부로 시선을 확장해 나가기 시작한다. 1910년대 대표적 단편인 「슬픈모순」과 「핍박」에서 지식인의 번민과 자신을 견딜 수 없게 만든 외부기제로서 현실에 대한 묘사는 자기 자신을 우위에 두었던 의식에서 점차 '있는 그대로의 현실'에 눈을 돌리게 했다는 점에서 주체의 발견이 현실의 발견으로 확장되는 과정으로 볼 수 있다.

> 이즘은 病인가 보다. 그러나 무엇으로든지 病일 理由는 업다, (…중략…) 父母는 평강이 게시고 형제는 團圝이 즐기며 안해는 해족이 웃고, 썩지안은 生鮮이 몃가지 床에 오르고 더럽지 안은 菜蔬가 각금 그릇에 담김애 도모지 病일 事實은 업다.

타니 고진, 앞의 책, 99쪽.

(…중략…) 그러나 무슨 病인지는 나도 스스로 알수가 업다-오직 이편 저편에 쏘아오는 視線이 나로 하야곰 못살게 군다. 얘 이놈아 精神 차려라 하는 듯 하다. 이편에서는 휩싸고 때리는듯하면 저편에서는 내리쓸며 달래는 듯 하다.

「엑 이놈아! 용렬한 놈아……」

「엑 미욱한 놈아 말 들어라……」[63]

'이즘은 병(病)인가 보다'라는 자기 속내의 드러냄으로 시작하는 서두가 보여주듯 이 작품에서 작가인 '나'는 지식인으로서 민중을 가르치는 계몽적 위치에 서있지 않다. 무슨 병인지 스스로 알 수도 없으며 이편저편에서 쏘아대는 시선만으로도 괴롭다고 비명을 지르는 화자는 죄 없이도 지나가는 순사보가 두렵고 농부들에게도 조롱을 사는 존재로 전락하고 말았다. "임자 공부도 잘했다니 일 안하고 돈 모으는 법이 무엇임마?", "그만치 공부를 하얏스면 판임관(判任官)이 나는 하기가 아조 쉽겠구나 거 제일이더라 저 건넌골 백선달 아들도 벌서 사무조사국 기수"[64]가 되었다는 농부의 빈정댐에 그저 고개를 숙일 뿐이다.

자신과 소통할 수 있는 대상도 찾지 못하고 발 딛고 사는 사회에 뿌리조차 내리지 못하는 주인공이 알 수 없는 병증에 시달리는 것은 자아의 존재감을 상실했기 때문이다. 그가 겪는 불안이나 공포는 외부에 의한 강제 조건이 아니다. 오히려 그는 위 지문이 보여주듯이 단란

63 현상윤, 「핍박」, 『청춘』 제8호, 1917.6, 86쪽.
64 위의 글, 89쪽.

한 가족과 그리 어렵지 않은 경제생활을 영위하고 있다. 그러나 일제에 동조하여 누구처럼 '판임관' 자리를 차지하거나 저항하는 것도 아닌, 오히려 순사보의 등장만으로도 '밧삭밧삭 닥아드는' 옥죔을 느끼는 현실 저항적 인물도 아니면서 속물도 되지 못하는 무기력한 지식인이다. 주인공은 지식인이기에 일자무식한 농부들과도 어울리지 못하고 이 사회의 어느 관계망에도 속하지 못한 채 부유한다. 이처럼 사회적 관계를 맺지 못하고 부유할 수밖에 없음은 그들과 나와의 자리인 근대와 야만 사이의 간극 때문이다. 자신이 농부를 향해 갖는 시선은 근대교육을 통해 익힌 '슬픈 자에게 떨어지는 동정의 눈물'이거나 '희생의 관념과 자선'이 귀하다는 것을 아는 추상적이고 관념적인 시선이지 농부들의 자리로 내려서는 입장의 동일함이 아니기 때문이다. 그러나 무기력하고 나약한 자신을 잘 알고 있는 주인공은 자신을 향해 쏟아지는 외부의 시선이 어떠한지 알면서도 골방에 머무는 것 대신 현실 밖으로 나간다.

「핍박」에서 주인공의 내면 의식을 촉발시킨 정주성내나 농부들의 집회장소 등의 공간은 사건 발생의 단순한 배경이 아니라 당대 도시 빈민들이 사는 삶의 생생한 현장이다. 이때 현실로 내딛는 발걸음에서 주인공이 접하는 상황이나 주변인물을 보는 자신의 시선은 밖의 현실에 대한 관찰로 끝나는 것이 아니라 다시 주인공을 되비추는 거울이 된다.

> "여보소 그런소리 그만두게…… 저사람 德에 우리가 다 살터인데…… 아 우리야 野蠻이 안이기에 그럼마 홍-" (…중략…)

나는 이것을 생각하엿다-왼終日 허리를 구부리고 부은땀을 흘리면서 일하다가 이때에 黃昏을 씌고 各各짐으로 들어가면 門에서 반가이 나오는 어린아해 들과 뜰에서 慰勞하는 父母와 함씌 맛잇고 조흔저녁을 짓고잇든 안해와 함씌 들어가 모혀서 우스며 즐기고 마시며 먹는 것을.

나는 거름을 옴긴다 옴길때 마다 醉客과 農軍들이 눈압헤 보이면서 나를 물그럼이 보며 비웃는듯 하다. 슬프다 이것이 人生이다. 안이 이것이 인생의 多數로다.

"야! 이놈아 우리는 우리니마에 흐르는 땀을 먹는다 소니 조곰이나 未安이나 苦痛이 잇슬소냐…… 어리고 철업는 놈아 무엇이 엇재 — 權利니 義務니 倫理니 道德이니 平等이니 自由이니 무엇이 엇재 나는 다모른다-"를 連해 連方 불은다. 빨니 걸어도 이소리는 치지 안이한다.[65]

자신들은 '야만'스런 자들이기에 배운 사람의 덕에 살 것이라는 농부들의 비아냥은 신학문을 배운 지식인들이 '권리니 의무니 윤리니 도덕'과 같은 관념에서 벗어나 민중을 계몽하고 사회를 변화시킬 수 있는 구체적 힘이 되어야 한다는 비판의 목소리이다. 그러나 실제 현실에서 지식인들은 현실 개혁의 그 어떤 노력도 할 수 없으며 그렇다고 일본 세력에 협력하여 저 혼자 배불리 먹고 살 수도 없다. 오히려 땀 흘려 노동하는 농부의 소박하고 충실한 삶이 자신의 삶보다 훨씬 낫다는 자기 비하의 심정에 괴로워한다. 기층민중의 삶과 유리된 지식인의 고립된 의식은 이렇듯 자신의 진솔한 경험과 비루한 속내를 드러냄으로써 그들과 소통할 수 있는 인식의 기반을 마련해 간다.

65 같은 글, 87쪽.

「핍박」에서 바깥을 향한 주인공의 시선과 동시에 외부의 '시선'에 무력한 제 모습을 자각하는 지식인의 자기 확인은 양건식의 「슬픈모순」[66]에서도 이어진다. 이 작품에서도 현실에 무력한 주인공의 진실된 자기 고백과 그러한 자신에 대한 존재론적 물음은 사회적 관계 속에서 드러난다. 이 작품 역시 사회에 동화되지 못하는 식민지 지식인의 초라한 내적 초상이 담겨있다. 서두부분에서 이즈음 애독하는 소설이 『학대받는 사람들』이고, 한쪽 벽면에는 '로동복을 입은 로국 문호 막심 고리끼의 반신상'을 걸어두었다는 묘사로 주인공이 지식인임을 보여준다. '나'는 집안 식구와도 취미가 아주 다른 융합할 수 없는 인물로 스스로 보아도 "현실계에서 별안간 천장 만장 깊은 곳으로 떨어진 듯하여 야릇한 고독의 적막을 통절하게 느끼"는 존재이다. 이 작품은 특별한 사건의 전개 없이 주인공 '나'가 전차를 타고 밖에 나와 겪는 실제 외부 세계와 그 감정 변화만으로 현실의 모순과 부조리를 보여준다.

전차의 질주하는 소리에도 '변변치 못한 낙오자'라고 자신을 조소하는 듯하여 불쾌감을 느끼는 주인공은 주변의 모든 것들이 곱게 보이지 않는다. 거리에서 스쳐가는 뚱뚱한 부인을 보고 "그 뚱뚱한 기름 흐르는 얼굴에 분은 부끄럽지도 않은지 새아씨볼 쉐지르게 바르고 이름도 알 수 없는 색주단으로 전신을 감고" 있지만 실상은 "비밀히 자식별 되는 남첩을 두고 밖에 나와서는 점잖을 빼는" 망측한 존재일 것이라 단정을 짓는다. 이런 그에게 더 '가슴이 뒤틀리게 열이나'게 하는 것은 조그마한 아이놈이 저만한 지게에 제 힘에 과한 짐을 지고 있

66 양건식, 「슬픈모순」, 『반도시론』 제10호, 1918.2.

고 인력거부가 주머니에 칼을 지니고 있는 현실이다. 이렇듯 주인공은 '약자에 대한 강자의 압박'을 느끼지만 그럴 때마다 술을 마시고 잊는 것 말고는 그 어떤 실천적 행동을 행하지 못한다. 무엇보다 막벌이꾼이 '하이카라' 술집에 들어갔다가 남루한 옷차림이라는 이유로 문전박대 당하고 그 끝에 화풀이를 하다 파출소에 잡혀 관복입고 칼 찬 순사보에게 징계를 당하는 장면은 그간 자신의 '이상만 그리던 숫버이 마음'이 현실의 장벽에 깨지는 인식론적 충격이었다.

> 다만 관복을 입고 칼을 찬 까닭에 순사보는 막벌이꾼을 징계하는 권리와 자격이 있다. 모순도 이쯤 되면 심하다. 참으로 기묘한 대조다. 그러나 나도 생활의 압박으로 나의 진실성과 모순이 많은 것은 사실이다. 스스로 생활의 광야에 서서 본즉 내가 지금까지 꾸던 꿈은 시시각각으로 깨어져 감을 볼 수 있다. 그저 다만 리상만 그리던 숫버이 마음은 랭랭한 현실의 장벽에 다닥쳐 부서져 비참한 잔해만 남았다. (…중략…) 이러한 생활은 슬프고도 더러운 것이다. 나는 나의 유일무이한 진실성이 이와같이 점점 꺾이여 가고 모순이 됨을 충심으로 슬퍼하는 터이다.[67]

막벌이꾼을 때리고 발로 차는 순사보나 이에 욕을 당하는 막벌이꾼, 밖에서 구경하는 구경꾼 모두 우열을 따지기 어려운 낮은 사회적 존재들이다. 그러나 순사보가 이들을 징계할 수 있는 권리는 단지 '관복'과 '칼'이 상징하는 자리를 가졌기 때문이다. 화자는 이 기묘한 장면을 통해 삶의 모순을 느낀다. 그러나 모순에 대해 비난의 목소리를

67 위의 글, 74쪽.

높이거나 현실 개혁을 위한 행동을 하지 못한다. 단지 자신의 삶 역시 생활의 압박으로 진실성이 훼손되었음과 이상을 그리던 순수한 마음이 현실의 장벽에 무너지고 말았다는 '슬프고도 더러운' 생활에 대한 감정만을 가질 뿐이다.

삶의 모순을 발견했으나 저항할 수 없는 자신을 동시에 확인한 '슬픈모순'의 현실이 당대 지식인들에게 참담할 수밖에 없는 것은 신구세대의 가치관 충돌 때문이다. 『여자계』에 실린 「경희」에서 혼인을 앞두고 벌어지는 신구세대의 갈등 앞에서 주인공 경희가 자신의 의지로 현실적 갈등을 해결하고자 한 반면, 「슬픈모순」의 '백화'는 자살이라는 가장 손쉬운 해결책을 택했다. 무능하고 게으른 백화의 부모는 근대 학문을 익혀 사회로 진출하고자 하는 '백화'의 욕망을 철저히 짓밟고 돈벌이만을 강요할 뿐만 아니라 '백화'의 여동생마저 귀족의 첩으로 주려한다. '백화'는 이러한 부모에 맞서지 못하고 "나는 불행히 무식한 부모의 자식으로 태어나서 십구년 동안은 이 세상 거친 물결에 빠져 헤적거리다가 원한을 머금고 지금 구천으로 돌아가나이다"라는 유서를 남겨놓고 자살을 결행한다. 주인공 '나'가 그간 현실의 모순을 '슬픈모순'이라는 감정으로서만 받아들였다면, '백화'가 유언으로 남긴 여동생 '동순'의 문제 해결을 위해 '백화'의 집을 찾는 주인공의 마지막 행보는 비로소 현실에 개입하고자 하는 의지로서 읽을 수 있다.

자신의 관념을 통해 현실을 보지 않고, 있는 그대로의 현실 속에서 지식인으로서 자신을 바라보고자 하는 삶의 태도는 『학지광』과 『여자계』에 실려 있는 편지글에서도 찾아볼 수 있다. 소월 편지에 대한 나경석의 답장으로 추정되는 「저급의 생존욕—타작마당에서, C군에게」[68]에서 글쓴이는 병원에 입원해 있는 동안 매일 오가는 환자들을 구경하면서 '생존욕의 절대 한도를 발휘'하는 그들의 삶을 발견한다. 나아가 자신의 농지에서 일하는 일군들의 타작하는 모습을 보며 이들이 진정한 생존을 위해서는 '제너럴 스트라익사보테쥐'가 유일한 방법이 아닌가 하고 깨닫기도 한다.

김명순 역시 「XX 언니에게」[69] 보내는 편지에서 시골 사람들과 더불어 바늘쥐기, 조이삭 자르기, 콩따기 등의 농촌 일을 게을리 하지 않으면서도, 자신의 머리를 짓누르고 있던 번민과 고통이 '영원히 자아를 멸망시킬 근본의 망념인지 자아를 향상시키려는 기초의 사려'인지 고민하는 모습을 보여주었다. 김명순은 자신이 성공하는 날에야 언니를 만날 것이며 그때까지 무엇이 자신을 저해하든 자신의 의무를 소홀히 하지 않을 것임을 비장하게 밝히고 있다.

이처럼 번민을 위한 번민이나 지식인 됨의 자의식 표출이 아닌, 자신이 발 딛고 있는 현실에 대한 정직한 성찰은 이들을 '나의나'로 살게 한다. 즉 현재의 나는 과거의 나도 미래의 나도 아닌 '나의나로서 활동'하고자 하며, 이때의 '나의나'란 극단적 이기주의를 추구하는 '나'가 아니라, "사회를 위하여 공익을 위하여 내가 철저하게 믿는 나의 이상을 실현하려는 것"[70]으로서의 '나'인 것이다.

이러한 의식 속에서 예술에 대한 유학생들의 의식 역시 변모해 간

68 KS 생, 「저급의 생존욕—타작마당에서, C군에게」, 『학지광』 제4호, 1915.2, 34~35쪽.
69 김명순, 「XX 언니에게」, 『여자계』 제3호, 1918.9, 34~36쪽.
70 흰뫼(김환), 「RT양형의게」, 『여자계』 제4호, 1920.3, 20쪽.

다. 『학지광』에 실린 '암루생'의 「병중에서」는 '벗에게' 보내는 편지글 속에 예술에 대한 사유를 담아내었다.

> 우리는 現實이라는 날카로운칼밋헤셔 피가 뚝뚝흘으도록 살을 베히고 잇습니다. 우리의 전신은 사회의 가혹한 챗직밋헤셔 퍼릇~하게 傷處가 낫음니다. 우리는 고통으로 大陽을 맛고 고통으로 大陽을 보냅니다. (…중략…) 벗이여! 나는 勞動하야 말고 삶니다. 病이 들면 來日이라도 밥먹기를 中止하여야지요. (…중략…) 웨 그들은 現實이라는 것을 無視할가요 事實을 事實대로 웨 아니 볼가요. 何如間 나는 來日부터 이 病身을 끌고 밥을 爲하야 勞動하여야 하겟나이다.
>
> 벗이여! 나는 엇던新聞가운데셔엇은知識으로 自己가 한病的人物인것을 깨다랏습니다. 참 나는 完全한사람이 아니요. (…중략…) 나는 自己를 咀呪하고십소! 「靈魂을 滿足케하는 것은 自己自身쑨이라」고 휫트맨은 말하엿지만는 自己의 魂肉을 다가치 滅亡의 窟노 끌고가는것도 亦是 自己라고 생각합니다.[71]

현실이란 '날카로운 칼'로 인식될 만큼 고통스런 장이며, 그 속에서 '나'는 노동으로 제 밥벌이를 해야 한다고 생각하는 현실적 존재이다. 그럼에도 '나'는 '신문에서 얻은 지식'과 휘트먼 사상에 경도되어 자신을 병적존재자로 규정하는 동시에 그런 자신을 저주하는 음울한 청년이다. 그러나 '나'의 의식은 진학문의 「요조오한」 등에서 볼 수 있었던 '사첩방'의 좁은 공간에서 소설과 책으로 근대를 경험하고 자기

71 암루생, 「병중에서」, 『학지광』 제22호, 1921.6, 80~81쪽.

성찰에서 한 걸음도 내딛지 못했던 유폐된 자에서 벗어나 현실의 장으로 이동했다는 점에서 유의미하다. 이러한 맥락에서 자신이 생각하는 예술이란 '수통구멍 안 썩은 감탕 속에 고개를 박고' '인생을 읽는' 것이어야 한다는 결론에 이르게 된다.

> 나는 藝術을 爲하야 獻身하겟다는생각이 요사이 매오强하야졋습니다. 現在 自己가 밧는 이 卑近한 經驗이라도 나는 거긔에 藝術의 價値를붓치고 쓰다 괴롭다하는생각中에셔 自己의 그괴로워하는狀態와 또는心理의變態作用을 觀察하랴는생각이 쫏겨가며 나올듯 (…중략…) 自己를 써나지못한 作者의 손으로 된 作品은 아모 藝術的價値가 업다고 斷定할수잇슴니다. 대개 오늘날은 九雲夢, 水湖志갓흔것을 읽을時代가 아니고 水通구멍안 썩은 감탕속에 고개를 박고 써러진 부스럭이라도 잇나하고 손으로 긁고잇는, 生에 對하여 저갓치도 執着心이 만흔, 人生을 읽는 時代올시다.[72]

한걸음 더 나아가자면, 『삼광』에 실린 소설 가운데 유독 새로운 제재를 다룬 것이 있어 눈길을 끈다. 팔극원이 쓴 「호접(蝴蝶)과 지주(蜘蛛)」[73]가 그것이다. 제목을 풀이하자면 나비와 거미가 되는데 제목부터 모호할 뿐만 아니라 작품의 주제와 시점 모두가 새롭다. 등장인물은 여동생과 오빠이며 오빠의 시점에서 실성한 여인인 동생의 모습을 보여주고 있다. 여동생은 전쟁 통에 남편과 아들을 잃고 실성한 인물로 아들이 죽었음에도 마치 살아있는 것처럼 아들을 향해 혼자 중얼

72 위의 글, 82~83쪽.
73 팔극원(유지영), 「호접과 지주」, 『삼광』 창간호, 1919.2.

대곤 한다. 그러다가 정신이 돌아오면 오빠에게 “내가 무어라 잠꼬대를 하지 안합디까”하고 묻는, 전쟁이 끝나도 여전히 전쟁의 고통을 온몸으로 앓고 있는 여성이다. 여동생은 정신이 돌아온 후, 꿈속에서 오빠가 전장에 끌려 나가는 남편을 구해주지도 않았을 뿐더러 자신의 아들 기환이를 빼앗기는 데도 도와주지 않았다는 이야기를 한다. 배경이 없어 어떠한 전쟁을 말하는 것인지 알기 어렵지만, 실성한 여동생의 모습과 이를 애처로이 지켜보는 오빠의 일상적 장면 묘사를 통해 전쟁의 참담함을 리얼하게 그려내고 있다. 이처럼 권선징악의 도덕관이나 계몽에서 벗어나 당면한 현실의 문제를 보여주기 방식으로 그려내는 소설의 등장은 현실로의 인식 확대와 더불어 새로운 서사의 전개라 하겠다.

같은 맥락에서 『삼광』에 실린 석송 김형원의 시 「곰보의 노래」[74]를 살필 수 있다. 이 시는 여관을 돌며 손님들의 옷가지를 걷어 빨래를 해주며 사는 곰보의 하루 일상을 곰보의 시점에서 유쾌하게 그려낸 작품이다. “오! 나는 작란군이다! 오! 나는 빨래장이다. 새벽에 집을 나설적엔 뷘바군이가, 열한시나되야서 돌아올째엔 넘치고 만다. 이것의 나의 생애이다”라고 노래하는 곰보의 모습과 그 속에 담긴 가난한 노동자의 일상은 현실 읽기의 또 다른 모습이라는 할 수 있다.

앞의 논의를 종합해 볼 때 1910년대 유학생들에 의해 쓰여 진 서사의 한 특징은 자신의 실제 경험이나 감정 상태, 현실의 모습 등 자신이 속한 구체적 삶을 바탕으로 했음이다. 이는 근대적 자아로서 참된 ‘나’가 되고자 하는 유학생들의 ‘자기실현’과 ‘자기확립’에의 욕망이

74 석송생, 「곰보의 노래」, 『삼광』 제2년 1호, 1920.4.

'리터러처'로서의 문학하기와 만나 형성된 문학사의 한 과정이라 할 수 있다. 그 과정에서 근대적 개념으로서 문학의 주제는 '수신서나 종교적 교훈서'도 아닌 '인정'과 '생명'[75]을 지닌 개인의 의식과 그들이 겪는 '개인적 경험'의 문제로 대체된다. 무엇보다 앞 세대 문학에서 계몽의 이념으로부터 자유로울 수 없었던 작가들이 민족과 역사라는 커다란 범주에서 벗어나지 못했다면 '사물의 진-실재(實在), 실체(實體)'[76]가 반영된 새로운 문학은 "자기(독자-인용자)의 생명과 작가의 생명과의 접촉교착(接觸交錯)" 속에 "자아의 생명을 조명하고 집중하고 풍부히 하고 힘세게 하여 자아의 활동을 엇게"[77]하는 새로운 문학의 기능을 담당하게 된다. 이때의 문학은 인간의 감정과 감성을 감발시키는 정적인 요소이며, 작가 역시 중세의 문학관에서 자신의 이데올로기를 일방적으로 전달하는 독자 위에 선 자가 아니라 허구를 통한 유비적 현실 세계를 창조하는 예술가의 지위를 얻게 된다.

권선징악의 이원구도와 계몽에서 벗어나 실재(實在) 세계 속의 '나'를 주제로 하는 근대 소설은 허구이지만 예술적 진실을 만들어내는 작가와 작품을 통해 정서의 울림을 얻는 독자 모두에게 새로운 미학적 경험을 요구한다. 한국문학사에서 일본에서 받아들인 역어로서의 '리터러처'가 한국의 근대적 '문학'으로 새로이 만들어지는 1910년대에 유독 자신의 실제 삶에 대한 고백과 경험적 서사가 많은 것은 허구가 '허탄무거'가 아닌 인간 삶보다 더한 '진실'을 구성하는 예술의 내

75 이광수, 「현상소설고선여언」, 『청춘』 제12호, 1918.3.
76 백대진, 「문단의 혁명아야」, 『학지광』 제14호, 1917.12.
77 춘성 노자영, 「문예에서 무엇을 구하는가」, 『창조』 제6호, 1920.5, 71쪽.

부로 포함되고, 이때 가장 진실됨을 보여줄 수 있는 일차적 영역이 자신의 삶이었기 때문으로 해석할 수 있다. 그러나 내면의 진실이 개체로서의 자아에 그치지 않고 민족적 자아로 확대될 때[78] 진정한 리얼리즘으로서 근대문학이 출현하게 된다.

그런 점에서 볼 때 1920년대 염상섭이나 김동인 등의 소설에서 지식인의 자의식을 작품의 중심에 두지 않았음은 자아의 갈등을 전면화하지 않으면서도 '예술'을 할 수 있음을 보여준 것이라 하겠다. 즉 현실 속에서 정신의 형식을 발견하지 못한 '자기'가 자신의 현실과 치열한 맞대결을 치러내지 않고서도 소설의 근대적 수위를 유지[79]할 수 있을 때 비로소 본격적 근대문학의 시대로 나아감은 분명하다.

3. 음악잡지의 발간과 근대단편의 이해

1) 음악잡지 『삼광』 등장의 의미

한국의 문학사에서 문학이 독자적 영역으로서의 '미'를 확보해 나갔

78 자아에 대한 의식이란 자기 존재에 대해 막연하게 느끼는 감정과는 반대로, 다른 사람들과의 관계 맺음을 통해 생겨나는 것이다. 즉 다른 사람들과 관련된 현실을 자신의 내면 깊숙한 곳에서 구체화함으로써 남들에게 인정받고 싶다는 욕구를 발전시키게 될 때 자아는 발생한다. 이언 와트, 『근대 개인주의 신화』, 문학동네, 2004, 175쪽.

79 박헌호, 「식민지 시기 '자기의 서사'의 성격과 위상」, 『대동문화연구』 제48집, 대동문화연구원, 163쪽.

던 시기는 애국과 계몽 담론의 전파라는 목적론에서 벗어나는 1920년 무렵부터이다. 동인지 문학으로 압축되는 이 시기에 문학은 예술로서의 절대성을 인정받기 시작한다. 이것은 사적 욕망에 충실한 근대적 개인의 등장과 맞물린 것으로 이제 문학이 다루는 주요한 제재는 일상에서 겪는 자아의 갈등과 그 안에서의 감정의 문제이다.

1919년 동경에서 홍난파 중심의 일군의 유학생들에 의해 만들어진 종합 예술지 『삼광』은 예술의 자장 안에 음악과 미술, 문학을 배치했다는 점에서 근대 예술에 대한 이해를 보여주었을 뿐만 아니라 유학생들에 의한 본격 예술잡지의 탄생을 예비하는 성격을 지니고 있다. 1919년 홍영후를 주축으로 하여 동경에서 발간된 『삼광』[80]은 '서구의 신문화를 가져오랴 할 때'인 '사상의 변천기' 속에서 음악을 전면에 내세운 종합예술잡지이다. 다음은 『삼광』의 '창간의 사' 일부이다.

> 우리朝鮮은 깨는때올시다. 무엇이던지하랴고 하는 때올시다. 할때올시다. 남과 갓치-남보다 더 낫게 할것이올시다. 암흑에서 광명으로 부자유에서 자유로 나가야합니다. 부패한 구습과 고루한 사상을 타파하고 새精神,

80 『삼광』은 근대 초 조선의 음악가인 난파 홍영후가 편집과 발행을 맡아 동경에서 발간된 일종의 음악 잡지이다. 1919년에서 1920년에 걸쳐 발간되었는데 현재 확인 가능한 호는 1919년 2월 10일에 간행된 창간호와 같은 해 12월 18일 발간된 1년 2호, 마지막으로 나온 1920년 4월 14일의 2년 1호로 총 3호이다. 『삼광』 창간호(1919.2)의 편집 겸 발행인은 홍영후이나 2호(1919,12)에 오면 편집인은 홍영후이지만, 발행인은 황석우로 되어 있다. 이처럼 황석우가 2호 발행인을 맡게 된 것에 대해 정우택은 홍영후와 유지영의 귀국 상황을 들고 있다. 3·1운동이 일어나자 홍영후와 유지영은 학업을 중단하고 귀국하여 『매일신보』의 신입기자로 얼마간 활동한 것이 이를 설명해 준다. 이 때 황석우가 개입하면서 『삼광』의 내용과 필진은 변화했다. 즉 1호에서 홍영후 글들이 대부분이었다면, 2호에 오면 홍영후와 황석우, 유지영 외에도 염상섭, 춘양(春陽), 추강(秋江), 김형원이 새로운 필자로 등장했다. 그러나 3호는 다시 홍영후가 편집 겸 발행인을 맡은 것으로 되어 있다. 정우택, 「황석우의 매체 발간과 사상적 특징」, 『민족문학사연구』 32, 민족문학사학회, 2006, 75쪽.

새思想, 훌륭한 慾望, 偉大한 野心을 집어느어야할 것이외다. 그리하야 우리의 實力을 健全하고 充實하게 養成하여야 합니다.

(…중략…) 音樂이 우리人生에게 필요하다 함은 多言할바가 아니지오만은 더욱이 우리나라 사람=思想의 變遷期에 잇는이=에게는 무엇보다도 더크고 重要한 것이외다. (…중략…) 그럼으로 우리의 實力을 養成하고 泰西의 新文化를 가져 오랴할진대 不可不 音樂의 힘을 빌지 아니치 못하겠다고 합니다.[81]

위는 오늘날은 조선의 사상 변천기이기에 우리의 실력을 양성하고 태서의 신문화를 가져오기 위해서는 불가불 음악의 힘을 빌지 않을 수 없음을 강조한 글이다. 홍영후는 조선의 모든 사상과 욕망이 의고한 까닭으로 정신의 의고함을 들고 있으며 서구의 문명을 통해 그들의 고상하고 건전한 사상을 배워야 한다고 주장했다.

제호 '삼광'은 음악·미술·문학을 뜻하며, 일본에서 음악을 공부한 홍영후[82]가 예술의 자장 안에 음악과 미술, 문학을 배치했다는 점

81 「창간의 사」, 『삼광』 창간호, 1919.2, 1~2쪽.

82 홍영후는 1898년에 경기도 화성군 남양면 활초리에서 홍순(洪淳)의 차남으로 태어났다. 본명은 영후(永厚)이고 호는 난파(欄坡)이고, 본관은 남양(南陽)이다. 11세의 나이에 '도레미 법(法)을 해독하고 이를 다시 찬송가의 본보와 대조해 독해법의 일부를 해독했다. 12세 때인 1910년 횡성기독교 청년회 중학부에 입학하고 13세에 처음으로 바이올린 공부를 시작했다. 1912년에 중학부를 졸업하고 1913년 9월 다시 조선정악전습소 서양학부에 입학하여 김인식에게서 바이올린과 악전대요(樂典大要) 등을 배웠다. 이 무렵 우리나라 합창대의 남상(濫觴)격인 경성찬양회란 남성 합창단은 김인식 선생을 중심으로 조직되어 우리나라 최초의 유료 공개 음악회를 가졌다. 홍영후는 1915년 조선정악전습소를 수료하고 1917년까지 같은 학교의 교사로 근무했다. 이후 19세 때인 1917년 세브란스 의학전문학교에 입학하여 수학하다 그만두고 1918년 4월 동경 우에노음악학교에 유학을 떠나게 된다. 홍영후의 『삼광』 발행은 일본으로 유학을 떠난 지 얼마 지나지 않아 기획된 것이다. 「홍영후 연보」, 『나라사랑』 83, 외솔회, 1992.9, 3~4쪽.

에서 근대 예술에 대한 이해를 바탕으로 한 예술전문 잡지의 탄생이라 볼 수 있다.[83] 그러나 동인지의 예술 창작의 원동력이 국가가 아닌 자아에 근거한 에고이즘[84]이며 나아가 동인지 문학이 표방하는 바 역시 현실의 장 속에서 개인의 존재방식을 묻는 것임을 볼 때, 서양 예술을 통해 조선의 부활을 기대하는 『삼광』의 민족주의적 성격은 동인지의 색채와는 차이가 있다. 그럼에도 『삼광』은 공리에 지배되지 않는 문학과 예술의 자율성, 예술을 만드는 미적 감수성으로서의 '감정'을 핵심으로 했다는 점에서 1910년대 계몽적 잡지에서 1920년대 본격적 문학·예술 잡지로 나아가는 교두보로 볼 수 있다.

『삼광』의 글들은 상당수가 홍영후에 의해 쓰여졌지만 그 외에 염상섭과 황석우,[85] 유지영 등이 주요 필자로 참여했다. 음악인과 소설가,

---

83 『삼광』 제1호의 「편집여언」에서 "본지는 음악=미술, 문학의 삼종 예술을 주제로 한 순예술잡지입니다. 취중 음악사상의 보급과 사회음악의 발달에 대하야 특히 주의하야 합니다"라 언급했다. 이어 투고범위로 "음악, 미술, 시가, 소설, 논문, 산문, 각본 등" 예술 전반의 장르를 제시하고 있다. 그러나 이 잡지 역시 당대의 다른 유학생 잡지에서처럼 "시사정담은 불수(不受)"라는 항목을 달아놓고 있다. 그러나 3호의 「편집여언」에 "우리에게는 매사 매물에 구애가 만코 부자유흔 것이 만습니다"라는 언급을 통해 검열의 압박으로부터 자유로울 수 없는 입장을 우회적으로 밝히고 있다.

84 '참예술'을 표방한 김동인의 다음과 같은 발언을 그 예로 들 수 있다. "사람은 마침내 자연에 만족치 아니하고 자기의 머리로써 '자기의 지배할 자기의 세계'를 창조하였다. 사람이 사람다운 가치도 여기 있거니와, 사람다운 사람의 예술에 대하여 막지 못할 집착을 깨닫는 점도 여기 있다. 이렇게 예술이 생겨날 필요는 있지만, '필요'뿐으로는 생겨나지 못한다. 여기는 생겨날 만한 요소가 있어야 한다. 그러면 그 요소는 무엇이냐, 아무 사람에게도 가득 차 있는 에고이즘—즉 자아주의 이것이다." 김동인, 「자기의 창조한 세계—톨스토이와 도스트예프스키를 비교하여」, 『창조』 제7호, 1920.7, 49쪽.

85 당시 음악과 미술 등의 근대 예술을 공부했던 일군의 지식인들은 사상운동이나 계몽 운동의 차원에서 예술과 문학 장르를 동시에 넘나들었다. 황석우와 홍영후의 관계는, 홍영후가 1918~19년에 상야음악학교에 재학하던 점과 황석우가 같은 시기에 미키 로후의 소개로 상야음악학교의 기관지인 『음악』에 시를 발표했던 사실을 통해 추정할 수 있다. 황석우는 홍영후와 함께 『삼광』 뿐만 아니라 『음악과 미술』(1921)이란 잡지도 창간했다. 정우택, 「황석우의 매체 발간과 사상적 특징」, 위의 글; 조영복, 「한국 근대시의 형성과 근대 문화예술의 관계」, 『한국시학연구』 18, 한국시학회, 2007.4.

시인, 희곡 작가 등 다양한 장르의 전문적 예술가들이 주축이 되어 발간된 이 잡지는 "음악, 미술, 문학의 삼대예술을 연찬하야 광채잇는 신문화를 삼천리진토에 건설할 사명"[86]감 속에 세계사적 관점에서 예술을 기획하고자 했다.

홍영후는 창간호부터 매호 음악이란 무엇인지를 보여주는 글들을 다루었다. 전반적으로 음악에 대한 지식을 보급하고자 하는 의도의 글들이 많은데, 창간호의 「음악이란 하오」에서 음악의 정의로 "음악은 우리에게 감흥을 줄 만한 음의 연속과 조화"라 했다. 나아가 인류는 진화하면서 더욱 복잡한 음악을 요구하게 되었다고 하면서 그 준거로서 서양의 시인인 포퍼와 괴테, 철학자 플라톤의 말을 덧붙였다. 그 외에도 예술로서 음악이 무엇인지 보여주기 위해 과학의 연장선상에서 음악을 설명하거나 당대 미국, 혹은 유럽에서 이름을 떨치고 있는 예술가들에 대한 소식을 전하기도 했다.[87] 음악을 바라보는 이러한 시선은 앞 세대 애국계몽기의 음악을 바라보던 논조와 구별된다. 『대한흥학보』에 실린 「음악의 효능」[88]에서 "미국은 독립사상과 애국심이 다 음악의 효능이라 하여 국민교육에 음악을 제일 필요한 과목으로 하매, 일반지사가 음악을 청하면 충애심이 첩발(輒發)한다"는 애국의 차원에서 음악을 설명함을 볼 때, 위의 논지와 큰 차이가 있음을 알 수 있다.

『삼광』에서는 예술의 기획에 있어 도덕과 정치로부터 점차 벗어나

86 염상섭, 「삼광송」, 『삼광』 1년 2호, 1919.12, 3쪽.
87 제1년 2호에는 홍영후의 「창가유희의 교육상효능」과 「음악일화」, 춘양생의 「미국시단의 귀재」가, 2년 1호에는 홍영후의 「음악상, 음의 해설」이 실려 있다.
88 유전, 「음악의 효능」, 『대한흥학보』 제1권 1호, 1919.4, 156쪽.

는 모습을 살필 수 있다. 즉 예술의 요건으로 개인이 지닌 감정과 미적 감수성을 계몽적 설명 대신 주인공의 행동과 이에 대한 주변의 반응으로 보여주고 있다. 홍영후가 '도래미'라는 필명으로 쓴 「금패의 행방」은 음악의 '감흥'을 통해 예술가의 진정성임을 보여준 작품이다. 배경뿐만 아니라 등장인물 모두 서양을 배경으로 하여 번안의 가능성을 배제하지 않을 수 없는 이 작품은 공업가가 되라는 부친의 뜻을 어기고 음악가로서 열정을 불살라 파리에서 천재성을 인정받은 음악가의 이야기이다. 제목인 「금패의 행방」이 말해주듯 음악학교 졸업식에서 누가 '금패'를 손에 쥐게 되는가가 핵심이다. 주인공 '쎄라드'의 곡을 표절한 텀이가 금패를 받으려는 순간, 선생님이 음악의 감흥을 강조하며 쎄라드에게 노래를 시킨다. 결국 쎄라드의 독창에 감흥받은 심사위원들이 그의 노래에 담긴 열정과 생명성에 감복되어 쎄라드에게 금패를 수여한다는 내용이다. 이 작품의 결미에서 홍영후는 "음악이 우리 인생에게 가히 결치 못할 이유는 인생성정의 순화상 지중한 관계" 때문이며, "무릇 야수라도 음악을 들으면 정숙히 순이(傾耳)"됨을 덧붙인다. 결국 음악에 대한 열정을 굽히지 않는 쎄라드를 통해 "오직 우리는 음악의 힘(力)으로 수성(獸性을) 탈하고 고상한 인격"에 이르러야 함을 강조했다.

이 작품은 다른 목적을 위한 예술이 아닌, 예술 그 자체에 대한 열정과 감흥을 중시한 것으로 음악은 그것이 갖는 미적 속성으로 인간의 정서를 순화시키고 고상한 인격에 이르게 하는 힘을 가졌음을 말하고자 한 것이다. 예술이 지닌 '고상'함에의 중시는 일본 근대문학의 시발자인 쓰보우치 소요의 문학론에서도 발견할 수 있다. 소요 역시 미술과 문학에 대한 언급으로 "사람의 눈과 마음을 즐겁게 하고 기품을 고상하게 하는 것"을 내세우고 있다.[89] 이처럼 '고상'은 사람의 품성과 인격에 좌우되는 도덕성이 내포된 것으로, 고상한 예술에의 강조는 근대 초 도덕과 예술로서의 미가 접합되는 지점으로 볼 수 있다.

『삼광』 제2호에 실린 추강생의 「월광의 곡 "MOONLIGHT SONATA"」는 베토벤 소나타 월광이 만들어지게 된 과정을 보여준 글이다. 베토벤이 어떤 순간 영감을 받아 즉흥적으로 만든 작품이 오늘날 불후의 명곡인 '월광소나타'이다. 즉 베토벤 작품 탄생 일화를 통해 예술의 탄생에서 감흥 혹은 영감으로서 'inspiration'의 중요성을 보여주고 있다.

예술의 본질을 감정 표현으로 설명하는 논의는 일반적이다. 해럴드 오스본은 「미학과 예술론」에서 인간은 사회적 동물이기 때문에 대부분의 사람들은 감동에 의하여 얻은 깨달음을 표현하길 원하며, 다른 사람들이 자기와 같이 공감할 때 더욱 만족을 얻는 것으로 설명하였다. 특히 예술가는 자기 자신의 감정이나 정서적 상태를 표현하여, 자신이 의도한 사태의 방향으로 또는 그와 같은 정서적 상태를 자기의 군중 속에서 불러일으킬 수 있는 방식으로 표현한다고 했다.[90]

이제 예술은 공리적 역할 안에서 의미를 수행하는 것이 아니라 자아와 그를 둘러싼 세계와의 무심성, 혹은 이해관계에서 벗어난 심미적 태도와 감수성이 중시되는 영역이다. 이는 단지 지식 체계의 분화만을 의미하는 것이 아니라 자아와 세계와의 새로운 관계맺음을 의미한다. 『삼광』 제1호의 「인문발달의 삼대시기」[91]는 지(知)와 정(情)의

89 쓰보우치 쇼요, 정병호 역, 『소설신수』, 고려대 출판부, 2007, 23쪽.
90 박선규, 「예술과 감정」, 『정신문화연구』 17권 3호(통권56호), 한국학중앙연구원, 1994, 134~135쪽.

이원관계를 통해 인문발달 변천의 근거와 문명발달 과정을 설명한 글이다. '정'을 활동적이고 종합적, 적극적, 진취적, 주아적, 개인적 특징으로 설명하는 반면, '지'는 정지적, 분석적, 합리적, 보수성의 특징을 들어 설명하고 있다. 이 글에서 사회발달의 최정점이자 최후기인 이상적 시기를 '지즉정(知卽情)', '정즉지(情卽知)'인, 지와 정 양자가 완전히 융합하여 원만 상통하는 시기로 설명하고 있다. 인문발달의 변천을 진화론적 관점에서 살피는 관점도 흥미롭지만 무엇보다 인문발달을 덕성이나 도의 차원이 아닌 정과 지의 영역 안에 한정하여 설명함은 주목할 부분이다. 동양에서의 미적 주체 구성은 오관은 심기보다 저급하여 심기에 도달하는 것을 최후의 목적으로 한다. 그것은 내재적 심기가 갖추어져야만 외물의 신기(神氣)와 상통할 수 있기 때문이다. 이는 감각으로서 눈으로 응한 것이 마음에 작용하여 결국 이치에 조응해감을 의미한다. 즉 오관에서 심기에 이르고, 심기에서 내적 통일을 이루는 과정이 중국의 미적 주체가 지닌 심기와 오관의 동적 구조라 할 수 있다.[92] 이처럼 동양의 전통에서 개인성의 표현과 감각이 아닌 외물의 신기와 소통할 수 있는 보편성에 근거하여 미적 주체를 구성하는 시각은 오늘날 정과 지의 인식 틀 하에서 문명과 예술의 관계를 논하는 입장과는 큰 차이를 보인다.

『삼광』은 문화를 통해 민족적 각성을 추구하고자 하는 의도로 출발했지만 이 잡지가 갖는 전반적 분위기는 식민지의 우울한 현실 대신 예술가로서 발견된 자기를 실현하고자 하는 충만한 의도로 넘쳐 있다.

91 YH生(홍영후), 「인문발달의 삼대시기」, 『삼광』 창간호, 5~6쪽.
92 장파, 유중하 외역, 『동양과 서양, 그리고 미학』, 푸른숲, 1999, 499쪽.

음악의 교육적 효과와 예술에 있어 감성적인 것의 중요성을 음악 소설과 논문으로 직접 보여준 홍영후 뿐만 아니라 황석우와 염상섭, 유지영 등의 작품과 글은 주체 각성에 대한 호소를 통해 미적 근대성 실현의 의지[93]를 보여주는 방식 대신 작품을 통해서 문학에 대한 그들의 입장을 드러내었다는 점에서 『학지광』의 예술 논지와 구별된다.

『삼광』에서 살필 수 있는 흥미로운 점은 당대 최고의 문사인 이광수에 대한 비판이 염상섭과 유지영에 의해 노골적으로 드러났음이다. 이들은 이광수 비판을 통해 문학에 대한 그들의 입장과 당대 자유연애에 대한 풍자로서 참사랑의 의미를 제시하고 있다. 『삼광』 2호에 실린 염상섭의 「상아탑형긔」는 당시 염상섭의 문학관뿐만 아니라 근대문학이 본격화되는 1920년대 초, 문학이 관념성에서 벗어나 실제 삶과 생활에 밀접해 가는 분위기와 정치, 사상과 결별하고 자족적 독립체로서 문학이 제 위상을 찾아가는 당대의 변화된 세계관을 읽을 수 있다.

93 국권을 잃은 상태에서 지식을 통해 문명사회를 조선에 건설하자는 열망으로 유학을 선택한 당대 유학생들은 서구적 학문과 근대적 세계관을 받아들이는 과정에서 국가의 운명과 개인이 분리되는 의식의 변화를 경험하게 된다. 이들은 현실 변혁을 꿈꾸는 욕망하는 주체, 중세의 삶에서 탈한 근대적 개인으로 거듭나게 된다. 그러나 발견된 주체의 확인이 가능한 장은 욕망하는 순간의 주체이며 욕망과 현실의 간극 사이에서 번민하는 사적인 감정의 확인에서이다. '감정적 생활'을 강조하고 이때에 나를 아티스트라 불러달라는 최승구의 발언이나 "내 일신상의 극렬한 욕망에 따라 무한한 고통과 싸우며 예술을 위해 노력"하고자 하는 나혜석의 의지는 심미적 자아로서 개인을 발견하는 부분이다. 또한 김억은 인생과 예술이란 합일이자 일치라 하면서 "예술의 의미는 생명을 전긍정함에 잇서 불완전한 실재를 향상식이며, 창조식이며, 발전식이며, 완전한 곳으로 이끄는 힘"으로 정의했다. 어디에도 속박되지 않는 주체로서의 '나'의 발견과 욕망에 대한 정직한 직시는 개인이 놓인 현실과 그 속을 사는 인간 존재, 진실의 문제를 탐구하게 된다. 이러한 인식론적 전환과 객관으로서 신학문의 본격 유입 속에 유학생들의 '나'에 대한 탐구는 예술과 문학의 중요한 거점으로 새로운 의미를 얻게 된다. 최승구, 「정감적생활의 요구(나의갱생)」, 『학지광』 제3호, 17~18쪽; 나혜석, 「이상적 부인」, 『학지광』 제3호, 14쪽; 김억, 「예술적 생활－H군에게」, 『학지광』 제6호, 60~61쪽.

우리는 첫재 문학이란 것은 能筆達筆이거나, 美文을 쓰는 것이 안이라는 것을 깨다러야 하겟소이다. 미문을 가려내거나 혹은 달필을 가지고 최고 표준을 삼으면, 하로에 적어도 數三百行을 一二時間 동안에 써내는 신문기자도 대문학가라 하겟소이다. 문장이란 것은 문장 자신으로 第一義일지 모르나, 문학이란 것으로 보면 第二義라고 생각합니다. (…중략…) 즉 엇더한 題材를 가지고 縱横으로 描寫를 마음대로 하드라도, 우리의 생활과 아무 交涉이 업스면, 아모리 能爛한 美文을 써노왓드라도, 결국은 美裝한 현대여자요 청보에 개똥싼 것이요 빈탕이 안일지요. 나아가 그의 작 — 단편소설과—小書信 — 을 보고나서 생각한 것이 이것이외다.

(…중략…) 우리나라 사람은 官僚的思想 階級的觀念-門閥을 보는 등-이 골수에 박여서 그런지모르나, 學閥이란 것과 些少한 명성이란 것을 過重視하는 결과, 다소의 학력이 잇고 名聲이 잇는 사람의 作이라면, 콩을팟이라고하여도 올소이다~하여[94]

부제로 "「정사(丁巳)의 作」과 「이상적 결혼」을 보고"가 붙어있는 위의 글에서 염상섭은 위 두 작품을 통해 저자 황석우를 알게 되었을 뿐만 아니라 자신이 보기에 "천재시인이라고 불너드리지 안으면 마음이 편치 안"을 만큼 대단하다며 극찬을 아끼지 않고 있다. 염상섭이 황석우를 극찬한 반면 위의 인용에서 "그의 작-단편소설과 소서신"을 지칭하면서 생활과 교섭이 없는 문학, 그러면서도 미문과 달필로 대문학가로 자처하는 어떠한 작가를 혹독하게 비판하고 있다. 염상섭이 '그'로 지칭한 작가는 당대 최고의 문학가로 주가를 올리고 있는 이광

94 염상섭, 「상아탑형의」, 『삼광』 2호, 1919.12, 38~39쪽.

수임은 분명하다.[95] 이광수는 당대 대단한 영향력을 끼치고 있는 작가로 그의 학력이나 이력, 명성 등은 작품을 작품만으로 볼 수 없게 하는 경지에 올라서 있었다. 따라서 염상섭은 대가인 이광수를 비판함으로써 문학에 대한 평가는 작품을 둘러싼 그 어떤 배경을 배제하고 오직 작품을 통해 이루어져야 한다는 입장을 통해, 문학을 근대의 한 분과로 독립시키고 예술의 자율성을 옹립하고자 하는 의도를 드러내고 있다.

무엇보다 그가 문학의 요건으로 제시한 '생활과의 교섭' 강조는 문학이란 과거의 '능필달필' 혹은 '미문'만으로 인정되어왔던 관념적 사유 안의 '문'이 아니라 자신들의 시대를 이해하고 반영하는 문학의 새로운 역할을 인정했음을 보여주는 부분이다. 소설 양식의 변화는 작가의 사고 양식의 변화를 가져온 사회 자체의 변화에 근거를 두고 있는 것이며 동시에 작가의 문학에 대한 태도의 변화이자 세계관의 변화를 의미한다[96] 할 때, 염상섭이 내보인 문학관은 1920년대 이후 단순한 사실의 반영을 넘어 인간 삶과 문학의 심미화가 일치점을 찾아가면서 본격적 리얼리즘의 시대를 열어갔던 근대문학의 초입 단계로 볼 수 있다.

우리의 大槪는 작품을 대할 제 작품 그 物件과, 작자의 성격, 四圍(Milue)

95 한기형은 이에 대해 근대문학 초기의 매우 의미 있는 풍경이라 지적했다. 여기서 염상섭의 목적은 문학에 대한 새로운 기준을 세우는 것이므로 염상섭의 황석우 예찬은 의도적 행위이고 황석우의 작품은 염상섭 문학론의 실증을 위한 의도된 선택이라 하였다. 한기형, 「초기 염상섭의 아나키즘 수용과 탈식민적 태도」, 『한민족어문학』, 한민족어문학회, 2003, 15쪽.

96 김치수, 『문학과 문학사회학』, 문학과지성사, 1991, 15쪽 참조.

를 가지고 品評하고 玩味하랴하지안코 무엇보다 먼저 그 작자의 학력 여하 又는 명성 여하를 염두에 두고-다시 말하면, 선입견 혹은 成心(마음에 엇더한 불완전한 표준을 가지고)을 토대로 하야가지고 導함으로, 공평함을 일코 혹은 美玉을 가지고도 路邊에 瓦礫갓치 誤想하야, 이까짓 것도 글인가? 시인가? 되지 못게 어렵게만 써 노으면 누가 보나! 라고 매도하는 일반 경향을 곳치게 하랴함이외다.[97]

이처럼 염상섭은 독자 역시 작품을 대할 때 작품의 배경으로서 작자가 가지고 있는 배경에 지배당하지 않고 "작품 그 물건과 작자의 성격, 사위"로 작품을 품평해야 한다는 입장을 밝히고 있다. 무엇보다 황석우 시 세 편의 분석을 단테의 『신곡』에 비유해 설명하는, 작품으로 다른 작품을 분석하는 새로운 비평의 방식을 보여주었다는 점에서 의미가 있다. 염상섭은 황석우 시에 대한 감회를 '정이 이지의 지배를 밧는 심경'으로 요약하고 있는데 염상섭의 이러한 문학관은 이후 예술에 있어 작자의 개성과 창조적 직관을 중시하는 예술관으로 이어진다. 염상섭은 『개벽』에 실린 「예술과 직관」[98]에서 예술이란 "작자의 독이적(獨異的) 생명을 통하여 투시한 창조적 직관의 세계"라고 설명하고 있어 그 무엇에도 지배되지 않는 작자의 개성과 예술적 직관을 중시하는 면모를 이어간다.

'속가희극(俗歌喜劇)'이란 명칭이 붙어있는 유지영의 「이상적 사랑」은 말 그대로 풍속을 노래한 희곡이다. 창간호부터 3호까지 계속 연

97 염상섭, 「상아탑형의」, 앞의 글, 42쪽.
98 염상섭, 「개성과 예술」, 『개벽』 제22호, 1922.4, 8쪽.

재된 이 작품은 당대 결혼 풍속을 보여주면서 당사자의 의견만으로 화락한 가정을 이루게 되는 과정을 담고 있다. 첫 호는 주인공 애경이 그의 사촌오빠 택수와 대화를 하는 것으로 시작하는데 택수의 대사에서 '참사랑'의 문제가 거론된다. 택수는 "너도 아는바와갓치 근일에 이혼문제가 쑥밧헤 뿌린 종자가 부슬비 맛을 본것갓치 그져이곳져곳셔 쎼죽비죽 내밀더라"라고 하면서 자신이 아는 한 유학생 이야기를 해 준다. "무슨 문학대가이니 무슨천재이니 무엇이니하고 써드는 생원임이 자식까지 낫코살든안해다려 너는 사람이아니니 가거라 햇놋코 아즉이혼도 다되지 아니하엿는대 그져 이처녀 져처녀의계 참사랑을 가젓다하며 결혼청구를 한다더라"라는 것이다. 그러면서 "그 문학대가는 도덕을 등진자오 그 가슴속에는 더러운 야심만 잔득품은 밋친 문학가오, 머리 썩은 천재이다"라는 비난을 한다. 택수는 그 유학생에 대해 "그러고서야 자기가 무슨 사회를 위하여 일하느니 멀하느니 하겟니?"하면서 "나는 그자를 문학대가라 아니하고 색마대왕"이라 부르겟다라는 노골적 비난을 한다.

당시 천재이자 문학대가이며 아이를 낳고 산 조강지처를 버리고 참사랑 운운하는 작가하면 대번 떠오르는 인물은 이광수이다. 1917년 유학생회에서 허영숙을 처음 만나 다음해 10월에 5살 난 아들이 있음에도 백혜순과 이혼하고 허영숙과 북경으로 애정의 도피행각을 떠난 이광수의 행적을 볼 때, 작가 유지영은 이광수를 노골적으로 언급하고 있다고 보아야 한다. 작품의 참조대상이 당대 사회 현실이고, 실존적 인물을 모델로 해서 참사랑의 허구를 희가곡의 형태로 작품화한 것은 흥미롭다. 무엇보다 신부가 자신의 남편을 고르는데 자기의 이상과 희망을 말한 후 그러한 이상에 부합하는 남성을 택한다는 설정이 그러하다. 유쾌한 분위기로 일관된 이 작품은 제목이 말해주듯 부모 역시 자식의 뜻을 존중해 주고 결혼의 당사자인 남성과 여성 모두 제 의사가 반영되는 '이상적' 결혼관을 새로운 예술의 형태를 통해 강조했다는 데 의의가 있다.

이처럼 『삼광』에서는 문학의 '계몽'을 말했던 시대에서 벗어나, 문학 혹은 예술이 가진 미적 구성을 통해 작가의 문학관 혹은 사상을 드러내고자 했음을 살필 수 있다. 『삼광』 제3호에 실린 황석우의 「시화(詩話)」는 문학 담론의 심층화를 보여준다. 이 글에서 황석우는 시에는 '인어(人語)와 영어(靈語)의 구별'이 있다고 전제한 후 시에 사용되는 언어는 '영어(靈語)'로서 시를 사람과 신사이의 교섭으로 이해하고 있다. 따라서 시에 쓰이는 '영의 언어'는 '절대미의 액'으로 시인은 시를 보는 것이 아닌 '시의 미를 듣는' 것으로 정의한다. 시의 음악성을 중시한 이 글에서 시인의 작품 활동은 신에 호접되는 순간과 결부되며 '신흥(神興)'에 의한 '영감'을 통해 시 창작이 이루어진다는 것을 강조한다.[99] 특히 시 창작에 있어 암시의 세계를 끌어오는 '풍(風)'으로 '기분(氣分)'을 중시하고 일본 시단의 '기분시'와 자신의 스승인 '삼목노풍(三木露風)'를 언급한다. 황석우에게 시작이란 '마음의 흔적은몽롱한 환등(幻燈)'으로 설명되는 기분이며, 영감이 솟아오른 후 시적 상태에 도달하게 되는 과정이 1, 2, 3단계로 구분된다. 이렇듯 "어느 기분(대소를 막론

99 황석우의 시에 대한 이러한 입장은 『매일신보』의 다음과 같은 글에서도 확인할 수 있다. 상아탑이란 이름하에 실린 「조선시단의 발족점과 자유시」라는 글에서 그는 자기 내부의 심령으로부터 발원하는 호흡에 의해 형성되는 음율을 '영율(靈律)'이라 한 뒤 "시인은 예술계의 제왕"이며 "시인의 감홍은 곳 신인(神人)과의 접촉—그 회화"로 언급했다. 상아탑, 「조선시단의 발족점과 자유시」, 『매일신보』 1919.11.10.

하고)이던지 그대로 놋치는 것은 예술가의 무능과 태만을 고백ᄒᆞ는 큰 수치"라 한 황석우의 시론을 볼 때 당시 문학에서 예술적 영감, 혹은 감각이 갖는 중요성을 읽을 수 있다. 이로보아 근대문학을 내재화 한 유학생들에게 '문학하기'란 도덕의 차원이 아닌 감각의 차원이며 자아와 예술에 대한 절대의식 속에 새로운 개념으로 정착되어 가고 있음을 알 수 있다.

1920년 4월에 발간된 『삼광』의 마지막 호를 보면 국내 정치적 상황이 식민지 사회의 고착구조로 가는 시기임에도 데모크라시에 대한 관심과 세계적 변화에 동참하는 모습을 읽을 수 있다. 이 무렵 『학지광』에 실린 논문들을 보면 윌슨의 '민족자결주의'나 '파리강화회의'에 대한 관심과 시대사조의 변화, 그에 따른 조선청년의 책임감을 논한 글들을 어렵지 않게 발견할 수 있다.[100] 그러한 분위기는 『삼광』에서도 읽을 수 있는데 "세계를 개조ᄒᆞᄂᆞᆫ 오늘에 삼광아의 개조를 기망"하고 "불구자이던 우리가 대세의 심혜로 개조됨을 입었으니 우리는 개조의 본의를 잃지 말아야 한다"는 결심을 잡지 발간의 축문으로 하고 있다.

그러나 이러한 분위기에 대해 염상섭은 진정한 해방과 개조가 무엇인지 되물어야 한다는 비판적 태도를 보이고 있다. 『삼광』 3호에 실린 「이중해방」에서 염상섭은 세계 제1차 대전 후 연합국과 독일이 맺은 강화조약인 파리의 '베르사이유조약'에서 드러난 강대국의 위선을 비난하였다. 제국의 지배에 제동을 걸 수 있을 것이라 믿었던 '민족자

100 『학지광』 20호에 실린 글로만 보아도 고영환의 「데모크라시의 의의」, 박석윤, 「자기의 개조」, 김준연, 「세계개조와 오인의 각오」, 고지영, 「시대사조와 조선청년」 등이 있다.

결주의'는 실제 국제사회에서 아무런 힘이 될 수 없음이 3·1만세운동을 통해 증명되었으며, 소위 '세계개조'의 이름으로 열린 베르사이유조약에서 확인할 수 있었던 것도 강대국이 지닌 힘의 논리와 위선뿐이었다. 그러하기에 염상섭은 "세계개조, 사회의 개조 (…중략…) 진실로 인류를 위하여 경하홀만흔 천래의 복음이다. 그러나 '해방'을 전제로 ᄒᆞ지안는 개조"는 인간 삶의 해방이 될 수 없다고 반박하는 것이다. 염상섭이 강조하는 진정한 해방이란 "내적 해방과 외적 해방, 영의 해방과 육의 해방, 정치생활의 해방과 경제생활의 해방"이 동시에 보장되는 것을 의미한다.[101] 그러한 세계현실에 대한 울분 속에서 염상섭 문학은 인간을 억누르고 있는 모든 권위의 해체와 위선의 폭로로부터 출발했다.

『삼광』에 실린 자료로서 특히 주목해 보아야 할 작품은 염상섭의 데뷔작이라 할 수 있는 「박래묘」[102]이다. 그간 「박래묘」는 거의 주목받지 못했는데,[103] 이 작품은 미완일뿐더러 염상섭 자신도 자신의 처

101 한기형은 「이중해방」을 아나키즘 운동의 인간중심적 태도와 관련지어 읽고 있다. 즉 구습과 자본주의의 채찍으로부터, 모든 권위로부터 해방되어야 할 것을 주장한 염상섭의 사상은 당시 일본 아나키즘 운동, 특히 오스기 사케에의 관점을 받은 것으로 해석하고 있다. 나아가 「박래묘」에서 보인 염상섭의 소세키 비판은 당시 조선인이라면 누구나 인정할 수밖에 없는 가시적 문명의 세계를 상대화하고 축소하며 일그러뜨리려는 문학을 통한 포스트콜로니얼의 실천으로 보고 있다. 한기형, 「초기 염상섭의 아나키즘 수용과 탈식민적 태도」, 앞의 글, 19~25쪽.

102 염상섭, 「박래묘」, 『삼광』, 창간호, 1919.2.

103 「박래묘」에 대한 연구는 김종균과 김윤식의 『염상섭 연구』에서 '소설 형식을 빈 우화소설', 혹은 잡문의 영역 안에서 언급되는 정도였다. 꽤 시간이 흘러 한기형의 「초기 염상섭의 아나키즘 수용과 탈식민적 태도」라는 논문에서 「박래묘」의 전문이 발굴 자료로 실렸다. 이후 나츠메 소오세키의 「나는 고양이다」와 「박래묘」의 상호 영향관계를 다룬 논문이 나왔다. 김종균, 『염상섭연구』, 고려대 출판부, 1974; 김윤식, 『염상섭 연구』, 서울대 출판부, 1987; 한기형, 「초기 염상섭의 아타키즘 수용과 탈식민적 태도」, 위의 글; 최해수, 「나츠메 소오세키와 염상섭 문학의 영향관계 연구—『나는 고양이다』와 『박래묘』」, 『일본근대문학』 3, 월인, 2004.

녀작품을 「표본실의 청개고리」라고 밝혀 이 작품은 오래도록 그 존재가 드러나지 않았다. 염상섭 초기소설에 대한 연구는 「암야」, 「제야」와 더불어 「표본실의 청개구리」로 요약되는 3부작에 집중되어 있었다. 그러나 『삼광』에 실린 염상섭의 글인 「상아탑형씌」가 그의 문학에 대한 세계관을 직접 표출한 것이라면, 「박래묘」는 염상섭의 문학관이 실제 작품 창작에 어떻게 투영되었는지를 알 수 있는 자료로서 유용하다.

"나는 '박래묘(舶來猫)'올시다"라고 시작하는 이 소설에서 주체는 고양이이다. "'나'의 본명은 '고마'라고 하는 '대화묘족(大和苗族)'이지만 한자로 자신의 이름을 '고려(高麗)'라는 쓰는 것을 보았을 때 나는 고려시대에 일본에 귀화한 선조의 후예일지 모른다. 그러나 조부는 "일본의 일류작가 하목수석(夏目漱石)군을 서기 겸 식객으로 생활비를 주어가며 유명한 『나는 고양이다』라는 걸작을 지은 무명묘씨"이고, 지금은 "타락한 계집년을 따라서 조선까지 건너 온", 그리하여 그 이름이 "조선사람이나 청인의 이름 같은 '박래묘'라는 치욕적 이름을 쓰는 다층적 정체성의 고양이가 자신이다.

자신의 뿌리가 고려인지, 조선인지, 일본인지, 정체성이 모호한 고양이를 내세운 이 소설은 가문을 숭상하는 조선의 양반부터 소위 '현대신사나 마마님'에 대한 비판뿐만 아니라 이기적 인간에 대한 속성까지 폭로하고 있는데 무엇보다 식민지의 현실에서 일본 제국 최대의 작가인 나스메 소세키를 전복시킨 것은 상당한 발상이 아닐 수 없다.

소세키의 작품이 '나는 고양이다(吾輩は猫である)'로 시작하는 것처럼 「박래묘」역시 '나는 박래묘올시다'로 시작하는데, 두 작품 모두 고양

이를 일인칭 관찰자로 내세워 당시대의 세태를 풍자한 우화소설이라는 점에서 분명 염상섭은 소세키의 『나는 고양이다』를 의식하고 썼다 할 수 있다. 게다 「박래묘」에서 "우리 하라버님의 공적을 자랑ᄒᆞ는 것은 안이나, 진담의 말이지 중학교교원으로 월급 삼사십원에 목을 매이고 회(灰)박을 쓰고 일생을 마칠 화목수석(夏目漱石)이, 작고한 ᄶᅡ지라도 후생들의게 수석선생 수석선생이라고 경모를 밧게 되엿슬 ᄲᅮᆫ만 안이라, 잔돈 양이라도 모아노코 편안히 명목하게 된 것이, 다—우리 조부의 덕택이엿다"라는 언급은 당시 염상섭이 지닌 사회적 위치로 볼 때 당대 일본 문단 최고봉의 지위를 박탈한 대단한 권위의 해체가 아닐 수 없다.

앞서 『삼대』 2호의 「상아탑형ᄭᅴ」에서 이미 이광수의 권위를 여지없이 무너뜨리면서 생활과 교섭이 없는 능란한 문장의 문학은 '미장(美裝)한 현대여자요 청보(靑褓)에 개ᄯᅩᆼ싼 것'이라는 자신의 문학관을 분명하게 드러낸 염상섭은 3호에서 소설 속 주인공을 통해 일본근대문학 대가의 자리를 여지없이 해체한 것이다. 소세키가 지닌 권위의 해체는 비단 일본 근대문학에 대한 권위해체이기도 하지만 동시에 일본제국에 대한 권위해체로 읽을 수 있다.[104]

실제 「박래묘」에서는 권위의 해체가 여러 층위에서 시도되고 있는데, '박래'라는 명칭에 붙게 된 자신의 족보를 소개하는 과정에서 소

---

104 나츠메 소오세키의 『나는 고양이다』와 염상섭의 「박래묘」를 비교한 최해수는 「박래묘」에 드러난 염상섭의 소오세키의 의도적 비아냥은, 자신이 비록 대가의 흉내를 내는 작품을 쓰기는 하지만 소오세키를 넘어설 때 비로소 일류작가가 될 수 있다는 치기에서 나온 것이자, 이를 통해 염상섭 문학 특유의 풍자성의 시초를 짚어볼 수 있다고 했다. 최해수, 「나츠메 소오세키와 염상섭 문학의 영향관계 연구」, 앞의 글, 339쪽.

세키 집안에 대한 희화뿐만 아니라 조선의 족보중시와 가문자랑을 일삼는 양반네들에 대한 풍자 역시 동시에 시도되었다. 더욱이 '박래품'이라면 사족을 못쓰는 당시 상류층에 대한 비판을 노골화시키고 있다. "동경고등공업학교 학생실험실에서 집어온 알콜병을 내여 놋코도 '이것이 박래의 향수올시다'라고만 ᄒᆞ면 감지덕지"하는 '현대신사라는 괴물의 유행'과 마마님에게 "이것이 이번에 신착ᄒᆞᆫ 박래품이올시다"라고만 하면 "'박래'라는 바람에 처녀부랄이나 엇은 듯이, 말간, 고치장 싹지를 풀풀 날리는 귀부인 숙부인 정경부인의 조제람조(粗製濫造)시대"라면서 고양이인 자신을 "경박ᄒᆞᆫ 현대 신사와 동류시ᄒᆞ는 것이 제일 괘심ᄒᆞ다"라는 신랄한 비판을 하고 있다.

뿐만 아니라 내가 정자의 집에 살러 가게 된 것도 "조선 풍속에는, 혼사를 정ᄒᆞᆯ제 당자의 의사는 아조 무시ᄒᆞ고 부모만 주장ᄒᆞᆫ다드니, 나는 나의 주견(主見)컨양 우리 부모의 승낙도 업시, 강도질을 ᄒᆞ다십히 ᄒᆞ야 붓드러 가기 ᄯᅢ문에 엇절수 업시 잡혀간 것이였다"이라며 슬쩍 조선의 강제혼인에 대한 비판을 드러내고 있다. 염상섭은 고양이 '고마'를 통해 조선사회에 대한 풍자뿐만 아니라, 층위를 넓혀 인간이 지니고 있는 이기적 속성과 욕망에 대한 비판 역시 시도하고 있다. "사람처럼 말종의 동물은 업셔! 제 욕심 책임도 분수가 잇지, 제 자식 귀ᄒᆞᆫ 줄만 알고 남의 자식 귀여운줄 모르나? 앗가만 ᄒᆡ도 그러치, 조그만 ᄭᅩ맹이가 남의 어린 것을 부둥켜 안고 다니며 별별 오둑육갑의 짓을 다ᄒᆞ야도 가만 내버려두더니, 참다 참다 못ᄒᆞ야 손등 위헤 생책이 ᄒᆞᆫ아 냇다고, 위로 아ᄅᆡ로 집안이 ᄭᅳ러나셔 닷친 아해보다 더 법석"을 떠는 것이 인간이라는 종족이라며 인간의 이기심을 꼬집고 있다.

더욱 재미있는 것은 일본과 조선을 넘나들면서 인간들에 대한 비판을 서슴지 않고 있는, 고양이 '나' 역시 여인의 향기와 접촉에서 말할 수 없는 쾌미를 느낀다는 것이다. '죽어도 미인의 무르팍에서 걱구러지겟다ᄒᆞ'는 것은 인간 뿐 아니라 '우리 묘족(苗族)'에게도 마찬가지라며, '나'에게 쾌감을 준 주인댁 계집애를 '나의 연인'으로 생각하고, 이 '연인'이라는 말은 "정적 교육을 무시ᄒᆞ는 인류의게만 통용ᄒᆞᆯ 금언이다"라면서 이성과의 접촉에 따른 정적(靜的) 쾌감을 강조하고 있다.

전통적 우화소설의 양식으로 보이는 이 소설은 도그마를 위한 계몽적 의도의 작품이 아닌 주인공 고양이가 이 세계의 척도로서 군림하는 주체 중심의 문학이라는 점에서 근대적 문학 의식 하의 작품이다. 이는 앞 시기 안국선의 우화소설인 「금수회의록」과 비교해 보면 쉽게 알 수 있다. 「금수회의록」 속 여덟 동물의 등장과 발화는 인간의 흉괴와 음란, 간사함과 어리석음을 말하기 위한 장치로 작품의 실제 주인공은 인간의 어리석음을 말하고 회개를 촉구하는 저자이다. 반면 「박래묘」에 등장하는 고양이는 아무렇지 않게 일본제국의 대문호와 조선의 양반네 들을 비판하는 주체적 존재라는 점에서 「금수회의록」 내의 동물들과는 그 성격이 다르다. 그렇다면 염상섭이 어떤 의도 하에 다층적 정체성을 지닌 고양이를 주인공으로 등장시켰는지에 대해 생각해 볼 필요가 있다. 염상섭은 그 어디에도 속하지 않은 존재를 등장시켜 당대 사회뿐만 아니라, 인간이 지니고 있는 허위와 위선마저도 비판하고자 했음으로 볼 수 있다. 따라서 다층적 정체성을 지닌 고양이의 주체적 시선 하에 전복되는 당대 사회의 부조리와 불합리에 대한 묘사는 이후 현실에 대한 인식을 심화시키는 염상섭 문학관의 한

도정으로 볼 수 있다.

요약하자면, 『삼광』은 문학을 '계몽'하는 방식이 아닌 문학 혹은 예술을 자율적 자기 질서를 가진 미적 구성체로 인식하고 작품을 통해 작가의 문학관을 드러냈다는 점에서 문학이 자율적 장으로 나아가는 선상 위에 있는 잡지라 하겠다. 즉 『삼광』은 근대 초 예술과 문학이 분화되어가던 시기에 미적 근대성 실현으로서의 예술과 문학을 기획했던 유학생들의 의식을 엿볼 수 있는 자료로서 충분한 가치를 지니고 있다.

2) 번역물을 통해 본 근대단편의 이해와 새로운 서술방식

앞서 1910년대 말 유학생들이 기획한 예술잡지를 통해 문학과 예술이 점차 자율적 질서를 지닌 미적 구성물로 인식되어가는 과정을 살펴보았다. 무엇보다 이러한 문학관 이동의 핵심에는 주체의 발견과 주체 표현을 위해 요구되는 감정과 직관, 욕망이 있음을 알 수 있었다. 이처럼 미적 근대성의 출현은 근대적 주체의 발견과 동시적으로 진행된 것이며 이러한 변모는 유학생들에 의한 당대 번역물들을 통해서도 드러난다.

『학지광』과 『삼광』에는 진학문과 주요한 등이 번역한 번역소설이 실려 있는데 이들 소설은 앞 세대 잡지인 『소년』과 『청춘』의 번역소설 뿐 아니라 당대 『매일신보』를 중심으로 큰 인기를 끌고 있었던 번안소설과도 성격이 다르다. 『소년』에는 총 11편의 소설이 실렸는데 이 중 이광수의 「헌신자」를 제외하고는 모두 번역물이다. 바이런과 엘리어트 시를 비롯해, 소설로는 톨스토이의 일련의 작품들과 빅토르 위고의 『레미제라블』 일부의 번역 등 순문학적 성격 작품들의 일역본 중역 번역물이다. 그 중 6편은 톨스토이의 후기 작품들로 종교적이고 인도적 색채를 띠는 것들이며, 나머지 4편은 「거인국 표류기-걸리버 여행기 하권」, 「로빈슨 무인절도 표류기」, 「어린 희생」[105]과 『레미제라블』의 일부를 번역한 「ABC契」이다.

『소년』의 번역물이 근대 소설에 대한 이해를 바탕으로 한, 새로운 서사에의 제시라기보다 종합 교양지로서 서양의 지식과 근대문학의 전범으로서 문예물 제시에 초점이 맞추어졌던 것과 마찬가지로, 『창조』에 실린 번역물의 성격 역시 이와 크게 다르지 않다. '세계문학개관'이라는 이름 하에 기획 번역되었던 「너 참 불쌍타」, 「갱생」, 「실낙원」, 「돈키호테」, 「캔터베리기」 등은 『소년』지의 번역물처럼 서구의 문학 정전을 소개하는 형식에서 크게 벗어나지 않았다. 『창조』지의 번역물이 차지하는 지면이 그리 많지 않았음을 볼 때 창간호 부록에 실린 「너 참 불쌍타」는 그 분량의 상당함뿐만 아니라 이미 『소년』에 소개된 『레미제라블』의 번역물인 「ABC계」가 있음에도 불구하고 새로운 방식으로 번역을 시도했다는 점에서 근대 초 한국문학의 형성과

---

105 이 작품은 이광수가 번역한 러시아 소설로 『소년』 제3권 제2호(1910.2)에 실렸다. 같은 해 발간 된 『소년』 제3권 제8호에(1910.8)는 이광수의 창작소설 「헌신자」가 실려 있는데, 「헌신자」에서 보인 문체는 주로 국한문체를 통해 지식인 독자를 겨냥했던 이광수의 이 시기 소설적 글쓰기와 비교해 보았을 때 매우 이례적인 것임을 알 수 있다. 정선태는 「헌신자」에서 보인 이광수의 문체 실험이 「어린희생」 번역과정과 직결되었음에 주목하면서, 이처럼 번역은 번역으로 끝난 게 아니라 근대소설을 가능케 한 핵심적인 요소인 글쓰기의 변화를 추동했다고 지적했다. 정선태, 「번역과 근대 소설 문체의 발견」, 『대동문화연구』 제48호, 대동문화연구원, 2002, 94쪽.

정과 번역의 상관관계를 밝힐 수 있는 중요한 자료로 읽힌다.[106] 다음은 「너 참 불쌍타」의 개관에 해당하는 부분으로서 최남선의 번역의도를 짐작해 볼 수 있다.

> 빅토르 · 유고(1802~1885)는 一代의 大教師요, 「미써레이쁠」은 一生의 大講演이라 小說로 그 情趣가 卓拔함은 毋論이어니와 醒世의 警鐸으로 그 教訓이 위대함을 뉘 부인하리오 여긔 譯載하는 것은 그 梗概를 싼것이니 千頁原文의 層出하는 戀幻과 奧妙한 辭旨를 傳하기에 넘어 不足함을 自分하지 못함이아니나 다만 此篇으로 인하야 여러분이 그 大文豪의 大著作을 親炙하는 階梯를 得하게 되시면 至幸일가하노라[107]

위의 지문을 통해 알 수 있듯 작품이 주는 '교훈의 위대함'은 번역물을 선택하는 주요한 기준이 되었다. 이처럼 『소년』과 『청춘』의 번역 소설들은 서구문학의 정전 소개와 교훈 제시라는 의도 하의 일련의 기획물이었다. 반면 『학지광』 내 번역 소설들은 기획물이 아닐 뿐

---

106 박진영은 『소년』에 실린 「ABC계」와 『청춘』의 「너 참 불쌍타」는 위고의 『레미제라블』을 바탕으로 했다 하더라도 원작에 대한 이해나 독서 방법론이 전혀 다르다는 점을 지적하였다. 『레미제라블』 전체의 줄거리를 요약적으로 제시한 「너 참 불쌍타」는 1918년 7월부터 이듬해 2월까지 『매일신보』에 연재된 민태원의 「애사」와 겹치는 것으로서 이 두 작품의 저본은 구로이와 루이코의 번안소설인 『아아, 무조우』(1902~1903)임을 밝혔다. 그러나 「너 참 불쌍타」의 경우는 저본을 대상으로 줄거리의 흐름을 크게 손상시키지 않는 범위 내에서 비교적 개괄적으로 요약한 '재번안'에 해당한다면, 「애사」는 구로이와 루이코의 번안물인 『아아, 무조우』를 충실하게 완역하고 직역한 것으로 1910년대 『매일신보』 번안소설의 일반적 특징을 따른 것에 해당한다. 그런 측면에서 볼 때 『청춘』에 실린 「너 참 불쌍타」는 『소년』의 「ABC계」와 그 성격은 판이하나 번안의 방법론으로 볼 때 『소년』의 「ABC계」와 동일한 지평에 놓인 것이라 했다. 박진영, 「소설 번안의 다중성과 역사성」, 『민족문학사연구』 33, 민족문학사학회, 2007.

107 「너참불쌍타」, 『청춘』 제1호, 1914.10, 195쪽.

더러 현실을 보여주는 방식에 있어서도 개별적 개인들의 소소한 일상과 그 속에서 주체가 느끼는 의식의 문제를 다루었다는 점에서 위의 잡지 내 번역물들과 차이를 보인다.

『학지광』에 수록된 번역 소설은 총 5편인데 그 중 4편이 진학문의 번역이고, 나머지 1편이 주요한의 번역[108]이다. 진학문[109]은 러시아 문학을 전공한 만큼 당대 이름을 날리던 러시아 작가의 소설들을 번역했는데 안드레프의 작품으로 「부활자의 세상은 아름답다」(『학지광』 3호)와 「외국인」(6호)가 있으며, 체홉의 작품인 「사진첩」(10호)과 싸이체프의 작품인 「랑(狼)」이 있다. 또한 『청춘』에도 최남선 기획 번역물들과 성격이 다른 번역소설을 찾아볼 수 있는데 이는 진학문 번역의 「더러운 면포」라는 단편이다. 이 작품은 간결한 구성 속에 현실에서 겪는 보편적 인간 삶의 모습을 담은 전형적 단편 양식의 특징을 갖춘 것으로 『학지광』 내 그의 번역물들과 같은 선상에 있는 작품이다. 『학지광』 소재의 번역물들은 서구 근대문학의 전범으로서 선택된 작품이 아니라 동시대 작가의 작품으로, 각기 작품들이 가지고 있는 주제의식이나 서술방식의 새로움으로 볼 때 한국 근대단편 양식의 형성

108 주요한은 『학지광』 뿐만 아니라 비슷한 시기에 『기독청년』이라는 동경조선 기독교 청년회에서 발행된 잡지에도 번역물을 실었다. 『기독청년』에는 창작 소설은 없으나 세 편의 번역소설이 실렸고 이 중 두 작품이 주요한에 의한 번역물이다. 첫 번째가 톨스토이의 작품을 번역한 「하나님은 진리를 보신다마는 기다리신다」(『기독청년』 제10호~제12회)이며 다른 한 작품이 셰익스피어의 「템페스트」를 번역한 「쉑스피어니야기」(『기독청년』 제13호~제15회)이다. 김민섭, 「『기독청년』 연구」, 연세대 석사논문, 2010, 56쪽.

109 진학문은 「나의 문화사적 교유기」에서 당시 러시아 문학에 심취했던 자신을 보여주고 있다. "겨우 여섯달만에 동아일보를 그만 두고 나는 「러시아」행을 꿈꿨다. 「와세다」 대학에서도 「토스또에프시키」, 「뜨르게네프」, 「고리키」에 심취했던 터라 「러시아」 문학을 하려면 본고장을 찾아 가야겠다는 내 나름대로의 결의는 대단했다." 진학문, 「나의 문화사적 교유記」, 『순성진학문추모문집』, 광명인쇄공사, 1975, 77쪽.

과정에 일정한 영향을 미쳤음은 분명하다.

다음은 『학지광』 3호에 실린 「부활자의 세상은 아름답다」의 일부로 기존 서사에서 흔히 볼 수 있는 서사 방식과 상이함을 알 수 있다.

> 너의들은 묘지에 천천히 거니러 본 일이 잇겟지?
>
> 담벽으로 싸인 토지, 좁고 ᄯᅩ 고요한 잡초의 무성한 토지의 구석구석에는, 간장을 녹이는 듯한 희유(稀有)의 시가 떠 있다.
>
> 날로날로, 그 곳에는 새 죽엄이 ᄭᅳᆯ려 온다. 복잡하고 화려한 큰 시가는 全혀 그곳에 옴겨왓고, ᄯᅩ ᄉᆡ 大都府ᄭᅡ지가 그곳으로 올 次例를 기다리고잇다. (…중략…) 그러나, 죽은者를 다시살게하여라! 死者로 하야금 復活하게하여라! 여러라, 더러운무덤, 지여버려라, 묵어운紀念, ᄭᅳᆺ어라, 철책!
>
> 하로가 다 못되드래도, 그저 一瞬間이라도, 너의들의 묵어움과 그림자로 숨 막히게한者에게 自由를 주어라!
>
> 너의들은 그들을 죽엇다고 밋느냐? 아니다. 그들은 살아잇다! 그들은 잠잣고 잇스나, 그러나 살어잇다. 살어잇다!

'너'에게 묻는 방식의 이인칭 서술로 이루어져 있는 이 서사는 무덤가를 거닐면서 죽은 자의 묘비를 읽고, 죽은 자가 부활하는 아름다움을 노래하는 독특한 주제의 글이다. 전대 서사에서 흔히 볼 수 있는 원인과 결과가 드러나는 이야기 전개도 아니며, 무덤가를 거니는 한 개인의 주관적 생각만으로 구성된 이 글은 작가와 서술자, 등장인물이 하나의 목소리로 통합되는 독백적 서사로 주체의 눈에 들어오는 인식과 그것만의 재현으로 이루어진 자기 충족적 서사이다. 이 작품이 갖는 주제 의식과 서술방식의 새로움은 다음의 『청춘』에 실린 번역물인 「켄터베리기」의 일부를 비교해 보면 확연히 드러난다.

> △초서의 前題
>
> 때는춘삼월망간 쌍은 론돈의남부 싸우드웍숫막, 鎖金亭이라 켄터베리致誠을가랴고寂寂한복로房에輾轉反側홀로누어잠이들나말나하는차에쑤역쑤역들어오는二十九名의行人이 다가튼致誠길이나제각금다른職分 여러번戰場을往來하야묵은傷處를자강는듯한文武兼全한將官도잇고 華麗한마음과가티華麗한衣服으로밤낫업시風流속에서놀아나는그아들扈從도잇고 萬壽香냄새축에는紅唇의을움쏙하면凄凉한聖歌소리오 듯에치인쥐만보아도눈물을禁치못하는大慈大悲의女僧長 에글렌틴과또그同行의女僧산양이라면밥보담도질겨하야개와말에는萬金이라도앗기지아니한다는類다른山僧항상여러사람을주겟다고못과찬칼을만히가지고단이며가近傍에서귀함을밧는……[110]

위의 지문은 마침표와 띄어쓰기가 없이 이어진 문장구조와 등장인물 대신 화자가 나서서 이야기를 전달해 주는 구어적 어투 등 앞의 『학지광』에서 보았던 단편 번역물과 비교해 보았을 때 글의 형식과 주제 모두에서 큰 격차를 보인다. 무엇보다 『학지광』 내 번역소설인 「부활자의 세상은 아름답다」는 주제 의식과 서술방식의 새로움뿐만 아니라 이질적인 시·공간을 배경으로 한 작품의 선택이라는 점에서 보다 주의를 요한다. 작가이자 서술자의 의식만으로 이루어진 「부활

110 「캔터베리기」, 『청춘』 제6호, 1915.2, 97쪽.

자의 세상은 아름답다」는 『학지광』 내 주요한의 번역 소설과도 맥을 같이 한다. 당시 1910년대 일본 유학을 한 작가들은 외국문학 번역과 소개에 여러 번 참여하는데 이 시기 번역 단편들은 동시대 작가의 것들이 대부분이다. 『학지광』의 번역 소설은 주요한의 번역물 한 편을 제외하고는 모두 진학문의 번역물이다. 같은 시기 『신문계』에는 백대진 번역의 소설이, 『태서문예신보』에는 김억의, 또 통속 위주의 번안물을 주로 실었던 『매일신보』에는 중국문학을 번역한 양건식의 번역물이 실려 있었다.[111]

『학지광』 17~18호에 걸쳐 번역된 주요한 역의 「밤」은 러시아 작가 미하일 알치바세프[112]의 작품으로 시간 경과에 따라 변하는 주인공 의식의 흐름을 따라가는 일종의 심리소설과도 같은 작품이다.

> 서웃달 금음날 밤.
>
> N병원의 젊은 의사, 세-멘 이와노위치 으레보으라하는, 몸튼튼하고 힘센, 건장한 남자가 병원 숙식실에 홀로 안잣다.
>
> 시계는 이재방금 열한시를 첫다. 바로제압 테블우에 잇는 회중시계는 열한시십오분을 가르치고 잇는데 문안에 잇는 괘종은 십분밧게 지나지 아낫다. 세멘-이와노위치는 어늬 시계를 미더야 됴흘지 알수업섯다. 그거시 또

111 『신문계』에는 4권2호에 백대진 역의 보카치오 작품 「자연의 형벌」과 4권 3호에 생케비치의 「반야의 경종」과 톨스토이의 「인생」이 실려 있다. 『태서문예신보』에는 14 · 15호에 김억 역의 모파상 작품 「고독」과 15 · 16호에 투르게네프의 「밀회」가, 『매일신보』 19191.1.4~2.28에는 양건식 역의 중국작가 냉불의 「기억」이 실려 있다. 김복순, 『1910년대 한국문학과 근대성』, 소명출판, 2006, 72쪽 참조.

112 미하일 알치바세프의 작품은 이후 『개벽』과 『동아일보』에도 실렸다. 『개벽』 제3호(1920.8)에 「행복」이라는 작품 전편이 실렸으며 『동아일보』(1931.8.17)에 미하일 알치바세프의 대표작이라 할 수 있는 「사닌」의 비평 글이 실려 있다. 김민섭, 앞의 글, 61쪽.

한 그의 신경을 대단히 클클하게 하엿다.

창밧게서는 살을 쎄이는듯한 바람이, 노픈 돌담을 푸른, 병원의 길죽하여 우물비슷한 뜰 구석으로 기여들면서 을-곡 부릇다. 하며 온갓 새틈과 버그러진데를 차자 무섭게 즈졋다.

(…중략…) 세-멘 이와노위치는 다시 제 과거를 추상(追想)햇다. 그러나 이번네는 專수히 제가 행복했던 시절을 차즈려하엿다.

남하는대로 그도 일생행복을 찻댓다.

세-멘 이와노위치가 아직 대학에 이슬적네, 호구하기 위하야, 만치못한 돈을밧고 출장교수를 하고이서슬쌔는 그는 행복이 돈에 잇는줄알고 죽을 애를써서 돈을 모려 하엿다.

이 작품은 섣달 그믐날 밤 병원에서 숙직을 하는 젊은 의사의 의식의 흐름을 담은 것으로 시간의 경과와 함께 창밖 풍경에서 아이로, 다시 간호부와 병원사환 노릇을 하는 영감으로 이어지는 주인공 시선의 이동이 서사의 중심이다. 한 해가 저물어 가는 그믐날 밤의 고요한 분위기 속에서 스쳐지나가는 사물들을 새로운 관점으로 바라보고, 그 과정에서 자신의 지난 시절을 회상하며 새해 첫날을 맞이하는 주인공의 심리변화를 담은 것이 이 소설이다. 이 작품은 '리터러처'로서 새로운 소설적 글쓰기를 시도했던 당대 문학적 분위기 속에서도 이질적 분위기의 서사라 할 수 있다. 당시 일본 유학을 통해 일역으로 서구문학을 접하면서 새로운 소설쓰기를 시도했던 작가들이 소설이 지닌 내용뿐만 아니라 형식면에서도 많은 영향을 받았음을 볼 때[113] 이러

113 김동인은 『창조』 1~2호에 연재된 「약한자의 슬픔」에서 자신이 처음으로 과거시제와 3인

한 심리주의 경향의 소설 번역은 근대소설 전개의 새로운 방향이 되었을 것이다.

『학지광』의 번역물은 당시 외래의 새로운 풍조를 담은 장편 위주의 신소설이나 연애의 통속성을 통해 개인의 욕망을 자극하는 번안소설의 오락적 요소와 거리가 먼 단편소설들이다.[114] 진학문의 또 다른 번역물 중 「사진첩」과 「랑」은 단편소설이 가지는 일반적 특징인 짧고 간결한 구성 속에 일상적 세계의 진실문제를 담고 있는 작품이다. 안톤 체홉의 단편인 「사진첩」은 결말 부분에 이야기의 반전을 가지고

칭대명사를 사용했다고 주장했다. 이에 대해 이광수의 『무정』에서도 이미 과거시제가 사용되어 논란이 일기도 했지만 소설의 일부가 아닌 전체에서 과거시제가 중심이 된 소설은 김동인의 「약한자의 슬픔」이라는 데에는 이견이 없다. 소설에서 사용된 과거시제는 스토리를 재단하고 배치하는 기능으로서 등장인물의 심리를 효과적으로 담아내는 유용한 기제이다. 김동인뿐만 아니라 당시 유학생들은 일본어를 매개로 러시아와 서구문학을 폭넓게 접했음은 주지의 사실이다. 근대인의 심리를 담은 「약한자의 슬픔」을 쓰기 위해 김동인이 도움을 받았던 것이 독서 대상의 내용보다는 방식이었다는 점을 볼 때 김동인은 서구의 작품을 접하는 과정 속에서 소설이라는 글쓰기의 방식, 곧 소설의 에크리튀르를 자기화했던 것이다. 그러한 점에서 당시 유학생들의 서구작품 번역이 우리 근대소설의 형성에 미친 영향은 상당했음을 짐작해 볼 수 있다. 박현수, 「두 개의 번역과 소설이라는 글쓰기」, 『상허학보』 20호, 상허학회, 2007, 6쪽, 18쪽 참조.

114 1910년대 전반기에 가장 대중적인 사랑을 받고 있었던 서사가 신소설이라면, 10년대 후반에는 조중한 등으로 대표되는 번안소설일 것이다. 중세 계몽의 억압적 분위기가 사라진 후 개인적 욕망에 대한 관심이 늘어가는 분위기 속에서, 돈과 사랑 사이에서 저울질 하는 개체로서의 남녀의 등장은 당대 상당히 매혹적인 주제가 아닐 수 없었을 것이다. 번안소설을 실어 장안의 주가를 올리던 『매일신보』에 순성 역시 「홍루」라는 작품을 번안한다. 「홍루」는 프랑스 작가 뒤마 피스의 유명한 소설인 「춘희」의 번역물로 매춘녀의 사랑이야기를 다룬 것이다. 『학지광』에 지식인의 자의식을 다룬 「부르짖음」을 발표하고 순문학으로서의 단편만을 번역한 순성은 대중에의 인기가 무엇보다 중요한 일간지에 「홍루」를 번역하지만 단순히 대중에의 영합이 목적이 아니라 재래조선에서 유행하던 사랑이 아닌 매춘부의 진정한 사랑이야기를 보여주고자 했다. 순성은 「홍루」 번역을 마치면서 "이 소설은 재래조선에 유행ᄒᆞ던 소설과 종류가 달라 사실이 단순ᄒᆞ고 어체가 대화체임으로 도저히 독자의 흥미를 끌 수 업는 줄을 역자도 깁히 아는 바라"(『매일신보』 1918.1.16)를 부기하고 있다. 실제로 「홍루」는 독자들에게 별다른 인기를 끌지 못하는데, 이 실패를 만회한 번안물이 민태원의 「애사」라는 점은 흥미롭다. 이러한 결과에 대해서 박진영은 순성의 「홍루」는 "1910년대 번안소설을 통틀어 원작에 가장 가까운 성실성을 획득한 대신 결과적으로는 문예주의의 '과잉'으로 빗나가고 말았으며, 그래서 오히려 독자층을 제한하고 마는 역설적 상황에 직면하고 만 셈이다"라는 분석을 했다. 박진영, 앞의 글, 238쪽.

있는 깔끔한 구성으로, 순성은 번역자의 주석을 통해 왜 이 작품을 보여주고자 했는지 밝히고 있다.

> 이것은 로서아 유명한 단편작가 체-호ᅋ의 일편이다. 작자의 人生觀은, 喜劇 안에서 悲劇이 잇고, 우슴 속에서 눈물이잇다 함이요, 또 사람이란 누구든지 한번은 다 善人이나, 일상생활에 썰녀, 不知不覺中에 검은 장막 속으로 썰녀드러간다함이니, 이 한편속의 主人公 짐이호ᅋ를 보매, 웃지이것이 全然우리와 몰관계한 사람이라하리요. 이것이 현대사람의 그림자요 우리의 그림자라.[115]

이 작품에서 자신의 상관인 지미호프를 위해 그의 부하들이 자신들의 감사의 뜻을 모아서 사진첩을 바치고 지미호프 역시 자신의 부하의 충정에 "내가 무덤에 드러갈ᄶᅥᆨᄭᅡ지라도 결코 잇지아니하겟"다는 말을 뱉는다. 그러나 다음날 지미호프의 아이들이 사진첩의 사진을 꺼내어 그 위에 제 맘대로 그림도 그려가면서 노는 것을 보고 허허 웃으며 "잘 되엿다! 어머니께 가지고가 봅시다고 해라"라 하는 겉치레 뒤의 인간의 솔직한 모습을 보여주었다. 「사진첩」은 평범한 일상생활에 대한 묘사이면서도 유쾌한 방식으로 인생 본연의 보편적 모습을 담아내는 체홉의 단편 소설적 특징이 잘 드러난 작품이다.

순성은 『학지광』 8호에서 「랑(狼)」을 소개하면서 번역자 주석을 달았다. 순성은 주석을 통해서 이러한 서사가 당대 문학적 분위기에서 새로운 것임을 작품 밖에서 미리 설명해 주었다.

115 『학지광』 제10호, 1916.9, 50쪽.

이 「狼」의 일편은 人生을 象徵化한 小說이라. 인생이 과연 이다지 暗黑하고 殘忍하고 寂寂하고 冷淡한가 하고, 생각할때에는 禁할수업는 눈물이 절로 나오고, 또 나는 이 暗黑과 無聊와 冷淡과 殘忍 가운데에서 부비닥이치면서라도 살지아니하면 아니되겟다 생각할때에는 더욱한층 말할수업는 悲哀와 苦痛을 늣기노라[116]

특히 「랑」은 우화소설은 아니지만 이리들을 소설 속의 주체로 등장시켜 생존의 절박한 순간에 드러나는 생존의 이기적 욕망과 생존경쟁의 압박, 그리고 그 속에서의 삶의 처절함을 보여주었다.

"하지만, 대관절 네가 모른대야 말이 되니!"

늙은 이리가 입을 벌니랴 할때 그 목줄씌 아래 무엇인지 불에 단듯한, 엇던, 날카라운 것을 늣겻다. 同時에 얼골우에 눠누런, 激怒에 昏迷된 눈이 흘끗빗쳣다. 함으로 그는 게여코 자기가 죽는 것을 곳 아랏다.

하자 별안간 前과갓흔 불에 단듯한 날카라운 십수개의 이(齒)가 하나가 되며, 그의 몸을 무러뜻어, 갈갈이 찌진 위에 내장을 쓰집어내고, 가죽을 벳겨냇다. 그 後에 젊은 이리는 한 개의 뭉치가 되야 싸우를 듸굴~굴르면서, 이가 싹々 맛부듸지기싸지

(…중략…) 눈(雪)위에는 가죽 벗겨진 고기덩이가 굴러, 피자취가 겨우 심나드니, 그것도 곳 바람에 불려씰니고, 단지 이(齒)를 내놋코, 서(舌)를 깨문 一個의 頭骨이 눈 가운데에서 쌰족이 나앗슬쌘이엿다. 그 희미-한 鈍한 눈알은, 치위에 얼어, 조고만 어름덩이가 되어잇섯다.

116 싸이체쁘, 몽몽 역, 「랑(狼)」, 『학지광』 제8호, 1916.3, 34쪽.

(…중략…) 그들中 한 마리도, 自己들이 어듸로 무엇하러 가는지 아는者가 업섯다. 하나 그들이 물어죽인 案內者의 死骸 우에는 엇던, 각갑게하기 어려운 무서운 물건이 누어잇서, 그들을 억지로, 찬 暗黑中으로 듸밀었다.[117]

선악의 문제가 아닌 생의 실존 감각 그대로를 여실히 보여주는 작품의 선택과 번역은 "인생의 생활 상태와 사상, 감정"이라는 "최정(最正)한 재료를 최정(崔正), 최정(最精)하게 묘사"하고 이를 통해 미학적 쾌감을 느끼는 것이야말로 근대문학이라 여긴 당대 유학생들의 문학관 반영으로 볼 수 있다. 이처럼 전대 소설에서 볼 수 있었던 집단화된 이념과 질서, 권선징악으로서의 교훈이나 계몽에의 목적이 아닌 인간의 일상적 삶에 주목하고, 그 안에서 개인의 생존과 욕망 문제를 담아내는 내용의 소설 번역은 1920년대 근대단편에의 선취라 하겠다. 무엇보다 이들 번역물들은 '근대지' 구성의 일부도 아닐 뿐더러, 번역자의 의도대로 독자의 감정을 이끌고 가기 위한 의도된 번역[118]이나 감정유발의 장치 없이 소설 단편을 충실히 번역했다는 점에서 유의미하다.

『학지광』 내 진학문의 또 다른 번역물인 「외국인」은 식민지 유학생이 작품의 소재로, 서로 다른 인종이 한 학교의 기숙사에 모여 생활하는 모습 속에 조국을 사랑하는 유학생의 심정을 담은 작품이다. 주제

117 위와 같음.

118 『소년』에 실린 번역소설의 제목이 말해주듯 '설움'이나 '불상함'과 같은 어휘 선택은 실제 작품 제목과 다른 것으로 독자들의 감정 선취를 위한 번역자의 의도이다. 『매일신보』 번안물인 「쌍옥루」나 「장한몽」에서 볼 수 있는 의도된 감정 역시 마찬가지이다. 권두연, 「신문관 단행본 번역소설 연구」, 『사이間SAI』 제5호, 국제한국문학학회, 134쪽.

적 측면에서 민족과 조국이라는 거대담론의 문제를 다룬 듯하지만 실상 기숙사 내에서 서로 부딪치는 유학생 사이의 심리상태인 병적 고독, 정신적 고민의 문제 등 일상 속 개인의 모습이 주된 묘사를 차지한다. 이렇듯 새로이 등장하는 번역물의 두드러진 특징은 등장인물 개개인의 성격과 감정, 욕망이 그 어느 것보다 중시되는, 주체 표현의 문학이다. 앞서 1900년대 서구 문학의 정전 소개에서 흔히 볼 수 있는 자아는 그 번역의 과정에서 교훈과 계몽의 도그마에 다시 흡수되는 개인이었다. 그러나 『학지광』에 실린 번역물인 「밤」이나 「외국인」, 「랑」의 서사주체는 자신의 사회계급이나 소속 관계, 기능에서 독립되어 있는 "이미 어디에도 포섭되어 있지 않은 존재"라는 점에서 '근대적 개인'[119]들이다.

『여자계』에도 한 편의 번역소설이 실려 있다. 『여자계』 4호에 M.K.생(生)이라는 필명을 쓴 이가 번역한 『Pollyanna팔늬의나』가 그것이다. 이 작품은 미국 작가 앨리노 포터(Eleanor H. Porter)가 1913년 2월에 발표한 소설을 번역한 것이나 앞부분에서 일찍 미완으로 끝난 탓에 소설의 전체적인 내용을 알기는 어렵다. 번역인의 말을 빌자면 이 작품은 "주인공 팔늬의나의 아름다운 성격이 독자에게 큰 감화를 주"었다는 점에서 많은 이의 사랑을 받았다 한다. 그러나 『여자계』 4호의 내용이 주인공 팔늬이나의 등장 이전에 끝나고 말아 팔늬니아의

119 근대의 개인화는 매일 매일의 생활 속에서 타인을 자신과 동일한, 닮은 존재로 경험하게 된 사실과 관련이 있는 것이다. 타인은 그저 이런 존재 혹은 저런 존재로서 나타나는 것이 아니라 항상, 우선적으로 모든 소속 관계에서 벗어나 있다. 즉 이미 어디에도 포섭되어 있지 않은 존재로 나타난다. 베르나르 포크톨, 전성자 역, 『개인의 탄생—서양예술의 이해』, 에크리, 2006, 113쪽.

구체적 모습을 파악할 수는 없다. 그럼에도 아버지가 돌아가신 후 이모의 집에 환대받지 못하는 처지로 오게 되는 팔늬이나 등장에 대한 묘사로 볼 때, 주인공 팔늬이나의 낙천적인 성격으로 자신의 어려움을 극복해가는 내용일 것이라 짐작해 볼 수 있다. 특히 돈 많은 독신 여성 팔늬이나의 까다로운 성격과 어쩔 수 없이 조카딸 팔늬의나를 맞아야 하는 이모의 심경 묘사가 드러난 4호를 볼 때 현실의 어려움을 긍정적으로 개척해 나가는 여성의 이야기라는 점에서 이 소설을 번역한 것이 아닌가 한다.

『삼광』에는 두 편의 번역 작품이 실려 있는데 모두 개인의 감정을 그려낸 주체 표현의 문학이라 할 수 있다. 홍영후가 자신의 필명을 '도뤠미'로 바꾸어 일역 'poor folk'를 「사랑하는 벗에게」[120]라는 제목으로 번역한 이 작품은 러시아의 대표적 문호 도스토예프스키의 서간체 소설이다. 이 소설은 사랑하는 남녀사이의 감정의 진정성을 잘 살린 작품이다. 홍영후는 작품 연재에 앞서 '머리의 말'을 달아 놓고 있는데 여기서 "이 작품은 별로 사상문제에 관련한 것도 아니고 특수한 사건을 기록함"도 아니며 "이인(二人)의 빈한하고 가련한 남녀의 연정"을 묘사함에 불과하다고 전제한 후 "다만 인심을 야기케하는 생명이 충일해 있음"을 강조했다.

制1信 □마칼이 우라링카 에게□

120 1호와 2호에서의 제목 「사랑ᄒᆞ는벗에게」가 3호(제2권 2호, 1920.4)에서는 「빈인」으로 개제되어 있다. 3호에 실린 연재분 마지막에서도 '역자로부터'라고 하여, 3호 연재분에서부터 본문 제목을 「빈인」으로 개제했음을 밝히고 있다.

四月八日

가장 親愛한 우아링카氏여- 어제 나는 얼마나 깃벗섯는지, 實노 무어라고 할수업는 幸福이엇슴니다. 사랑하난 친구여! 그대는 그러케도 내말이라면 固執을 세우더니 이번에는 내말을 드러주섯니오?! 어제밤 나는 八時頃에 눈을 쓰고 燭불을켜논 後 펜과紙片을 쓰내여 무엇을 조금쓰다가 偶然히 머리를 번적드니 心臟은 벌덕々々쒸노더이다.

(…중략…) 그대를 보는 것이 나는 무엇보다도 幸福임니다. 아! 우아링카氏! 우아링카 氏?! 그대는 무엇엔지 煩悶하시지안슴니가? 그러나 悲哀의 눈물을 흘니기로 조금도 慰安은 되지 안슴니다.

중년의 하급 관리인 마-칼과 병약한 처녀 우이링카 사이의 서신만으로 이루어진 이 작품에서 우이링카와 마칼은 애절한 사랑을 하지만 결국 우이링카는 궁핍한 마-칼을 버리고 쎄코푸와 결혼하게 된다. 하지만 소설의 내용은 어긋난 사랑 사이의 갈등이 아니라 빈한한 생활에도 서로에 대한 배려와 따스한 마음을 잊지 않고 있는 둘 사이의 마음의 교감이다. 흥미를 끌만한 특별한 요소도 없는 이 작품을 홍영후가 왜 번역했는지 생각해 보지 않을 수 없다. 홍영후 자신이 '머리의 말'에서 "쎄코프로 말하면 차작중(此作中) 중요인물이지만은 전편을 독파하도록 그의 성격이나 윤곽을 깨달을 수 없음은 이 작품에 대한 큰 결점이라" 했듯이 작품 성격상의 문제는 인지하고 있었다. 그럼에도 일상의 현실 속에서 개개인이 느끼는 감정의 세세함을 그려냄이 근대적 예술과 문학의 요건이라 보았기 때문에 이 작품을 소개한 것은 아닌지 짐작해 볼 수 있다.

『삼광』의 전체적인 편집에서 볼 때 홍영후의 번역으로 짐작되는 '희가극'「마스콧테」 역시 인물들 사이의 유동하는 감정이 두드러진 작품이다. 새로운 장르라 할 수 있는 희가극의 형식으로 프랑스 작가 에드몬드 오-드란의 작품을 번역한 이 작품은 15세기 경 이탈리아 어느 향촌의 포도원을 배경으로 하여 벌어지는 영주와 평민들 사이의 일상과 연애가 제재이다. 밝고 즐거운 분위기로 일관된 이 작품에서 인물들은 매 순간 변하는 자신의 감정에 솔직하며 서로 간에 발생하는 연애에 따른 감정의 발산 역시 도덕에 지배당하지 않는다.

이렇듯『삼광』에 실린 번역소설을 통해서 당대 새로이 재편되는 문학의 윤리로서 '감정'이 중시되고 그 과정 속에서 미학적 경험이 변해가는 과정을 짐작해 볼 수 있다. 감정의 부상은 자아의 발견과 동시적으로 진행되는 것이다. 합리와 보편으로서의 이성적 질서 대신, 가변적이고 주관적인 감정을 지닌 개인에 대한 의미 부여와 그러한 개인이 자신에 대한 존재증명으로 감정을 중시하는 것은 분명 근대적 사유이다. 1910년대 '예술'의 이름하에 쏟아져 나온 자기 고백적 서사들이나 감정의 일방통행만이 존재하는 사랑에 대한 고백적 서사들은 예술이 더 이상 객관으로서 인식 대상이 아니라 주체의 내부에서 세계를 구성하는 기제가 됨을 보여주는 과정이다.

이처럼『학지광』과『삼광』에서 유학생들이 선택・번역한 작품들을 통해 그들이 근대문학의 실천으로서, 특히 삶의 순간을 포착한 단편소설을 어떻게 받아들이고 만들어 가고자 했는지 살펴보았다. 이제 독자에게 주제와 의미를 설명해 주는 전지전능한 작가는 후면으로 물러날 수밖에 없으며, 번역자 주석의 사라짐은 작가가 후면으로 물러나고 하나의 자족적 문학세계가 만들어지는 과정으로 볼 수 있다. 동인지 시대에 오면 작가는 작품에 대한 부연설명 없이 하나의 완결된 단편서사를 만들어가기 때문이다. 그러한 과정 속에서 한국의 근대소설은 더 이상 관념으로서의 교훈이나 현실에서 이룰 수 없는 것들을 이야기 속에서 풀어내는 '환상'으로서의 이야기가 아닌, 사실 너머의 진실을 탐구하는 '허구'로서의 서사를 만들어 간다. 이는 개인으로서 주체의 삶이 강조되는 근대적 인식의 개화와 맞물린 문제로, 소설이란 없는 것을 꾸며내는 것이 아니라 실제 인간살이의 현실과 갈등을 그려내는 것이어야 한다는 근대소설에 대한 인식의 변모이다.

이제 소설가는 작품 전체를 지배하는 위치에서 벗어나 작품 속 인물들을 관찰하는 자리에서 실재감 있는 묘사를 통해 하나의 자족적 세계를 만들어 가는 존재로 변모해 간다. 그 과정은 독자에게 이야기를 전달하는 방식의 전대소설에서 벗어나, 눈으로 작품을 읽는 근대독자 창출의 과정과 직결된 것이자 언문일치가 만들어지는 과정이기도 하다.[121] 번역소설의 문체에서 공통적으로 확인할 수 있는 것은 오늘날의 통사구조와 큰 차이를 보이지 않는 근대적 구두법과 띄어쓰기, 지문과 대사의 분리, 과거시제의 자연스러운 사용이다. 이는 다양한 양식과 문체가 실험되었던 1910년대의 시기, 더욱이 창작소설의

---

121 김행숙은 한국의 근대문단 형성에 있어 '시'장르에 있어서 내면의 진동을 투명하게 드러내고자 하는 욕망이 '언문일치' 기획과 결합되었다면, 소설의 경우에는 주객의 분리를 의식하고 그 분리감의 지점에서 '언문일치' 기획이 작동하고 있었다고 언급했다. 그 예로 「약한 자의 슬픔」에서 현재형이 아닌 과거형을 사용한 것은 김동인의 언급처럼 "현재법을 사용하면 주(主)와 객체의 구별의 명료치 못"해지기 때문이다. 즉 소설가가 현실 세계를 관찰하는 위치에서 '묘사'를 통해 하나의 세계를 창조함이란 소설가가 주체가 되었던 자리에서 "'객체'와 '객체라는 느낌'을 만들어내는 자리"로 옮겨 앉았음의 과정인 것이다. 김행숙, 『문학이란 무엇인가』, 소명출판, 2005, 144쪽 참조.

경우 봉건적 글쓰기와 근대적 글쓰기가 주제와 형식면에서 인정투쟁을 벌였던 문제적 시기였던 점을 고려해 볼 때 간과할 수 없는 부분임에는 틀림없다.

/ 제5장 /

결론

한국의 근대문학사에서 '근대'적 문학의 기원을 묻는 일은 일본을 통한 서구의 영향관계를 배제하고는 성립할 수 없다. 일본의 속국이 되었던 정치 현실 속에서 우리의 '근대' 만들기는 필연적으로 식민지 근대사와 동시적으로 진행될 수밖에 없었으며 문학 역시 예외일 수 없다. 문제는 '이식과 수용' 그 자체가 아니라 어떠한 주체와 관점에 의해 서구의 'Literature'가 한국의 문학 속으로 이입되었는지를 밝히는 일이다.

급격한 정치 현실의 변동기인 1910년대는 제반 모든 영역이 크게 변동하듯, 문학장 역시 크게 변동한다. 본고에서 1910년대 일본에서 발간된 유학생 잡지에 주목한 것은 그것이 근대적 지식인의 탄생과 근대적 문학과 문화 생산의 실천과정을 종합적으로 보여줄 수 있는 장으로 보았기 때문이다. 제국과 식민의 경계지대에 선 유학생들의 사상 변모와 근대적 문학관의 수립, 이에 대한 실천이 드러나 있는 텍스트에 대한 종합적 고찰은 근대문학사의 오랜 트라우마인 '이식'과 '영향' 사이의 긴장을 깨고 우리 내부에서 자생적으로 근대문학이 만들어지는 경로를 밝혀줄 수 있을 것으로 보았다.

동경을 발화대로 한 유학생 잡지는 식민지 조선의 현실에서 한 발

벗어나 당대 문제를 객관적으로 볼 수 있는 거리두기 속에서 탄생했다는데 의미가 있다. "'근대'란 전통에 대립되는 개념으로서 '전통의 탈피'를 의미하는 것"[1]이라 할 때 유학생들은 '과거'와 정치 현실에서 비교적 자유로운 곳에서 다양한 방식의 '근대'를 열망하고 그 실천을 꿈꾸었다. 즉 동경이라는 지리적 공간은 문명과 지식의 배움터이자 과거의 낡은 유습에서 벗어나 근대인으로서 새로운 '나'를 실현할 수 있는 자리였으며, 유학생 잡지는 그러한 의식의 산물이다.

본고에서는 일본이라는 매개를 통해 우리 지식인들이 자생적으로 근대적인 문학, 혹은 예술관을 수용하여 근대적 소설양식을 만들어가는 과정을 탐색했다. 이를 위해서 우선적으로 1910년대 일본유학의 성격과 근대적 지식인 등장이 갖는 의미부터 살펴보았다. 사비유학이 본격화된 1910년대 일본으로 서구의 선진문물을 배우기 위해 떠난 유학생들은 '동경'이라는 미래의 시간대에 선 자들로, 그들이 떠나온 과거의 시간대인 '조선' 역시 배척할 수 없는 우월과 열등의 복합심리를 한 몸에 지닌 존재자들이다. 본고의 주요 텍스트인 『학지광』과 『여자계』를 통해 전근대적인 것들과 치열한 인정투쟁을 벌이면서 새로운 세계의 주인공이 되고자 하는 유학생들의 강한 의지를 읽어볼 수 있었다. 성리학을 중심으로 하는 기존의 도덕과 관습에서 벗어나 새로운 도덕론을 정초하고자 하는 이들은 '자기'의 발견과 진정한 개인 의사를 무엇보다 중시하면서 새로운 윤리주체로 거듭나고자 한다. 암울한 정치 현실이지만 근대 지식을 획득한 개인이 불굴의 의지와 노력으로 새로운 문명을 건설할 수 있다는 그들의 자신감은 '유학생 제

1 박지향, 『일그러진 근대』, 앞의 책, 30쪽.

군'을 향한 강한 수사를 통해 드러난다. 그러나 '제군'을 향한 공적 발화가 그들 이상의 발현이라는 점에서 강한 수사로 표출될 수 있었던 반면, 무력한 식민지의 지식인이라는 또 다른 현실 앞에서 한없이 침잠하는 내성적 발화로 표출되기도 한다.

무엇보다 흥미로운 것은 조선에 대한 동일한 문제의식과 사명감을 지닌 남・여 유학생들이 지식의 장 속에서 '청년제군'이라는 동일한 집단을 형성함에도 젠더에 따라 발화형태가 다르게 나타나는 현상이다. 이는 지식권력 속에 젠더문제가 개입되었을 때의 편차를 보여주는 부분이다. 즉 동일한 유학생이라 해도 여성지식인들은 남성지식인에 의해 타자로 억압되었을 뿐만 아니라 조선의 일반 백성을 비롯한 같은 성(性)인 구여성에게도 타자가 될 수밖에 없었다. 지식과 남성의 결합은 권력이 될 수 있었지만 지식과 여성의 결합은 봉건적 생활이 여전한 당 시대 속에서 부정의 대상이 되기 쉬웠기 때문이다. 이러한 점은 공적인 발화뿐만 아니라 서사에서도 쉽게 찾아볼 수 있는데 근대 지식장에 들어선 여성들의 자기표현의 의미와 한계를 보여주는 것이라는 점에서 의미가 있다.

본고에서 일본유학의 특징과 유학생의 정체성 문제를 살핀 후 다룬 것은 '정'으로 집약되는 근대적 개인의 발견과 근대적 문학관의 수립 과정이다. 서구의 지식과 습속을 익힌 유학생들은 봉건 사회의 운명론적 세계관에 강하게 저항하면서 주체의 힘으로 새로운 사회를 열어가고자 열망했다. 이들은 더 이상 과거 선험적 질서로서의 도덕에 얽매이지 않고 각자의 판단과 의지, 욕망에 따라 삶을 주관하고자 하는 욕구를 강하게 드러냈다. 이제 '정'은 각 개인이 자율적 행동과 판단을 가능케 하는 도덕기제로 작용하면서 개체가 중심이 되어 세계를 파악하는 핵심 동력이 된다. 개인의 발견과 각 개인이 맺는 구체적 사물과 사람 사이의 관계 탐구가 근대문학의 핵심임을 볼 때 인간 감수성으로서의 '정'에 대한 자각은 근대문학으로 나가는 교두보 역할을 한다.

개인의 발견 속에 등장한 '정'은 문학을 바라보는 관점의 변화뿐만 아니라 작품 창작의 주체자인 작가와 수용자인 독자의 상 역시 변모시켰다. 무엇보다 개인의 해방이라는 역할을 한 '정'은 심미적 개인의 탄생을 가능케 하는 요건으로 작용했다. 『학지광』을 비롯한 당대 유학생 잡지를 보면 정치적 공리성을 배제하고 개인의 진실을 담고자 하는 열망을 쉽게 읽어낼 수 있다. 1910년대 자기표현의 욕구가 예술에 대한 갈망으로 표출되었던 바는 정치적 해소구 없는 식민지 사회에서 예술로의 투신이야말로 발견된 자아를 실현할 수 있는 장이었기 때문이다.

주체적으로 자신의 삶을 이끌어가는 개인의 등장이 근대소설의 핵심임을 볼 때 한국의 문학사에서 근대문학으로의 전개과정은 제도로서 수용된 근대 문학과 그것이 요구하는 작품 생성을 되짚어보는 작업이 아닌, 자신의 삶을 주체적으로 만들어가는 개인이 문학 속에 어떻게 등장해 나갔는지를 살피는 것으로부터 출발해야 한다. 그 첫 단계로서 본고가 주목한 것은 계몽의 후퇴와 동시에 이루어진 개인적 '사실'관계의 서사화이다.

1910년대 무렵 새롭게 변동해가는 소설 개념을 살펴보면 당시 서사적 글쓰기에서 전대 소설과 구별되는 특질로서 '사실'과 '현재'의 문제에 주목했음을 알 수 있다. 신소설 역시 '허탄무거'라는 전대 소설의 부정적 특질을 극복하고 새로운 시대관을 담기 위한 의도로서 서사의 소재로서 '사실' 문제에 주목했다. 그러나 서사에서 '사실'이 의미 있기 위해서는 실제로 존재했던 사실관계 차원이 아닌 진실한 인간 삶을 보여주는 리얼리즘의 반영으로서 '사실'이어야 한다. 즉 현실 뒤에 놓여있는 진실을 밝혀주는 작가의 눈이자 사실 효과를 창출케 하는 묘사의 핍진성이다.

근대적 문학 제도가 점차 정착되어가는 1910년대 무렵, 소설은 '사실'로서의 실제세계와 관계를 맺으면서 점차 리얼리즘의 그것으로 발전해 나간다. 이 과정에서 자아 정체성을 두고 고민하는 유학생들의 의식은 자신의 삶을 토대로 한 자기 삶 투영의 서사로 분출된다. 이 시기 이광수를 비롯한 나혜석, 현상윤, 진학문 등의 유학생 소설에서 자신의 실제 삶이 반영된 서사를 쉽게 찾아볼 수 있는 것은 실인생이야말로 '리터러처'로서의 참된 문학이라 받아들여졌기 때문이다.

무엇보다 자신의 내밀한 영역을 그리는 것은 가장 진실할 수 있는 자아의 발현이었다. 유학생들이 근대 지식인으로서 진실한 인간 삶에 눈을 떴을 때 그들이 처한 현실은 식민지 상황 하의 절망적 자아이다. 식민지 지식인으로서 현실에 타협할 수도, 복무할 수도 없는 절박한 상황 속에서 자기 내면에 대한 정직한 직시는 현실을 읽는 또 다른 눈으로 볼 수 있다. 당시 특별한 플롯이나 주제 없이 자신의 내적 고백으로 이루어진 서사가 빈번했음은 그것이 주체로서 '나'의 발견이자 '개인적 경험'의 진실 표현이기 때문이다. 그러나 내면에 천착하던 개인의 시선은 자아 내부의 유폐된 공간에서 벗어나 외부로 시선을 확대해 나간다. 『학지광』을 비롯한 유학생 잡지 내 서사에서는 자신의 관념에 비추어 현실을 읽지 않고, 있는 그대로의 현실 속에서 지식인으로서 자신을 바라보고 자신이 발 딛고 있는 현실에 대한 정직한 성찰을 발견할 수 있다.

한국문학사에서 문학이 독자적 영역으로서의 '미'를 확보해 나갔던 시기는 애국과 계몽 담론 전파의 목적론에서 벗어나는 1920년 무렵부터이다. 동인지 문학으로 압축되는 이 시기에 문학은 예술로서의 절대성과 가치론적 우위를 인정받기 시작한다. 1919년 동경에서 홍난파를 중심으로 한 일군의 유학생들에 의해 만들어진 음악잡지 『삼광』은 예술에 대한 자의식과 근대 문학으로의 진전을 읽어볼 수 있는 텍스트라 하겠다. 이 잡지는 예술의 자장 안에 음악과 미술, 문학을 배치했다는 점에서 근대 예술에 대한 이해를 바탕으로 한 예술전문잡지의 성격을 갖고 있다. 『삼광』은 예술의 기획에 있어 도덕과 정치로부터 점차 벗어나 자율적인 예술관을 중시하는 면모를 보인다. 이제 예술은 공리적 역할이 아닌 자아와 그를 둘러싼 세계와의 무심성, 혹은 심미성의 문제가 된다.

무엇보다 이 잡지는 염상섭의 초기 문학관을 살펴볼 수 있는 평론과 소설작품이 실려 있다는 점에서 소설사적인 중요성을 내재하고 있다. 염상섭은 평론에서 '생활과의 교섭'이 강조된 새로운 문학관을 제시했으며 당대 일본 문학의 상징인 소세키를 패러디한 작품을 창작했다

유학생들의 근대 예술, 문학에의 실천 의지는 창작에서 뿐만 아니라 번역물에서도 반영되었다. 『학지광』에 실린 번역 소설들은 서구 정전에의 소개 혹은 애국계몽을 위한 번역물이 아닌 개인들의 소소한 감정과 구체적 삶의 문제를 다루었다는 점에서 의미가 있다. 무엇보

다 주제의식이나 서술방식의 새로움으로 볼 때 한국 근대단편 소설 형성에 일정한 영향관계를 가지고 있다고 보아야 한다.

일본에 의한 강제병합이라는 현실 속에서 지식인들이 민족의 새로운 미래를 열어가기 위한 모색으로 일본 유학길에 올랐음은 지식의 장이 변모하는 정세 속에서 불가피했던 선택이었을 것이다. 유학생 사상의 집결체라 할 수 있는 『학지광』과 『여자계』의 글들을 보면 제국의 논리에 회수되지도 않고 식민지의 절망적 상황에 포박되지도 않으면서 조선의 제도 전반을 혁신코자 한 유학생들의 강한 의지를 읽을 수 있다. 유학생들은 자유의지와 욕망을 지닌 근대적 개인이 되고자 했으며 새로운 지식과 사상을 바탕으로 조선에서 새로운 문화와 예술, 문학을 만들어가길 기원했다. 1910년대 동경에서 만들어진 유학생 잡지는 유학생들의 사상을 살필 수 있는 일차적 자료이자 나아가 '유동하는' 개념으로서의 근대예술과 문학이 점차 제도화되어가는 과정을 살펴볼 수 있는 핵심자료이다.

이제 인간이 지닌 '감정'은 근대인의 핵심 키워드로 자리하며 개개인의 구체적 삶으로서의 현실과 진실한 삶을 그려내는 도구로서 허구는 새롭게 이해되기 시작한다. 한국에서 근대적 문학으로서의 소설은 이렇듯 인간과 세계를 보는 관점의 변화 속에서 동시적으로 이루어진 것이다. 1910년대 유학생들의 의식과 사상, 근대문화와 예술에의 실천의지를 보여주는 유학생 잡지 『학지광』, 『여자계』, 『삼광』은 당대 지식인의 변동과 사상계의 동향을 보여줄 수 있는 핵심 통로일 뿐만 아니라 이 땅에서 어떻게 근대적인 문학이 전개되었는지를 보여주는 텍스트임은 분명하다.

제2부
1920년대 전후 잡지를 통해서 본 매체분화와 근대적 문학관의 전개

/ 제1장 /

예술(영화)잡지 『녹성』 연구

1. 조선 최초의 예술(영화)잡지의 탄생

『녹성』은 조선 최초로 영화를 전면에 내세운 예술잡지이다. 영화는 지금도 가장 대중적인 오락거리이자 첨단 문명의 총아라 할 수 있는 매체이다. 조선에서 영화가 제작되고 영화 저널리즘이 나타난 것이 1920년대 중반 이후임을 볼 때 1919년 말에 영화를 전면으로 내세운 잡지의 창간은 이례적인 것이 아닐 수 없다.

1910년대는 일제의 식민지배 체재가 공고화 되어 가면서 근대의 다양한 제도들이 만들어지던 시기이다. 그럼에도 '잡지'는 여전히 소수의 엘리트들에 의해 전유된 근대매체였다. 더욱이 당대 영화라는 매체는 무성영화가 처음으로 들어온 도입기라는 점에서 근대 문명의 상징이라 할 수 있다. 영화 잡지의 발간은 독서 대중뿐만 아니라 영화를 보는 대중이 전제되어야 가능한 것이다. 그렇다면 영화가 대중적 오락물이 되기엔 시기상조였던 조선에서 영화를 내건 잡지를 발간한다 했을 때 과연 '영화'를 매개로 누가, 무엇을 말하고자 했는가는 탐구의 영역이 아닐 수 없다.

최초의 예술(영화)잡지 『녹성』은 1919년 11월에 간행되었고, 이후 영화잡지의 간행은 1928년(『문예영화』)이 되어서야 이루어졌다. 그러나 이 잡지 역시 창간호에 그쳤기에 본격적 영화저널리즘의 시대의 개막은 1930년대 이후부터라고 보는 것이 일반적이다. 1930년대가 되어서야 비로소 조선에서 영화가 자체 제작되고 신문과 잡지를 통한 저널리즘의 형성과 대중물로서 소비되는 시기로 넘어가게 된다.

『녹성』이 창간된 1919년은 최초의 동인지라 일컬어지는 『창조』의 발간 해로, 비로소 문학 혹은 예술이 계몽과 지식의 범주에서 벗어나 자율성의 영역을 획득해 나갔던 시기이다. 본고에서 『녹성』에 주목한 바는 크게 두 가지이다. 첫째는 예술의 자율성이 미분화되기 전 '영화'를 전면에 내걸고 나온 『녹성』의 발간 목적과 발간 주체에 대한 분석이다.

두 번째는 『녹성』에 나타난 매체적 특징이다. 경성청년구락부가 발간한 두 잡지 중 하나인 『녹성』은 기관지 『신청년』과 크게 대별되는 매체적 특징을 가지고 있다. 『녹성』은 당시 대중문화의 총화로 등장하기 시작한 영화를 전면에 내세운 상업적 성격의 잡지이다. 특히 시각매체인 영화가 서사 텍스트로 변이되는 과정은 근대 초 영화와 서사 사이의 장르적 교섭 형태를 볼 수 있을 뿐만 아니라 근대 초 잡지의 대중화 전략을 읽어볼 수 있다는 점에서도 의미가 있다.

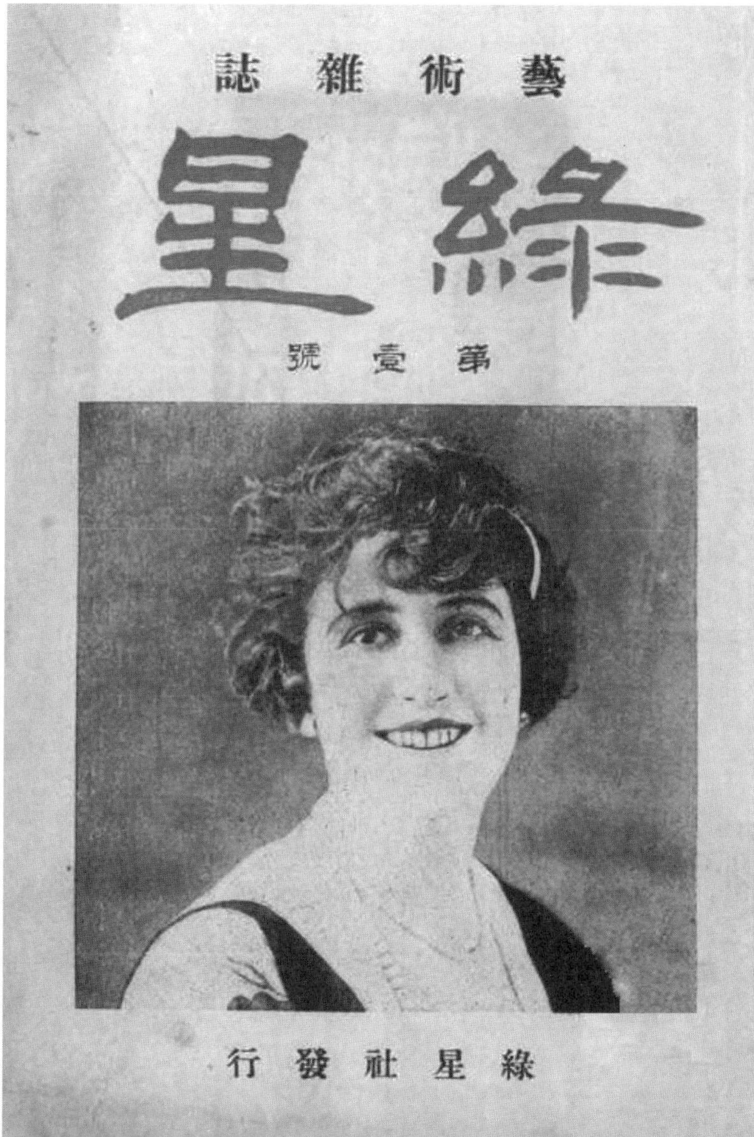

최초의 예술(영화) 잡지 『녹성』 창간호 표지

89

編輯을맛치고서

밧븐時代 밧븐社會의우리가 뭇수이러한것을쓸써가안이다 하난生覺도업지아니합니다 만은。밧븐틈을타서라도 이것을아니쓰지못하게된일이잇습니다 울고 부르짓고 깨이고 일할우리가 本意아닌것、本意아닌얼골로 여러분을보입게된그곳에 무엇이 숨어잇낫것을살펴주시면다행입니다。

□ □

아모러나 우리는 싼生覺이잇서서이冊을맨듭니다 뜨거운心火의發露는 가릴수업스며 넘처흐르는煩燜의흐름은막지못하나니 平々凡々한이冊속에도 보이지안는무엇이 分明히잇는줄로 우리는밋습니다。

無形한精神의旗幟下에 活動하시는諸位에 조곰의慰安을이冊에 求하시고 暫時의閑暇을이冊과한가지하시오 그리고 새로운元氣를가다듬으시요。

□ □

처음일이라 奔忙하기만하고 設備는完全치못하야豫定되로되지못한것이하나둘이 아닙니다。寫眞을求하야 페ー지마다너랴고하얏스나 그것도 이번에는밧바서如意치못하얏스니次號에나插入하겟스며 內容은 널니藝術方面으로材料를求하야 우리네精神界를크게改革하고저하난터이나 이번에는처음일이라。기네마界에서만材料가모엿습니다。

그런신 泰西名作인文藝만取하얏습니다 그中에 아루다쓰는特別한뜻으로記載하얏스니 잘닑어주시기바랍니다。

探偵小說疑問의死는懸賞百圓싸지걸엇지요마는 賞노興味잇는일이니 차차보아가시며 누가眞犯人일가生覺해보서셔 만ー이應募하시기를바랍니다。

□ □

머ー지아니해서 우리가 眞心으로計劃하는것이發行됩니다 다ー짐작하시는바와갓치 이雜誌는어느엇재지못할形便下에編輯되는것이요 實上우리가 부르지즈랴는것은 피엿고 生氣잇는것은 머ー지아니하야發行될터이오니 多大한同情과共鳴으로愛讀하시기를 미리바랍니다。

나종에臨하야 本誌創刊에對하야 여러가지로便益을주신諸位께 感謝를드립니다。

그리고 永遠한압길에 길이〰 사랑하시기바랍니다。

「편집을 맛치고서」의 편집 후기를 통해 『녹성』이 예술을 통해 새로운 대중적 잡지를 기획했음을 알 수 있다.

2. 『녹성』 발간의 배경

1) '경성청년구락부'와 『신청년』, 그리고 『녹성』과의 친연성

『녹성』은 표지에 '예술잡지'로 표기함으로써 잡지의 성격을 규정하였다. 그러나 표지 사진으로 당대 영화배우를 내걸었을 뿐만 아니라 본문 앞에 수록된 사진들 전부가 영화배우 혹은 영화관련 사진들로 한정되었다.

「편집을 맛치고서」에서는 "잡지의 발간 의도는 예술방면으로 재료를 구하여 우리네 정신계를 크게 개혁하고자 하는 바이나 본 호는 '기네마계'에 한정된 것"임을 밝혔다. 『녹성』은 창간호만을 발행하고 단종된 잡지라 전체 기획을 알 수는 없으나 이 부분을 보면 각 방면의 예술을 내세운 새로운 대중적 잡지를 기획하고자 했음을 추측해 볼 수 있다. 실제 1919년은 음악잡지 『삼광』이 나온 해임을 볼 때 이러한 추측은 크게 무리가 아니라고 본다. 『녹성』 창간호의 전체 글을 읽어보면 장기간 발간을 목적으로 다양한 기획을 했음을 알 수 있다. 그러나 창간호가 곧 종간호가 된 실정에서 『녹성』의 매체적 특징은 영화에 한정되어 있음은 부인할 수 없는 사실이다. 따라서 창간호는 '예술'을 전면에 내걸었으나 실제 영화잡지로 보아도 무방하다.

『녹성』의 발간 배경은 다음과 같다. 『녹성』은 발행과 판매가 동경과 경성으로 나뉘어져 있는 잡지이다. 편집과 발행인은 이일해로 되어 있는데 '일해'는 청년구락부 멤버이자 독립운동가인 '이중각'의 호이다. 편집 및 발행자 이일해의 주소는 '동경시 신출구 원락정 이정목 삼번지 응룡관 내'[1]이며, 인쇄소는 횡빈시에 있는 '복음인쇄합자회사'라 밝혔다. 그러나 발행소 및 발매소는 '녹성사'이며 주소는 '경성 죽첨정 일정목 삼구'로 되어 있어 동경에서 발간되고 판매만 경성에서 이루어진 것임을 알 수 있다. 그렇다면 글 전체에 필자가 거명되지 않고 내용으로 보아서도 일인 혹은 소수의 편집인이 간행했을 것으로 보이는 『녹성』은 '일해'가 잡지 전체를 주간한 것으로 읽을 수 있다. 그러나 그간 '일해'의 행적으로 보아 예술 혹은 연예잡지적 성격이 짙은 『녹성』을 그가 단독으로 발간했다고 보기에는 여러 가지 무리가 따른다.

문학사에서 거명된 바 적은 '일해'를 문단계의 네트워크 속에서 파악하자면 1919년 1월에 간행된 『신청년』을 언급하지 않을 수 없다. 『신청년』은 1919년 1월 20일에 발간된 잡지로 문학사에서 최초의 동인지라 일컬어지는 『창조』(1919.2.1.)와 비슷한 시기에 나온 잡지이다. 잡지 『신청년』은 청년들의 비밀결사단체인 '경성청년구락부'의 기관지로 출발한 잡지이다. 당시 '경성청년구락부' 멤버이자 기자인 유광렬에 따르면 '청년구락부'는 십팔, 구세 소년들이 주축이 된 비밀결사대로 3·1운동 무렵에는 회원이 2백여 명에 이르렀고, 회장에는 이복원, 부회장에는 이중각이 추대되었고 방정환과 유광열은 그 밑에서

1 한기형에 따르면 일해의 일본행은 1920년 3월, 『신조선』 기자 신분으로 동경에서 3·1운동 1주년 기념 시위와 일본 제국의회에 독립청원서를 제출하려는 거사의 목적 하에 이전부터 이루어진 것으로 보았다. 또한 『녹성』의 발간 역시 그 과정 속에 이루어진 것으로 보았다(한기형, 「근대잡지 『신청년』과 경성청년구락부」, 『서지학보』 26호, 한국서지학회, 2002, 172쪽).

실질적인 일을 맡았다고 회고했다.[2]

이중각 역시 청년구락부 기관지인 『신청년』에 글을 싣기는 하나 창간호에 「나는 나니라」라는 시대적 사명에 따른 결연한 입장을 담은 짧은 글 한 편이 있을 뿐이다. 그러나 『신청년』 창간호 말미의 투서 주소지는 “경성 관훈동 일번지 이중각 방”으로 되어 있다. 반면 2호의 원고 접수처는 “경성 죽첨정 일정목 녹성사내 방영희 방”이라 되어 있다. 즉 『신청년』 창간호는 1919년 1월에, 2호는 1919년 12월에 나왔으며 그 사이 『녹성』이 간행되었고, 양 잡지는 이중각으로 연결된다. 그러나 잡지의 발행자로 언급된 이중각의 글이 거의 실리지 않았음을 볼 때 이중각은 잡지 간행의 실무자가 아닌 ‘청년구락부’의 대표 격이며 두 잡지의 실질적 주체는 ‘청년구락부’로 보아야 한다. 무엇보다 『신청년』 창간호에서 이중각의 주소는 경성이었으나 『녹성』이 창간되는 1919년 11월에 이중각 주소가 동경으로 바뀌었음은 독립운동을 했던 이중각의 행적과 일치된다.

『독립유공자 공훈록』[3]에 따르면 이중각은 1920년 3월, 『신조선(新朝鮮)』 기자로 동경에서 3·1운동 1주년 기념 시위 계획과 일본 제국의회에 독립청원서를 제출하려는 거사를 시도했다. 그러나 1920년 7월에 체포되어 12월에 징역 8월을 선고 받고 그 후 고문에 따른 정신이상으로 1923년 3월에 자살했다고 알려져 있다. 즉 청년구락부 부회장이

2 일해에 대한 기록은 찾아보기 어렵다. 공식적 기록으로 국가보훈처 발간의 『독립유공자 공훈록』을 제외하고서는 유광열의 회고록에 언급된 사항이 전부라고 해도 과언이 아니다(유광렬, 『기자반세기』, 서문당, 1969, 73쪽).

3 『독립유공자 공훈록』은 국가보훈처 홈페이지에서 확인이 가능하며 한기형의 위 논문에서도 공훈록에 기재된 이중각의 활동상이 요약되어 있다.

었던 이중각은 3·1운동 이후 거사를 위해 경성에서 동경으로 이전했고, 청년구락부는 각기 성격이 다른 두 잡지 『신청년』과 『녹성』을 내면서 이중각을 전면에 내세웠던 것으로 정리할 수 있다.

이 두 잡지의 주체를 '청년구락부'로 볼 때 누가 잡지 간행에 핵심이었는지 살펴볼 필요가 있다. 당시 『조선일보』 기사에 따르면 "방소파군과 이일해군의 발기로 경성청년구락부가 성립되었다"[4] 는 내용이 있다. 이로 보아 『녹성』 편집인으로 기재된 이중각 외에 방정환이 적극적으로 가담했음을 알 수 있다. 그러나 동시대에 같이 활동했던 유광렬의 회고에 따르면 '청년구락부' 중심에는 방정환이 있었고, 방정환 보고 회장을 맡으라는 나(유광열)의 제안에 "내가 회장이 되어서는 일을 맘대로 할 수 없으니 차라니 그대와 나는 테두리 밖에서 일하는 것이 낫겠다"라고 한 진술이 있다. 유광렬의 또 다른 글에서도 "방군은 연극과 영화를 좋아하여 나와 함께 영화잡지인 『녹성』을 내기도 하고"[5]라는 진술을 보면 잡지 발간의 실질적 일을 한 이는 방정환으로 볼 수 있다.

그렇다면 앞서 밝힌 『신청년』 2호의 원고 접수처로 되어 있는 "경성 죽첨정 일정목 녹성사내 방영희방"이란 곧 방정환의 거처지이며 방정환은 『신청년』 뿐만 아니라 『녹성』 간행에도 주체적으로 개입했음을 알 수 있다. 무엇보다 독립운동에 앞장 선 실천가 이중각의 당대 행적이나 『신청년』에 그의 글이 거의 전무한 실정으로 보았을 때 일해를 잡지 간행의 주도적 인물로 보기는 어렵다. 정리하자면 청년들

4 『조선일보』, 1920.5.12.
5 유광렬, 「방정환과 나」, 『교육춘추』, 1977.5, 119쪽.

의 비밀결사대인 '경성청년구락부'가 3·1운동 이전부터 있어왔고 기관지로 『신청년』을 발간했으며, 『신청년』 창간호와 2호 사이에 이와 논지가 크게 다른 예술잡지 『녹성』을 발간하였다. 또한 이 두 잡지의 실질적 주체는 방정환이라 해야 할 것이다.

그렇다면 청년구락부에서 기관지 『신청년』을 간행하다 어떠한 이유로 예술을 전면에 내건 『녹성』을 발간했는지 그 의도를 살펴볼 필요가 있다. 흥미로운 것은 『녹성』이 『신청년』을 비롯한 당대 신문인 『매일신보』에 흥미 있고 자극적인 이야기가 많은 잡지라고 누차 광고했음에도, 정작 『녹성』 편집 후기에서는 이와 다른 비장한 각오가 담겨 있다.

> 아모러나 우리는 싼 생각이 잇서서 이 책을 맨듭니다. 쓰거운 心火의 發露는 가릴 슈 업스며 넘쳐흐르는 煩悶의 흐름은 막지 못하나니 平平凡凡한 이 책 속에도 보이지 안는 무엇이 分明히 잇는 줄로 우리는 밋습니다. 無形할 精神의 發露下에 活動하시는 諸位에 조금의 慰安을 이 册에 求하시고 暫時의 閑養을 이 册과 한가지 하시오 그리고 새로운 元氣를 가다듬으시오.[6]
> (밑줄은 인용자)

『녹성』의 편집진은 딴 생각이 있어 이 책을 만드는 것이니 독자들은 이 책에서 위안을 찾는 동시에 보이지 않는 무엇을 찾아달라는 당부를 한다. 이러한 당부는 『녹성』이 다루고 있는 내용으로 보아 매우 의외가 아닐 수 없다. 또한 『녹성』이 간행된 지 얼마 안 되어 발간된

6 「편집을 맛치고서」, 『녹성』 창간호, 89쪽.

『신청년』 2호에는 본문뿐만 아니라 잡지 말미에 『녹성』에 대한 전면 광고가 실려 있다. 즉 "귀하가 구하시는 모든 전부가 녹성에 있습니다. 고적을 늣기실씩에 이 녹성을 닑으시오 연애에 번민하실씩에 이 녹성을 닑으시오 녹성은 태서제문학의 걸작명편을 번역 소개한 것이니 시시각각 이 진화하난 사조를 유만업시 갈재수입(揭載輸入)합니다"의 문구가 그것이다. 또한 "권두에는 서양에 유명한 미인의 쏫갓흔 사진을 다수 수입"했음도 알려 독자의 관심을 환기시켰다.

또한 1919년 12월 1일자 『매일신보』에도 광고가 실렸다. '연예잡지 『녹성』 발행' 소식에 이어 "우리 됴션에 ᄉᆡ로히 문예뎍으로도 취미가 잇고 연예뎍으로도 취미가 잇ᄂᆞᆫ 예술잡지 록성 『녹성』이 우리의 문단 우리의 극단에 ᄉᆡᆼ겻다"라면서 "ᄂᆡ용도 자못 츙실ᄒᆞ거니와 잡지의 톄ᄌᆡ도 미상불 아름다운 연예잡지"임을 강조했다.

그렇다면 '연예잡지'의 성격을 지닌 흥미적 독물 『녹성』은 편집진이 후기에 밝혔듯 '딴생각'을 위해 필요했던 잡지가 아닌가 하고 유추해 볼 수 있는데, 이 딴 생각과 연관해 『신청년』의 발행 상황을 짚어보아야 한다. 조선일보 1920년 5월 12일자에는 「부활의 서광이 빗친 조선문화」라는 제목 하에 꽤 긴 분량으로 잡지 『신청년』에 대해 언급했다. 기사에서는 그간 우리의 생활이란 "입이 잇셔도 말ᄒᆞᆯ쥴 몰낫고 발이 잇스되 걸 쥴을 모르든 우리"에게 『신청년』은 '광명'이며 이것은 "우리 어린 청년의 피가 쓸ᄂᆞᆫ 첫쇼리이다. 그 쇼ᄅᆡ가 쳐음으러부터 지금ᄭᆡ지는 비록 적막ᄒᆞ다 ᄒᆞ드ᄅᆡ도 압흐로 무궁한 ᄒᆡ를 거듭ᄒᆞᄂᆞᆫ 동안에 우리의 부르짓고 십흔 말ᄒᆞ고 십흔 일의 첫쇼리"라면서 그 의의를 높이 평가했다. 이어 이어지는 기사에서 『신청년』이 처한 금전문제와 검열 상황을 다루고 있어 흥미롭다.

> 運命인지 原理인지 思想이 잇는 이에게ᄂᆞᆫ 金錢이 업고 金錢이 잇는 이에게ᄂᆞᆫ 思想이 업고나 (…중략…) 前記의 兩君(방정환과 유근열-인용자)도 金錢으로 ᄒᆞ야금 東西로 紛走ᄒᆞ고 上下로 헤ᄆᆡ이다가 部員과 其他 自己의 一分 二錢을 모다 합ᄒᆞ야 再昨年(1918-인용자) 十日月에 비로쇼 순젼ᄒᆞᆫ 文藝로 『新青年』第一號가 발간되었다. (…중략…)그로부터 달마닥 게속 내려 ᄒᆞ엿스나 當局에 原稿로 提出ᄒᆞᆫ지가 一, 二 個月 乃至 五, 六 個月되여도 아무 쇼식이 읍거나 그럿치 안으면 몃 달만에 發行禁止를 당ᄒᆞ야 昨年 十二月에야 비로쇼 三號로 編輯ᄒᆞ얏든 것이 二號로 發刊되얏다.[7]

위 기사를 통해 『신청년』은 자금난뿐만 아니라 혹독한 검열난에도 시달렸음을 알 수 있다. 실제 발간상황도 창간호가 1918년 11월에 나오고, 매달 발행을 목표로 했으나 2호는 1919년 12월에 발간 되 일년여 이상의 격차를 보인다. 또한 2호는 통으로 삭제되고 3호가 2호로 대체되었다. 그렇다면 『신청년』 편집진들은 시대적 사명을 안고 창간한 '경성청년구락부' 기관지의 계속적 발행을 위해서는 자금과 검열의 문제를 해결해야 하는 문제를 동시에 안고 있었던 것이다.

지금까지 총 6호로 밝혀진 『신청년』은 창간호와 2호까지가 동일한 논지와 형태를 가지고 있었지만, 3호에서 변화를 보이다가 다시 4호부터 편집진이 바뀌면서 6호까지 문예지적 성격으로 안정되게 발간된다.[8] 특히 발간 초인 창간호와 2호까지는 발간의 주체를 드러내지

7 『조선일보』, 1920.5.12.

않다가 3호에 와서야 비로소 '구락부 발행'이라 밝힌다.[9] 이는 발간 초기 검열의 문턱이 높았음을 짐작케 해주는 부분인데, 그렇다면 3호에 이르러서는 발간주체를 밝혀도 큰 무리가 없는 상황의 변화가 있었던 것이 아닌가 짐작해 볼 수 있다. 흥미로운 것은 가장 정치적인 색채를 많이 지니고 있는 호가 3호라는 점이다.

이와 관련해 『신청년』 창간호 이후 계속적 검열로 차호 발행이 어려운 상황에서 『녹성』이 간행되다가 『신청년』 3호 발간 이후 더 이상 『녹성』이 나오지 않았던 정황도 『녹성』의 발간 배경을 『신청년』과 연관지어 살펴볼 수 있는 부분이다. 무엇보다 『녹성』 창간호를 통해 계속적 발행에 대한 편집진의 열망을 읽어낼 수 있다는 점에서, 또한 비록 창간호만을 내고 더 이상 발행되지 않는 잡지가 당대에 많았던 실정을 감안한다 해도 『녹성』 폐간에 대한 의구심은 여전히 남는다.

---

8 『신청년』을 발굴, 소개한 이는 한기형 교수이다. 그는 발행인과 편집인이 전면적으로 교체된 4호를 기점으로 하여 1기와 2기로 크게 나누었다. 나아가 2기의 경우 필진의 인적 네트워크로 보아 동인지 『백조』로 나아가기 위한 움직임이 있음을 언급했다(한기형, 「잡지 『신청년』 소재 근대문학 신자료(1)」, 『대동문화연구』 41집, 대동문화연구원, 2002.12). 실제 『신청년』은 1호부터 3호까지는 방정환이 주도적으로 잡지 발간에 참여하나 4호부터 최승일이 발행의 재정을 맡고 박영희와 나도향, 황석우 등 전문 문인들이 주가 되면서 본격 문예지로 그 성격을 달리한다. 그러나 1호와 2호에서 3호로 넘어가면서 정치적인 것을 함의한 내용이 적지 않다는 점에서, 본고에서는 1, 2호에서 4호로 넘어가는 사이에 우선적인 변화가 3호에 있다고 보았다. 3호의 경우 맨 앞에 실린 「사회의자태」와 다음의 「동의속세계」는 비유를 통해 조선의 현실을 풍자한 글이며, 심훈의 처녀작이라 할 수 있는 「찬미가에싸인원혼」 역시 검열에 안 걸린 것이 의외일 만큼 문제적인 작품이다.

9 창간호와 2호의 「편집실에서」를 보면 발행자와 판매처, 인쇄소에 주소만을 기재해 놓았다. 대신 발행소에 다른 글씨보다 크기를 작게 하여 '영풍서관'으로 표기해 놓았다. 이에 대해 3호에서 비로소 발행주체가 경성청년구락부임을 해명하였다. "본지가 원래 경성청년구락부의 경영이여슴은 경고할 배 업사오나 여러분 임의 아시다십히 제일, 제이 발행당시에 난 모든 주위의 사정이 이를 허락지 아니하와 마지 못하여 서관의 명을 비러 발행케 하야슴닉다. 그러나 근경에난 그ᄃᆞ지 못할 사정도 적사오며 오히려 불편한 점이 만사와 이번 호부터난 직접 본 구락부 발행으로 하기 되얏삽기 독자 제위께 앙고합닉다"가 그것이다(『신청년』 3호, 22쪽).

이를 종합해 볼 때 『녹성』 편집후기에서 밝힌 '딴 생각'이란 당국의 검열을 피하면서도 독서대중의 호응을 얻을 수 있는 콘텐츠를 통해 『신청년』의 지속적 발간을 위한 자금줄을 만들고자 한 것이 아닌가 짐작해 볼 수 있다. 『녹성』 창간호 말미 「편집을 맛치고서」의 "머지않아 우리가 진심으로 계획하는 것이 발행됩니다. 이 잡지는 어느 어쩌지 못할 형편 하에서 편집되는 것이요. 실상 우리가 부르짓으랴 하는 피있고 생기있는 것은 머지않아 발행될 것이다"라는 언급 역시 이러한 맥락에서 해석가능한 부분이라 본다.

2) 『신청년』과 『녹성』 사이의 방정환

그간 『녹성』에 대한 연구가 활발히 이루어지지 않았던 데에는 창간호에 그친 것도 있지만, 발간 주체와 구체적인 내부 필진이 언급되지 않은 바가 크다고 본다. 『녹성』이 『신청년』과의 긴밀한 관계 속에 나온 것이라 할 때 과연 『녹성』 발행의 주체가 누구인지 살펴볼 필요가 있다. 『녹성』은 전 작품에서 작자를 표기하지 않아서 그 유추가 더욱 어렵다. 그러나 당대 신문기사와 회고록에서 실무진으로 거명된 방정환을 염두에 두고 『신청년』을 살필 때 그를 『녹성』 발행인으로 볼 수 있는 단서가 짚인다. 무엇보다 일인 주도의 발간일 가능성이 많다는 점에서 핵심 발간인에 대한 탐구는 『녹성』 연구의 일차적 작업이라 하겠다.

방정환이 문단 내에서 주도적으로 글을 쓴 잡지는 『신청년』부터이다. 이보다 앞서 『청춘』과 『유심』에서도 방정환의 글을 찾아볼 수 있지만 현상문예에 뽑힌 독자의 입장에 불과했다.[10] 그러나 잡지 발간의 주체로 나선 『신청년』에 이르자 주도적으로 지면을 채워가기 시작한다. 방정환은 소파생, 운정생, sp, 잔물 등 여러 호로 『신청년』에 글을 쓰는데 주로 소설이 대부분이다. 1호의 「금시계」, 「동경 K형에게」, 「전차의 일분시」, 2호의 「졸업의 일」, 「사랑의 무덤」이 소설인데 이 중 독자들에게 가장 큰 호응을 얻은 작품은 '연애소설'을 표방한 「사랑의 무덤」이다. 3호 「사고」에서는 이 작품에 대한 독자들의 대호평과 뜨거운 반응이 언급되어 있다. 「금시계」와 「졸업의 일」이 고학생 소설이라면, 「전차의 일분시」와 「사랑의 무덤」은 남녀의 연애를 다룬 소설이다. 그런데 2호 '편집후기'를 보면 「사랑의 무덤」은 원래 기획했던 것이 아니라 창간호 내 작품인 「동경 K형에게」를 "계속 이어 쓰지 못하고 대신 한 것"이라는 단서를 달아 놓았다.

창간호에 실린 방정환의 세 편 소설 가운데 그가 즐겨 다루는 주제인 고학생 스토리의 「금시계」를 제외한 두 작품은 우연히 여학생과 마주친 남학생의 심정을 담은 것으로 독자들로 하여금 끝을 궁금하게 만드는 방식으로 썼다는 점에서 주목할 만하다. 「전차의 일분시」는 형님에게 보내는 서간문 형태의 서사로 끝 부분에 "형님? 편지를 여기ᄭᅡ지 쓰난ᄃᆡ 히가 발셔져셔 고 다음일은 요 다음번에 알외일 것이

10 박현수는 방정환이 『청춘』에서 '매호현상문예'의 단골 투고자이자 당선자가 되는 과정, 나아가 『청춘』이 종간되자 『유심』 '현상문예'에 다시 투고하는 그의 행적 속에서 끊임없이 글을 쓸 지면을 찾아 헤맸던 방정환의 문학적 행보를 보여 주었다. 또한 그 과정 속에서 잡지가 상품으로서의 기능을 하고 있음을 체득했다 하였다(박현수, 「한국 근대문학의 재생산 과정과 그 의미」, 『대동문화연구』 제53집, 대동문화연구원, 2006, 48~50쪽).

오니 고다음에 그 편지가 누구에케셔 엇뎌한 말을 기록하야 온 것인가를 상상하야 보시오"라 하여 독자의 궁금증을 불러온다. 또 짧은 서사물인 「전차의 일분시」에서도 과거 혼담이 오갔던 여자와 길거리에서 우연히 마주치는 장면에서 끝을 맺었다.

이러한 서사적 특징은 독자가 다음 이야기를 상상케 한다는 점에서, 잡지가 상품으로서 가지는 특징적인 면에 대한 이해뿐만 아니라 서사가 추리적 요소를 갖고 있을 때의 긴장감을 반영한 것이라 할 수 있다. 『신청년』에서 방정환의 소설이 다음 내용을 궁금케 하는 방식으로 끝을 냈다면, 『녹성』에는 아예 탐정소설 타이틀을 단 방정환의 작품이 실려 있다. 필명 '복면귀'의 「의문의 사」가 그것이다. 이 작품은 단순히 창작 탐정소설에 그치지 않고, 이것을 읽은 후 독자가 범인이 누구인지 추측한 후 현상 응모케 하는 독자유인책으로 활용되었다는 점에서 흥미롭다.

특히 『녹성』 전편에서 기자 혹은 작가나 번역가의 이름이 없었던 것에 반해 창작물로 보이는 탐정소설에는 유일하게 '복면귀'라는 필명이 붙어있다. 이 '복면귀'라는 필명이 방정환의 또 다른 호라는 것[11]과 방정환은 『청춘』과 『유심』을 통한 독자투고와 응모의 유효성을 익히 알고 있었다는 점에서 『녹성』 간행의 핵심적 인물로 지목될 만하다. 나아가 방정환은 어린 시절부터 연극과 영화에 지극한 관심[12]이

11 '복면귀'가 방정환의 호라는 것을 밝혀낸 이는 염희경이다. 염희경은 『녹성』의 '복면귀'와 『학생』의 '복면아'는 모두 방정환의 필명임을 밝혔다(염희경, 「소파 방정환 연구」, 인하대 박사논문, 2007, 14쪽).

12 방정환은 집안이 망하기 전에는 광무대에서 활동사진과 환등을 일찍 경험했을 뿐만 아니라 십세 무렵에는 어느 미술가로부터 환등기 한 대를 선물로 받았다. 이후 동네 아이들을 모아 놓고 환등기를 비춰 보이며 무성영화의 변사 놀이를 했다 한다. (위의 글, 20~21쪽)

있었고 이후 탐정소설을 개척한 그의 문학적 면모를 볼 때 『녹성』의 발행과 편집을 맡은 이를 방정환으로 추정해 볼 근거는 충분하다고 본다.

3. 영화잡지를 지향한 『녹성』의 매체적 특징

1) 문예와 연예를 결합시킨 대중잡지의 등장

잡지 『녹성』은 표지에 '예술잡지'로 잡지의 성격을 제시한 후 붉은 글씨로 크게 '녹성'이라는 잡지명을 달아놓았다. '綠星', 즉 초록별이라는 뜻인데 이는 에스페란토어에서 가져온 것이 아닌가 한다. 에스페란토로 초록과 별이 평화와 희망을 상징하고 에스페란토 깃발이 지구의 평화를 상징한다는 점에서 연예잡지 성격을 가진 잡지 이름이 '녹성'이라는 것은 흥미롭다. 『녹성』의 전체적 구성은 다음 표와 같다.

표의 목차에서 알 수 있듯이 『녹성』은 영화 줄거리를 서사화한 이른바 '영화소설'[13] 사이사이에 영화관련 기사를 삽입하는 구성을 취했다.

또한 유광렬의 회고록에 따르면 1918년 12월 '경성청년구락부' 망년회에서 방정환의 창안으로 「○○령」이라는 제목의 아마추어 연극을 했다는 기록도 있다(유광렬, 앞의 책, 79쪽). 이로보아 방정환은 그 어느 누구보다 연극과 영화계에 관심이 많았던 인물이라 할 수 있다.

13 본고에서 『녹성』의 영화 서사를 설명하기 위해 사용한 언어인 '영화소설'은 1925년 이후 문단사에 등장하는 '영화소설'과는 다른 것임을 밝힌다. 후자의 '영화소설'은 1926년 11월 9일부터 12월 16일까지 『동아일보』에 연재된 심훈의 「탈춤」을 그 효시로 한다. 이때의 '영화소설'이란 연재소설의 삽화 대신 실제 배우의 스틸사진이 들어간 것으로, 영화화에

	분 류	제 명	특기할 점
1	사진	영화배우와 영화관련 사진	
2	광고	단성사 / 광무대	연극연행 무대
3	목차안내		
4	시	권두언	
5	시	새 갈	
6	영화소개	고성의 가	문예적대걸작(애련비화) / 미국 유社
7	기사	활계의 인기남 로로이야기	
8	영화소개	독류 (원제 Shoes)	문예적 대걸작(사회비극) / 미국 유社
9	기사	위일손 대통령과 활동사진	
10	영화소개	장한가 (흑녀의 반생)	연애비극 / 미국 유社
11	기사	잡후린 선생의 혼인	세계제일의 희극배우
12	영화소개	부친대안매	대희비극 / 미국 쥬바이야 社
13	광고	독자논단 소개	
14	영화소개	월궁전	예술적 대걸작(신비가극) / 미국 유社
15	광고	차호에는?	
16	영화소개	아루다쓰	대복수 대활극 / 미국 고-몬 支社걸작
17	기사	위험활극 박히든 이야기	
18	소화(小話)	우슨니야기	
19	영화소개	고도의 보물	인정활극 / 미국 피마스 푸레이이아-쓰
20	사고(社告)		
21	광고	일백원현상 퀴즈	1. 사진 퀴즈 2. 범인 탐정 경쟁
22	소설	의문의 사	탐정소설
23	편집여언	편집을 맛치고서	
24	편집자 당부	구독가의 주의	
25	광고	지물서화판매소 / 녹성판매부	

적당한 시나리오를 산출하기 어려웠던 1920년대 현실에서 파생된 과도기적 양식이다 (김경수, 「한국 근대소설과 영화의 교섭양상 연구」, 『서강어문』 제15호, 서강어문학회, 1999.12, 170쪽 참조).

또한 잡지 말미에 독자의 흥미를 유발시키는 이벤트성 기획물을 마련했다. 무엇보다 겉표지부터 동시대 여타 잡지와 비교해 보았을 때 눈에 띤다. 그림이 잡지의 표지를 장식했던 당대 일반적 형태와 다르게 서양 배우의 얼굴을 표지 전면에 실었다. 또 권두언 앞에 영화배우 사진을 여러 장 실었는데 그들의 표정이나 화려한 옷차림 등은 당시 독자들에게 신기한 이국적 풍물이 되기에 충분했을 듯하다.[14] 이 시기 잡지 내 사진이 실린다 해도 풍경이 주가 되었던 것이 보편적임을 볼 때, 배우의 신체를 전면 강조[15]한 것은 『녹성』을 미디어 상품으로 기획하고자 했던 편집진의 의도로 읽어볼 수 있는 부분이다.

14 표지 사진의 주인공은 리다 · 쏘부리에 양이며 그녀는 프랑스 출신으로 미국과 이태리에서 활동하는 배우라는 것을 본문에서 밝히고 있다. 표지에 그림이 아닌 사진이 실리고, 더욱이 여배우 사진을 수록한 것은 시대적 분위기로 보아 매우 이례적인 일이다. 1910년대와 1920년대 잡지의 표지는 그림이 주를 이루었고 여성 인물이라 하더라도 사진이 아닌 이미지를 내세운 그림이 대부분이었기 때문이다. 1930년대 영화잡지에 이르러서야 여배우의 얼굴 그림이나 사진이 표지를 장식하곤 했다(이현경, 「한국 근대 영화잡지 형성 연구」, 고려대 박사논문, 2012, 16쪽 참조).

15 최초의 영화평론이라 할 수 있는 최찬식의 「활동사진을 관람하는 취미」에서 최찬식은 영화는 연극과 달리 배우의 신체를 통해 인지되는 측면이 있음을 제기했다. 나아가 미국영화에서 보이는 서커스나 스포츠를 통해 인체의 활동성, 신체성을 제기했다. 이로 볼 때 다양한 볼거리를 제공하는 미국 영화는 몸에 대한 새로운 관점을 가져오는 계기가 되었으리라 본다(최찬식, 「활동사진을 관람하는 취미」, 『반도시론』 1호, 1917.4).

그림이 잡지의 표지를 장식했던 당대 일반적 형태와 다르게 서양배우의 얼굴을 표지 전면에 실었다

1919년 조선 영화계는 활동사진 시대가 기울어지면서 연쇄극 〈의리적 구토〉가 만들어지던 해이다.[16] 『녹성』 창간 무렵 크게 인기를 끌었던 〈의리적 구토〉는 연극 공연 중에 몇몇 영화 장면을 삽입한 연쇄극으로 이른바 점차 시들해지는 신파극을 살리기 위한 일종의 자구책이었다. 이처럼 연극계가 급변해가는 관객들의 기호를 맞추기 위해 부심해 갔던 반면 서구에서 들어온 무성영화는 새로운 볼거리를 찾아 헤매던 부르주아들에게 신천지 역할을 했다. 감각적 시각 문화 세계 속에 펼쳐진 서양 문화의 다양한 볼거리는 곧 새로운 문화상품이 되기에 충분했다.

1915년 조선에는 미국 무성영화 〈명금〉이 들어와 크게 인기를 얻은 이후 『녹성』 발간 연대인 1919년이 되면 '단성사'와 '우미관'에서 서양 영화들이 연속 상영되면서 영화관람 시대를 맞이하게 된다.[17] 당시 『매일신보』에는 '단성사'와 '우미관'에서 상영하는 영화관련 광고가 연일 실리고 어떤 경우에는 영화의 줄거리까지 제시되는 경우도 있었다.

『녹성』은 근대문명의 체험으로서 영화를 즐겨보던 관객들을 독자층으로 포섭하는 동시에 시각매체가 다시 서술화되는 과정에서 기존

16 1919년을 대중 연희의 측면에서 보자면, 1910년대는 대중문화의 총아역할을 한 창극이 통속적으로 여겨지고 신파극이 그 자리를 대신했으나 그마저도 시들해지면서 연극에 영화를 접목한 새로운 공연양식이 등장했던 해이다.

17 이에 대해서는 다음의 연구들을 참고했다(김미현, 「신파와 신파성의 감각－1920, 30년대 조선영화 담론을 중심으로」, 『대중서사연구』 제20호, 대중서사학회, 2008; 김승구, 「1910년대 경성 영화관들의 활동 양상」, 『한국문화』 53호, 서울대 규장각 한국학연구원, 2011; 유선영, 「초기 영화의 문화적 수용과 관객성」, 『언론과 사회』 12권 1호, 성곡언론문화재단, 2003 겨울; 이순진, 「활동사진의 시대(1903～1919), 조선의 영화 관객성에 대한 연구」, 『대중서사연구』 제16호, 대중서사학회, 2006; 한상언, 「1920년대 초반 조선의 영화산업과 조선영화의 탄생」, 『영화연구』 55호, 한국영화학회, 2011).

의 신소설이나 번안소설 독자층까지 포섭하고자 한 잡지로 볼 수 있다. 특히 〈대복수 대활극 아루다쓰〉의 경우 영화관에서 연속상영하지 못한 이야기를 『녹성』에서 이어 읽을 수 있다는 장점을 부각하고 있어, 미디어로서 잡지 독자 외에도 영화 관람객을 독자로 유인코자 했음을 엿볼 수 있다.

> 前年에 優美館에 「모루간」육권이 上場되야 快男兒 모루간의 復讐的 大活動은 滿都 愛活家의 白熱的 歡迎을 受하얏스며 繼續하야 <u>後篇의 六卷을 上場映寫하겟다는 辯士의 豫告가 잇서슴으로 一般은 그 後篇의 上場을 苦待々々하다가 기어코 寫眞은 上場되지 않고 今日에 至하였다.</u> 그런디 基寫眞은 後篇이 六卷이 아니고, 第一, 第二, 第三, 第四로 連續되야 四卷 혹은 五卷으로 發賣된것이라. 第一 모루간 즉 第一아루다쓰는 讀者의 다 아는바이기 玆에 <u>其第二 아루다스붓터 每號에 繼續記載하야 이 世界的名篇을 遺憾업시 紹介코져 하는바니</u> 讀者, 幸히 그뜻을 헤아리기 바라노라.[18] (밑줄은 인용자)

강조한 부분이 보여주듯 후속 영화를 고대하는 관람객들을 잡지의 독자로 끌어들이는 방법은 영화와 소설사이의 매체 간 연동을 보여주는 부분이다. 이처럼 『녹성』은 애국계몽기 이후 잡지가 지향했던 계몽의 고답적 영역에서 벗어나 대중들의 다양한 욕구를 읽어내고 새로운 욕망을 창출하는 대중잡지로 나아가는 단초가 되었다.

『녹성』은 그 권두언[19]이 보여주듯 새 시대의 도래 속에 희망찬 미

18 「아루다쓰」, 『녹성』 창간호, 51쪽.

19 "임의 새로운 시대는 왓도다. 아름다운 새벽과 갈치－오년간의 대전을 세계문면에 일계단을 작하야 모든 것이 새살님하도다. 새거름것도다. 평화는 극복되야 지구의 암야는 밝앗고

래에 대한 기대감을 엿볼 수 있다. 무엇보다 『녹성』은 『매일신보』의 광고가 말해주듯 "문예적으로도 취미가 있고", "연예적으로 취미가 있는" 새로운 방식의 '아름다운 연예잡지'를 지향했다. 서구의 여배우 스틸사진이 보여주는 새로운 외양과 패션에 대한 비주얼적인 제시로부터 시작된 『녹성』은 대부분의 서사물이 소설처럼 영화 줄거리를 설명하는 식으로 서술되어 있다.

36

世界一의 喜劇俳優 雜侯麟先生의 婚姻

一記者

世界어느곳이나愛活家치고 雜侯麟(잡푸링)이라、면 모르는이가업다 그는世界無比의高給을밧는喜劇俳優로 一擧手一投足에 萬人을一時에웃게한다。

코밋헤우숩게달닌숩염을이죽어리며 先生獨特의禮服에中山帽를머리에쎗다하게걸고 큰구두를싹박궈신고우숩운거름을것는 그의압헤는 군심과悲哀가 그림자도보이지못한다。

아모리큰憂愁를抱한憂鬱客、아모리死境에陷한病者라도 그의動作에는 高聲으로웃지아니치못한다。

그럼으로 그는世界到處에 웃키는大砲여、和樂의神이여 하고稱讚을밧는다。

이럿케사랑밧고 이럿케活界의人氣를一身에聚集한時代의寵愛兒雜侯麟先生은昨年十月二十三日에엇갓흔新婦를마저結婚의式을擧하얏다。

그럿케狂人갓흔動作으로業을삼는滑稽家가 엇더한孃子를新婦로마젓는가 그것을아라보는것도 한興味잇는일이다。

그新婦된孃子는 미르도렛드하리스라고劇界에有名한明星으로 芳紀正히十八歲쯧이면복우리 方今피고저하는處女、조그만妾態의貴여움만이바들떼이라 加州의花園에 피고저하는薔薇쯧보다도 더아름다운色과香氣를가진 하리스孃은只今추엘쏠社의名花로 그일흠이놉다。

그런데한가지 滋味잇는일은 世界一의喜劇俳優인雜侯麟의新婦된그는 新郞과反對로눈물만흔悲劇俳優인것이다。

孃은、歡樂의價値、醫師와婦人、妹를爲하야、禁止等其他에出演하야多大한人氣를엇엇다。

웃키는雜侯麟과 울니는하리스의結婚은眞로異常한힘잇는戀愛의힘이아니면 調成되지못하얏슬것이다。

당대 독물에서 빈번히 다루어지는 연애라는 소재를 통해 채플린의 삶을 다루었다

그러나 영화에 대한 소개 이전에 '문예적 대걸작', '애련비극', '대희비극', '사회비극', '예술적 대걸작'과 같은 장르소개를 붙여놓았다. 이는 동시대 서사물인 신소설에서 흔히 볼 수 있는 방식으로 독자에게 익숙한 독법 제시로 보인다.

이를테면 가장 첫 번째 서사물의 제목은 다음과 같다. "문예적 대걸작 애련비화 고송(孤松)의노래(歌) 미국(米國)유사(社) 부류쌔-드 영화" 이렇게 되어 있는데 '미국유사 부류쌔-드 영화'라는 언급이 없다면 한 편의 소설로 보아도

물질의 흐린 쉼에서 정신의 새문이 열니여 모든 것이 새것되도다 새살님하도다. 새목숨품고 새걸음것도다."

족하다. 이는 영화와 문예물 사이의 경계가 모호함을 보여주는 부분인데 실제 『녹성』에 소개된 영화들이 1920년대 이후 딱지본 소설로 재출간된 경우를 보아도[20] 영화와 소설 사이의 경계를 넘나드는 근대 초 매체 간 연동이라 할 것이다. 특히 「편집을 맛치고서」에서 "널니 문예방면으로 재료를 구하여 우리네 정신계를 크게 개혁하고자 하난 터이나 이번에는 처음일이라 기네마계에서만 재료"를 모았고 "태서 명작인 문예만을 취하였다"라는 언급은 주목해보아야 할 부분이다. 이는 문예와 '기네마계' 사이의 영역 확보가 되지 않았던 초창기의 조선 영화계의 단면을 보여주는 것이자, 대중적 독물로서 인기 있는 두 요소를 결합해 잡지를 만들고자 했던 편집인들의 발간의도를 읽어볼 수 있는 부분이다.

『녹성』은 그 구성에 있어서 영화 줄거리를 소설처럼 보여주는 서사 사이사이에 영화계 주변의 소식, 혹은 영화관련 기사물을 끼워놓았다. 그런 연후 잡지의 끝부분에 이르러 현상응모를 위한 소설 또는 기타 독자 유인 역할을 하는 내용을 배치시켜 문예 잡지와 같은 방식으로 잡지를 편집했다.

『녹성』은 이처럼 영화 잡지이자 문예 잡지적 특성과 아울러 연예 잡지와 같은 요소도 함께 지니고 있다. 영화소설적인 긴 서사 사이에 낀 영화 관련 기사물의 서사방식이 그러한데 예컨대 '세계제일의 희극배우 채플린(雜候麟) 선생의 혼인'이라는 다음의 기사는 이를 잘 보여준다.

20 이 부분에 대해서는 아직 활자화된 참고문헌은 없다. 그러나 「1920년대 딱지본 신소설 연구」(서울대 석사논문, 2012) 논문을 내신 권철호 선생님과 『녹성』을 함께 읽는 과정에서 권 선생님이 이 부분에 대해 확인해 주셨음을 밝힌다.

이렇케 사랑밧고 이럿케 活界의 人氣를 一身에 聚集한 時代의 寵愛兒아 잡후린 선생은 작년 십월 이십삼일에 욧갓흔 新婦를 마저 結婚의式을 거하엿다. 그렇케 狂人갓흔 動作으로 業을 삼는 滑稽家가 엇더한 孃子를 新婦로 마졋는가 , 그것을 아라보는 것도 한 흥미잇는 일이다.

그 新婦된 孃子는 미르도넷트하리스라고 劇界에 有名한 明星으로 芳紀正히 十八世 욧이면봉우리 方今픠고져 하는 處女, 조그만 姿態의 貴여움만이 바들씨이다. (…중략…) 그런디 한가지 滋味잇는 일은 世界一의 喜劇俳優인 잡후린의 新婦된 그는 新郎과 反對로 눈물만흔 悲劇俳優인 것이다.[21]

위의 기사는 세계적으로 유명한 배우의 사생활을 엿보는 방식으로 써내려간 글이다. 또한 영화가 제작되는 과정에 대한 소개 기사를 보아도 여타 잡지의 근대문명 소개에서 볼 수 있는 지식전달 방식과는 사뭇 다르다. 불국(佛國) 배우의 '쌔-르, 화이트 양'의 이야기 서두는 다음과 같다. "겁만흔사람은 이것을 닑지 마십시오 대단히 무셔운 이야기닛가! 그럿타고 내가 이때썻 생명을 보전하야왓스닛가 독자의 생명까지 위험케 할만한 경험담은 아니올시다"라는 도입부는 활동사진에 익숙지 않은 조선 관객의 호기심을 자극시킬 만하다.

무엇보다 『녹성』은 다양한 방식의 독자 유인책을 사용하고 있다. 앞서 제시한 서양배우의 이국적인 스틸 사진 제시, 탐정소설을 읽은 후 범인을 추측해 현상 응모하는 이벤트 외에도 상상적 글쓰기 응모는 새롭다. '당당일백원현'을 내걸고 "사진에 보이는 광경을 재료삼아 소설체로 간단하고도 명료하게 취미있게 써보닉" 달라는 편집자의 요청은

21 「잡후린선생의 혼인」, 『녹성』 창간호, 36쪽.

문예잡지가 흔히 내거는 현상응모와는 다른 제안이다. 당대 가장 자극적 매체인 '영화'를 주요 테마로 내세우면서도 마치 문예물을 읽는 것과 같은 방식의 서사와 영화관련 소식을 호기심 있게 다루는 편집, 그 외 다양한 독자유인의 방책은 문예잡지와 연예잡지의 성격을 아우르는 동시에 대중의 다양한 흥미를 끌고자 한 편집진의 노력이라 할 것이다.

2) 『녹성』에 드러난 영화서사의 소비방식

천정환의 말을 빌자면, 우리 문학사에서 "책 읽는 대중과 영화 보는 대중의 시대는 거의 동시에 개막"[22]되었다. 즉 "독자와 관객의 탄생"이라는 측면에서 근대의 도래를 읽어낼 수 있다는 것인데, 『녹성』은 바로 대중적 독자와 관객이 등장하는 시기에 발간된 잡지이다. 동시에 『녹성』의 의미는 소수의 지식인에 한정될 수밖에 없었던 근대 매체인 잡지의 독자층 확대로 볼 수 있다. 당대 서사물의 경향을 살피자면, 신소설에 이어 『매일신보』를 통해 당대 조선 풍속에 맞게 번안된 일본 가정소설이 크게 인기를 끌고 있었다. 그러다 「정부원」이나 「해왕성」에 이르면 번안보다 번역에 가깝다 할 정도로 서구작품을 그대로 소개했다. 그러나 서구문명에 대한 호기심을 자극시키는 독물임에도 그것이 가지는 오락적 성격으로 말미암아 대중적 독물로 치부되었다. 반면 지식인들은 『청춘』이나 『학지광』에 소개된 러시아 소설 등을 통해 근대소설에 대한 감각을 따로 익혔다. 『매일신보』 연재소설

22 천정환, 『근대의 책읽기』, 푸른역사, 2003, 7쪽.

의 지면 분리는 지식인독자와 대중독자의 읽을거리가 분화되어 있음을 보여주는 단적인 사례이다.[23]

그러한 측면에서 『녹성』은 가장 근대적인 시각문화를 서사화했다는 점에서 새로울 뿐만 아니라, 광고를 통해 강조하듯 '문예적 걸작'의 번역물이라는 측면에서도 번안에서 번역으로 이동하는 시기에 매체 간 교호관계를 보여주는 자료로서의 의미도 크다. 특히 지식인 청년단체인 '경성청년구락부' 주체의 잡지임에도 그간 소수에 한정된 지식인 사이의 매체적 한계를 넘어 대중화 잡지로 나아가는 양태를 보여준 점에서도 의의를 찾을 수 있다.

『녹성』은 잡지의 대부분이 외화의 내용을 그대로 소개하는데 그친 것이지만 스토리 전개방식은 당대 인기를 끌었던 서사물인 딱지본 소설이나 번안소설의 형태와 유사하다. 그러나 영화 사이의 기사물인 경우에는 서사 전달의 경우와 달리 객관적 문체를 유지했다. 또한 흥미로운 사실은 비슷한 시기 잡지에서 흔히 볼 수 있는 약국이나 양복점, 서점, 잡화점 등의 광고가 전혀 없고 영화 관련 광고만이 보인다는 점이다. 잡지가 본격적으로 시작되기 전 앞면에는 '천연색활동사진 주식회사 특약'이라는 '단성사' 광고와 '조선신구연극흥행'을 내건 '광무대' 광고가 있고, 뒷면에는 '외국지물서화판매'를 내건 지물포 광고만이 있을 뿐이다.

---

23 『매일신보』의 연재소설 지면은 이광수의 등장 이후로 두 줄기로 양분되었다. 한 줄기는 조중환이나 이상협, 민태원 등의 번안소설을 비롯한 일반 대중 상대의 작품 게재였고, 다른 한 줄기는 지식인 독자를 상대로 한 작품의 게재였다. 이광수의 『무정』이 문학사적으로 근대문학의 등장이라는 측면에서 주목되는 바는 텍스트 내부의 특성 외에도 대중독자와 지식인 독자를 모두 독자층으로 아우르는 소설이라는 점이다(김영민, 『한일 근대어문학 연구의 쟁점』, 소명출판, 2013, 140~141쪽).

다음에서는 『녹성』이 다루고 있는 영화의 주제와 그 서술방식을 통해 시각매체인 영화가 어떻게 문자화되었는지 살펴보고자 한다. 제시된 영화는 총 일곱 작품으로 간략히 정리하면 다음과 같다.

① 〈고송의 가〉(애련비화 / 미국 유사 부류쌔드영화)
— 엄마를 찾아 나선 처녀의 고생담과 엄마와 다른 남자 사이의 삼각관계 연애담

② 〈독류〉(원제는 〈구두〉 / 사회비극 / 미국 유사 청조인영화)
— 가난한 여인의 고생담으로 결국 돈 있고 멋진 남자에 의해 행복을 되찾는 신데렐라 이야기

③ 〈장한가〉(연애비극 / 미국 유사 부류쌔드영화)
— 흑인노예를 둘러싼 삼각관계의 연애담

④ 〈부친의 대안매〉(대희비극 / 미국 쥬바이야사 촬영)
— 잔소리 하는 아버지가 싫어 아버지 파는 광고를 내건 소년의 이야기

⑤ 〈월궁전〉(신비가극 / 유사 부류쌔드 특작)
— 가련한 소녀가 우연히 신데렐라 영화의 주연이 되는 이야기로 영화배우들을 둘러싼 삼각 연애와 복수담

⑥ 〈아루다쓰〉(대복수대활극 / 미국 고-몬지사 걸작)
— 아프리카 보물을 놓고 벌어지는 배신과 아루다쓰의 복수를 둘러싼 다양한 활극

⑦ 〈고도의 보물〉(인정활극 / 미국 피-마스 푸레이야-쓰 영화)
— 서반아 해상에서 벌어지는 두 남녀의 사랑과 해적들과의 활극

위 내용을 종합해 보면 젊은 남녀의 삼각관계 연애이거나 이를 바탕으로 한 활극 · 모험담이라 정리할 수 있다. 내용측면에서 전반적으로 고소설 혹은 신소설에서 흔히 볼 수 있는 가정 비극류나 선인과 악인으로 갈리는 신파조 줄거리와 차이를 보이는 작품이 적지 않다. 무엇보다 아직 중세적 도덕률이 해체되지 않는 당대의 시대적 정황을 볼 때 기존의 도덕률에서 자유로운 스토리 제시는 자못 흥미롭다. 우선 첫 작품 〈고송의 가〉를 보아도 주인공 안제라는 다섯 살 때 부친을 잃고, 어머니는 새 삶을 찾고자 자식들을 버리고 도시로 떠났다. 안제라를 키워주시던 할머니마저 돌아가시자 안제라는 어머니를 찾아 멀리 뉴욕까지 오지만 엄마는 딸을 반기기보다 나이 많은 딸의 등장으로 인해 자신의 본래 나이가 들통날까봐 안제라를 열세 살 어린애로 변장시킨다. 어머니는 화-트 구레와 세 번째 결혼을 하고 싶어 하는데 구레가 끌리는 것은 그녀의 딸 안제라이다. 결국 미남자 하나를 두고 어머니와 딸이 삼각관계에 놓이게 되는 스토리이다. 결말에서는 어머니가 딸을 위해 남자를 포기하지 않고 안제라가 어머니의 사랑을 위해 고향 버지니아로 돌아간다.

첫 번째 남편이 죽어 젊은 과부가 된 안제라의 어머니가 "뜨거운 피를 감당하지 못해 시신이 식기도 전에" 남자를 찾아 떠난다는 설정도 당대 정서상 통용될 수 없는 이야기거니와, 무엇보다 어머니와 딸이 동시에 한 남자를 좋아하는 삼각관계는 지금의 정서로 읽어도 낯선 구조이다. 〈부친의 대안매〉 역시 충 · 효를 근간으로 하는 중세적 도덕률에 정면으로 배치되는 이야기이다. 유복한 신사의 아들인 장난꾸러기 샌-쎄는 자신의 장난을 야단치는 아버지가 싫어 아버지를 팔 결심을 하고 "말 잘하는 부인대안매(父親大安賣)" 광고를 써 붙인다. 결국 이 광고를 보고 고아남매가 이 집에 들어와 샛씨와 어울리며 잘 살게 되었다는 희극이지만, 아버지 파는 광고를 써 붙이는 발상 자체는 매우 이질적인 것일 수밖에 없다. 또 다른 작품 「월궁전」에서도 배우 돈나가 부정을 하고 이를 힐난하는 남편에게 칼을 휘둘러 피아니스트 남편을 불구로 만든 스토리 역시 여성의 정절이 강조되었던 조선사회의 정서상 통용되기 힘든 내용으로 보인다.

당대 인기가 있었던 서사적 독물은 자극적이고 통속적인 소재로 인해 통속물이라는 비판을 피하기 어려웠다. 그러나 영화를 서사적 텍스트로 바꾼 이야기들은 서사의 근원이 미국의 영화라는 점에서 상업성을 보장받았을 뿐만 아니라 권선징악적 서사 관습으로부터 자유로울 수 있었다. 특히 영화의 배경이 되는 시·공간의 새로움[24]뿐만 아니라 그간 유교적 윤리관이 강요했던 선악의 진부한 도덕률에서 탈피해 다채로운 서사를 보여줄 수 있다는 점은 영화소설이 갖는 이점임은 분명하다. 이는 서구세계의 다양한 문화를 접하는 통로인 동시에 문화적 충격으로도 작용하지 않았을까 한다. 결론적으로 말해 영화를 바탕으로 한 서사물은 번안이나 번역과 달리 외부세계를 그대로 보여주는 매체라는 점에서 허구에 대한 감각의 변화를 가져왔음은 분명하다. 다음에서는 시각적 매체로서의 영화를 어떻게 활자화했는지 살펴

24 영화가 주는 새로움 가운데 미국의 존재감을 시간적 간극 없이 경험하는 '동시대성' 감각은 압도적인 것이다. 복제예술로서 영화는 불과 몇 개월, 길면 1~2년 안에 조선에 들어왔다. 이러한 동시대성은 언어적 번역을 거쳐야 하는 문학이나 연극 등 다른 매체들이 제공할 수 없는 시간감각이다(백문임, 「감상의 시대, 조선의 미국 연속영화」, 『사이間SAI』 제14호, 국제한국문학문화학회, 1913, 10쪽 참조).

보고자 한다.

"아버지는 도라가시고 어머니는 나아가시고 제일 나를 사랑하시는 祖母님께서는 천당으로 가시고 하날과짜에 依支할 사람이라고는 다만 한사람도 업는나보다도 不幸한 女子가 쏘잇슬가 어머니께서는도라가시지만 안엇으면 이널븐世上에 어느곳에서던지 사라계시련마는 다만 한번이라도 맛나뵈옵고 짯드한 가삼에서 안겨서 不幸한 身世를 하소연이나 할것을……[25]

사랑에는 年齡의 關門도 업소, 邪淫에는 老女의 情도밋치여날쒼다. 化粧이라는 魔力을 利用하여 老婆가 處女인체하고, 天與의 醜를 美귀로 보여서 自己의 肉慾을 채우고져하는 것이 世女의 흔한짓이나 에-튼 부인에 잇셔셔는 특히 基極에 達하야 四十에 갓가운 腐敗한 몸으로 靑年紳士에게 마음을두고 그를 成功하기 爲하여 꼿갓흔 處女의 나이를 十三歲로 속히고 化粧에 依하야 감초지못할 자기의 나이는 쌀의 나이를 주리어 그에 짜라셔 젊은 나이로 속히여 젊은 紳士구레-의 歡心을 사고져 이러케까지 苦悶을 하는것이다.[26] (밑줄은 인용자)

위의 두 지문은 모두 〈고성의 가〉의 일부이다. 앞의 지문은 천애고아가 되어 부모를 찾아가는 안제라의 심리를 묘사한 부분이며 다음은 화장으로 나이를 속이고 젊은 남자를 꾀려는 안제라 어미에 대한 언급이다. 위 지문의 강조 부분에서 드러나듯이 내용에 따라 어미 활용

25 「고성의 가」, 『녹성』 창간호, 8쪽.
26 위의 글, 13쪽.

이 달라져 있음을 알 수 있다. 특히 천애고아 안제라를 동정하는 부분에서는 신소설이나 딱지본 고소설에서 흔히 볼 수 있는 신파조의 목소리가 그대로 담겨 있음을 알 수 있다. 이러한 신파조 문체는 주인공을 동정하는 부분에서 어김없이 나타난다. 또 다른 영화 〈독류〉에서도 서사 전달 도중 "가련한 메-아, 생활난에 쫏기는메－아, 빈한에 우－는 메아"라는 식으로 전달하는 이의 감정이 담겨있다. 그러나 장면 전환이나 화면의 내용을 그대로 전달할 필요가 있을 경우에는 사정에 맞게 문체를 조절해 나갔다.

> 니야기는 다시 가련한 少女에게로 옴긴다.
>
> 幕열니기를 苦待하는 觀客의 歡呼하는 소릐는 漸々더하야온다 時間은 되얏다 俳優는 모다 舞臺뒤에 모혓다.
>
> 마음을 쒸게하는 음악소리, 觀客의歡呼聲中에, 幕대은 열녓다. 主人公신데렐라로 차린 돈나가 拍手聲中에 舞臺로 나아갓다.[27]

위 지문은 〈월궁전〉의 일부로 영화의 장면 전환과 배우 움직임을 군더더기 없이 보여준 부분이다. 이처럼 『녹성』에서는 영화 내용에 따라 어조를 달리하면서 독자에게 시각적 매체를 문자적 매체로 효과적으로 전달하고 있음을 알 수 있다. 즉 보여주기 매체인 영화가 문자화되는 과정에서 독자들의 상상력과 감정선을 고려해 가면서 서사가 전개되는 방식은 무성영화 시대에 시각매체인 영화와 서사가 조우하는 지점이라는 데 그 의미가 있다.

27 「월궁전」, 『녹성』 창간호, 47쪽.

4. 나오는 말 - 『녹성』을 통해 본 잡지의 대중화 전략

『녹성』은 그것이 발간되었던 시기만으로도 문제적인 잡지이다. 『녹성』 이후 영화잡지의 등장이 1920년대 중반 이후임을 고려해 본다면 조선에 영화가 들어온 지 얼마 지나지 않아 영화를 전면에 내세운 잡지의 발간은 이례적인 일임에는 틀림없다. 본고에서는 영화저널리즘이 생기기 훨씬 이전에 발간된 『녹성』이 어떠한 목적으로 누구에 의해 발간되었으며, 그것이 갖는 매체적 특징은 무엇인가에 대해 다루었다.

본고에서는 '경성청년구락부' 핵심 멤버인 방정환을 중심으로 하여 『신청년』 과의 친연성을 우선적으로 살펴보았다. 『녹성』은 '경성청년구락부' 기관지인 『신청년』 발간이 순조롭지 못하자 검열을 피하는 동시에 지속적으로 기관지를 발간할 수 있는 물적 토대가 되어줄 새로운 매체에 대한 요구 속에서 발간된 것으로 추측해 볼 수 있다.

『신청년』 제2호에는 「녹성발간됨」이라는 광고문이 실려 있는데 여기서는 "여러가지 ◯◯한 방법으로 편집된 첨보는 잡지"라면서 『녹성』을 설명하고 있다. 이는 영화가 갖는 콘텐츠의 새로움뿐만 아니라 예술, 혹은 연예잡지를 지향했던 기획의 새로움도 포함된 것이라 보인다. '경성청년구락부'의 핵심 멤버이자 3・1운동 당시 『독립신문』 발간 죄로 일경에 끌려가 혹독한 고문을 치룬[28] 방정환이 기관지 『신

28 『독립신문』은 천도교가 운영하는 보성사 인쇄소에서 찍고 있었다. 3・1운동 직후 이종일 보성사 사장과 윤익선 『독립신문』 사장이 체포되자 당장 발행이 문제가 되었다. 이후 방정환의 재동 처가에서 방정환과 오일철이 등사판으로 밀어 배부하는 극비 작업이 3주간 진행되었다. 이 일로 종로서에 붙잡혀간 방정환은 1주일동안 혹독한 고문을 받았으나 끝끝내 자백을 하지 않자 '증거불충분'으로 풀려나게 된다(민윤식, 『소파 방정환 평전 - 청년아,

청년』과 동시적으로 발간한 『녹성』은 여러 측면에서 의미를 찾아볼 수 있다. 특히 당대 문명의 기호이자 대중예술의 최첨단 매체인 영화를 내세워 서사텍스트와 결합시킨 『녹성』은 매체간 교호 차원에서도 의미가 있지만 대중문화를 이끌었다는 점에서도 의미를 찾을 수 있다. 특히 미국 영화라는 새로운 매체가 주는 감각의 다양함을 기존 서사텍스트와 접목시켜 폭넓은 독자층을 확보하고자 하는 편집진의 대중화 전략은 근대 초 잡지 분화 차원에서 의미 있는 작업이다.

『녹성』 발간 당시 '잡지'라는 매체는 근대지식과 계몽성의 자장을 벗어나기 어려웠다. 즉 지식과 취향의 분화 속에 자본이 결합되어야 상업적 목적으로서의 대중잡지 출현을 기대해 볼 수 있다. 그러한 점에서 볼 때 1910년대 잡지의 대중화 혹은 상업화는 한계를 노정하고 있었다. 그러나 『녹성』은 '영화'라는 첨단의 근대 매체를 매개로 하되 기존의 서사방식을 덧씌우는 방식으로 지식인 전유의 계몽성 틀에서 벗어나 대중적 독물로서의 잡지를 선보였다. 나아가 영화가 만들어지기 훨씬 이전, 영상매체로서 영화에 대한 대중적 관심을 문자매체와 연동해 새로운 문화상품으로서 변모시킨 『녹성』의 대중화 전략은 근대 초 대중문화 태동 측면에서도 의미 있는 작업임이 분명하다.

너희가 시대를 아느냐』, 중앙M&B, 2013, 121~122쪽).

/ 제2장 /

잡지『서울』연구

1920년대 개조론의 대세 속『서울』창간의 배경과 그 성격을 중심으로

1. 장도빈의『서울』발간과 잡지의 변모과정

1919년 12월에 창간된『서울』은 민족사학자 장도빈 주간으로 발행된 잡지이다.『서울』은 8호까지 발간된 것으로 보이며[1] 이 중 8호는 압수당해 상당부분이 삭제되어 임시호로 발행되었다. 창간호와 2호(1920.2)의 발행처는 '서울사'로 되어 있으며 3호(1920.4)부터의 발행처는 '한성도서주식회사출판부'로 되어 있다. 장도빈과 한성도서주식회사와의 관계는 매우 밀접하다.

산운(汕耘) 장도빈(1988~1963)은 언론인이자 민족주의 사학자로 국사연구를 통해 항일구국의 의지를 불태운 인물이다.[2] 장도빈은 21살

---

1 필자가 파악한 바로는 아직까지 잡지『서울』에 대한 연구는 이루어지지 않았다. 본 연구는 중앙대 도서관에 두 권으로 영인된『서울』을 텍스트로 했다.『서울』의 서지적 상황은 창간호부터 8호까지 발굴되었으며 이 가운데 5호는 비어있다. 본고 역시 5호의 경우 광고를 통한 목차의 일부만을 알 수 있을 뿐 5호 텍스트는 비어 있음을 밝힌다.

2 장도빈은 한성사범학교와 보성전문학과 법과 출신으로 정치가를 지망했으나 법과가 폐지된 이후 국사연구를 통해 구국활동을 하기로 마음을 먹는다. 1908년 봄부터 대한매일신보

의 젊은 나이에 박은식의 주선으로 대한매일신보에 입사해 논설을 쓴 언론인으로서 신문발간에 늘 뜻을 두고 있었다. 그러던 중 일제가 문화정책으로 식민지 정책을 선회한 직후 신문발행허가를 출원한데 이어 한성도서주식회사의 설립을 요청했다. 한성도서는 산운의 계획 하에 만들어진 출판사로 장도빈이 한성도서에서 맡은 역할은 출판부장이었다.[3] 한성도서는 '번역 출판'과 '서적 수입'을 전면에 내세웠으며 실제 번역 위인전기총서와 '세계명작' 간행을 비롯해 창작 역사전기물을 중점적으로 기획했다.[4]

한성도서주식회사는 도서출판 이외에도 잡지를 기획하는데 그 첫 번째로 나온 것이 『서울』(1919.12)이며, 이어 독자층을 학생으로 한정한 『학생계』[5]가 1920년 7월에 발간된다. 따라서 한성도서에서 출판과

에 입사하여 신채호와 더불어 논설기자 생활을 하였으며 이후 신민회 활동과 오성학교 교감을 역임 하고 후일에는 블라디보스토크와 만주로 망명길에 오르기도 한다. 장도빈은 대한매일신보 기자생활을 전후하여 박은식, 양기탁, 신채호 등의 구한말 유학자들과 긴밀한 관계를 맺는다. 장도빈은 박은식과 신채호 등의 전 세대 언론인뿐만 아니라 일본유학을 거친 다음세대의 언론인, 문인들과도 친밀한 관계를 맺으며 활동을 펼친다. 장도빈은 1916년 『국사』 개설서 집필을 비롯하여 『대한매일신보』, 『조선일보』, 『동아일보』를 비롯한 신문 뿐 아니라 『서울』, 『학생계』, 『조선지광』 등의 잡지 발간에 관여하고 활발한 저술활동을 펼쳤다. 그는 생전에 총 62종의 역사관련 저서를 남겨 근대 한국인 사학자 가운데 가장 많은 역사 저술을 남긴 학자로 기록되는 인물이다(재단법인 산운학술문화재단, 『산운 장도빈』, 시사문화사, 1985; 『산운 장도빈의 생애와 사상』, 산운학술문화재단, 1988; 박인호, 「산운 장도빈의 고구려인식」, 『중앙사론』 30호, 중앙대 사학연구소, 2009).

3 산운학술문화재단에서 발간한 『산운 장도빈』에는 산운을 한성도서를 만든 장본인으로 보고 있다. 한성도서의 관계자들을 보면, 사장은 이봉하, 전무 이종준, 취체역은 장도빈, 한규상, 박태련, 감사는 한윤호, 허헌, 고문은 김윤식, 양기탁이며 출판부장은 장도빈, 잡지주간 오천석, 출판 편집 관련 실무자들로는 김환, 전영택, 김성룡, 노자영, 김억, 유현숙, 김동인, 최팔용 등이 있었다(하동호, 『한국근대문학의 서지연구』, 깊은샘, 1981, 90쪽).

4 장도빈의 주요 출판 활동 시기는 세 시기로 나누어볼 수 있는데 1917년 무렵에는 번역과 창작을 함께 시도하다가 1920년에는 번역을 통한 출판물 간행에 집중했고, 1925년 이후에는 역사전기물과 관련된 창작에 전념했다(김성연, 「1920년대 번역계의 세대교체」, 『반교어문연구』 31호, 반교어문연구회, 2011, 43~44쪽 참조).

5 『학생계』는 1920년 7월에 간행되어 1922년 11월 1일까지 발간된 총 18호의 종합교양지이다. 편집 겸 발행인은 오천석이며 창간호에는 '학과를 배호시는 남녀학생 여러분' 뿐만

번역을 담당했던 인물들은 『서울』과 『학생계』의 필진으로 활약한다.

『서울』은 제1차 세계대전 이후 서구열강의 역학관계 조정과 세계 개조론의 대세 속에 민족개조의 구체적 방향과 제도적 실천을 모색하고자 한 민족주의 계열의 언론잡지[6]이다. 창간사의 첫머리에는 "세계가 개조되야 혁신적 문명이 혼지구에 찬란하랴하도다. 아등(我等)도 이 대세를 순응하야 신문명을 환영하여야할지라. 이 주아(主義)의 일 선전자로 잡지 「서울」이 출하다"라는 글을 싣고 도덕과 과학, 구습제도 등의 전반적 '혁신'을 통해 신문명으로 나아가고자 하는 의지를 밝혔다.

『서울』이 발간된 1920년 무렵은 세계대전 후 미국이 열강으로 급부상하는 가운데 윌슨이 주창한 세계평화와 민족자결론에 대한 기대감과, 이후 강대국의 실리에 따라 움직이는 국제사회의 냉혹한 속성에 대한 실망감이 교차하는 시기였다. 동시에 러시아혁명에 따른 사회주의 담론이 지식인들 사이에서 크게 유행하고, 일제의 식민지 정

아니라 '농촌에서 자연을 읽으시는 남녀청년 여러분'이 보여주듯 학생을 특정 대상으로 하여 창간된 잡지이다. 필자들은 노자영, 오천석, 이추강, 김억, 장도빈 등으로 『서울』의 필진들과 상당히 겹친다. 『서울』이 독자투고물 대신 편집인들 글 위주로 편성된 반면 『학생계』는 '현상문예란'을 통해 학생문인들을 적극 발굴했다. 또한 『학생계』는 거의 매호 지면의 1 / 4가량을 학생들의 글로 할애했다(박지영, 「잡지 『학생계』 연구」, 『상허학보』 20집, 상허학회, 2007.6, 126~127쪽).

6 잡지의 성격을 어떻게 보는가하는 것은 중요한 문제이다. 『서울』은 6호 (1920.9)와 7호 (1920.10)의 중요목차를 소개하는 『서울』 내의 광고뿐만 아니라 동시대 잡지인 『신청년』 내 광고에서도 스스로를 '언론(言論)잡지'라 지칭했다. 영문표기에서도 창간호부터 제7호까지는 "THE SEOUL"로 표기하고 있으나 8호(1920.12)에는 "THE SEOUL MAGAZIN"으로 바꾸어 썼다. 당시 언론잡지를 표방한 잡지로는 『개벽』을 들 수 있는데 『개벽』에서는 정치와 시사에 대한 기사와 논설 비중이 압도적으로 많았으며 '현상문 모집'에서도 정통문예물과 '사회문제'에 대한 논설(논문)을 동시에 공모했다(최수일, 『『개벽』 연구』, 소명출판, 2008, 388쪽, 610쪽). 그러나 『서울』에서는 정치와 시사에 대한 기사와 계몽적 논설보다는 국제정세와 세계의 주요인물을 객관적으로 다룬 글들이 적지 않은 분량을 차지한다. '언론잡지'로서 『서울』의 성격은 그러한 측면에서 살펴볼 수 있지 않나 한다.

책이 변화하면서 조선 내부에서 다양한 사상의 물꼬가 터져나가던 때였다. 『서울』은 그러한 국제정세의 변모 속에 "지금이 신사상의 시대, 신생활의 시대임을 믿고 서광을 따라 용진"하면 문명을 향한 진보를 이룰 수 있다는 낙관론을 바탕으로 각 개인의 개조와 사회전반의 개조 문제를 본격적으로 다루었다.

『서울』은 「사회문제 세계문제」(2호)나 「우리 개조의 일반」(3호), 「조선사회 부흥책의 일, 이를 논함」(6호), 「위기일발의 아(我)사회」(7호), 「조선교육의 근본문제」(7호)와 같은 글에서 개인의 개조뿐만 아니라 교육·실업·부인·결혼·생활습속 등 조선사회 전반에 대한 개조의 문제를 제기했다. 그러나 낙후된 조선사회를 개혁하자는 식의 자조적인 개조론으로 몰아가는 대신 서구 열강들을 비롯한 전 세계와 전 인류의 개조문제 가운데 우리사회의 개조를 바라보는 입장을 취했다.[7] 언론잡지로서 『서울』은 당대의 국제정세를 보여주는 동시에 조선사회의 당면과제와 문명사회로 나아가기 위한 제도적 실천책을 제시하는 개조의 주체자로서 입장을 견지했다.

한성도서 발간 잡지인 『서울』이 개조의 주체자 역할을 담당했다면, 곧이어 발행되는 『학생계』는 개조의 핵심 대상을 학생으로 한정한 개조론의 실천태라 할 수 있다. 한성도서 필진들의 이러한 의도된 기획은 『서울』과 『학생계』가 다루는 글의 주제와 구성, 문체 등에서 확연하게 드러난다. 즉 『서울』에서는 계몽을 목적으로 한 쉬운 한글문체

7 『서울』 3호에 실린 추강 이종준의 「세계전란과 개조문제」는 전란 후 열강들의 개조가 어떻게 진행되고 있는지를 상세히 밝히고 있는 가운데 "개조의 문제는 일국가나 일사회의 문제가 아니라 장차 전우주 전인류의 문제"라는 보편성의 차원에서 접근하고 있다(『서울』 3호, 1920.4, 18~40쪽).

대신 한문체가 주가 되어 당대 조선사회의 현황이나 역사에 대한 실증적이고도 관계론적 입장을 담은 논문형식의 글이 많았던 반면, 『학생계』에서는 '~이야기' 투의 글이 대부분이었다.[8]

'서울사'가 발행처로 되어 있던 『서울』 1호와 2호는 장도빈 일인잡지라 할 수 있을 만큼 장도빈 글이 주를 이루지만 3호로 넘어가면서부터 장도빈 뿐만 아니라 한성도서를 이끌어갔던 인물들이 『서울』의 필진으로 크게 활약했다. 특히 3호는 '문예부록'을 마련하는 등 기획 차원의 변모를 꾀하기도 하였다.

다음 표는 창간호 목차이다.

창간호 목 차	저 자
창간사	장도빈
아동의 서광	장도빈
파리회의의 월손	추강(이종준)
상식과 과학	장응진
금후의 결혼문제	윤병섭
항공계의 발전	항공생
대정치가 을파소씨	장도빈
한시	유근
학생계의 일대위기	장도빈
연구 대평양	장도빈
부인란	유종석
휴유며・산동・토이기	장도빈
舊傳	무고생
新話	습향생

창간호 표지에는 영문 "THE SEOUL"을 가로쓰기로 작게 적은 후 그 아래에 세로쓰기로 "서울"이라는 잡지명을 큰 글씨로 적어 놓았다. 우선 잡지명을 왜 '서울'로 했는가에 대해 생각해 볼 필요가 있다. 한일합방 후 조선의 수도였던 '한양'은 일본에 의해 '경성'으로 그 명칭이 개조되었다.[9] 발행인 장도빈은 '한양'도 '경

8 『학생계』 창간호만을 놓고 보더라도 주제의 선택과 전달 방법에 있어 『서울』과 확연한 차이를 발견할 수 있다. 『학생계』 창간호에는 '음악이야기', '문학이야기', '미술에 대하여', '과학이야기', '운동이야기'라는 제목 하에 설명과 예시의 방법으로 내용을 전달하고 있다.

9 조선의 '한양'은 그 한자표기가 '漢陽'이듯 중국의 영향을 감지할 수 있었던 반면, '경성'은 '京城'(ケイジョウ : 게이조)의 표기법에서 드러나듯 식민도시의 인상을 지울 수 없다. 즉 '경성'이라는 기표는 근대성과 식민성이 동시적으로 접합된 것이다. 실제 행정구역으로서 '한양'은 '경성'으로 바뀌면서 경기도에 속한 일개 지방도시(도청 소재지)로 전락했고 그

성'도 아닌 '서울'이라는 지명을 잡지명으로 내걸었는데 '서울'은 신라의 고도인 '서라벌'에서 온 것으로 일반적으로 '수도'를 지칭하는 말이다. 이를 보여주듯 『서울』 제3호에는 "「서울」이 「서울」이어 네부듸 영국의 「론돈」쳐럼 되어라. 너 「서울」로 말미암아 조선을 영국처럼 되게 하여라"[10]라는 글이 실려 있다. 그렇다면 잡지명 '서울'은 로컬리티로서의 그것만이 아니라 '우리 것'으로서의 주체성을 견지하되 문명사회를 만들어가고자 하는 필진 의도의 반영이라 하겠다. 실제 장도빈이 『서울』에 실은 논문과 논설들을 보면 역사와 문화 탐구에서 로컬리티가 갖는 실증적 측면을 중시하고 있음을 살필 수 있다.

위 목차가 보여주듯 창간호에는 「아등의 서광」이나 「학생계의 일대위기」와 같은 논설 뿐 아니라 역사관련 논문이나 기사에서 장도빈의 글을 쉽게 발견할 수 있다. 분량 뿐 아니라 글의 중요도의 측면에서도 장도빈의 역사서술은 창간호의 핵심적 부분이다. 이처럼 창간호는 사학자 장도빈의 색채가 두드러진 개인 잡지적 특징을 보이지만 3호 이후부터 종간까지를 보면 한성도서의 필진들이 대거 참여할 뿐만 아니라 언론잡지를 표방하듯 세계정세로의 시선 확대와 더불어 주요 세계사적 쟁점들을 객관적으로 보여주었다.

7호의 목차는 앞서 창간호와 비교해 볼 때 장도빈의 글이 줄어드는 대신 한성도서 필진인 강매, 이종준, 에덴, 노자영, 오천석[11]의 글이

면적도 1 / 8로 축소되었다(최현식, 「근대계몽기 '한양—경성'의 이중 표상과 시적 번역」, 『상허학보』 26, 상허학회, 2009.6, 2~3쪽).

10 추호 전영택, 「서울잡감」, 『서울』 제3호, 1920.4, 41쪽.

11 7호에 김억의 글은 보이지 않지만 3호 이후 『서울』에는 전호에서 한시만을 다루었던 것에 비해 번역시나 소설, 창작시가 계속 연재된다. 『서울』의 문학란을 담당했던 김억, 노자영, 오천석은 『학생계』 역점사업인 현상문예란의 주요선자들이다.

들어가 있음을 알 수 있다. 역사를 통한 민족의식의 진작을 목적으로 하는 논설에서는 장도빈이 집필을 하지만 창간호가 가지고 있었던 일인 잡지 성격에서 벗어나 외부로 시야가 확대되어가는 양상을 볼 수 있다.[12] 무엇보다 민족주의 계열의 부르주아 잡지임에도 영국노동당이나 적위군(빨치산), 레닌에 대한 소개가 이어지고 있다는 점을 주목해 볼 수 있다. 민족과 역사를 키워드로 한 잡지였음에도 세계정세를 읽고자 했던 『서울』은 이를 반영하듯 6호를 시작하는 「경성(警醒)」에서는 창간호에서 읽을 수 있었던 낙관론 대신 세계정세의 불안 속에 정신을 바짝 차려 사업에 분주히 임해야 함을 강조하였다. 더욱이 8호는 일주년 기념특별호로 발간되지만 상당부분의 주요논문이 일제당국에 의해 압수[13]되고 임시호로 대체되고 만다. 『서울』은 6호 이후 매달 발간되다 8호에서 검열로 한 달이 늦어지고 그러다 갑자기 종간되었다는 점에서 외부 압력에 의한 강제적 종간이 아닌지 의심이 든다.

그렇다면 언론잡지를 표방하고 개조론의 주체가 되어 조선사회를 이끌어가는 역할을 담당하고자 했던 『서울』은 근대를 추수하고 민족의 '강'을 만들어감에 있어서 어떻게 제국의 논리와 식민주의에 저항해 나가는지가 중요하게 된다. 민족운동이나 자강론을 끌어가는 동력

12 5호는 서지가 없어 자세한 내용파악은 어렵지만 4호 뒤 '서울 제5호 내용예고' 광고가 있어 주요목차는 확인해 볼 수 있다. 5호에는 최근 세계문제와 최근 조선문제라는 항목이 핵심인데 조선 문제의 경우 '정치도덕론'과 '경제공황선후책'이 있을 뿐이나 세계문제의 항목에는 '최근 세계정치 조직변경에 대하여', '데모크라시', '노동문제', '구주대전과 부인문제', '시베리아문제의 장래', '영국과 애란(愛蘭)문제'를 다루고 있다.

13 8호 임시호(1920.12) 앞부분의 '근고(謹告)'란에는 "본잡지 일주년 기념호는 원고 검열하는 중에 당국에 기휘(忌諱)되야 조선청년에게 고함, 강화조약의 정문과 각국현세, 조선교육의 근본문제, 법률사, 조선청년연합기성회의 경제"가 삭제되어 매수가 축소되었다고 밝혔다.

이 우승열패식의 사회진화론과 야만과 문명의 이분법이 작동하는 식민주의 지배논리였음을 살펴볼 때 어떻게 식민논리에 지배당하지 않으면서 주체적인 민족운동과 개조론을 전개해 나가야 하는가는 장도빈을 비롯한 『서울』 필진들의 고민의 산물이었을 것이다. 본고에서는 『서울』이 지향한 민족개조사업의 목표와 방향에 대한 탐구와 더불어 식민극복을 둘러싼 문제에 대해 살펴보고자 한다.

2. 민족개조사업과 탈식민 사이의 간극과 저항

사학자 장도빈은 『서울』이라는 잡지를 통해 민족개조사업의 목표와 방향을 분명히 하면서도 역사를 통한 민족의 자긍심을 일깨우는데 많은 공력을 기울였다. 잡지 『서울』의 전체 논지는 크게 두 방향에서 접근할 수 있다. 첫째는 역사적 내러티브를 통한 민족적 자긍심의 획득이다. 그러나 오늘날 세계의 흐름을 보여주는 동시적 감각을 잃지 않으면서도 우리의 과거 역사를 조망하고자 했다. 고대사를 비롯한 통시적 역사에의 조망은 상대적으로 조선의 문약으로 인한 민족적 열등감을 상쇄시키는 결과를 낳았다. 다른 하나는 보편으로서 지금의 인류 문명발전 상황을 보여주고 우리사회의 구습과 제도적 문제를 개선하고자 하는 민족개조사업 부분이다.

대한매신에 구국논설을 실은 바 있는 장도빈인 만큼 『서울』은 민족적 색채가 강했고 그러한 맥락에서 우리민족의 역사와 문화에 대한 장도빈의 연구논문은 상당한 비중을 차지했다. 장도빈은 과거의 역사 가운데 고구려를 중심으로 한 통시적이고 거시적인 역사관 속에서 중국의 사대주의에 지배되었던 조선을 상대적으로 축소했다. 우리의 문화사를 통시적으로 읽어내는 시도는 1910년대 이미 안확이 시도한 것으로 안확은 우리 민족의 언어와 문학, 미술, 음악 등에 대해 통시적으로 접근해 문화적 특질을 보여주었다.[14] 안확이 문화사 방면에 치중했다면 장도빈을 비롯한 『서울』의 필진들은 역사적 인물과 지리적 접근을 통한 실증적 방법으로 민족의 우수성을 제시하였다. 『서울』의 전호에는 인물에 대한 탐구가 적지 않다. 1호에는 「'윌슨'에 대한 약전」, 「대정치가 을파소」, 2호에는 「연개소문 실기」, 3호에는 「조선고대의 노동명인」, 「오대여걸」, 4호에는 「'크로포트킨' 약전」, 「칼마르크스」, 6호에는 「이충무전」, 「크레만소」, 「현부 퀴리」, 7호에는 「과격파수령 레닌」, 8호에는 「국선전」, 「톨스토이」론이 실려 있다. 이를 분석해 보면 『서울』은 동시대의 감각을 잃지 않으면서도 우리 민족의 자긍심을 불러올만한 인물을 역사 속에서 소환했다. 특히 6호의 일본인의 시선으로 본 이순신전이나 3호의 고대 여성의 지위를 통해 우리의 여성상을 재조명한 「오대여걸」, 노동을 키워드로 구국의 영웅을 재해석한 「고대의 노동명인」은 『서울』이 지닌 진보적 부분으로 새롭게 고찰해보아야 할 부분이다.

무엇보다 인물 고찰에서 특기할 점은 저자의 주관적 입장을 배제하

14 안확은 『학지광』 4호에서 「조선어의 가치」, 『학지광』 5호에서 「조선의 미술」, 『학지광』 6호에서 「조선의 문학」을 발표했다. 이러한 논문에서 안확은 우리의 문화적 특질을 통시적인 관점에서 바라보고 계통화했다.

고 객관적인 '전'의 형식을 통해 인물을 소개했다는 것이다. 창간호에 실린 인물론인 「파리의회의 '윌슨'」과 「대정치가 을파소」는 이종준과 장도빈의 글로 저자가 다름에도 서로 호응된다. '윌슨'론은 윌슨의 연보와 미국과 윌슨의 관계, 윌슨의 약전, 윌슨의 일과표를 순차적으로 전개한 글이다. '을파소'론은 고구려의 을파소를 민족영웅의 차원에서 소환하기보다 오늘날 사회와 개인에게 요구되는 덕목인 평화・평등・정의・노력・실력의 키워드로 접근한 글이다. 서양의 위인을 객관적으로 제시하고자 한 시선은 '윌슨'론 뿐만 아니라 『서울』 전편에서 발견할 수 있는 특징인데 이는 『서울』이 지향한 탈식민성과 주체성의 발현으로 볼 수 있다. 그러나 을파소를 훌륭한 정치가로 평가하는 기준과 덕목을 미국과 윌슨 안에서 찾는 시각은 당시대 지식인으로서 가질 수밖에 없는 시대적 한계가 아닐 수 없다.

서구를 향한 식민주의는 우리민족과 역사 내부에서 '강'을 발견하고자 하는 시도 속에 역으로 표출된다는 점에서 아이러니한데 이를 보여주는 대표적인 글이 제4호에서부터 계속 연재되는 「십대식민위인」이다. 4호에는 고천왕, 달고, 이희옥이라는 인물을 통해 과거 우리민족이 식민지를 개척했던 과정과 그 위용에 대해 언급하고 있다. 이는 앞서 새로운 시대정신이자 민족위인의 상으로 제시된 덕목인 '평등・평화・정의'의 항목과 배치되는 것으로, 결국 강자가 약자를 지배하는 식민경영이 당연한 것이자 민족의 자부심으로 평가된다는 점에서 식민주의의 덧씌움이라 할 수 있다. 2호에 실린 추강의 「서비리아(西比利亞)」라는 짧은 글 역시 고대 식민정복의 때를 회상한 글이다. 서비리아는 지금 세계열국들과 옴스크정부 각축장이지만 과거 부여와 고구려, 발해의 영토로 글쓴이는 아골타와 고운, 이회옥 등 고대인들의 식민경영을 다루었다.

식민주의와 탈식민주의의 착종과 길항의 문제는 인물이나 역사의 문제를 넘어 '근대'를 어떻게 바라보는가 하는 시대정신의 문제가 되면 더욱 복잡해진다. 장도빈이 4호에 쓴 「현대의 사조와 아인의 소질」에서는 조선민족은 예부터 문화창조와 문화선전 능력이 있고, 민중주의・노동중시사상・남녀평등・인도주의 덕목을 지녀왔다는 측면에서 민족자긍심을 촉구했다. 그러나 우리민족의 우수성을 보여주는 지표이자 근대성의 기준들이 서구정신의 그것으로 다시 환원되고 마는 식민주의의 문제가 여전히 남는다. 이것이야말로 한 시대를 지배하는 당대성에서 벗어나기 어려운 지식인의 한계일터인데 장도빈의 경우 비록 당대성에서 벗어나지 못했다 할지라도 언론잡지로서 문제제기와 논의전개 방식에서 객관과 실증의 태도를 견지했다는 점은 새롭게 평가되어야 할 것이다.

일인 잡지의 성격이 강한 3호 이전, 『서울』은 장도빈의 역사논문이 핵심을 이루었다. 창간호에서 장도빈의 「대정치가 을파소씨」와 「연구 대평양」이, 2호에서는 「천개소문실기」와 「연구 한성일반」이 상당한 비중으로 실려 있다. 네 편 모두 감정적 언급이 배제된 연구논문에 가까우며 문체는 조사와 어미를 제외하고서는 모두 한문으로 되어있다. 이미 전시대에 한글이 계몽을 위한 프로젝트로서 광범위하게 활용되고 있음을 『서울』의 필진들은 알고 있을 터였다. 그럼에도 역사 연구적 성격의 글에서 유독 한문체로 기술된 점을 보았을 때, 『서울』은 계몽의 목적이 아닌 계몽의 주체자 역할을 담당하는 매체가 되고자 했음을 짐작해 볼 수 있다. 더불어 한성도서에서 번역 위인전기총서를 대대적으로 기획했음과 『학생계』 내 역사물들이 가독성을 높인 '이야기' 성격의 글이라는 점 역시 『서울』의 문체적 특이성을 설명해 주는 부분이다.

글의 성격을 보자면 2호 「천개소문 실기」의 경우 천개소문의 내력, 출세, 활동, 공덕, 사후의 총 5장으로 나누어 천개소문의 생장에서부터 사후에 이르기까지의 행적을 객관적 관점에서 기술했다. 특히 '연구'가 붙은 평양과 한성에 대한 고찰은 단군시대 전후의 유적으로서 평양과 백제 도시로서 한성에 대한 지리적 탐구를 통해 우리 역사에 대한 이해를 심화시킨 글이다.[15] 장도빈은 역사연구를 통해 민족 자긍심 진작을 목적으로 두면서도 그 고찰방법에 있어서 객관과 실증적 태도를 견지했는데 이는 당대 역사와 문학 사이를 오간 최남선, 신채호와 갈리는 부분으로 볼 수 있다.

신채호나 최남선이 구국을 위해 민족 영웅과 과거의 영토를 '발견'해 내었던 것은 당위로서 '민족'이 선행했기 때문이다. 신채호는 "민족을 부정한다면, 역사도 없다"[16] 라는 정신 아래에서 민족 정체성 규명을 위해 「독사신론」에서의 단군 중심 역사관을 비롯하여 민족중심의 역사기술로 나아갔다. 뿐만 아니라 「용과 용의 대격전」, 「꿈하늘」과 같은 우화적 소설과 감정의 고양을 끌어내는 '초혼의 수사학'으로까지 나아갔다. 이처럼 실증적 역사보다 신화론적 역사 해석이 중시

15 더불어 창간호를 비롯한 매호에서는 평양 중앙시가도나 고구려 대신소상 석판화 등 우리 역사 속의 지리, 문화유적에 대한 시각자료를 잡지의 시작과 끝부분에 첨부했다.

16 신채호, 「독사신론」, 단재신채호기념사업회 편, 『단재 신채호 전집 1』, 형성출판사, 1987, 471쪽.

될 수 있었던 까닭은 '민족'을 객관으로서의 역사적 기술보다 상위개념으로 두었기 때문이다.

최남선 역시 서구근대 문명을 받아들이되 우리 것을 잃지 않고자 하는 노력을 일평생 과업으로 삼아 역사와 문학의 경계를 넘나들었던 선각자이다. 평생 민족을 위한 계몽과 교육에 앞장서고 민족을 역사 서술의 핵심으로 놓았던 최남선 역시 그러한 강박 하에 사실과 신화, 역사가 혼종되는 특징을 보였다. 1920년대 중반 이후 「단군론」이나 「불함문화론」으로 이어지는 저술에서 읽어낼 수 있는 백두산이나 단군에 대한 집착은 사실로서의 역사 연구보다 '민족'이 우위를 점하면서 신화와 역사의 경계가 무화되는 특징으로 나타난다. 장도빈이 역사학자로서 끝까지 남아 수많은 역사서를 집필할 수 있었던 것은 민족주의를 견지하면서도 객관과 실증에 대한 정신을 잃지 않고자 했던 정신의 산물로 볼 수 있다. 나아가 잡지 『서울』에서 볼 수 있는 역사 관련 자료들은 이러한 장도빈의 역사의식과 언론잡지를 표방한 매체의 특성이 만난 특수성으로 해석할 수 있다.

역사적 내러티브를 통한 민족의식의 함양과 문화민족의 자긍심 확보가 『서울』이 지향한 첫 번째 목표라면 또 다른 목표는 문명사회로 나아가기 위한 조선민족의 개조사업이다. 민족개조 논의는 민족성 문제와 더불어 개조의 방향이 서구문명의 정신과 제도를 지향한다는 점에서 식민주의로 귀결될 위험이 크다. 『서울』의 필진들이 민족개조사업의 주체로서 입지를 분명히 하면서도 역사 속에서 우리 민족의 강인함과 문화적 위용을 찾고자 했던 것 역시 식민주의 사관에 지배되지 않으려는 의식과 무관하지 않다고 본다.

무엇보다 민족성 개조논의는 일제가 우리에게 강요한 열등의식과 직결된다는 측면에서 강요된 식민사관을 피해가기 어렵다. 실제 일본이 조선인의 성격으로 분석한 방종과 사치, 사행심, 당파성 등의 문제는 이광수를 비롯한 민족개조론자들에게서 흔히 발견되는 요소들이다.[17] 따라서 조선민족의 낙후 원인을 게으름이나 허위, 숙명론에의 지배나 서로 간의 불신과 질투라는 식의 정신적 측면으로 몰아갈 경우 지금 조선민족의 낙후는 당연한 것이 되어버린다. 민족의 발전을 최우선 과제로 삼고 있는 민족주의자가 조선민족 낙후의 원인을 정신적 측면에서 찾을 때 민족을 위한 친일로 귀결되는 빌미를 낳게 된다. 후일 최남선이나 이광수의 행로가 친일로 귀결된 것 역시 이러한 연장선상에서 이해할 수 있다.

그렇다면 문화를 통한 민족개량과 개조를 모토로 내건 『서울』이 식민주의 논리에 지배되지 않고 주체적인 민족개조 사업을 일으키기 위해서는 개조의 방향과 목표를 설정함에 있어 새로운 시각이 요구되어야 한다. 특히 민족개조 사업을 위해 필수적으로 수반되어야 할 정치적 측면은 함구된 채 사회일반에서의 개조문제를 말하고 그 실천을 수행하는 것은 쉽지 않은 일이다. 탈식민주의 관점에서 『서울』을 읽을 때 민조개조 논의에서 다음과 같은 특징을 보인다. 첫째는 개조 대상이 민족의 정신적 측면이 아니라 제도의 문제임을 강조했음이며 둘

17 당시의 어용학자 촌산지순은 총독부 조사자료 제20집으로 간행된 「조선인의 사상과 성격」에서 조선인의 성격이 열등하다는 근거를 '방종 · 사치 · 낭비 · 사행심'에서 찾았다. 총독부 편수관이던 고교형도 『조선인』에서 조선인의 성격이 열등한 근거를 당파심 · 문약 등에서 구했다. 이러한 조선인 열등성의 유포는 조선인으로 하여금 패배주의자가 되게 함과 동시에 일본의 지배가 합리적이라는 제국주의 지배논리를 받아들이게 만들었다. 안태정, 「1920년대 일제의 조선지배논리와 이광수의 민족개량주의 논리」, 『史叢』 제35호, 고려대 역사연구소, 1989.6, 18쪽.

째는 지향점으로서 서구의 정신과 문물을 보는 시각에서 이분법 논리가 아닌 인류보편의 맥락에서 문명발전과정을 제시했음이다.

첫째, 개조 방향에 대한 논의에서 장도빈은 2호「사회문제 세계문제」와 3호「우리 개조의 일반」이라는 글에서 개조 문제를 구체적으로 제기했다.「사회문제 세계문제」에서 개조논의는 우리사회에서만 요구되는 것이 아니라 미국과 독일 등에서도 개조가 필요함을 동시적으로 제시한 점이 특기할 사항이다. 우리 사회 문제로 학교, 도서관, 신문, 교회, 병원 등 공공기관에 대한 문제를 지적했고, 세계문제의 경우 금주와 노동관련 처우문제를 제기했다. 3호「우리 개조의 일반」에서도 사회의 개조, 교육의 개조, 혼상의 개조, 생활의 개조, 부인의 개조 항목으로 나누어 제도적 차원에서 조선이 개선되어야 할 점을 제기했다. 위에서 보듯 지금 조선사회에 요구되는 개조의 문제를 우리의 민족성이나 도덕성 차원에서 접근하지 않고 제도의 문제로 보고 그 원인과 해결책을 제시한 점은 식민주의에 포박되지 않으면서 조선사회의 변화를 촉구했다는 측면에서 의미가 있다. 또한 부부사이의 평등이나 의무교육의 문제, 나아가 노동자의 문제를 제시한 것은 언론잡지로서『서울』이 세계사적 변화에 민감하게 반응하고 있음을 보여주는 부분이다.

나아가 4호「경제계 신현상을 보고서」나「외국부인의 사회적 사업」, 6호「조선사회 부흥책의 일, 이를 논함」과 같은 글을 보면 조선사회가 형편없다는 식이나 조선여자들은 각성이 필요하다는 식의 비난조가 아니라 외국의 현황과 실제의 분석, 나아가 문제점이 되는 원인과 그 제도적 방책을 제시하는 구체적이고 실증적인 모습을 보였다. 특히 8호 황달영의 글 「우리민족성의 단소와 장소」는 우리민족성을 여러 측면에서 조망한 글로 "세계의 일분자로서 자기의 입각지를 인식하고 세계인류에 대하여 관계의 위치를 명백히 해야겠다"는 관계론적 태도 하에 민족의 장단점을 봤다는 점에서 그 시도는 높이 평가해야 한다.

조선사회의 제도 개선에 대한 논의에서 조선사람이 주체가 되어야 함을 강조한 것도 중요하게 살펴보아야 할 부분이다. 제도논의 중 가장 많은 분량을 차지한 분야가 교육제도 부분인데 4호에서 오천석이 쓴 「서양인의 조선여자 교육방침을 근본적으로 개혁하라」를 보면 지금 조선에서 행해지고 있는 서양식의 교육이 진정 조선여자의 교육과 현실인식에 도움이 되고 있는지를 근본적으로 묻고 있다. 즉 서양 각국의 문명을 조선화하지 못한 박래식의 교육과 제도는 문제가 있으며 서양식 교육 이전에 조선사회에 대한 철저한 연구가 필요하다고 강조했다. 같은 맥락에서 7호 강매의 「조선교육의 근본문제」는 교육사상에 있어 동·서양의 차이를 밝히고 신교육의 원리와 방법을 강구한 글이다. 배재학당 교사인 강매는 이 글에서 "조선인 교화의 사명을 저들의 손에서 우리 손으로 옮겨와야 한다"는 것을 분명히 했다.

또한 『서울』은 서양문명과 과학기술, 서구사상에 대해 논하면서도 동양인의 낙후와 서양인의 진보라는 이분법적 관점에서 접근하지 않았다. 창간호부터 4호까지는 과학의 발전과 문명진보에 대한 글이, 7호와 8호에서는 근대사상의 측면을 제기한 글이 많았다. 1호의 「항공계의 발전」, 2호의 「남북양극의 탐구」, 3호의 「무선전신」, 4호의 「열국과 잠항정」을 살펴보면, 우리가 낙후된데 반해 서양의 문명발전이

놀랍다는 식의 이분법적 사고가 아니라 인류보편의 차원에서 기술과 문명의 발전사를 제시하고 있다. 예컨대 「항공계의 발전」에서는 인간의 비행에 대한 상상력으로부터 지금의 항공계 발전과 금후 항공계 예측까지를 시간 순으로 설명하고 있다. 「남북양극의 탐구」 역시 남극과 북극의 탐험과정을 통해 인간이 지닌 불굴의 정신을 보여주었다. 「열국과 잠항정」에서는 독일 잠항정의 맹위를 설명하면서도 잠항정의 단위와 성능, 제조과정의 관점에서 기술해 나갔다. 7호와 8호에서는 영국노동당의 역사나 근대사상, 구미각국의 재정경제 문제 등 세계변화의 흐름을 짚어내는데 적극적인 모습을 보였다.

이처럼 『서울』은 서구의 정신에 침윤되지 않으면서 조선사회가 안고 있는 문제를 제도의 차원에서 주체적으로 접근해 나가고자 했을 뿐만 아니라 문명에 대한 접근방식에서도 서양의 진보를 강조하는 것이 아닌 인류보편의 문제로 환원하는 방식을 통해 식민주의에 저항하는 의식의 일단을 보여주었다.

3. '문예부록'을 통해서 본 『서울』의 성격과 근대문예에 대한 의식

장도빈 일인 잡지의 성격이 강한 1호와 2호의 경우 문예적 성격의 글로는 한시와 한글로 된 정형시밖에 없었다. 한시는 황성신문의 주필을 지냈던 유근이 담당했으며 한글시의 경우 한빛이라는 필명을 쓰는 이가 연재했다. 서사에 해당하는 글은 없었으며 흥미적 독물로는 '소담'이라는 필명을 쓰는 이의 「조선넷말」이 전부였다. 「조선넷말」은 조선시대의 속담 모음이나 역사 속 재미있는 이야기를 소개하는 글이다. 이렇듯 근대문예적 성격의 글이 전무하다가 3호에 이르면 상당한 분량의 '문예부록'을 기획한다. 이것은 한성도서 내 『학생계』 필진들이 참여하면서 잡지의 성격이 변모해간 중요한 움직임 중의 하나이다.

3호의 문예부록은 김백악(김환)의 「악마의 저주」, 이동원의 「약한 자에게」, 오천석의 「회개한 죄인」, 한설파의 「추의 승리」, 이종린의 「연의 성공」으로 구성되어 있다. 이 중 김백악과 이동원, 오천석은 당시 동인지에 글을 썼던 사람이며 이종린은 언론인으로서 이후 『개벽』의 사장을 지냈던 인물이다. 4호 이후 '문예부록'란은 더 이상 편성되지 않았으며 7호와 8호에서 창작 서사물은 더 이상 실리지 않았다.

3호부터 『학생계』 필진들은 『서울』에 근대 문예적 성격의 글을 다양하게 선보였는데, 4호에서는 3호 이동원 소설의 후반부인 「마음이 약한 자여」와 백악의 번역물 「80만년후의 사회」, 오천석의 시 한 편이 실려 있다. 또한 4호에는 전영택의 기행문과 억생(김억)의 사적인 서간문이 실려 있다. 5호는 서지가 없어 알 수 없으나 6호에서는 이동원의 기행문 한 편과 「사랑의 절규」라는 서사물 한 편이 실려 있다. 7호에서는 에덴이라는 필명 하의 번역물인 휘트먼 시 한 편만이, 8호에는 오천석의 번역소설과 김억이 전의 형식으로 쓴 「톨스토이」가 실려 있을 뿐이다. 즉 근대문예적 성격의 글은 '문예부록'을 기획한 3호와 그 다음 호에서 집중적으로 선보이다가 점차 비중이 줄어드는 추세이다. 하지만 종간에 이르기까지 한시는 계속해서 연재되는 특징을 보였다.

『서울』이 발행되던 시기는 전시대 최남선과 이광수의 독무대에서 벗어나 일본 유학생들이 중심이 되어 문예 동인지를 만들어가던 때였다. 특히 근대문학은 근대지의 중요한 표상으로 부상하게 되면서 젊은 청년들을 일깨우는 계몽의 도구로 적극 활용되었다. 『창조』는 1919년 2월에, 『폐허』는 1920년 7월에 창간되었다. 그러한 분위기를 반영하듯 『서울』에서 특별기획 형식으로 '문예부록'란을 신설한 듯하다. 하지만 동인지 문학이 갖는 예술의 절대화, 권선징악적 성격의 탈각, 개인의 내면 부상과 같은 특징은 보이지 않는다. 오히려 3호 '문예부록' 앞에는 "선(善)으로 모범(模範)을 삼고 악으로 징계(懲戒)를 삼으라"라는 구절이 적혀 있다. 즉 문학이 근대지의 핵심인 교양의 차원으로 부상되는 것이 아니라 권선징악의 문제로 해석되는 부분이다. 실제 '문예부록'의 성격을 분석해 보아도 정절을 지키지 못한 여성의 파멸과 선한 자와 악한 자의 대결 구도에서 악한 자의 멸망으로 끝나는 내용들이 대부분이었다.

『서울』의 문예면을 전적으로 맡았다고 할 만큼 가장 많은 글을 쓴 이는 이동원이다. 그의 「마음이 약한 자여」는 남성을 배신한 여성에 대한 질타가 핵심 주제로 9개월 전 한 여성을 만났던 때로부터 지금까지를 회고하면서 쓴 편지형식의 서사이다. 우연히 유부남과의 삼각관계로 마음고생을 하던 한 여자를 내가 동정하게 되면서 둘은 사랑이 싹텄고, 이들은 사랑으로 모든 것을 희생하고 장래를 개척하자는 굳은 약속을 하였다. 그러나 자신이 작년 4월에 감옥에 가게 되자 (독렵운동으로 보임) 여자는 자신을 버리고 다른 남자와 결혼하고 말았다. 이 소설은 여성배신에 한을 품은 남자가 쓴 기록이다. 흥미로운 것은 이 작품을 예술에의 의지로 쓰지 않고 자신의 감정을 발산하기 위한 도구로 썼다고 강조한 부분이다.

> 이것이 第二信이다. 내 마음에 깊이 숨어있는 고통의 기록을 환기하는 것이다. 아니라 특별히 시간을 撰하여 환기시키는 것이 아니고, 자연히 가슴 가온데서 끌던 것이다. 내가 금번에 또 第二信을 씀도 역시 一信과 같이 문장의 장식도 목적이 아니오, 소위 예술의 요구도 물론 아니다. 내 가슴에 끌던 고통을 참지 못하여 타개체의 고통의 유무나 동정의 여하를 고려할 여유도 없이 다만 아픈 마음이 명하는대로 자연에다 문자를 배열한다.[18]

문예의 핵심요건인 예술성과 허구적 창작을 부인하고 자신의 개인 감정을 발설한 것에 그친 것이라는 위의 언급은 '문예'가 갖는 상징적 권위를 스스로 박탈했음을 의미한다. 예술보다 자신의 감정 배출과 진실을 밝히는 것이 더 중요하다는 논지인데 이러한 의식은 그의 다른 소설에서도 반복된다. 6호에는 「사랑의 절규」가 실려 있다. 이 작품은 은순의 부모가 딸의 장래를 생각해 이혼한 경력이 있는 돈 많은 실업가 남자에게 강제결혼을 시키려하지만 은순은 가난해도 자신이 사랑하는 남자 영춘과의 혼인을 위해 부모의 뜻을 거스르고 '사랑의 승리'를 취한다는 내용이다. 이 작품의 말미에도 이동원은 부기를 붙여 허구적 구성물이 아닌 사실임을 강조했다.

18 이동원, 「마음이 약한자여」, 『서울』 제4호, 1920.6, 76쪽.

과거 나의 소설이란 예술의 견지에서라기보다 나의 불평을 말할 수 없어 소설의 인물을 빌어 고통을 고백하는 동시에 매번 여성을 저주해 왔다. 그러나 지금의 '사랑의 절규'는 주인공 되는 은순의 사랑에 대한 용맹한 태도를 나의 사건과 관계한 가운데 칭찬하고 경의를 표하고자 썼다. 작품으로서 가치가 없을 줄 알지만 사실로서 그 여주인공에게 드리는 맘으로 썼다.[19]

근대문예 창작에 대한 예술적 욕구보다 자신의 경험이나 생각을 독자에게 전하는 것이 우선이라는 이러한 취지는 근대문학에 대한 인식이 미흡함을 보여주는 부분이다. 또한 허구적 구성물일 경우에도 권선징악적 요소에서 벗어나지 못했다. 3호 이종린의 「연의 성공」이나 백악의 「악마의 저주」는 남녀관계 내의 사랑과 질투, 배신이 주 모티프로서, 특히 「악마의 저주」는 선한 주인공 대 악한 주인공이 사랑의 문제로 서로 모함하고 음해하나 결국 선한자의 진실 된 마음이 승리하고 악한 자는 벌을 받는다는 고전 소설적 구도를 그대로 차용한 서사물이다.

이것을 보았을 때 『서울』의 편집진들은 근대문학에 대한 인식이 미진하고 '문학'을 근대지의 코드로 활용하기보다 흥미적 독물로 받아들이는데 그쳤다 하겠다. 그러나 『서울』과 필진이 상당히 중복되는 『학생계』에서는 문학을 바라보는 시선이 이와 확연히 다름을 알 수 있다. 『학생계』에서는 '문학'을 학생독자를 끌어들이는 수단으로 적극 활용해 다양한 문예물을 실었을 뿐만 아니라 직접 현상문예를 통

19 이동원, 「사랑의 절규」, 『서울』 제6호, 1920.9, 140쪽.

해 학생문인을 발굴했다. 그 선자들은 『서울』의 주요 필진들이었다. 소설의 선자는 오천석이며, 시는 김안서, 감상소품의 선자는 이추강이었다. 특히 『학생계』 창간호에 '문학이야기'라는 문학에 대한 개관을 먼저 실은 후 문예물을 게재했음도 눈여겨 볼 부분이다. 또한 필자가 문예지 동인일 경우는 그 표기를 해 두었다. 즉 김환은 저자 이름 위에 '「창조」 동인'이라 표기했고 김유방은 '「폐허」 동인'이라는 표시를 했다.

『학생계』 현상문예의 선자인 이추강은 『서울』에서는 논설만을 썼으며 오천석 역시 서구의 번역 작품을 소개했을 했을 뿐이며, 김억은 8호에서 톨스토이를 『서울』의 인물소개와 같은 형태의 '전'으로 그려내는데 그쳤다. 그렇다면 『서울』은 '문학'을 그들 논지 전달의 매개로 삼지 않았음을 알 수 있다. 그렇다면 한성도서라는 한 울타리 내의 두 잡지인 『서울』과 『학생계』의 문예 감각이 현저히 차이나는 것은 왜인지 살펴볼 필요가 있다. 다음은 『서울』에 번역소설을 연재하다 그만 둔 백악의 언급으로 당시 잡지사 내 분위기를 살펴볼 수 있게 한다.

> 우리 창조가 영업에 관한 일절사업을 한성도서주식회사에 의탁하게 되는 동시에 저는 該會社出版部에 가서 축사를 하게 되었습니다만은 물과 불이 서로 용납하지 못함과갓치 아직 십八世紀式인 該회사출판부장과, 적어도 二十世紀現代式으로 무엇이든 하려고 하는 저와 사이에는 의견이 根本부터 다른고로 (이런말씀을 드리면 저더러 自慢自大한다고 하실이가 잇을넌지 모르겟습니다만은 該씨가 창조사에 대한 태도를 보면 頭腦가 얼마나 頑固한 專制主義式드인지 (…중략…)

제가 비록 該회사와 관계가 끊어졌을지라도 該회사출판부장이 주간하는 잡지 서울에 연재하기로 한 「팔십만년후의 사회」라는 과학소설은 이미 서울 제4호에 그 일이 발표가 된 것임으로 저는 어디까지든지 우리의 문화적 사업을 찬조하며, 또는 집필자로서의 책임을 이행하기 위하여 서울 제5호에 연재할 그 소설원고 제이를 써서 보내었습니다만은 該회사에서 사무하고 있는 어떤 친구의 통신을 접하온즉 사원전체가 그 소설은 연재물인고로 연재하지안으면 잡지에 신용이 업어진다고 하는 의견이 있음에도 불구하고 회사에 관계없는 사람의 글은 내가 출판부장으로서는 안내어주겠다고 該부장이 완강한 주장을 한다기에 그 원고는 도로 찾아왔습니다.[20]

백악은 3호 '문예부록'에서도 창작물을 게재했으며 4호에서는 당대 분위기로 보아 매우 획기적인 번역물을 소개했다. 웰스(Hebert.G. Wells)의 「타임머신」을 번역한 「80만년 후의 사회」가 그것인데 '항시기'를 발명해 80만년 뒤의 세계를 여행한다는 내용이다. 인간의 진화와 문명의 정점을 보여주는 이 소설을 『서울』에 게재할 수 있었던 것은 『서울』이 지향하는 바가 보수적이고 전통적임에도 불구하고 인류문명에 대한 발전성을 제시함으로써 조선의 진보를 강조한 『서울』의 논조와 부합하는 측면이 있었기 때문이라 여겨진다. 하지만 위에서 알 수 있듯 백악의 번역 연재물은 아무런 언급 없이 4호 이후에는 더 이상 연재되지 않는다. 이는 『서울』이 '문예'면에 큰 비중을 두지 않았음을 단적으로 보여주는 부분이다.

한성도서에서 출판했던, 따라서 필진이 상당히 겹침에도 『서울』과

20 「여러분씌」, 『창조』 7호, 1920.7.

『학생계』의 문예관이 상당히 차이나는 것은 독자설정의 관계 속에서 살펴보아야 한다. 『학생계』는 "학교이셔 학과를 배호시는 남녀학생 여러분이든지" "농촌에셔 자연을 닐그시는 남녀청년 여러분이든지"[21]의 언급에서 알 수 있듯 '학생'이 분명한 독자층이었다. 따라서 이들의 계몽과 교육이 목표였다는 점에서 '문학'을 근대지의 코드로 적극 활용했던 반면 『서울』의 경우는 한학적 배경을 기반으로 하는 부르주아계층을 독자층으로 했기에 '문학'을 당대 잡지가 갖는 유행의 코드이상으로 활용하지 않았다. 즉 한학적 배경을 가진 독자층에게는 새로운 감각의 '근대' 문학보다는 한시와 속담, 권선징악적 요소가 있는 이야기, 예부터 내려오는 이야기가 더 설득력 있다라고 파악한 편집진의 의도를 읽을 수 있다. 이로보아 『서울』 내 '문예부록'을 비롯한 근대적 성격의 문예물들은 아직 미적인 영역으로 분화해하기 이전의 근대문학이 어떻게 당대 잡지들 속에서 '유행'의 코드로 받아들여지고 활용되는지 살필 수 있는 장의 역할을 했다는 점에 그 의의를 찾을 수 있다.

4. 1920년대 언론잡지로서 『서울』의 의의

잡지 『서울』은 세계대전 후 개조론의 대세 속에 등장한 민족주의 계열의 언론잡지이다. 『서울』은 '서울사'가 발행처로 되어 있던 창간

21 『학생계』 창간호, 1920.7, 97쪽.

호와 2호의 경우에는 사학자 장도빈의 일인 잡지적 성격이 강했다. 그러나 3호 이후 한성도서 편집진들이 『서울』 발간에 간여하면서 일인 잡지적 성격을 탈피하고 언론잡지로서 그 역할을 해 나갔다.

『서울』은 1920년 전후 민족개조론의 대세 속에 조선사회의 당면인식과 민족개조사업의 방향성을 읽어볼 수 있는 자료이다. 또한 동인지 발간과 문학의 자율성이 부상되는 시기에 한학적 배경의 독자층에게 근대문예가 어떠한 감각으로 활용되었는지 살펴볼 수 있는 매체이기도 한다. 그러나 잡지 『서울』에 대한 연구는 그간 이루어지지 않았다. 본고에서는 사학자 장도빈과 한성도서주식회사, 『학생계』의 연동 속에 『서울』의 면모를 파악하고자 했다.

본고에서는 다음의 세 가지 관점에서 『서울』을 읽었다. 첫째 민족주의 사학자 장도빈 일인 잡지에서 당시대 정세를 추수하는 언론잡지로 변모해 가는 과정이다. 둘째는 근대 문명사회를 지향하되 주체적 민족개조 사업을 도모한 『서울』이 어떠한 논지로 식민주의 논리에 저항하는지, 동시에 시대적 한계 속에서 제국의 논리를 흡수하고 마는 식민과 탈식민 사이의 길항과정을 살폈다. 셋째는 '문예부록'을 비롯한 문학물의 배치를 통해 아직 미적인 영역으로 분화해가기 이전의 '근대'적 문학이 어떻게 받아들여졌는가를 살폈다. 이 과정은 『서울』과 필진이 중복되는 『학생계』에 대한 비교를 통해 한학적 배경을 기반으로 하는 부르주아 독자층에게 근대문학이 어떻게 활용되었는지를 살펴야 그 의미가 드러난다고 보았다.

『서울』은 민족주의 사학자 장도빈이 창간한 잡지로 한학을 공부한 부르주아계층을 독자층으로 하여 민족개조사업의 주체가 되고자 한 잡지이다. 특히 우리 역사의 위대한 면모를 재인식시켜 민족의 자긍심을 일깨우는 동시에 정신의 개조가 아닌 제도적 측면에서 조선사회가 안고 있는 문제를 개선하는 실천적 측면에 많은 관심을 보였다. 무엇보다 『서울』은 다양한 역사적 내러티브를 통해 문화민족으로서 강한 조선을 인식시키면서도 세계의 흐름을 읽는 동시적 감각을 견지했다는 점에서 언론잡지로서 역할을 다하고자 했다. 또한 서양의 과학기술과 문명을 발전의 방향으로 두면서도 민족개조론이 흔히 갖기 마련인 낙후된 조선민족에 대한 이분법적 시각에서 벗어났다는 점은 높이 평가해야 할 부분이다.

국제정세의 급변 속에 개조론을 받아들이고 문명 발전을 인류보편의 관점에서 파악한 시도나, 실증적이고 관계적인 담론의 전개로 조선민족의 개조 방향을 제시한 것은 잡지 『서울』의 의의로 보아야 한다. 나아가 그간 한성도서의 잡지발간 상황이나 『학생계』에 대한 연구만 이루어진 실정에서 『서울』에 대한 고찰은 한성도서와 장도빈을 중심으로 하는 당대 잡지계의 한 상황을 읽어볼 수 있는 계기가 될 것으로 본다.

/ 제3장 /

1920년대 유학생 잡지 『현대』 연구

『기독청년』에서 『현대』로 재발간되는 과정과 매체 성격의 변모를 중심으로

1. 들어가는 글

학우회와 동경기독교청년회 그리고 이들 기관지 사이의 친연성

『현대』는 1920년 1월 기독교청년회에서 발간한 잡지이다. 『현대』는 동경조선기독교청년회 기관지인 『기독청년』을 잇는 잡지임은 분명하지만 『기독청년』이 갖는 기독교 편향의 기관지에서 벗어나 종합지를 지향했다. 이 시기 동경에서 발간된 유학생 잡지는 『학지광』을 비롯하여 『여자계』와 『삼광』을 들 수 있다. 하지만 전체 잡지의 구성이나 발행 기간 등을 보았을 때 유학생 전반의 사상동향을 살필 수 있는 창구역할을 한 것은 『학지광』과 『현대』라 하겠다. 하지만 그간 『학지광』 연구는 다각도에서 전개되어 왔으나 『현대』에 대한 연구[1]는 극

1 『현대』의 전신격인 『기독청년』에 대한 연구는 다음의 두 편 뿐이다(이철호, 「1910년대 후반 도쿄 유학생의 문화인식과 실천 : 『기독청년』을 중심으로」, 『한국문학연구』 37, 한국문학연구학회, 2008.12; 김민섭, 「1910년대 후반 기독교 담론의 형성과 '기독청년'의 탄생」, 『한국기독교와 역사』 38, 한국기독교 역사연구소, 2013.3). 또한 『현대』 관련 논문은

히 빈약하다.

본고에서는 그간 소외되어왔던 유학생 잡지 『현대』에 대한 연구를 통해 학우회 기관지이자 종합사상지 역할을 맡고 있었던 『학지광』과 기독교청년회 기관지 『기독청년』 '사이'에서 『현대』가 나아가고자 했던 방향과 발간 의의에 대해 살펴보고자 한다. 이를 위해서는 우선 유학생 조직인 학우회와, 동경조선기독교청년회, 아울러 이들 조직의 기관지인 『학지광』과 『기독청년』 사이의 친연성을 동시에 천착하고자 한다.

당시 유학생 네트워크 속에서 학우회와 동경 YMCA를 거점으로 하는 기독교청년회는 물적·인적으로 매우 긴밀한 관계를 갖고 있었다. 당시 동경 YMCA는 교회 예배당으로써 뿐만 아니라 동창회, 환영회, 송별회 등 학우회와 기독청년회의 주요 행사가 이루어진 장소로 "기독교인이건 기독교인이 아니건 관계없이 모일 수 있는 회관"[2]이었다. 또한 학우회와 기독교 청년회 사이의 인적 네트워크를 보면 기독교청년회 기관지 『기독청년』의 발행인 백남훈과 『현대』의 발행인 최승만은 학우회와 『학지광』에 깊이 관여하고 있었다. 최승만은 1917년 최팔용이 학지광의 편집국장을 맡았을 때 『학지광』의 편집위원으로 피선되어 원고수집, 인쇄, 교정 등 잡지 발간의 실질적 업무를 맡아보았다. 최승만은 학우회의 중심인물인 장덕수의 형인 장덕준의 소개로

김민섭, 「1920년대 초 동경 유학생의 '사회', 사회주의 담론 수용 연구」(『한민족 문화연구』 제47집, 한민족어문학회, 2014.10)만이 있을 뿐이다.

2 동경 YMCA 2층에는 기숙사가 있었으며 아래층에는 당구나 바둑 등 여가활동 시설이 갖추어져 있었다. 게다가 본국과 미주 발간의 교포 신문들이 비치되어 있어 YMCA 회관은 유학생들의 거점이 되기 족했다(최승만, 『나의 회고록』, 인하대 출판부, 1985, 186쪽).

기독교 청년회에 가입한 이후 학우회뿐만 아니라 기독교청년회의 활동 역시 활발히 하였다. 그가 1920년에 『현대』 발행을 맡게 된 계기는 학우회 회장을 역임한 백남훈의 부탁 때문이었다. 최승만은 회고록에서 "백남훈 총무가 지금까지 발간하던 8페이지의 『기독청년』이 너무 빈약하여 7~80페이지의 잡지를 편집코자 하는데 이 일을 도와줄 수 없느냐"[3] 는 제안으로 『현대』를 시작했다고 밝혔다.[4]

이러한 긴밀성은 『학지광』 내 학우회 소식을 다룬 '우리소식'란의 '기독교청년회' 주최의 강연회나 연구 모임, 웅변회 등의 동정을 통해서도 드러난다.[5] 또한 『기독청년』의 편집위원 범위는 좁은데 백남훈, 전영택, 김준연, 김영만, 정노식, 홍난파로 이루어진 필진은 동시에 『학지광』의 필진들이기도 하다. 그렇다면 『학지광』이 "제군의 호흡이자 유성기"[6]로서 전체 동경 유학생들의 발화대 역할을 하였음에도 기독교청년회에서 왜 『기독청년』을 발간했는지 그 발간의도를 살펴볼 필요가 있다.

『학지광』 소재 기독교 관련 글을 목록화하고 분석한 김민섭에 따르

3 최승만, 위의 책, 108쪽.

4 기독교청년회 기관지가 『기독청년』에서 『현대』로 넘어가게 되는 계기 중 하나로 『기독청년』을 맡아왔던 백남훈이 잡지 일에 관여하기 어려운 상황도 무시할 수 없다. 『기독청년』은 1917년 11월 17일에 창간되어 1919년 12월까지 총 15호가 발행된 잡지이다. 서지 상황을 보면 창간호부터 1919년 2월, 14호까지는 매월 안정되게 발간되지만 14호 이후 15호가 나오기까지는 무려 10개월의 휴간상태가 있었다. 이는 기독교청년회 총무인 백남훈이 2·8독립선언 후 수감된 수감자들의 변호와 구명활동에 전력을 쏟았기 때문이다. 이로 말미암아 기독교 청년회는 1년 가까이 휴회 상태에 이르렀으며 『기독청년』 역시 긴 휴간기간을 가졌다(김민섭, 「1920년대 초 동경 유학생의 '사회', 사회주의 담론 수용 연구」, 앞의 글, 45~46쪽).

5 "유학생 기독교 청년회에서는 거 이월 삼일에 법학박사 길야작조 씨를 청요하야 「기독청년과 기독교」란 문제로 강연회를 개하얏는데~"(『학지광』 17호, 1919.1, 78쪽.); "동경에 잇는 우리 기독교 청년회에서는 지난 삼월 삼십일로 사월 사일까지에 긍하야 제 사회 춘령회를 상근 당마도에서 개하얏는데~"(『학지광』 13호, 1917.7, 83쪽.) 등의 기독교청년회 동정이 『학지광』에 실려 있다.

6 문의천, 「생활인가 싸홈인가」, 『학지광』 5호, 1919.5, 36쪽.

면, “1917년에는 『학지광』 최대의 관심사로 기독교가 호명되었다고 해도 과언이 아닐 만큼 양적・질적으로도 최고조에 이르게” 되었고, 결국 기독교 담론이 전유될 수 있는 매체의 필요성 대두로 『기독청년』이 발간되었다 하였다.[7] 실제 『기독청년』의 내용을 살펴보면 각 호는 평균 8페이지 정도의 짧은 분량으로 대부분이 기독교에 관련된 내용[8]으로 이루어진 반면, 『기독청년』 발간 이후 『학지광』의 글들을 보면 기독교 관련 내용들이 급속히 줄어들게 된다.

그러나 10개월의 휴간 후 새로이 간행된 기독교청년회 기관지 『현대』에 이르면 잡지의 성격이 확연히 달라지는 것을 알 수 있다. 새 편집인 최승만은 잡지 이름을 『현대』라 한 것에 대해 “그때 사람들의 심리를 참작하여”[9]라 했는데, 실제 『현대』는 기독교에 국한된 담론에서 벗어나 세계로 시선을 확장하는 면모를 보인다. 다음에서는 사상지로서 『현대』가 지향한 방향과, 아울러 기독교청년회 역할까지 담당한 『현대』의 특징을 살펴보고자 한다.

7 김민섭은 동경 유학생 사회에서 기독교 담론이 표면화됨에 따라 기독교 담론만을 전유할 수 있는 매체에 대한 요구로 기독교청년회 기관지 『기독청년』이 발간되었다고 주장했다. 그 근거로 다음의 두 가지를 제시한다. 첫째는, 1917년이 되면 『학지광』 내 기독교 담론이 폭주하는데 이전 시기 기독교 담론의 성향이 기독교에 대한 우호적이자 가벼운 글들이었던 반면, 1917년에는 14편의 글 가운데 6편이 기독교 비판이라 할 만큼 기독교에 대한 입장도 달라지고, 그 담론의 수준 역시 상당히 올라갔음을 들고 있다. 둘째는 『학지광』이 제시한 투고범위의 변화이다. 1916년까지 『학지광』 투고범위는 ‘언론・학술・문예・진담’이었던 반면 1917년 4월에 발간된 12호의 투고범위는 ‘언론・학술・문예・종교・전기’라 하여 ‘종교’항목이 신설된 것을 볼 수 있다. 이로 볼 때 당시 기독교 담론에 대한 요구가 상당했음을 제기했다(김민섭, 「1910년대 후반 기독교 담론의 형성과 ‘기독청년’의 탄생」, 앞의 글, 6쪽).

8 본서 각주 12)와 34) 참고.

9 최승만, 앞의 책, 108쪽. 또한 『기독청년』의 창간호 부수가 7백부에 달하였다는 기록을 볼 때 『현대』가 가진 영향력이 어떠했는지 짐작해 볼 수 있다(박경식 편, 『재일조선인자료집성』 1(영인본), 한국학진흥원, 1975, 70쪽).

2. 종합사상지를 지향한 『현대』의 매체적 특징

1) 객관으로서 국제정세 소개하기

1920년 1월 창간되어 1921년 2월 통권 9호로 종간[10]된 『현대』는 근 일 년 동안 비교적 안정되게 월간 발행을 유지했다. 『현대』는 발간 전 백남훈이 생각한대로 7~80페이지의 분량에는 이르지 못했어도 평균 50페이지의, 글 편수도 적게는 10편에서 많게는 13편 정도의 사회 평론 위주로 구성된 사상지 형태를 갖춘 잡지였다.

최승만이 쓴 것으로 추정되는 '편집인'의 머리말에는 "이십일세기를 바라고 나가는 길" 위에선 우리가 지금 무엇이 '현대의 사실'이며, 그것이 "정신상이나 물질상－종교, 철학, 경제, 사회, 정치 등 여러 가지 방면에 다대한 영향을 주었음"을 알아야 한다는 점을 강조하고 있다. 이어서 청년들은 "인도주의 아래서 세계를 표준으로 삼고 노력"해야 함을 당부하고 있다. 머리말 다음에 이어진 김준연의 「현대의 사명」 역시 변화하는 새 시대를 강조하고 있는데, 그가 세계변화의 흐름

---

10 현재 확인된 판본으로는 4호와 7호가 빠져있다. 7호 누락의 원인은 확인하기 어렵지만 4호의 경우는 "치안을 해친다는 이유로 발포금지 처분을 받았"기 때문이다(외무성 발행의 「조선인에 대한 시정관계잡건－일반의 부」 자료 중 일부; 김민섭, 「1920년대 초 동경 유학생의 '사회', 사회주의 담론 수용 연구」, 앞의 글, 48쪽 재인용). 그러나 『대중시보』 창간호 광고에 『현대』 10호의 발간 예정일과 목차가 실린 것을 보면 9호로 종간하고자 한 것은 아님을 알 수 있다. 하지만 "1년 동안 계속되었는데 역시 발행 부수가 그리 많지 못하니 수지가 맞지를 않는다. 무리하게 할 수도 없어서 그만두고 말았다"는 최승만의 회고록을 보면 역시 경영상의 문제로 더 이상 잡지를 낼 수 없었던 상황을 알 수 있다. 이후 기독교 청년회 기관지는 1923년에는 『젊은이』, 1926년에는 『사명』이라는 이름으로 명맥을 이어 나갔다(최승만, 앞의 책, 108쪽).

으로 내세우는 두 가지 덕목은 정치・경제상에 불어온 자유와 평등의 물결이다. 아울러 국가지상주의 문제와 자본주의 사회에서 빈부의 계급격차가 극심해지는 문제를 다루고 있다. 최승만은 머리글에 이어 「현대청년」이라는 제목으로 평론을 싣는데 여기에서 역시 구사상을 버리고 현대의 철학, 사상, 과학, 예술을 통해 앞으로 나아가야 함이 '현대청년'의 자세라 강조하고 있다.

이처럼 구주전란 후 변화하는 세계정세에 눈을 뜨고 '현대'를 지향하자는 창간호의 논조는 『현대』 전반이 지향한 바라 할 수 있다.[11] 앞서 『기독청년』이 기독교에 국한된 담론을 벗어나지 못했다면,[12] 『현대』는 이와 달리 시야를 세계로 확장한 면이 돋보인다. 이러한 기조는 서양학자의 강연이나 연설문 번역의 빈번함[13]에서 드러나는 현장성 혹은 동시대성, 나아가 문예면을 통해 하이네・파우스트・톨스토이

11 편집인 최승만은 2호, 「진리를 위하여」에서 "현대에 와서 뻴그손, 오이켄 등이 무엇이라고 주장하는 모양이외다. (…중략…) 과거에 현철도 많았고 위인도 많았지마는 우리는 그이들의 말이나글만 믿을 수 없는 것이외다. 모든 진리, 모든 참길은 '우리스스로'가 찾지 아니하면 아니되겠다"는 것을 강조하였는데 『현대』는 많지 않은 분량임에도 당시대의 정세나 사조를 비교적 상세히 다루고자 했다(최승만, 「진리를 위하여」, 『현대』 2호, 3쪽).

12 『기독청년』은 현재 5호(1918.3)부터 13호(1919.1)까지 판본 확인이 가능한데, 이를테면 5호부터 7호까지의 평론조 글들의 제목은 다음과 같다. 5호에는 「한국기독교회의 각성」, 「조선 청년들의 신앙상 이동은 개방? 탈락?」, 6호에는 「기독교청년회의 기원과 밋사업」, 「기독교회의 현대적 사명」, 「한국청년들의 신앙상 이동은 개방? 타락?」, 「현상윤씨에게 여하여 — 현대조선청년과 가인불가인의 표준을 갱론함」, 7호에는 「성서와 기독교」, 「조선인의 생활과 예수교의 관계」, 「사상통일의 종교로 기독교를 논하야 교화의 각성에 대한 청년의 사명에 급함」, 「제월씨의 비평을 독함」이 실려 있다. 이러한 목차를 통해서도 『기독청년』은 기독교청년회 기관지로서의 특색이 명백하다.

13 『기독청년』에도 물론 번역 글이 실려 있다. 하지만 「성서와 기독교」(7호)나 「종교와 생활」(8호)이 보여주는 것처럼 기독교 관련 글에 국한되어 있다. 하지만 『현대』에 실린 번역 혹은 요약 글 중 문예면이 아닌 평론의 제목은 다음과 같다. 「세계문명의 이동」(1호), 「진화론상으로 본 영혼의 불멸」(2호, 3호), 「인생과 애」(3호 — 자연계의 협력관계를 통해 인류의 목적을 설명하는 글), 「민본주의와 정신적 의의」(5호), 「락만씨의 연설」(6호 — 데모크라씨에 대한 설명), 「랏셀의 이상의 일정」(6호), 「소위 지식자의 미망」(8호)가 그것이다. 이로 볼 때 국제정세의 흐름을 읽고자 하는 『현대』의 편집방향을 감지해 볼 수 있다.

등 세계적 문호의 작품을 싣는 시도를 통해서도 드러난다.

무엇보다 세계로 시선을 확장한 『현대』가 바라본 당대의 중심 키워드는 사회주의와 데모크라시이다. 세계 제1차 세계대전 후 전 세계 사상계는 크게 격변한다. 한편에서는 새로운 강자로 부상한 미국중심의 자유와 평등을 내세우는 데모크라시 열풍이 불어왔고, 다른 한 편에서는 사회주의 혁명에 성공한 러시아 중심의 반자본주의와 사회주의 열풍이 전 세계를 휩쓸었음은 주지의 사실이다. 세계의 흐름에 편승해 종합사상지로 거듭나고자 한 『현대』의 필진은 기독교 기관지가 갖는 폐쇄성을 탈피하고 객관적인 시각으로 '현대' 사조를 읽고자 했다. 그 사상의 핵심에 놓인 것이 '사회주의'와 '데모크라시'이다.[14]

종합 사상지를 지향한 『현대』는 1920년대 핵심 키워드인 데모크라시나 사회주의, 상호부조, 개조, 진화론 등 당시대의 주요 논점에서 『학지광』과 맥을 같이 했다. 앞서 밝혔듯 학우회와 기독교청년회의 밀접성, 필진의 중복 등을 고려해 볼 때 『학지광』과 『현대』는 내용적 측면에서의 유사성은 피할 수 없다. 그러나 담론을 구사하는 발화 형식에서는 차이를 보인다. 『학지광』 내 사회평론이 독자를 '제군', '청

14 『현대』의 선행 연구자인 김민섭은 『현대』의 키워드를 '사회주의'로 읽고 있다. 그에 따르면 『현대』는 최승만과 변희용 두 인물이 주축이 되어 사회주의를 기획 연재한 것으로, "변희용과 최승만은 함께 다이쇼 데모크라시의 영향을 받았지만, 그것을 서로의 전공과 관심사에 따라 다르게 수용 · 발전시켜 나갔"다고 했다. 즉 "최승만이 인류 공동체로서의 사회를 상상하고 개인에게 인도주의를 바탕으로 한 자발적 희생을 요구한 반면, 변희용은 노동문제를 곧 전인류 사회의 문제로 인식하고 노동자 해방을 위한 동정과 희생을 요구"한 것으로 설명하고 있다(김민섭, 「1920년대 초 동경 유학생의 '사회', 사회주의 담론 수용 연구」, 앞의 글, 60~61쪽). 물론 『현대』의 중심인물 변희용 글을 통해 1920년대 초 다이쇼 데모크라시 수용자들의 노동문제와 사회주의에 대한 의식의 단초를 읽을 수 있는 것은 분명한 사실이다. 본고에서는 이러한 입장을 수용하되 1920년대를 여는 잡지로서 『현대』가 갖는 전체적인 논지와 발간 의의를 당시대 맥락 속에서 살피고자 한다.

년제군', '반도청년'으로 호명하면서 청년 지식인의 각성을 촉구하는 웅변조 혹은 설교조의 발화가 많았다면,[15] 『현대』는 필자와 독자 사이의 위계구조가 내재된 설교조 대신 객관적 입장에서 정세를 설명하는 객관적 논조가 지배적이다. 이러한 논조는 당대 키워드인 사회주의나 노동문제, 데모크라시를 다룬 글에서도 여지없이 드러난다. 다음은 『현대』의 사회평론 중 국제정세를 다룬 것들의 목차이다.

1호(1920.1)	김준연 : 현대의 사명 변희용 : 노동문제에 대한 나의 견문 박승철 : 세계문명의 이동
2호(1920.2)	변희용 : 사회와 경제 김규호 : 시국의 변천과 세계 금융시장
3호(1920.3)	변희용 : 신인의 성(사업가의 의무 강조)[16]
5호(1920.5)	최원순 : 개조의 근거(데모크라시 논의) 변희용 : 민본주의의 정신적 의의
6호(1920.6)	김종필 : 신세대의 요구에 응하라 김우평 : 현대문명과 우리
8호(1920.10)	변희용 : 칼맑크쓰 약전
9호(1921.2)	박정식 : 소씨알리즘에 대하여 윤상철 : 현대사조와 우리의 할 일(상호부조)

15 『학지광』에는 "아아 제군~아", "분투ᄒᆞ는우리청년들아", "우리청년이여"로 시작되는 웅변조의 사회평론이 유독 많다. 『학지광』에서 '청년제군' 혹은 '반도청년'으로 호명된 '제군'의 호칭과 발화들은 동경의 화려한 삶에 빠져 식민지 조선의 현실을 잊는 것을 경계하고, 깨어나 세계 속 분자가 되라는 유학생 스스로의 자성의 목소리가 반영된 것이다(서은경, 「1920년대 유학생 잡지와 근대소설의 전개과정—『학지광』, 『여자계』, 『삼광』을 중심으로」, 연세대 박사논문, 2011, 33~34쪽 참조).

16 목차에서 괄호로 묶은 부분은 제목만으로 내용파악이 어려운 경우 핵심 키워드를 기입한 것이다.

위의 목차를 보면 사회주의나 노동관련 글은 변희용[17]이 대부분을 썼으며, 그 외 몇몇 필자들이 데모크라시나 민본주의에 대해 썼음을 알 수 있다. 변희용의 경우 1호의 「노동문제에 대한 나의 견문」에서는 '나의 견문'이 붙은 만큼 노동문제에 대한 원인과 해결책 제시부분에서 사회주의자로서의 면모를 드러내기도 하지만,[18] 2호 「사회와 경제」나 8호 「칼맑크쓰 약전」을 비롯한 전반적 글에서는 사회 문제를 객관적으로 설명해주는 식의 논조를 유지한다.

> 인류 사회에는 여러 모양의 사회투쟁이 있다. 모든 사회투쟁의 근본원인은 경제적 부족이란 사실이다. 경제적 부족으로 말미암아 반드시 이익의 충돌이 생긴다. 경제적 부족과 이익충돌의 기초 상의 우리의 도덕적 이상과 사회적 정치적 법률적의 모든 제도가 성립된다. (…중략…) 재화가 부족한 이유는 자연의 부여(gift)가 불충분한 것이다. 사회의 모든 경제제도 즉 생산, 교환, 분배, 소비의 전 조직은 경제 가치를 가진 재화, 즉 경제재화에 관련되어 있음으로 우리는 경제 재화의 공급을 증가하며 또한 현재한 재화로써 전심전력으로 다수인의 욕망을 충족하기로 목적한다.[19]

17 변희용은 1917년 경응의숙 이재과(理財科)(지금의 경제학과라 할 수 있음)에 입학해 1921년에 졸업했음을 볼 때 『현대』에 글을 실을 당시는 경제학을 공부하고 있는 학생신분이었다. 그러나 대학을 졸업하자마자 사상단체 코스모스 구락부에 가담하는 등 사회주의자로서 본격적 행보를 이어갔다. 그리하여 1921년에는 김약수 등과 『대중시보』를 창간하고 1923년에는 사상단체 '북성회'를 결성하는 등 사회주의자로서 왕성한 활동을 이어갔다.

18 "이 다대수의 사람들을 어떻게 하였으면 속박으로부터 자유의 천지로 압박으로부터 이상의 세계로 해방할까 하는 방법을 연구하는 것이 노동문제의 중심생명이요 근본적 정신이라 하노라. 그럼으로 노동문제의 본질은 계급적 의식을 자각한 노동자가 현재한 산업적 조직내에 경험하는 노예적 생활을 타파하려고 중심으로 절원하는 희망의 결과라 하노라"에서 드러나듯 지금의 노동문제를 해결할 방법으로서 사회주의를 읽고 있다. 그러나 본론의 논의전개는 '사회주의의 정의라고 신용할만한 리촤-드 일리'의 논지를 설명해가는 방식으로 사회주의에 대한 객관적 접근을 하고 있다(변희용, 「노동문제에 대한 나의 견문」, 『현대』 1호, 18쪽).

> 오늘날 마륵쓰의 유행은 우리의 이목을 놀라게 한다. 어떠한 잡지를 보던지 어떠한 신문을 보아도 마륵쓰주의, 마륵쓰 자본론, 마륵쓰 학설 같은 문자가 아니 기재되어 있는 것이 없다. (…중략…) 이와 같이 위대한 노력을 가진 마륵쓰의 주의, 마륵쓰의 자본론, 마륵쓰 학설에 관한 이해가 다소간이라도 있어야 할 것이다. 현대의 인류 사조라 할만한 그이의 주의 그이의 자본론, 그이의 학설에 관한 이해가 없을 것 같으면 현대를 이해할 수 없을 것이다. 현대적 생활을 하면서도 현대를 이해할 수 없을 것 같으면 우리는 기형적 인물이 되고 말 것이다.[20] (밑줄은 인용자)

위 지문에서 드러나듯 필자는 주관적 감정을 배제한 채 객관적으로 사회 문제를 설명하고 있다. 또한 강조한 부분이 보여주듯이, 사회주의 견지에서 마르크스를 소개하기보다 '현대'가 요구하는 지식의 차원에서 마르크스를 언급하고 있다. 또한 9호의 「쏘시알니즘에 대하여」에서 드러난 사회주의에 대한 접근 역시 마찬가지이다.

> 현대에 이르러 어느 국가 어느 민족을 막론하고 떠들고 일어나는 사조에 이 「쏘시알니즘」처럼 세인의 이목을 경동하는 것은 없을 것이다. 더욱 근일에 와서는 여러가지 분파가 일어나서 국가사회주의, 공산주의, 무정부주의, 볼세비즘, 산듸칼리즘, 길드사회주의 등이 서로 명의가 다르게 되고 따라서 수단방법이 다르게 되었다. 그러나 그 근본으로 말하면 다 이 「소씨알니즘」에서 발원한 것이니 나는 이에 일반 사회주의의 공통되는 점과

19 변희용, 「사회와 경제」, 『현대』 2호, 22~23쪽.
20 변희용, 「칼마륵쓰 약전」, 『현대』 8호, 28쪽.

차위되는 점을 들어 독자제씨에게 소개코자 한다. (…중략…) 다음 오는 세계에 다시 어떤 변동이 올지 모르지만 우리의 관찰로 보면 로서아의 운명과 독일의 운명이 장래 정하는 바를 따라 소씨알니즘은 다시 일 신기원을 이룰 시기가 올 줄 안다. 이때 우리는 어떠한 용기, 어떠한 각오로써 저 신세대를 맞을까 하고 한 번 생각해 볼 필요가 있을 줄 안다.[21]

이러한 논조는 세계 금융시장을 설명한 다른 필자의 글에서도 드러난다. 2호에 실린 김규호의 「시국의 변천과 세계 금융시장」에서는 제1차 세계대전을 전후하여 국제금융시장이 어떻게 변동해 나갔는지 영국과 프랑스, 독일, 미국의 네 나라를 대상으로 상세히 분석하고 있다. 필자는 "세계열강 특히 영불독미 4국의 경제생활 중 국제 금융에 직접 관계가 있는 방면에 관해 먼저 개전 전 개황을 서술하고 다음에 개전 후 변화를 조사하고 또 그 다음에 현금 각국의 계획 노력 등을 설명"하는 순으로 국제금융시장의 흐름을 짚어가고 있다. 결론은 세계금융시장 속에서 조선의 금융기관이 나아갈 길에 대한 모색이다. 조선의 문제를 해결하는 방법으로 세계를 거시적 관점에서 읽고자 하는 시도는 이외에도 박승철의 「세계문명의 이동」(1호)이나 김우평의 「현대문명과 우리」(6호)에서도 이어진다. 「세계문명의 이동」은 유고의 「역사단편」 번역을 통해 아시아에서 아프리카, 유럽으로 이어진 세계문명의 이동을 설명한 글인데, 말미에 '역자왈'을 붙여 이제 "세계극의 제4막을 미국이 연출한다하면 순서상 세계를 일주한 문명은 아시아 대륙동편"인 '조선'이 될 것이라는 자신감을 피력했다. 김우평

21 박정식, 「'소씨알니즘'에 대하여」, 『현대』 9호, 26~29쪽.

은 문명이 자본주의와 제국주의로 발현되는 과정을 통해 현대문명의 허상을 지적하고 있다. 특히 홉스와 스펜서, 다윈 언급을 통해 만인 대 만인의 투쟁이나 생존경쟁의 살벌함을 비판하고 있다. 이러한 관점은 1910년대 식민지 조선을 지배했던 우승열패의 진화론적 사고를 넘어서는 시도라는 점에서 새로이 볼 수 있는 부분이다.

변화하는 세계정세를 받아들이고 그 속에서 조선이 나아갈 방향에 대한 탐색은 데모크라시 사상 소개로 이어진다. 5호에서 변희용은 지금 유행하고 있는 사상인 데모크라시의 정확한 이해를 목적으로 미국기자 애보트의 '민주주의의 정신적 의의'를 소개한다는 것을 글머리에 밝혔다. 변희용은 이 번역문을 통해서 민주주의의 발생과 정신, 나아가 민주주의 종류를 종교상·산업상·교육상·정치상으로 나누어 설명하고 있다. 특기할 점은 글 말미에 민주주의 정신은 "우리의 주위에 실재한 모든 위대한 인격자의 정신과 공통"되는 것으로 "민주주의의 근저가 사해동포주의인 것을 확신"[22]

民本主義의 精神的意義

卞熙瑢

民本主義란것은 말할것업시 Democracy 란 英語의譯語올시다。民本主義란말은 오늘날 매우 流行되는模樣이며 여러사람의게 매우 歡迎을밧는것은 事實이외다。여러사람의게 매우 歡迎을밧는 事實을 考慮할것가트면 民本主義의根底에는 人性에 適合한 엇더한善이 潛在한것갓슴니다。그러나 이말은 새롭고 또한 外國에서 輸入된것임으로 이意味를 明確히 解釋하는사람이 稀少하고、이意味를 틀니게 解釋하는사람이 許多합니다。그럼으로 나는 民本主義에對한 틀닌解釋을 打破하고 正確한解釋을 樹立하기爲하야 米國週刊雜誌 The Outlook 記者의一人되는 라이맨·애보트(Lyman Abott)氏의 論文 民本主義의精神的意義 (The spiritual meaning of Democracy.)의要旨를 紹介하려합니다。애보트氏의解釋은 너무도 平凡하고 常識的임으로 淡水와갓치 無味한것가트나、그無味한中에 眞理가 包含되여잇는것을 알것가트면 그이의게 多大한敬意를表하고 십흔마암이 懇切할것이외다。

民本主義는 政體以上의것이외다。佛蘭西는 共和國이며 伊太利는 君主國이지마는、兩國이 다 民本主義외다。合衆國은 共和國이며 大英國은 君主國이지마는、엇던點으로 볼것가트면 大英國이 合衆國보담도 더 民本主義외다。大英國의政府에 잇서々는 一般國民의게 議決權을 賦與하고 또한 議決權을 作消하는일이 잇지마는、合衆國의聯邦政府에 잇서々는 一般國民의게 議決權을 賦與하는 일도 업고 議決權을 作消하는일도 업습니다。

民本主義는 다만 政體에 不過한것이 아니고、宗敎的信仰이며 生活上의精神이외다。卽互相間의利益을 서로 顧慮하고、互相間의意見을 서로 尊重하는精神이외다。民本主義는 輿論政治외다。民本主義는 政府制度에서와 갓치 宗敎、産業、敎育의制度에 잇서々도 自由、平等、博愛의精神이외다。一言으로 蔽之하면 民本主義는 四海同胞主義외다。

民本主義는 四大根本的自由를 包含한것이외다。卽 宗敎的自由와 産業的自由와 敎育的自由와 政治的

民本主義의精神的意義 (十)

一一

잡지 『현대』는 세계사적 흐름에 기민하게 반응하는 측면을 보여주었다

22 변희용, 「민주주의의 정신적 의의」, 『현대』 5호, 16쪽.

한다는 결론이다. 즉 민주주의라는 세계사적 조류 속에 조선민족 역시 세계시민 범주에 넣고 민주주의의 정신을 보편으로서 인격자 정신으로 받아들이는 시각이다.

또한 5호 최원순의 「개조의 근거」에서도 병폐가득하고 미개한 조선민족과 조선 사회를 개조하자는 식의 1910년대식 개조담론에서 벗어나[23] 시간의 경과라는 거시적 관점에서 지금의 세계변동과 민주주의 정신을 읽고 있다. 필자는 민주주의를 인류의 불합리한 제도와 인생의 비참 문제를 구제하기 위한 '현대를 지배하는' 보편으로서의 사상으로 읽고 있다. 그리하여 개조의 필요성 역시 "전인류의 진정한 행복을 기할 수 있다는 의미에서 현대세계는 개조되어야 할 것이고", "합리적인 자유와 평등 하에서 세계는-아니, 사회는 개조되어야 할 필요가 있고 이유가 있다"[24]는 점을 피력하고 있다.

9호의 「현대사조와 우리의 할 일」은 '해방'의 문제를 다루고 있는데, 로마사나 아담스미스의 경제학, 찰스 다윈의 진화론 등 지식의 나열을 통해 인간의 '자각성'을 강조하고 있다. 논의의 핵심은 금번 세계대전 후 "세계는 이기보다 극기가 필요하고 상호 투쟁보다 상호 부조가 원칙"이라는 것이다. 즉 '세계개조의 신기원'인 이때에 "동포를 사랑하고 인류를 사랑하고 문명을 사랑하는 우리는 그들을 위해 희생

23 이처럼 우승열패의 식민지적 사고에서 벗어나 조선의 당면 현실을 세계사적 흐름 속에서 읽고자 하는 시도를 『현대』의 여러 글에서 살펴볼 수 있는데, 5호 성해의 「처음 본 동경관을 농촌 친지에게」라는 서간문에서도 이러한 정신을 읽을 수 있다. 필자는 "우리 본국에 가서 부쳐사는 일본 사람들은 우리 조선사람들이 공중이란 것도 모르고 아조 공덕심이 업다고 항상 비방하고 흉을 보"(48쪽)면서 조선인을 야만시하는데 막상 동경에 와서 보니 일본인들의 공중심도 별반 다를 바 없음을 예를 들어가며 나열하고 있다.

24 최원순, 「개조의 근거」, 『현대』 5호, 6쪽.

을 바칠 때"라는 범인류적 차원에서 상호부조의 정신, 인간의 각성문제를 다루고 있다.

요약하자면, 『현대』는 노동문제, 사회주의, 데모크라시, 상호부조 등 당대 급변하고 있는 세계정세를 객관적 입장에서 독자에게 소개하고, 이러한 흐름 속에 조선 청년이 나아가야 할 길을 모색하고자 했음을 알 수 있다. 무엇보다 종합 사상지를 지향하되 시각의 객관화나 진화론적 사고에서 벗어나 범세계적 차원에서 조선의 현실을 바라보고자 한 시도는 의미 깊게 살펴야 할 부분이라 하겠다.

2) 조선사회의 당면과제와 '문화운동'의 필요성

『현대』에서 사회평론의 한 줄기가 국제정세를 설명하는 것이라면, 다른 한 줄기는 조선 청년들이 나아가야 할 방향에 대한 모색, 혹은 청년의 사명에 대한 강조이다. 『현대』에서는 우리 사회 개조나 청년 각성의 강조로 막연한 개인의 노력과 자각을 언급하기도 하지만[25] 문화방면에 대한 제도적 마련이 무엇보다 시급함을 강조하였다.

25 이를테면 6호 김항복의 「자각하라」의 경우 '현금 세계의 전인류가 당면한 대운동'으로서 노동문제와 사회문제를 다루고 있는데 지금의 노동자 문제를 해결하기 위한 방법으로 맹자의 '인'이나 혹자의 '사랑', 크로포트킨의 '상호부조'가 대안이 될 수 없고 "자아가 절대로 독자이며 자유이며 만물의 중심이며 적어도 동일한 민족과 사회 내에서는 이 자아가 일개인 것을 알아야 한"다 하여 개인의 각성을 현실문제의 해결책으로 보고 있다. 2호의 최원순의 「생존의 의의와 요구에 대하여」의 경우에도 개조를 강조하지만 그 구체적인 방법을 제시하지 못한 채 개조 요구는 '천명'이라는 식으로 글을 맺고 있다. 최원순은 8호 「향상의 의욕과 생활의 변천」으로 다시 한 번 글을 쓰는데 이 글 역시 인격존중과 평화를 사랑하는 마음이 인류사회에 필요하다는 당위적 언급에 그치고 만다.

특히 눈에 띄는 필자로 추봉 김영만을 들 수 있다. 김영만은 정노식과 더불어 『기독청년』의 주요 필자로서 활동했다.[26] 김영만과 정노식은 1920년대에 사회주의자로서 왕성한 활동을 보이지만 『기독청년』에 글을 쓸 시기에서는 사회주의자로서의 면모보다는 기독교청년회 기관지에서 요구되는 성격의 글을 썼다.[27] 추봉 김영만은 『기독청년』에 이어 『현대』에서도 우리 사회 문제를 비판하는 연재 글을 이어가는데 특히 '문화' 방면의 언급이 주목된다. 추봉은 1호에서 조선의 당면과제로 '문화운동'을 내세우면서 한글 사용을 강조했다. 특히 우리는 선조의 문화를 발휘하지 못하고 우리 역시 문화를 창조하지 못한 죄가 있다면서 "문화없이 무슨 광명이 있겠"는가 라면서 문화방면의 운동이 있어야 함을 주장했다. 이어 2호에서는 무가치한 지금의 소설과 평론에 대해 신랄한 비판을 가한다.[28]

6호 '오산인'이라는 필명[29]하의 「생각나는대로」에서도 '자기혼' 없

26 『기독청년』을 연구한 이철호는 동경조선기독교청년회는 단순한 종교적 친목단체가 아니라 민족독립운동과 다양한 문화담론적 실천들이 맹아적인 형태로나마 혼융되어 있던 근대 청년문화의 유력한 기원 중 하나라 했다. 그 근거로 정노식과 김영만은 1920년대 이후 각기 복잡한 사회주의 분파를 이루지만 『기독청년』에서는 주요필자로 사상적 동숙을 한 점과 아나키스트 염상섭과 현상윤의 수차례 논쟁 역시 『기독청년』 지면에서 이루어진 점을 들었다(이철호, 앞의 글, 2쪽).

27 『기독청년』 내 정노식의 글은 「기독교청년회의 기원과 밋사업」 (6호), 「조선인의 생활과 예수교와의 관계」(7호, 9호, 10호)로 기독교 담론이다. '추봉' 김영만은 「도서관설립필요를 경성인사에게 정함」(6호), 「조선청년의 소래」(8호), 「물질계를 논하야 정신계에 반함」(11호), 「편견을 버려요!」(12호), 「귀성중소감」(13호)을 썼다. 그러나 『기독청년』이 『현대』로 제호를 바꾸고 잡지의 기조 역시 달라지면서 정노식은 『현대』 필진에서 사라지며, 김영만 역시 『기독청년』에서 이어오던 연재 글을 제외하고는 더 이상 글을 싣지 않는다.

28 5호 고영환이 쓴 「천재와 시험」에서도 당대 소설에 대한 비판이 담겨 있다. 필자는 조선의 톨스토이들이 허구헌날 연애문제만을 쓸 뿐이며 그 내용이란 것이 "경박소년으로 하여금 협중에 동요나 일으키게 하며 아즉 심지가 견고치 못한 소위 신식여자의게 환심이나 사랴고 애쓰는 표징"이라는 원색적 비판을 하였다.

29 『재일조선인자료집성』 자료집에는 잡지 『현대』에 대한 언급 부분에서 "창간후 독자가 늘어 이광수를 편집부원으로 추가하기도 했다"는 기록이 있다. 그러나 『현대』 필진 중 '이광

이 살아가는 민족에 대한 비판과 더불어 "사천년이나 문화를 가지고 온 우리 반도에서 우리에게 참 인생미를 말하는 서물(書物)"[30]하나 없는 현실 속에 '참된 예술'로서의 문학을 강조하였다.

이처럼 『현대』에서는 조선사회가 나아갈 방향에 대한 모색의 일환으로 '문화운동'을 강조하고 있음을 알 수 있다. 3호 변희용의 「신인의 성」은 자본가의 의무를 강조한 글로 물질적 욕망 충족 못지않게 정신적 욕망 충족이 중요하다고 강조하였다. 그리하여 학교와 교사 등 교육제도와 도서, 잡지, 신문 등 언론의 중요성을 제기하였다. 구체적으로는 지금의 얼마 안 되는 잡지나 신문으로는 지식욕을 충족시키기 어려우니 기왕의 잡지 내용을 충실히 할 것과 언론 범위의 확장을 강조하였다.

8호에 실린 서춘의 「신도학생제군에게」 역시 '① 신문 · 잡지 ② 학교 · 학생'으로 항목을 나누어 언론계와 교육계에 대한 투자의 긴급성을 강조하였다. '교육' 논의 부분에서 흥미롭게 살펴볼 것은 같은 호에 실린 민태원의 「염처증의 유행과 여자교육」이다. 이 글 역시 교육 문제를 강조하고 있는데 특히 여성에 대한 진보적 시각을 보여주고 있어 인상적이다. 필자는 유학생 중심의 청년 지식인들의 여성학대, 질시, 냉대 등 '염처증' 현상을 통해 남성지식인의 위선을 비판한 후 여자교육의 문제를 구체적으로 다루었다. 이러한 시각이 의미 있는 것은 당대 여성교육의 중요성을 갈파하는 남성필자들의 글이 많았다 하더라

수' 관련 이름이나 호를 찾아볼 수 없다. 그렇다면 오산에서 교편을 잡았던 이광수의 행적을 보았을 때 '오산인'은 이광수가 아닌가 하고 짐작해볼 수 있다(박경식 편, 『재일조선인자료집성』 1, 앞의 책, 70쪽).

30 오산인, 「생각나는대로」, 6호, 37쪽.

도 '국민' 범주 내의 '여성교육'이라는 '계몽'담론에 한정된 것이지 여성 삶의 개선책으로서 '교육'이 되지 못하였다는 점이다. 1910년대 남성 필진들의 논설들과 연애소설에서 지식인 청년들은 여성의 무지를 비판했지만 실상 여성의 지식이 모성과 가정의 틀을 위협할까 상당히 경계했으며 심지어 '음탕'과 '허영'의 지표를 붙이는 일도 허다했다.[31]

문화운동에 대한 강조는 6호 전영택의 소설 「피」에서도 찾아볼 수 있다. 이 소설은 신문발간에 헌신하다 폐렴으로 병상에 누웠으면서도 이상 실현을 위해 분투하는 '현대'가 지향하는 청년상을 보여준 것이다. 소설에서는 병상에 누운 중호와 문병 온 친구 사이의 대화가 중심이나 소설 속 등장하는 간호부 '은실'이라는 여성역시 주목해 보아야 한다. 은실은 "괴로워하는 이들을 조금이라도 도와드리고 위로해드리는 것이" 소원이기에 간호부가 된 여성으로 중호는 은실을 성적대상으로 조금도 여기지 않고 오히려 "얼마간 존경하는 마음"마저 갖게 되었다. 전영택은 소설 말미에 "주인공 중호가 폐병으로 입원한 것은 사실로 재료를 삼았었지만 간호사의 이야기는 지은 것임을 말해둡니다"라는 '부기'를 붙여 사실과 허구의 조합으로 이야기를 지었음을 밝혔다. 요약컨대 이 소설을 통해 『현대』가 지향하는 문화운동의 중요성뿐만 아니라 여성에 대한 진보적 시각[32]을 짐작해 볼 수 있다.

---

31 서은경, 「1910년대 유학생 소설 속에 드러난 지식과 젠더의 상관관계」, 『현대문학의 연구』 38, 한국문학연구학회, 2009.6, 225쪽.

32 여성문제와 관련해서 흥미롭게 살펴볼 작품으로 8호에 실린 '달천'의 「십오일」을 들 수 있다. '달천'이 누구인지 알기 어렵고, 작품성도 낮지만 기독교청년회에서 발간한 잡지에 여성의 성적욕망을 적극 긍정한 작품이 실려 있다는 점에 주목해 보아야 한다. 학생 K는 매일 등굣길에 마주치는 젊은 여성을 흠모하는데, 이 여성은 스물아홉의 적지 않은 나이이나 남편은 아직 어린 아이라는 점에서 성적 불만족 상태이다. 그녀는 성적 만족을 위해 K에게 적극 추파를 던지지만 순진한 K는 그녀의 욕망을 이해하기에는 단순하고 둔감한

3. 기독교청년회 기관지로서의 『현대』 특징

1) 종교평론을 통해서 본 기독교잡지로서의 면모

『현대』는 『기독청년』에 비해 기독교 기관지로서의 폐쇄적 특징을 많이 벗었다 하더라도 종교에 관련된 글들이 적지 않게 실려 있다. 그것을 분류하자면 기독교 소개에 해당하는 글이 한 부류이며, 다른 한 부류는 종교평론 계열이다. 첫 번째 계열의 글로는 성탄절을 설명한 이정노의 「성탄과 세모」(1호), 전기문 「윌리암쓰전」(3호),[33] 기독교 전래의 역사를 서술한 박승철의 「기독교의 전래와 인심의 동요」(5호), 「세계일요학교대회의 유래」(8호)가 있다. 두 번째 계열에 해당하는 글로는 김낙영의 「사회와 예수교」(3호), 김항복의 「종교에 대한 나의 관견」(8호)과 「자유와 타유」(9호), 김진목의 「종교와 인생」(8호), 초해의 「이상적 사람」(9호), C생의 「그리스도의 강탄은 완전한 인생의 실현이라」(9호)가 그것이다.

총각이었다. 그러던 어느 날 K는 동리가 빈틈을 타 그 여성의 집에 불쑥 쳐들어가지만 그가 목격한 것은 그녀와 간부와의 동침이다. K의 등장에 간부는 도망가고 K는 여자를 향해 "등치고 간내여 먹을년!"이라면서 때린다. 그러나 새벽녘에 여자와 총각이 도망을 가는 것으로 소설은 끝이 난다. 여성이 성적 만족을 위해 어린 신랑을 두고 외간 남자에게 적극 추파를 보내고, 복수의 남성과 동침을 한다는 이야기가 기독교 계열의 잡지에 실려 있다는 것을 어떻게 보아야 할지 의문이다. 하지만 여성 역시 남성 못지않은 성적인 욕망을 지닌 존재라는 점을 적극 인정했다는 측면에서 여성에 대한 진보적 시각으로 읽어볼 수 있는 부분이다.

33 이 글은 기독교청년회 창시자 죠지 윌리암쓰의 전기문으로 『기독청년』에서는 '선온재'라는 필명으로 6호, 7호, 8호, 9호, 12호, 13호에 연재되었다. 『현대』는 그 속편에 해당하는 글이 실려 있다.

위 목차에서 드러나듯 기독교 관련 글은 잡지 창간 초반에는 없다가 8호와 9호에 이르러 늘어남을 알 수 있다. 또한 첫 번째 계열 글의 특징은 기독교에 대한 객관적 기술이다. 예컨대 기독교 청년회를 창립한 윌리암쓰에 대한 전기문이나 일요학교 유래 글은 개인적 논평이 전혀 없는 설명문이며, 「기독교의 전래와 인심의 동요」(5호) 역시 기독교가 조선에 전래된 역사를 객관적으로 보여주는 데서 더 나아가지 않는다. 또한 종교 평론에 해당하는 후자 역시 기독교의 방향이나 교회와 신도가 가져야 할 자세가 아니라 인생에 대한 일반론에 오히려 가깝다. 이것은 기독교청년회 기관지로써 『현대』 전신인 『기독청년』과 비교해 볼 때 큰 차이라 하겠다.

『기독청년』에 수록된 글의 대부분은 기독교 내용으로 조선 청년의 신앙이나 종교교육의 문제, 교회 내 교역자나 선교사 문제, 조선인의 생활과 예수교와의 관계, 하나님의 사랑 등 조선에서 기독교가 나아가야 할 방향을 모색하는데 주안점이 맞추어져 있다. 따라서 객관적 기술보다는 필자의 주관이 강하게 들어간 종교평론이 대부분이다.[34] 그렇다면 『현대』에 수록된 종교평론을 분석해 보면 기독교청년회 기관지로써 『현대』와 그 전신인 『기독청년』과의 차이점뿐만 아니라 기독교에 대한 『현대』의 방향성 또한 짐작해 볼 수 있다.

『현대』는 8호와 9호에 집중적으로 종교 평론을 실었는데 이들 경향이 기독교적 세계관이 아닌 범종교적 차원이라는 점에서 흥미롭다. 8

34 『기독청년』이 다룬 이러한 글로는 추호, 「한국기독교회의 각성」(5호), 이동식, 「기독교회의 현대적 사명」(6호), 정노식, 「조선인의 생활과 예수교의 관계」(7호부터 연재), 추호, 「사상통일의 종교로 기독교를 논하야 교회의 각성에 대한 청년의 사명에 급함」(7호)을 들 수 있다.

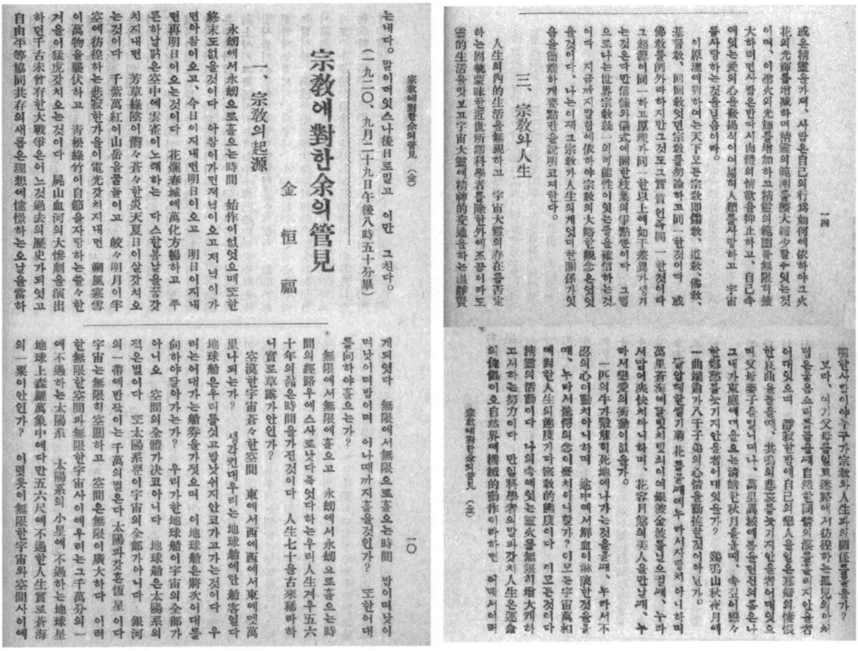

잡지 『현대』는 『기독청년』을 잇는 잡지이지만 종교 일반 논의에 머물렀다는 점에서 『기독청년』과 차이를 보인다.

호 김항복의 「종교에 관한 나의 관견」은 종교의 기원과 정의, 인생에 미치는 영향 등 종교일반에 대한 내용을 다룬 글이다. 필자는 무한한 시간 속의 허무한 삶이 인생이라면 어떻게 삶의 의미를 찾을 수 있을까에 대한 성찰에 있어 성경 속 말씀 대신 쇼펜하우어나 마르크스, 내가 아는 90세 촌로의 말과 경험을 빌어 종교의 필요성을 설명하고 있다. 특히 인간의 이성을 강조하고, 나아가 “대개 종교의 원리는 천하 어떤 종류의 종교를 막론하고 동일한 것”으로 이 원리는 “천하 모든 종교 즉 유교, 도교, 불교, 기독교 회회교 어떤 종교를 막론하고 동일한 것이다. 혹 불교를 열외라 하지만 그것도 그 실질인즉 동일한 것”으로 종교간 차이는 “다만 신조와 의식에 관한 지엽의 쟁점”이라는 범종교적 입장을 취하고 있다.

같은 호 김진목의 「종교와 인생」에서도 기독교의 복음 전파 등 기독교 한정의 논의가 아니라 종교 일반에 대한 언급만을 기술했다. 종교생활을 인간사의 연애에 비유해 설명하거나 살면서 아무리 노력해도 안 되는 '운명'으로 치부한 것은 종교평론의 논조로 볼 때 흥미로운 부분이다. 필자는 지금의 과학이나 철학, 정치, 경제 방면에서 인류사의 많은 발전이 있어왔지만 이것이 인생 문제를 해결해 줄 수 없다는 점에서 인생의 근본문제는 종교에 있다는 식의 '보편'으로서의 종교관을 견지하고 있다.

이처럼 기독교 교리를 설파하고 복음 전도에 앞장서는 것이 아닌, 인간 삶과 종교 일반에 대한 논의는 9호에서도 이어진다. 김항복의 「자유와 타유」는 인간에게 있는 소극적 자유와 인격적 자유로 나누어 자유의 중요성을 언급한 글이다. 소극적 자유란 구속과 속박에서 해방되는 자유를 말하는 것이지만, 내적 자유인 인격적 자유는 "사람이 사람된 사명을 다하는 것"이라면서 '본무(duty)'를 강조하고 있다. 특히 "레닌이가 우리에게 자유를 줄 수가 없고 야소, 석가가 우리에게 행복을 줄 수가 없는 것이라. 하늘이 자조자(自助子)를 조지(助之)하시고 천국은 자고로 노력하는 사람이야 얻을 것"이라는 부분에서는 종교의 힘보다 개인의 노력이 무엇보다 중요하다 하였다. 또한 '레닌'과 '석가'가 '야소'와 동급으로 나열된 부분에 주목해 볼 필요가 있다.

같은 호에 이어지는 초해의 「이상적 사람」은 그리스도 서거 당시 십자가 위 명패에 씌여진 희랍, 로마, 유대 세 문자를 통해 로마인, 희랍인, 희백래인의 장단점을 서술한 글이다. 이 글은 어떠한 인간상이 이상적인가를 짚어낸 것으로, 저마다 특징이 분명한 로마인과 희랍인, 유대인의 특성을 통해 이상적인 민족상과 개인상을 제시하고 있다. 여기서도 그리스도의 삶을 조명하는 듯하지만 실상은 역사 속 인물 탐구를 통한 적극적인 인간상을 이끌어냈다는 점에서, 종교평론보다는 당시 사상지에서 흔히 볼 수 있는 '직분'론에 가깝다 하겠다.

이처럼 『현대』에서는 기독교 색채보다는 종교 일반에 대한 언급이 종교평론의 주를 이룬다. 그러나 그리스도 정신과 기독교 박애정신을 적극적으로 내세우는 글 또한 찾아볼 수 있다. 5호에서 초해는 「가난 중의 즐거움」이라는 제목으로 가난으로 생기는 고통에 대해 언급했다. 저자는 가난이란 세인의 냉대와 멸시를 피할 수 없게 만드는 것으로서 혼자 '인내'해야 하는 고통이라 하였다. 하지만 기독교는 가난을 버티게 해 주는 힘이 있고, 자살하지 않게 하고, 자존심을 유지케 해 주는 미덕이라면서 빈한하게 살다간 그리스도의 생애를 통해 가난의 문제를 다시 보고자 했다.

위의 글이 그리스도의 정신을 현실 차원에서 실용적으로 읽어낸 것이라면, 3호 김낙영의 「사회와 예수교」는 『현대』 전편에서 가장 기독교 정신을 높이 평가한 글이다. 필자는 "오늘 세계 각국에서 굉장하게 떠드는 것은 사회문제올시다. 혹은 경제로, 혹은 도덕으로 문제를 삼아 그 논법이 한결 같지 않으나 나는 사회문제의 기초가 곧 종교문제라고 단언하고 이 문제에 대해 예수교의 입각점으로부터 종교상의 해석을 시작"한다면서 기독교의 박애정신이 지금의 사회문제를 해결할 방안임을 강조하였다.

세계각국의 근상을 듣건대 장래의 위기가 심히 절박한 것이며 우리에게도 멀지 않게 사회계급적 분쟁이 있을 듯한즉 일정한 해석을 시여치 아니하면 불가하올시다. 나는 이 문제를 해석함에 예수교의 정신으로 하는 외에는 별 수가 없음을 확신하는 바올시다. (…중략…) 원래 할 수 있는대로 행복을 평등하게 분배코저 함은 우리의 절망하는 바이나 단지 사회주의의 실행만으로써는 자유, 평등, 박애의 큰 이상을 실현할 수 없습니다. 그런즉 현세에서 만족함을 얻을 길은 우리의 천분을 자각하고 우리의 힘을 다하야 평안함을 얻는 것밖에 없을 것이올시다. 이리하려면 종교에 귀의하여야 할 것이외다. 예수교의 박애적 신념이 완전히 보급되면 나의 소유는 곧 하나님의 은사물이니 이것으로 사회공동을 위해 선하게 사용하리라는 사상이 절로 나서 사회문제는 원만하게 종료되리라.[35]

지금의 분배문제를 비롯한 세계의 여러 문제는 종교 문제이며, 그 해결을 위해서는 사회주의보다 기독교 박애정신이 요구된다는 것이 윗글의 논지이다. 위 논의를 비롯하여 『현대』 전반의 종교평론을 볼 때, 『현대』가 취한 '기독교'는 『기독청년』의 그것과는 차이가 있다. 『기독청년』이 '기독교' 청년회 산하 '기관지'로서 종교로써의 '기독교'를 알리고 조선기독교의 방향을 제시하고자 하는 목적이 강했다면, 『현대』는 '기독교'를 근본정신으로 하되 당대 세계정세를 읽고 그 속에서 조선이 나아가야 할 바를 모색했다는 점에서 종합사상지를 지향한 잡지라고 보아야 한다.

35 김낙영, 「사회와 예수교」, 『현대』 3호, 12~13쪽.

2) '조선기독청년회' 기관지로서 『현대』 읽기

앞서 살펴보았듯 『현대』는 『기독청년』이 종간된 지 채 얼마 안 되어, 연이어 발간된 '조선기독교청년회' 산하의 기관지이지만 두 잡지가 지향하는 바는 확연히 다름을 알 수 있다. 『현대』는 '기독교' 단체의 기관지적 성격에서 벗어나 종합사상지를 지향했고, 수록된 글의 주제나 깊이, 분량 모두에서 '기독청년'을 넘어섰다. 그러나 『현대』는 『기독청년』을 잇는 매체의 연속성을 부인하지는 않았다. 이는 연재물의 연속성을 통해서도 드러난다. 『현대』에서 『기독청년』의 연재물들을 찾아볼 수 있는데 대표적으로 김영만의 평론을 들 수 있다. 김영만은 『기독청년』에서 조선사회의 문제점을 다룬 사회평론을 썼는데, 『현대』에 오면 「식자의 연구를 요하는 실제문제」라는 제목 하에 ④부터 ⑥까지 호수를 달아 『기독청년』의 논지를 이어간다. 그 외 3호 백남훈의 「윌리암쓰전(속)」은 『기독청년』에서 연재한 기독교 청년회 창시자에 대한 전기문 「쬬지윌리암스전」을 이은 글이다.

『기독청년』이나 『현대』는 매체가 지향하는 목적에는 차이가 있지만 조선기독교청년회 산하 기관지라는 점에서 청년회의 인적 네트워크 역할을 톡톡히 했다. 기독청년회 총무를 담당했던 백남훈의 회고록에 따르면 기독교청년회의 행사를 통해 "지난 동안의 경과를 보고하는 동시에 전원의 친목을 도모하며, 한 학기에 몇 번 종교·학술 강연회를 열어, 전도와 수양에 이바지"[36]했다고 기술했다. 이를 입증하듯 실제 『기독청년』과 『현대』에 실린 번역문들의 상당 부분은 당시

36 백남훈, 『나의 일생』, 신현실사, 1968, 125쪽.

청년회 주관의 학술 강연의 내용들이다.

특히 '친목도모'의 관점에서 『현대』를 볼 때, 5호 성해의 「처음본 동경관을 농촌친지에게」나 홍영후의 「일광스켓취」, 8호의 「야구원정 통신」, 그리고 매호 「경과상황」에 주목할 필요가 있다. 「처음본 동경관을 농촌친지에게」는 동경이 어떠한 곳인지 설명해 주는 서간문으로, 수신자를 'K형'으로 하여 친근하게 동경체험담을 전달하고 있다. 같은 호 홍영후의 「일광스켓취」 역시 동경에서 일광까지의 여행담을 기록한 것으로, 자잘한 여행 일정부터 사소한 감정 변화까지 기술하고 있어 내부 독자를 향한 사적 여행담이라 여겨질 정도이다.

무엇보다 『현대』는 매호 마지막에 「경과상황」을 덧붙였는데 여기에서 회원 간 동정이나 행사의 구체적 진행상황을 상세히 엿볼 수 있다. 예컨대 2호의 「경과상황」 일부를 옮기면 다음과 같다.

> 2일 오후 2시부터는 윷대회를 열었는데 30여인이 출석하여 좌우 양편에 나뉘어 서로지지 않으려고 힘쓰며 응원하는 소리 데그럭 땅땅하는 윷소리 청년회를 들었다 놓는 듯하였다. 5일 오전 8시에는 친접부에서 주최한 원족회가 있었는데 14인이 청년회로 모여서 옥천을 향하여 떠난 것이 8시 20분 일기청명하고 심히 따뜻한데 삼삼오오 보행으로 옥천에 닿은 것이 12시 몇 분. 점심을 시켜먹은 후 물좋고 돌좋은 옥천을 뒤에 두고 목흑(目黑)을 향하야 가는 길에 엇던 사람의 만들어노은 공원에 들어가서 임시재판을 설행하고 목적지 향하야 속보로 목흑에 오니 7시경. 배가 고프니 다리도 아픈 듯 국수를 먹고 든든하야 각기 처소로 돌아가다[37]

37 「경과상황」, 『현대』 2호, 44~45쪽.

위와 같은 청년회 행사에 대한 상황 전달적인 기술은 잡지를 읽는 독자 간 친밀성을 전제로 한 것이다. 독자 간 친밀성을 엿볼 수 있는 또 다른 글로 『현대』 8호의 「야구원정통신」을 들 수 있다. 이 글은 동경유학생 야구팀이 본국 학생들과 벌인 야구경기에 대해 꼼꼼하게 기술한 글이다. 야구원정기는 『기독청년』부터 이어진 글로 동경유학생 야구팀이 조선에 가서 다양한 팀들과 펼친 경기에 대해 일정과 승패, 당시 분위기 등을 상세히 기록하였다. 총 8신으로 구성되어 있는 『현대』 원정기는 실제 전보를 실은 것인지, 아니면 보여주는 듯한 생생한 전달을 위해 전보양식을 의도적으로 택한 것인지는 알 수 없지만 유학생 야구팀의 분위기나 경기 상황 묘사가 리얼하다.

> 제6신 여러말씀 할 것 없이 오늘은 비기고 말았습니다. 무승부 전보를 한편 손에 펴들어시고 나머지 한 손은 양복 바지 포켓 속에다 푹 집어넣으시고 우두커니 서서 분격한 마음과 섭섭한 마음으로 전보 글자가 흐려지도록 들여다보시는 형님의 자태를 상상합니다. 그러나 와신상담 수개월 동안의 연습과 오늘 전심력을 다한 그 의분의 용기로도 적을 굴복시키지 못하였습니다. (…중략…)
>
> 철도전은 처음부터 끝까지 굉장한 「크로스게임」이였지마는 이 체육회와의 전쟁은 전반은 평범했고, 후반이 퍽 자미있었습니다. 8회말까지 우리가 한 점을 이겨가지고 있었습니다. 그러니까 제9회 전반회(first half)에 적에게 점수를 나지 못하게 했으면 두말할 것 없이 「알파」(Alpha)로 이길 것이었습니다. 그런데 어찌된 일인지 2사자(two out)후에 적에게 4점을 헌상하였습니다. 그러고 보니까 결국 우리가 3점을 저가지고 있었습니다.

형편이 이렇게 되니까 구경꾼 가운데서도 오늘은 할수없이 유학생군이 패한다고 섭섭하게 말하는 사람이 퍽 많았습니다.[38]

위의 원정기는 "우리의 행동 가운데는 과실이 많았습니다. 이 점을 더욱 형님에게 사죄하는 동시에 이번 원정을 큰 실수 없이 마친 것을 광영으로 생각합니다. 늘 건강하소서" 라는 개인적인 인사글로 마무리를 지었다. 이어 "호남선 상에서 용주생 8월 12일 P형님께 올림"을 덧붙여 서간의 필자를 밝혔다. 'P형님'이라는 특정 수신인을 내세웠지만 잡지를 읽는 전체 독자를 전제로 한 유학생들의 동정보고는 좁은 동경 유학생 사회, 그 중에서도 '동경조선기독교청년회'라는 촘촘한 인적 네트워크를 전제로 한 글쓰기이다. 이러한 상황보고의 상세함을 볼 때 기관지를 매개로 하여 이루어진 기독교청년회 내부의 다양하고도 긴밀한 인적네트워크의 짐작이 가능하다.

4. 유학생 잡지로서 『현대』가 갖는 의의

『현대』는 기독교청년회 기관지인 『기독청년』의 뒤를 잇는 잡지임은 분명하다. 그러나 『기독청년』이 기독교청년회의 기관지 역할에서 벗어나지 못한 소규모의 폐쇄적인 잡지였던 반면, 『현대』는 종합사상

38 「야구원정통신」, 『현대』 8호, 41~42쪽.

지로 체제를 바꾸어 새롭게 탄생했다. 제호 '현대'가 말해주듯 잡지 『현대』는 급변하는 세계정세의 흐름을 읽고 그 가운데서 조선의 개조를 말하고자 했다.

『현대』 발간 무렵인 1920년대 초는 유학생 잡지 『학지광』이 여전히 동경과 조선 청년들의 지식과 사상의 창구 역할을 하고 있었고, 그 외 『창조』나 『삼광』등 예술방면의 전문잡지가 간행된 시기였다. 『현대』는 유학생 단체인 학우회와 그 기관지 『학지광』의 인적 네트워크를 공유하되 기독교청년회의 기관지로서, 나아가 조선과 동경의 유학생들에게 새로운 지식과 사상을 전달하는 매개가 되고자 했다. 당시 세계 정세의 핵심이었던 데모크라시나 사회주의, 노동문제 등의 이슈들은 『현대』를 통해서 구체적이고도 객관적으로 소개되었다. 주목할 만한 사항은 기독교와 사회주의는 1920년대 중반만 되어도 갈등관계 속에 반목하는데 1920년대 초 『현대』의 장 속에서 기독교와 사회주의가 공존했다는 점이다. 이러한 것이 가능한 것은 "사회주의 사상이 민족독립의 새로운 이념으로 받아들여지고 있던 2·8독립선언 직후의 사상계"[39]가 갖는 분위기 탓도 있었지만 무엇보다 '현대'를 지배하는 지식과 사상으로서 사회주의나 데모크라시를 소개하고자 했던 『현대』의 발간 배경이 있었기 때문이다. 더욱이 『현대』는 당대 세계정세의 흐름과 그 속에서 조선이 나아가야 할 방향, 특히 문화방면에서의 개조와 그 실천에 대해 사유할 수 있는 장이 되어 주었다.

이러한 구도가 『현대』를 종합하는 큰 맥락이지만, 그 외에 유학생계에 미친 영향은 적지 않다. 우선 『현대』는 백악의 소설과 최승만의

39 김민섭, 「1920년대 초 동경 유학생의 '사회', 사회주의 담론 수용 연구」, 앞의 글, 58쪽.

평론으로 유학생계에 활발한 논쟁의 불씨를 지폈다. 한국 근대문학사에서 문학비평의 범주와 역할 논쟁을 불러온 계기가 된 작품이 『현대』 1호에 실린 백악의 「자연의 자각」인 것은 익히 알려진 사실이다.[40] 또 다른 논쟁거리로 최승만의 글 「현대청년」을 들 수 있다. 이 글은 청년의 사명을 강조한 글이지만 논거의 예로 든 '부자의 의'와 '군신의 의'와 관련해 고영환이 문제를 삼음으로써 반박과 재반박이 『현대』 지면 1호와 3호, 5호로 이어지면서 열띤 논쟁이 펼쳐졌다. 최승만의 말을 빌자면 "유학생계에서 언론이 활기를 띠게 되었다는 것도 이전에는 볼 수 없었던 일"[41]이었다.

『현대』는 당시 우리 문단 내 소설의 경향에 대해 적지 않은 비판을 가했다. 그에 대한 반작용인지 해외 문예물들을 적극 소개했는데, 창간호에 실린 역자 미상의 3편의 시가 우리나라에 최초로 번역 소개된 하이네의 시라는 점에서 문학사적 의의를 찾을 수 있다.[42] 『현대』에는 독일 문학인 괴테와 하이네 작품 이외에도 톨스토이 소설이 실려 있으며, 창작물로는 전영택과 홍난파 소설 등이 있다. 『현대』가 내보인 문예에 대한 관심은 9호에 이르면 황석우를 내세워 '최근문단 및 사상계의 비평'란을 신설하는 데까지 이어진다. 황석우는 이 무렵 창

40 논쟁의 발단은 염상섭이 『학지광』에 소설 하나를 투고하였는데, 당시 『학지광』의 편집부원으로 있던 백악이 이를 몰서함으로써 생겨났다. 이로써 염상섭은 백악에 대한 원한을 품었는데 그때 백악이 『현대』에 「자연의 자각」이라는 작품을 쓰자 그 분풀이로 빈약한 백악 소설에 악평을 넘어 인신공격까지 해댄 것이다. 여기에 김동인이 가세함으로써 근대문학사 최초의 논쟁이자 무엇이 공정한 비평인가라는 문학사적 질문을 던졌다(김동인, 「문단회고」, 『김동인전집』 16, 조선일보사, 1988, 313쪽; 김영민, 『한국근대문학비평사』, 소명출판, 1999, 36~37쪽 참조).

41 최승만, 앞의 책, 109쪽.

42 조창현, 「하인리히 하이네 문학의 수용에 관한 연구—1920년대부터 1940년까지 한국에서의 하이네 수용」, 『독일어문학』, 한국독일어문학회, 2003, 168쪽 참조.

간된 『개벽』과 『신천지』, 『공제』와 『현대』를 아울러 '조선 최근의 사상계 및 각 잡지 문예품의 개평'을 다루었는데 이로 볼 때 『현대』가 유학생계에 미친 영향력 혹은 자신감을 짐작해 볼 수 있다.

결론짓자면 『현대』는 기독교청년회의 '기관지' 역할과 종합사상지라는 두 가지 역할을 수행했다는 점에 그 의의를 둘 수 있다. 당시 수없이 창간과 폐간이 반복되던 잡지계의 상황에서 『현대』는 기독교 매체 역할과 기독교청년회 중심의 유학생 인적네트워크를 잇는 역할을 하되, 소수의 편향된 기관지에서 벗어나 유학생계에 영향력을 줄 수 있는 새로운 잡지를 만들어가고자 했다. 기존 『학지광』에서 편집을 맡았던 인물을 적극 끌어들여서 현시대의 세계흐름을 객관적인 관점에서 보여주는 동시에 조선민족의 새로운 발전 방향을 모색했던 바는 『기독청년』과 『학지광』 사이에서 『현대』가 나아가고자 한 발간 목적이자 그 의의이다. 즉 『현대』는 '기독교' 색채를 견지하면서도, 『학지광』에서 볼 수 있던 권위적 논조와 달리 쉽고도 객관적인 자세에서 '현대'의 양상을 짚어내고 조선의 당면과제를 제기했다는 측면에서 종합사상지로서의 역할을 수행했다. 동시에 '기독교청년회'라는 네트워크를 결속시키는 '기관지'로서도 제 역할을 다했음을 살펴볼 수 있다. 그간 연구자들에게 소외되어온 매체 『현대』는 1920년대 매체연구 혹은 사상사나 '동경조선기독교청년회'라는 단체 연구 모두에서 다시 보아야 할 자료임은 분명해 보인다.

/ 제4장 /

문예지 『생장』 연구

일인 잡지의 한계와 성과를 중심으로

1. 김형원과 『생장』 발간의 배경

『생장』[1]은 1925년 1월부터 5월까지 총 5호가 발간된 문예 전문잡지이다. 편집인 겸 발행인은 석송 김형원[2]이다. 『생장』은 잡지의 전체적 기획을 비롯한 모든 면에서 석송 개인이 맡아 발간한 일인 잡지적 성격이 강하다.

창간호의 '생장잡기'란에는 "우리는 이 잡지의 간행을 위하여 정신

1 문예잡지 『생장』만을 다룬 연구는 없으나 시인 김형원에 대한 연구는 그간 적지 않게 이루어졌다. 시인 김형원의 면모만을 다룬 것이 아닌 김형원 문학의 전반적 특징을 다룬 글로는 주근옥의 『석송 김형원 연구』(월인, 2001)와 홍현영의 「1920년대 전반기 시문학에서 '민중'의 의미—박종화와 김형원을 중심으로」(성균관대 석사논문, 2013)가 있다.

2 김형원의 연보를 『생장』발간 무렵까지 정리해 보면 다음과 같다. 김형원은 1900년 충남 강경 출생으로 1919년 보성고보를 중퇴하고 그해 여름 매일신보사에 입사했다. 1920년 동아일보 창간에 참여해 동아일보 기자로 활약하던 중 동경 특파원으로 일하기도 했다. 그러던 중 1924년 동아일보 사내내분이 일었을 때 다른 기자들과 함께 조선일보로 자리를 옮겼다. 문예지 『생장』은 1925년 기자생활을 하면서 창간한 잡지이다. 1925년 10월, 조선일보 필화사건이 벌어졌을 때 김형원 역시 해임되고 다음해 3개월의 형무소 생활을 하게 된다. 김형원은 이후 중외일보, 조선일보, 매일신보에서 기자 생활을 하면서 시와 수필, 평론 등 문예활동 역시 왕성하게 해 나갔다. 주근옥, 앞의 책, 136~137쪽.

과 물질로 만흔 원조를 앗기지 안는 K형이 잇음을 더할수 없는 행복으로 생각한다"[3]는 구절이 있는데 이로 보아 석송의 처남인 김낭운과 함께 문예지를 기획했음을 알 수 있다. 실제『생장』에는 매호 김낭운의 소설이 실려 있다. 또한 '생장잡기'에는 순문예지 하나를 만들어 보자는 생각은 이전부터 가지고 있었으나 자본의 문제로 진행하지 못하다 5~6년이 지난 지금에서야 잡지를 낸다는 감회를 밝히고 있다. 그렇다면 시인[4]이자 언론인으로서 왕성한 활동을 하고 있던 석송이 왜 1925년에 문예지를 발간했는지 그 발견 배경에 대해 짚어볼 필요가 있다.

무엇보다 1925년 조선의 문단은 민족주의 계열의 문예지『조선문단』이 자리 잡고 있었고, 다른 한 쪽에는 종합지『개벽』이 문예부장 박영희를 필두로 하여 사회주의 작가들의 무대가 되어 주었다. 특히『생장』이 발간된 1925년에 문예만을 전문으로 다루는 잡지는『조선문단』이 유일했으나『조선문단』은 이광수를 비롯한 전영택, 주요한, 김동인 등 문단 내 권력을 쥔 작가들이 크게 활약하는 장이었다. 이른바 대가 시스템이 작동한 장인데, 그런 측면을 십분 발휘해『조선문단』은 문학청년들을 독자층으로 하여 시와 소설을 비롯한 문학 전반에 대한 가르침을 주는 교과서적 지식의 배치와 아울러 문학청년들이 등단할 수 있는 등단제도를 열어두었다.[5] 문단의 상징적 권력인 '이광수'라는

---

3 또한 잡지 간행에 서광이 비쳐『생장』창간을 진행했고, 그 서광이란 '금전문제'라는 점을 밝혀 놓았다. 이로보아 김낭운이 자금줄을 댄 것은 확실해 보인다.

4 김형원은 1919년 홍영후의 개인잡지인『삼광』에「곰보의 노래」를 발표하면서 시인으로서 활동을 시작했다. 1921년부터는『개벽』에 상당한 수의 창작시를 비롯해 미국 시인인 휘트먼의 작품을 본격적으로 소개했다.

5 문학청년 가운데『조선문단』을 통해 등단 해 문단 내부로 편입한 대표적 인물은 최서해이

이름을 깃발로 내건 순문예지 『조선문단』은 창간호로 찍은 천오백부가 일주일 만에 나가고 다시 재판을 할 정도로 상당한 인기를 누렸다. 이는 "투고해 주시는 여러 형제자매의 호의"[6]라고 편집인이 밝혔듯 조선의 문사되기를 꿈꾸는 문학청년들의 광범위한 지지에 힘입은 바 컸다.

이처럼 대가 시스템이 작동하고 있는 『조선문단』이 문예 전문잡지로서 조선의 문단에 큰 영향력을 미치고 있을 무렵, 김형원은 '문예'를 전면에 내건 잡지를 발간한다. 일찍이 『삼광』이나 『서울』 등에서 홍영후와 장도빈이 개인잡지 성격의 매체를 발간한 바는 있었지만 이는 음악이나 역사 등 특정분야를 부각시킨 전문잡지에 가까웠다. 1925년에 '문학'은 이미 '근대지'의 한 분과로 자리를 잡아갔었고, 석송은 문예 동인지 활동이 왕성했던 1920년대 무렵에는 『창조』나 『백조』, 『폐허』에 가담하지 않았다. 석송이 처음 시를 발표한 매체는 『삼광』과 『매일신보』였다. 그가 아나키즘적 요소를 배태하고 있었던 『삼광』[7]에 글을 실었던 사실도 주목해 볼 일이지만, 무엇보다 데뷔작 「곰

다. 그는 『조선문단』 첫 호에 이광수 추천으로 등단한 이후 잡지의 편집에 적극 관여하고 5호부터는 정식 직원이 되었다. 그는 '해외문학개관' 연재를 맡았을 뿐만 아니라 「십삼원」, 「탈출기」 등의 작품을 발표한다. 그러한 측면에서 볼 때 최서해는 「조선문단」을 구독하는 수많은 문학청년들의 이상이자 「조선문단」이 갖는 권력의 측면을 보여주는 상징적 존재가 아닌가 한다.

6 「편집여언」, 『조선문단』 2호, 1924.11, 83쪽.

7 『삼광』에는 아나키스트 황석우가 활동하고 있었고, 염상섭 역시 아나키즘에 강한 영향을 받았다. 이러한 연구에는(한기형, 「초기 염상섭의 아나키즘 수용과 탈식민적 태도」, 『한민족어문학』 43호, 한민족어문학회, 2003.12; 이종호, 「일제시대 아나키즘 문학 형성 연구—『시대사조』, 『삼광』, 『폐허』를 중심으로, 성균관대 석사논문, 2006)이 있다. 이에 앞서 조용복은 『삼광』과 『폐허』의 연관성과 1920년대 사회운동과 문학과의 관련성을 다루는 논문에서 아나키즘은 '카프 청산기'에 사상적으로 분리된 집단의 이념이 아닌, 카프 전단계의 사상적 기저로 보았다(조영복, 「1920년대 초기 사회주의 사상가들의 시와 그 성격」, 『우리말글』 21, 우리말글학회, 2001). 이러한 논의를 통해 볼 때 민중의 삶을 노래하는 것을 문학의 복무로 삼은 김형원이 자신의 데뷔작품을 동인지가 아닌 『삼광』에 실은 것은 의도된 것으로 볼 수 있다.

보의 노래」는 당대 문예지가 갖고 있었던 과도한 낭만이나 감상, 연애를 매개로 한 내밀한 개인의 감정의 발산과는 현저한 차이를 보인 작품이었다.

오! 나는 작란군이다! / 오! 나는 빨내장이다 / 새벽에 집을 나셜적엔 뷘바군이가, / 열한시ㄱ 되야서 돌아올 쌔엔 넘치고 만다 / 이것이 나의 生涯이다.

(…중략…)

이 넓은 市街에서 나를 모르는 이가 업는, / 싹싹 곰보 半밋치광이 빨내장이다 / 그러나 나는 이 生涯가 얼마나 깃분지! / 밤을 낫삼고 낫을 밤삼는, / 나으리들-철모르는 어린 것들을 / 달래며 얼너서 쌔이기가, / 아! 얼마나 깃분지! / 더럽고 냄새나던 옷을, / 맑앗케 새것갓치 싸려내는, / 나의 솜씨를 나가 생각하야도, / 아! 얼마나 깃분지!

아! 나는 작란군이다 / 아! 나는 곰보 빨래장이다 / 너의들-나으리들이 사랑하는 / 바람둥이 빨래장이다.[8]

사회의 가장 하층민인 빨래장이는 고된 노동에도 유쾌하고 즐겁게 자신의 일상을 받아들이고 있다. 빨래장이를 화자로 내세운 것도 새롭지만 당시 시단 분위기로 보아 노동하는 이의 일상을 이처럼 쾌활하고 활기차게 그려낸 것은 매우 이질적인 경우이다.

빨래하는 이의 구체적인 삶을 주제로 한 내용을 데뷔작으로 내세운 석송은 다음 해 '문학의 본령은 실생활을 담아내는 것에 있다'는 주제

8 김형원, 「곰보의 노래」, 『삼광』 제1년 제1호, 1919.12, 17~18쪽.

로 문학평론을 발표한다.[9] 이 글은 이후의 왕성한 활동 매체인 『개벽』 내 수많은 창작시와 번역시뿐만 아니라 『생장』에 흐르는 기조와도 일치한다. 그렇다면 석송은 당대 이광수로 대표되는 계몽주의와 동인지가 갖고 있는 폐쇄적 분위기 내의 병적인 낭만과 퇴폐, 나아가 당시 고조되고 있었던 신경향파의 급진적 현실인식과도 거리를 둔 자신만의 문학을 펼칠 수 있는 장을 마련하고자 했던 것으로 볼 수 있다.

그 과정에서 석송이 1924년 동인지 『폐허이후』의 동인이 되었던 과정도 주목해 보아야 한다. 종합 사상지 『개벽』을 문학 활동의 주 무대로 삼았던 석송은 1924년 염상섭[10]이 주재한 동인지 『폐허이후』에 참여하는데 『폐허이후』는 『폐허』가 전신이되, 『창조』, 『백조』, 『폐허』 동인들이 고루 참여한 잡지로 1920년대 초 동인지가 갖고 있었던 낭만주의에서 벗어나는 면모를 보였다. 특히 희곡가 김정진이 『폐허이후』의 동인이라는 사실도 눈여겨 볼 부분이다. 김정진은 『생장』에 글을 실은 몇 안 되는 문인 중 하나이기 때문이다. 언론인으로서 활동을 하면서도 작품발표를 계속해 온 석송이 『폐허이후』의 동인이 되어 문예활동을 해보고자 하나 『폐허이후』는 창간호가 곧 종간호가 되는 운명에 처하고 만다. 이러한 잡지 발간의 상황을 잘 알고 있는 석송은 『생장』 창간호 말미에 다음과 같은 고백을 덧붙였다.

9 김형원, 「문학과 실생활의 관계를 논하야—조선신문학 건설의 급무를 제창함」, 『동아일보』 1920.4.20~4.24.

10 염상섭은 『생장』의 기획물인 '인물론'에서 처음이자 마지막으로 다루어지는 인물인데, 염상섭과 김형원의 관계는 『생장』발간 이전으로 거슬러 올라간다. 『삼광』의 주요필자는 황석우, 염상섭, 유지영, 김형원 등인데 황석우, 염상섭, 김형원은 보성학교 출신이며 특히 염상섭과 김형원은 1920년 4월 『동아일보』 창간부터 함께 활동했던 사이이다.

종래 우리글로 된 잡지라 하는 것은 開闢을 제한 외에는 그 수명이 불과 一二號에 지나지 못한 것이 사실이오 누구나 새로이 잡지를 한다하면 '에구! 또 一號雜誌로군!'하는 세상의 냉소를 면치 못하엿습니다. 이와가튼 사정을 짐작하는 우리로는 과연 여러 가지로 주저치 아니치 못하얏스며 필경에는 '계속의 자신이 업스면 창간호도 내이지말고 차라리 그만두자'는 의론까지 한 일이 잇섯습니다. 이리하다가 우리는 필경 엇더한 서광을 발견하는 동시에 창간호를 발행할 용기가 생겻습니다.[11]

위의 언급은 잡지 발간에 대한 어려움이기도 하지만 동시에 오랜 시간을 두고 준비한 잡지에 대한 자신감의 피력이기도 하다. 실제 『생장』은 1호부터 5호까지 매달 거르지 않고 발간되었으며, 각 호에는 다음 호의 목차까지 예고되어 있었다. 이는 연속적으로 잡지를 발간하고자 하는 편집인의 의지를 보여주는 부분일 터인데, 이미 동인지 발간에서 드러났듯 자본은 잡지 발간의 핵심적 문제이다. 즉 동인지 발간의 현실이 "그 달의 판매대금을 다음 호의 제작비에 포함시킬 수밖에 없는, 다시 말해 전호의 판매대금이 수금되지 않으면 사실상 다음 호의 제작을 포기하거나 그렇지 않으면 그 액수만큼을 개인이 다시 부담해야"[12]하는 상황 속에서 문예전문지를 낸다는 것은 쉽지 않은 일이었을 터이다.

11 「생장잡기」, 『생장』 1호, 1925.1, 73쪽.

12 최수일, 「1920년대 동인지문학의 심리적 기초」, 『대동문화연구』 36, 대동문화연구원, 2000, 97쪽.

2. 『생장』 속에 드러난 문예관의 특질

앞에서 다루었듯 석송 문예관의 단초를 읽을 수 있는 핵심적인 글은 1920년 동아일보에 연재한 「문학과 실생활의 관계를 논하야-조선신문학 건설의 급무를 제창함」이다. 이 글은 '고린내만 나는 문학', '실생활에서 제외된 인생'을 다룬 문학, '선비의 소일거리'이자 '소극적이오 파괴적'인 문학은 진정한 문학이 아니라는 기존 문단에 대한 비판으로 시작한다. 석송은 문학에 대한 특질을 '예술화 시킨 감정'이라 함축하는데, 이때의 감정이란 '항구성'과 '보편성'을 지닌 것으로 결국 문학이란 "순간성을 가진 동시에 항구성을 가졌고 또한 보편성"을 가진 것으로 정의했다. 무엇보다 인간 보편 감정에 호소하는 문학은 '인생'이고 '생활'로써, "문학 없는 곳에 진정한 의미의 생활이 없고 인생이 없"음을 분명히 했다. 즉 문학은 실생활을 기반으로 하되, 인간 삶의 항구적이고 보편적인 감정에 호소해야 한다는 것이다. 석송이 『개벽』에 발표한 다음의 시들은 그의 문학관을 뒷받침한다.

> 普通學校 一年生의 어린 아우가 / 어대선지 참새 한 머리를 잡아왔다 / 우리가 저녁 밥床을 물리자마자
>
> 아모 철 모르는 어린 아우는 / 제가 잡은 새와 가티 경쾌한 혀로 / 「아! 이 놈이 쌀 도적놈이다!」 / 저 호올로 부르지즈며 / 작은 것을 넓게 펴서 / 燈불에 비취어 보며 / 「아! 고흔 비치다!」 / 쏘다시 부르지젓다
>
> 창백한 얼굴로 病席에 누은 안해는 / 힘없는 눈을 깜박깜박 하더니 / 별

안간 이러케 부르지젓다 / 「아! 도련님 노하 주오」 / 하고 다시 이어서 / 「두 마리라 終日토록 앨 써 일하고 / 피곤한 몸으로 돌아와 깃들인 것을 / 아! 잡아서 어찌하고!」 / 깔아 안즌 소리로, 중얼대엿다[13]

제목이 그대로 보여주듯 '사소한' 일상 속 한 장면이다. 그러나 그 사소함 속에는 참새 하나를 보고도 하루 종일 일하고 밤에 돌아오는 우리네 인간의 애처로운 모습이 담겨있다. 석송은 이처럼 보편적 인간의 모습에 천착한 문학을 모토로 삼았는데, 제목에서 계급의식을 읽을 수 있는 「무산자의 절규」와 같은 작품에서도 특정 계급이 아닌 보통 '인간'에 주목했음이 드러난다.

나는 無産者이다! / 아모것도 갓지 못 한

그러나 나는 다만 / 「人間」이란 財產만을 진실한 의미의 「人間」을 / 要求한다 絶叫한다!

그리고 다음에 「人間」의 權利를 나의 손에 잇게 하라 고 나 스스로 나(人間)를 / 認識하고 處分할 만한……[14]

즉 석송은 '무산자'를 포함한 인간 보편의 문제를 담고자 했다. 1925년 『개벽』에 실은 「계급을 위함이냐, 문예를 위함이냐」를 보면 모든 계급을 포함하는 '민중'의 삶에 천착[15]하고자 하는 그의 문예의식을 읽을 수 있

13 「사소한 돌발 사건」, 『개벽』 19호, 1922.1.
14 석송, 「무산자의 절규」, 『개벽』 12호, 1921.6.
15 석송을 '민중'을 대표하는 시인의 관점에서 바라본 연구로는 오세영, 「민중시와 파토스의 원리－석송 김형원론」(『관악어문연구』 3집, 서울대 국어국문학과, 1978)과 홍현영의 논

다. 1925년 2월, 『개벽』에서는 「계급문학시비론」이라는 특집을 기획하는데 여기서 석송은 사람에게는 원래 계급이 없으나 계급 없는 사람에게 계급이 생겨 "계급문학이라 하는 신조어가 생기게 된 것"이라는 작금의 현실을 제기했다. 그러나 계급과 문예의 갈림길에서 자신은 이 질문에 대한 대답을 얻기 위해 애쓰는 중이요, "계급전보다도 의문전에 머리로 알(앓)는 중"[16]이라는 모호한 답변으로 끝을 맺었다. 이는 계급문학에 적극 동조할 수 없는 심리의 일단을 보여주는 부분이다. 실제 1923년 말 석송은 김기진, 박영희와 더불어 '파스큘라'를 결성하고 이들의 강연 원고를 『생장』 3호(1925.3)에 개제하는 적극성을 보이지만 얼마 안 있어 '파스큘라'와 '염군사'의 결합으로 '카프'가 조직(1925.8)되었을 때 이에 가담하지 않는다.

즉 민중의 삶에 천착하되, 계급의식에 한정하지 않고 인간 보편의 감정과 실생활을 중시하는 석송의 문학관은 『생장』 내 그의 글뿐만 아니라 여타 문예물의 공통적 특징이기도 하다. 특히 『생장』의 속표지에는 외국 문학가 글 가운데 일부가 짧게 소개되고 있는데 이는 계급문학과의 거리를 보여주는 단초이기도 하다. 1호에서는 "예술의 사명은 인류를 참으로 결합시킴"에 있으며, 그 결합에 "예술의 영감과 직분이 있음을 제기"한 '카펜티아'의 글이 있다. 2호는 판독이 어렵고, 3호 속표지에는 일본근대문학사에서 낭만주의와 니체적 개인주

문(「1920년대 전반기 시문학에서 '민중'의 의미」, 앞의 글)이 있는데, 홍현영은 석송의 민중지향적 특징은 휘트먼의 낭만주의적 성향의 민주주의로부터의 영향이라 했다. 반면 한계전은 석송은 휘트먼의 민주주의시론을 수용해서 사회주의 사상과 관계를 맺고 신경향파 시론 형성에 크게 이바지했음을 제기했다. 한계전, 「신경향파 시론의 형성-석송 김형원을 중심으로」, 『관악어문연구』 6집, 서울대 국어국문학과, 1981.

16 김형원, 「계급을 위함이냐 문예를 위함이냐」, 『개벽』 56호, 1925.2, 48쪽.

의에 경도된 작가로 알려진 '구리야가와 하쿠손'의 「고민의 상징」 중 일부가 실려 있다. 핵심은 인간은 "고민을 경험하면서 모든 비참한 싸움과 싸워가며 인생의 행로를 밟아나갈 때 우리는 혹은 신음하고 혹은 부르짖고 (…중략…) 그러한 웨치는 소리"가 문예라는 것이다. 4호에는 '푸레데릭 · 로리에'의 "모든 시와 모든 소설을 일관하여 있는 관념 및 정서도 또한 천하보편의 것"이라는 언급이, 5호에는 영국의 시인이 『생장』을 위해 특별 기고를 했다는 광고 형식의 글이 실려 있다.

이처럼 외국 작가의 문예관을 잡지의 첫머리에 드러낸 것은 일인 문예잡지의 한계를 뛰어넘어 '보편'으로서 문학을 펼쳐가고자 하는 석송의 지향점으로 보아야 한다. 또한 창간호에는 톨스토이의 『예술이란 무엇인가』의 제9장에서 일부를 번역해 실었다. 이 글은 러시아 상류계급 문학이 가진 한계 지적 속에, 근대예술이 인간의 어떠한 감정에 주목하고 있는지 다룬 것이다.

이러한 시도는 석송이 주장하는 예술관을 논리적이자 보편적으로 뒷받침하려는 시도일 터인데, 여기서 더 나아가 5호에 이르면 석송 문예관을 구체적으로 읽을 수 있는 「민주주의 소론」[17]이 등장한다. 그가 문예관을 설명하는 글에 '민주주의'라는 어휘를 입힌 까닭은 '귀족주의'가 인습적 · 배타적 · 보수적이라면, '민주주의'는 비인습적, 형식의 자유로움, 진보적 특징을 가지고 있기 때문이다. 특히 민주주의 특색인 '자유'와 '평등'의 원리는 만인에게 발언의 자유를 주고, 인생의 실재를 승인하는 동시에 진실한 애(愛)의 발로가 된다는 점에서 그의 민중 지향적이자 인간 보편의 감정에 호소하는 문학관과 상통한다.

---

17 김석송, 「민주주의 소론」, 『생장』 5호, 1925.5.

특히 총 6항으로 되어있는 「민주주의 소론」 가운데 4항과 5항인 '포옹과 반항'과 '민주주의와 향토문예' 부분은 특별한 주목을 요하는 부분이다. 석송은 문학을 '태양'에 비유했는데 '태양'이 선별적으로 비추지 않듯, 문학 역시 특정계급만을 옹호하는 것일 수 없는 '절대의 포옹인 동시에 절대의 반항'이어야 함을 강조했다. 특히 "전체를 말하는 데모크라시는 반드시 개체를 잊어서는 아니된다"는 주장에 이르면 당시 비등하고 있었던 계급문학이 다루고 있는 문학과 큰 차이를 노정한다. 무엇보다 세계주의 내지 인류주의 문예를 지향하면서도 조선의 향토문예를 등한시해서는 안 된다는 지적은 석송의 균형감각을 읽을 수 있는 부분이다.

그렇다면 1924년 김석송에 의해 적극 주도된 '파스큘라'는 사회적 성향이 강한 문인들이 참여했다 해도[18] 염군사가 결합되면서 강경노선으로 방향을 튼 '카프' 조직과는 차이가 있음이 분명하다. 후일 카프에 가담하지 않았던 석송이 1925년 초 무렵, 『생장』을 '파스큘라' 강연회의 무대로 적극 활용했음이 이를 입증한다. 그렇다면 『생장』은 김석송 문예관뿐만 아니라 아직 좌경화되기 직전 카프계열 문인들의

18 '파스큘라' 결성과 관련해 다음의 김기진 진술은 결성 당시의 분위기를 읽을 수 있게 한다. "이 무렵 1924~25년에 동아일보에 있다가 조선일보로 건너간 석송 김형원이 잡지 『생장』이라는 것을 시작했다. (…중략…) 석송의 주동으로 우리는 1924년 연말에 천도교기념회관에서 문예강연회를 열기로 했다. 생장사 주최라고 하기도 싫고 개벽사 주최라고 하기도 싫고 해서 박영희, 석송, 김기진, 연학년, 이익상, 안석주의 이름에서 첫글자를 한 자씩 따다가 '파스큘라'라는 이름을 지어 가지고 '파스큘라 문예강연회'라고 이름하였던 것을 기억한다."(김기진, 「한국문단측면사」, 홍정선 편, 『김팔봉 문학전집』 II, 문학과지성사, 1989, 98~99쪽) "파스큘라, 여기에는 여러 사람이 모이게 된 것이다. 톨스토이안도 있고, 휘이트맨의 사도가 있었으며, 루타찰스키의 신봉자에다 나와 같은 따위의 부득 요령이 가담하였던 진묘한 화합이었다. 그러나 여기에는 다같이 현상에 대한 불만들을 가지고 있었던 것이다."(김복진, 「파스큘라」, 『조선일보』 1926.7.1; 권영민, 『한국계급문학운동사』, 문예출판사, 1998, 42쪽 재인용)

문예의식을 살필 수 있는 매체라는 점에서도 그 의의를 살필 수 있다.

3. 『생장』 구성상의 특징과 일인 잡지로서 갖는 한계점

『생장』은 "동인이나 문단적인 배경이 없는 한 시인의 개인잡지"[19] 라는 논의를 입증이라도 하듯 구성 전체를 살펴보면 석송과 그 처남, 고보동창, 혹은 신문사와 연관된 몇몇의 필자에 한정되어 있다. 여타 잡지들은 창간호에는 주재를 비롯한 소수의 동인이 만들어갔다 해도 점차 외부 문인들이 글을 싣는 것이 보통인데[20] 『생장』은 필진에 거의 변함이 없는 특징을 보인다. 총 5호의 목차를 제시하면 다음과 같다.

전체 목차를 살펴볼 때 몇몇 특징적인 면을 짚어볼 수 있다. 첫째는 필자의 문제이다. 시의 경우에는 석송 자신이 시인이므로 그의 시가 가장 많이 차지했고, 그 외 안서 김억과 김여수, 김기진 등의 작품만이

19 최덕교, 『한국잡지 100년』 2권, 현암사, 2004, 92쪽.

20 『조선문단』도 창간 당시에는 이광수를 비롯해 편집인 방인근, 주요한, 전영택 등 잡지 발간에 기여한 소수의 인원이 지면을 채웠다. 그러나 2~3호를 넘기면서부터 염상섭, 김동인 등 부르주아 문단을 대표하는 작가들로부터 김기진, 박영희 등 사회적 경향의 작가에 이르기까지 좌우를 막론하고 많은 작가들이 글을 실었다. 특히 『조선문단』 10호(1925.7)의 기획물인 「제가의 연애관」에는 무려 스물아홉 명의 글이 실려 있다. 또한 1925년 창간된 또 다른 문예전문지인 『여명』의 경우에도 대구 · 경북 지방에 근거한 지방 잡지임에도 김기진, 김안서, 김탄실, 나도향, 노자영, 박종화, 박영희, 방인근, 변영로, 양주동, 염상섭, 이광수 등 당대를 대표하는 많은 이들의 글이 실려 있다. 『여명』에 대한 연구 논문으로는 박태일, 「1920~1930년대 경북 · 대구지역 문예지 연구-『여명』과 『무명탄』을 중심으로」(『한민족어문학』 47집, 2005.12)가 있다.

1호	시 김석송(3편) / 김억(3편) 소설 김낭운 「귀향」 / 번역소설 북극성(역자) 쏠로굽 「어린양」 희곡 김운정 「전변」 감상 나도향 「주노애애」 / 감상문 김석송 번역논문 역자미상 톨스토이 「현대예술의 타락」
	〈생장잡기〉, 〈독자문예현상모집규정〉, 〈誌友欄 설치안내〉, 〈편집후기〉
2호	시 김석송 / 김안서 / 김여수 소설 김낭운 「영원한 가책」 / 방한민 「순의생활」 / 백길경 「내방자」 번역소설 寫字生(역) 체홉의 「북극성」 특집 방정환, 양건식, 김기진, 김억, 이익상 「염상섭론」 김형원 (염상섭) 소개일언 소논문 김기진 「감각의 변혁」 / 이익상 「문예의 영원성」 情소설 양건식 「목단정환혼기」 心頭잡화 김석송 「人格과 家格」
	〈독자문예 현상모집규정〉, 〈誌友欄 설치〉, 〈편집후기〉
3호	시 김석송(여러 편) 소설 이성해 「어촌」 / 김낭운 「어느 회사원」 시 김기진 「A PROTEST」 / 김석송 「사상소곡」 파스큘라 문예강연회 원고 김석송 「서적이전 서적이후」 / 민우보 「쩌내리씀과 문학」 / 박영희 「환멸기에 있는 체호프의 일면」 시론 김억 「어네스트 도우슨」 특집 안재홍, 김여창, 김양수, 배화원정생, 강매 「문단에 대한 희망」
	〈현상문예 당선 시편들〉, 〈選後數言〉, 〈誌友欄〉, 〈편집후기〉
4호	시 김석송 / 김기진 / 김안서 / 김여수 / 강애천 소설 민태원 「적막의 반주자」 / 김낭운 「가난한 부부」 번역소설 북극성(역) 투르게네프의 「밀회」 당선작품 소설 이종명 「X체조선수」 / 시 김운정 / 논문 김운정 「교화기관과 아동극」 / 감상문 이익상 「추억」
	벽오동 〈文藝漫話〉, 〈편집후기〉, 〈현상문예모집규정〉
5호	시 여러 편(레이몬드 쌘탁과 석송시를 비롯한 9인) / 당선시 한 편 소설 김낭운 「첫날밤」 / 번역소설 벽오동(역) 톨스토이의 「영원한 추억」 당선소설 이종명 「옥순이」 / 곰보 「절교」 논문 김석송 「민주문예소론」 / 감상 김복진 「소묘」
	〈선후언〉, 북극성 〈文藝漫話〉, 〈편집후기〉

실리다가 제5호에 이르러서야 이장희를 비롯한 다른 작가들의 작품이 게재되어 있다. 문예지의 핵심은 서사라 할 텐데 전문 문예지를 표방한 『생장』은 석송의 처남인 김낭운의 작품만이 매호 실려 있고, 그 외

성해 이익상의 「어촌」(3호)을 제외하고는 두드러지는 작품이 없다. 김낭운은 『개벽』에 시를 발표한 적이 있으나 문단 내의 입지가 거의 없는 인물이라 보아도 좋다.[21] 창간호 '편집후기'에서 석송이 내비친 고마움에 대한 언급은 김낭운의 금전적 지원일 터인데, 그렇다면 『생장』은 자신만의 문예관을 펼칠 석송의 열망과 소설가로서 지면을 확보하고자 한 김낭운의 의도가 맞아떨어져 생긴 잡지로 볼 여지가 있다. 실제 김낭운은 1호부터 5호까지 매달 거름이 없이 소설을 발표했는데 이로보아 미리 써놓은 작품을 실은 것으로 생각해 볼 수 있다.

창간호 '편집후기'에는 "창간호에 불과 오인의 글을 실게 된 것은 매우 유감으로 생각하는 바이며 차호부터는 여러분의 좋은 글이 많이 실리게 될 것을 미리 말씀하여 두고자 합니다" 라는 글을 덧붙였다. 그러나 2호 서사란에서 김낭운의 소설을 제외하고는 방한민과 백길경이라는 생소한 이의 작품만이 실려 있을 뿐이다. 2호 '편집후기'에는 "방한민군의 「순의생활」은 그가 입옥 전에 써 두었던 장편 「최후의 一日」(미완편) 중에서 일절을 뽑아 발표"한 것이라 밝히고 있다. 미정호인데다 쓴 시기도 1920년 1월이라는 점에서 급히 청탁해 받은 것으로 추정된다. 내용 역시 민족사업을 하는 주인공 '순'과 아내와 아들, 어멈 사이의 일상 속 갈등이나 서사구조를 찾기가 쉽지 않다.

또한 백길경의 '내방자'는 특이하게도 '단편(斷片)'이라는 장르표시를 했는데, 줄거리는 주인공이 편집실에서 원고 일을 보는 와중 동창이 찾아와 돈 3원 변통을 요구하길래 마련해 주었다는 내용이다. 즉

21 필자가 파악한 바로는 김낭운은 『생장』 내 작품을 제외하고는 『동광』 8호(1926.2)의 「냉면」이라는 소설이 있을 뿐이다. 「냉면」 역시 냉면을 매개로 가난한 소시민들의 구체적 일상을 그려낸 작품이다.

수필이나 감상도 아니지만 소설로 보기에 미흡한 점이 많아 '단편소설(短篇小說)'의 '短篇'이 아닌 '斷片'이라는 명칭을 붙인 것이 아닌가 한다. 또한 내용으로 보아 작가는 『생장』에서 편집 일을 맡아보는 인물 가운데 한 사람으로 추측된다.

소설에서 겪은 원고난은 시에서도 역시 예외가 아니다. 2호에도 1호와 마찬가지로 안서의 시가 실려 있는데 제목이 「이것도 시라면」이다. 특히 시편 말미에 "작자가로되, 이 시들은 무리인 것입니다. 아니 나오는 것을 억지로 짜아내었습니다. 죄는 석송에게 있습니다" 라는 부기가 붙어 있다. 이로보아 잡지 창간에 있어 금전문제보다 "원고문제가 칠분(七分)"[22]이라는 편집진의 고민을 알 수 있다. 그렇다면 다음 호인 『생장』 3호에서 '파스큘라' 강연회에서 발표했던 원고를 그대로 실었음은 석송 자신의 문학적 기반과 '파스큘라' 동인들 사이의 친연성을 보여주는 부분이기도 하지만 동시에 원고난을 해결하기 위한 고육지책은 아니었나 의심해 볼 수 있는 부분이다.

다음으로 『생장』에 원고를 준 필진들의 인맥을 살펴보면 다음과 같다. 앞서 지적했듯, 김낭운은 석송과 친인척 관계이고 가장 많은 원고를 준 김기진과 이익상은 보성고보 때부터 맺은 인맥이다. 창작시와 번역시를 쓴 김억과 희곡과 논문을 쓴 김정진은 『폐허이후』 동인이며, 그 외 민태원과 김억과 이익상, 김기진, 박영희는 '파스큘라' 구성원으로 다시 묶여진다. 이렇듯 문단 내 한정된 필진에서 벗어나지 못하다가 3호 「문단에 대한 희망」이라는 특별 기획물에 이르면 새로운 필자들이 등장한다. 아마도 석송이 '문단'에 대한 바람이나 반성을 써

22 「생장잡기」, 『생장』 창간호, 73쪽.

달라고 필자들에게 미리 요구한 듯 한데 여기에 글을 실은 구성원들이 실상 문단과 관련 없는 인물들이라는 점에서 특기할 만하다.

안재홍, 김창제, 김양수, 강매, 배화원정생이 그들인데, 배재학당 작문교사 및 잡지 『서울』의 필진으로 활약했던 강매만이 문단과 친연성이 제일 많고 여타 인물들은 언론인이거나 사회운동가이다. 안재홍은 당시 김형원이 근무하던 조선일보사의 사장 겸 주필이며, 김창제는 YMCA의 대표적 연사로 기독교의 민중화에 앞장 선 인물이다. 김양수는 일본 유학생들의 모임인 조선학회의 일원이자 독립운동 및 사회운동을 한 사람이다.[23] 이 중 안재홍은 「생명의 정맥을 환기하라」라는 글을 실었는데, 글의 시작 부분에서 "문단에 대하여 문외한인 내가 그에 대한 희망을 말하기는 외람된 일입니다"라는 심정을 밝혔고, 글의 말미에 "석송 김형의 재삼독촉에 못 이겨서"라고 첨언했다. 이로보아 폐쇄적 잡지에서 벗어나 문단 내 영향력 있는 특집을 기획했던 석송이 원고난이라는 원초적 문제에 봉착했음을 알 수 있다.

1924년 석송이 동아일보에서 조선일보로 직장을 옮겨갔을 때 그를 따라 거취를 함께 한 동료가 수십 명에 달했다는 일화[24]에 비추어볼 때 이러한 원고난은 문예지로서 『생장』이 갖고 있는 정체성의 문제, 나아가 문단 내 영향력의 문제라 해석될 수 있는 부분이다. 그렇다면 석송의 예술관이 문단 내에서 어떻게 받아들여졌는지 궁금해진다. 훗날 박영희는 문단사를 회고하는 자리에서 "김석송은 문학의 민주주의화를 부르짓었고",[25] 그가 말하는 민주주의 문학론이란 "현실 속으로

23 홍현영, 앞의 글, 78~79쪽 참조.
24 한계전, 앞의 글, 37쪽.
25 박영희, 「현대문학사」, 『사상계』 7권(영인본), 176호, 세종문화원, 1988, 404~405쪽.

들어와서 풍자와 해부와 도전으로 현실에 부딪치려는 것"으로 정리하였다. 박영희의 해석 역시 모호한데 석송은 당시 민족주의 혹은 사회주의 계열로 분화되어 가던 문단의 어떠한 조류에도 속하기 어려웠으며 특히 예술지상주의나 대중 추수적 경향과는 분명히 선을 긋는 입장이라 할 수 있다.

이렇듯 한정된 필진 속에서 유독 눈에 띄는 필자가 하나 있다. 바로 일인 잡지의 틀을 벗어나지 못했던 『생장』에서 '문학'에 관한 전반적 이론을 소개하고 러시아 소설을 연재한 방정환이다. 방정환은 1919년 『신청년』 발간에 주도적으로 참여했으며, 영화잡지 『녹성』과 김원주 주간의 『신여자』 간행에도 많은 기여를 했다. 그러다가 1923년 아동잡지 『어린이』를 창간해 주도적으로 잡지 사업을 펼친 인물이다. 그렇다면 김형원과는 어떤 인맥으로 알게 되었는지가 관건인데 방정환은 『개벽』 에서 '은파리' 라는 필명으로 주목을 받고 있었고, 김형원 역시 『개벽』이 활동의 주 무대였다는 점에서 『개벽』이 이들 관계의 매개가 되지 않았나 싶다. 또한 '파스큘라'의 핵심멤버인 박영희나 김기진이 『백조』 동인이었고, 방정환 역시 후기 『백조』 동인이라는 점에서도 김형원의 주변 인물이었을 가능성이 크다. 또한 둘 다 『동아일보』와 『개벽』의 동경특파원을 지냈으며, 종교가 천도교인 점 역시 이 둘을 가까웠던 사이로 짐작해 볼 수 있는 부분이다.

방정환은 '파스큘라'특집 강연 원고가 실렸던 3호를 제외하고는 매호마다 '북극성'이라는 필명으로 쏠로구프, 투르게네프, 체홉, 톨스토이 단편소설을 번역해 실었다. 『생장』에 실린 여러 문예관련 논문에서 러시아 민중문학이 재차 언급되었던 점으로 보아, 방정환의 러시아 소설 번역은 개인에 의한 작품 선별이 아니라 『생장』 전체의 편집 의도에 따른 선별이라 여겨진다. 무엇보다 4호와 5호에서 방정환은 문학청년을 비롯한 문학에 관심 있는 독자들을 위한 문학개설의 장인 '문예만화'를 연재했다. 4호 '문예만화'는 문학의 정의·특질 및 요건, 시대와 단편소설, 작품과 독자 등 문학개론에 해당하는 내용을 다루었으며, 5호에서는 소설의 정의 및 요건, 소설의 구조, 도스트예프스키의 처녀작 등 소설장르에 한정해 전개해나갔다. 이처럼 '문예만화'란의 신설로 말미암아 『생장』의 문예지다운 틀이 잡혔음은 부인할 수 없다. 문예전문지를 표방했음에도 몇몇 작가의 많지 않은 작품이 전부였는데, 이렇듯 문학일반에 대한 교과서적 설명을 다루는 구성은 문학을 배우고자 하는 이들에게 이론적 지침이 되었을 것임이 분명하다. 석송 개인의 인맥에 의존한 편집진의 한계를 가진 『생장』에서 번역소설과 문학개론 부분을 담당한 방정환의 역할은 결코 적지 않았음이 분명하다.

『생장』은 이렇듯 문단 내 영향력이 크지 않았던 잡지였기에 대중을 향한 개방적 편집 태도를 취했음에도 문학청년을 비롯한 일반 독자들에게 그다지 큰 반향을 일으켰던 것으로 보이지 않는다. 『생장』은 발간 당시부터 "우리는 「생장」을 문단에 공개하는 동시에 애독제우에게도 지면일부를 제고하랴 합니다. 이는 여러분과 우리 사이의 심령상 교섭을 여는 길이 될 거시오 우리의 문단운동에도 다소의 도움이 될가하는 애정에서 나온 일이외다. 독자 여러분 많이 투고하시기를 바랍니다"[26]라 하면서 매호 현상투고를 모집했다.

26 매호 독자문예 현상모집규정 중 일부의 내용이다. 현상모집요건은 단편소설(1행 22자

'현상투고'는 문학청년들을 대상으로 한 잡지의 개방성인데, 여기서 한걸음 더 나아가 문청들 간의 소통을 위한 '지우란'을 설치하기까지 했다. '지우란'에 게재해야 하는 내용은 성명, 주소, 직업·학적, 지망, 존경하는 문학자(內外二名以內)와 좌우록(座右錄)이다. 그러나 앞서 제시한 목차에서 알 수 있듯 창간호부터 3호에 이르기까지 매호 지우란 광고를 했으나 4호와 5호에선 더 이상 이러한 광고를 찾아볼 없다. 독자들이 '지우란'에 그다지 관심을 보이지 않자 '지우란' 자체를 폐지한 것은 아닌가 추측해 볼 수 있다. 그러나 『생장』이 보여준 개방적인 특징은 동인지의 폐쇄성을 의도적으로 넘어서려는 시도로 보인다. 하지만 실제 독자들이 보내준 글이 실린 적이 전혀 없다는 점에서 『조선문단』이 보인 대중적이자 개방적 정책의 성공과는 큰 차이를 보인다.[27]

문제는 문학청년이 되고자 하는 독자들 역시 현상모집에 그다지 몰리지 않았음이다. 목차가 보여주듯 매호 현상문예를 모집했으나 3호에 비로서 당선 시 3편과 선외가작 시 5편이 실려 있을 뿐이다. '선후수언(選後數言)'에는 총 16편의 시가 응모되어 당선작으로 두 편을 뽑았다는 언급과 함께 이는 "선자자신부터 섭섭한 일이다"[28]라는 아쉬

100행 내외), 신시(3장 이내), 단문(1행 22자 50행 내외)이었으며, 상과 등급은 특별한 등급 없이 입선된 작자에게는 작품을 발표한 호로부터 소설은 삼개월분, 시와 단문은 이개월분의 본지를 상품으로 증한다 했다.

27 조선에서 '신문예운동'을 일으키고 독자들의 '문예학교' 역할을 하고자 출발한 『조선문단』은 독자들과 소통하고자 하는 다양한 시도를 선보였다. 편집진이 매번 다른 주제의 기획을 필자들에게 툭 던져놓고 그들의 다양한 발언을 그대로 게재함으로써 작가의 솔직한 속내와 감정을 그대로 싣는 방식이 그것이다. 예컨대, '일기와 감상'과 같은 기획물이나 '인물론', '합평회', '문사들의 이모양 저모양'의 기술방식이 모두 그러하다. 이러한 개방성이 성공적인 것인지, 아니면 『조선문단』이 갖고 있는 대가 시스템이 주효해서 그런지 독자들 역시 '독자통신'이나 '독자논문', '조선문단 공개장'에 적극 참여하는 면모를 보였다.

움을 감추지 않고 있다. 또한 "이번에 소설은 아조 빈약하얏다. 나는 이점에 대하야 매우 유감으로 생각하며 금후로는 만흔 투고가 잇기를 바라며 밋는다" 라는 편집인으로서의 아쉬움과 차호에 대한 기대감을 표시했다. 그러나 4호와 5호에 이르러서도 '현상투고'는 그다지 활성화되지 않았다.

4호에서는 이종명이라는 이의 「X체조선수」라는 한 편만이 실렸으며, 5호에는 이종명의 「옥순이」와 곰보라는 필명을 쓰는 이의 「절교」가 당선되었다. 5호 당선소설에서도 이미 4호에 당선으로 뽑힌 작가의 다른 작품을 실었던 것은 그만큼 응모 편수도 많지 않았고, 수준 있는 작품도 없었던 것이라 짐작해볼 수 있는 부분이다. 『조선문단』 제3회 합평회에서는 『생장』 4호에 실린 당선작인 「X체조선수」를 언급했는데, 염상섭과 방춘해는 재미는 있지만 읽고 난 뒤에 아무 감흥이 없음과 끝이 어설프다는 평을 내렸다. 이어 제4회 합평회에서도 『생장』 5호 당선작 두 편이 평가의 대상이 되었다. 염상섭은 「옥순이」에 대해 "소설이라는 것보담 소품가튼 느낌"이 있다는 평을 내렸다. 전반적으로 「옥순이」에 대한 평은 긍정적이었으나 '곰보'의 「절교」의 경우, "'곰보'라는 서명이 작란비슷하야 자기작을 스스로 경멸히 한 심리가 보여서 불쾌하기로 안보앗다"는 염상섭의 따끔한 질타와 전반적으로 미흡한 작품이라는 평가를 받았다.

이처럼 작가를 지망하는 문학청년들 사이에서도 『생장』이 큰 인기를 얻지 못했다면 일반 독자들에게 이 잡지는 더욱 생소했을 것임을 짐작해볼 수 있다. 이에 대한 근거로 광고편수를 제기해 볼 수 있다.

---

28 석송, 「선후수언」, 『생장』 3호, 73쪽.

『생장』은 『조선문단』이나 『조선일보』와 같은 동일 매체에 대한 안내 말고는 일절 다른 상업광고가 보이지 않는다. 이는 『개벽』과 『조선문단』과 같은 영향력이 큰 매체 뿐 아니라 부르주아 민족주의자들을 독자층으로 한 『서울』에서 볼 수 있는 상업광고 편수와 크게 비교되는 부분이다. 특히 "대중적으로 성공한 잡지인 『개벽』이 평균 9.4%를 광고에 할애"[29]했던 것과 비교해 보았을 때 『생장』은 대중적 영향력 확보에서 실패한 것으로 보인다.

4. 문예지 『생장』이 갖는 문학사적 의미

『생장』 창간호에는 잡지명 이외에 아무 표시가 없다가 2호에 이르러 '문예잡지'라 명시되었다. 또한 표지 모양과 글씨체도 계속 바뀌다가 4호와 5호에서 안착된 형태를 갖는다. 석송은 매호 편집에 대한 고민을 한 듯 보이는데 구성에서도 창간호에서는 시, 소설, 시, 희곡, 시, 소설(번역) 등 체계 없는 나열식 구성을 취하다가 2호에 이르러 시와 소설, 논문, 감상 순의 일관성 있는 편집체제를 갖추었다. 이처럼 편집방식과 그 변경이 자유로웠던 것은 개인잡지였기에 가능했던 부분으로 보인다.

『생장』은 1925년 1월부터 5월까지 매호 발간되다 갑자기 종간되고

29 최수일, 앞의 글, 22쪽.

말았다. 하지만 『조선일보』 1925년 5월 22일에는 "생장 육월호 . 김기진씨 논문 「시가의 음악적 방면」과 수필 「정복자의 꿈」 박회월씨 수필 「애상」 등 수록"이라는 광고가 실려 있다. 이로보아 6호를 기획했음을 알 수 있다. 『생장』의 갑작스런 종간은 원고난이나 경영난과 같은 내부 문제뿐만 아니라 정치적 상황의 급변과 같은 외부요인 때문이 아닌가도 고려해 볼 수 있다. 그러나 석송이 당시 몸담고 있었던 『조선일보』 제3차 정간이 9월에 있었다는 점에서 매호 빠지지 않고 발간되던 『생장』의 돌연 중단 원인에 대해서는 구체적 파악이 어렵다.

하지만 불과 5호를 내고 종간된 문예잡지 『생장』은 그 자체로 문학사적 의의가 적지 않다. 우선 앞서 다루었듯 석송의 개인 잡지적 성격이 강했다는 점에서 『생장』은 석송이 지향하는 문학관이 전체를 지배했다. 문단에 개방한다는 편집방침을 공식적으로 표명했음에도 『생장』에 실린 전체 작품의 성격은 공리성 배제와 실생활에 기반한 민중문학 등 석송이 지향한 예술관을 벗어나지 않았다. '카프'로 전향되기 이전 '파스큘라' 멤버를 조직하고[30] 그들의 강연원고를 『생장』에 실었던 것은 이들의 문학적 지향점이 석송의 그것과 부합했기 때문일 것이다.

『생장』을 통해 '파스큘라' 강연회의 요지를 살필 수 있는데, 3호에는 민우보의 「써너리즘과 문학」, 석송의 「문학이전 · 문학이후」, 박영

30 김기진의 회고에 따르면 '파스큘라'를 먼저 제의한 이도 김형원이고, 강연회 당시 개회사와 진행을 도맡은 이도 김형원이라 했다(김기진, 「40년간의 문예지」, 『사상계』, 1960.1, 257쪽). 또한 당시 『동아일보』에는 파스큘라 강연회 일정이 소개되었다(김석송의 「서적이전과 이후」, 민우보의 「짜나리쯤과 교예」, 이성해의 「문예의 시대성」, 이상화의 「이별하는이」(시), 박회월의 「체흡연구」, 김기진의 「잡감담편」, 김억 · 박월탄의 「제목미정」 / 연학년의 「월출」(각본), 안석주의 「제목미정」).

희의 「환멸기에 잇는 체호프의 일면」이 개제되어 있으며, 2호 이익상의 「문예의 영원성」 역시 강연회 원고로 보여진다. 이들 글에서는 문학이 갖는 보편성과 작가의 작품 태도, 문학이 담지해야 할 방향성 등 파스큘라 멤버들의 문예관을 유추해 낼 수 있다. '파스큘라' 강연회는 연설이라는 점에서 『생장』에서 다시 원고를 실지 않았다면 카프로 결성되기 이전 이들의 문예관을 파악하기 어렵다. 따라서 실증적 자료 제시의 측면만으로도 『생장』이 지닌 문학사적 의미는 분명하다.

또한 한국소설사에서 이익상과 김낭운에 대한 연구는 전무하다. 이익상은 최근 소설전집이 출간되는 등 간간히 연구가 이루어지는 추세이지만, 김낭운에 대한 연구는 전혀 이루어지지 않았다. 무엇보다 『생장』에 실린 서사물 가운데 이익상의 「어촌」(3호), 김낭운의 「어느 회사원」(3호)과 「가난한 부부」(4호), 김정진의 희곡 「전변(轉變)」(1호)과 아동극을 교육의 차원에서 접근한 그의 논문은 연구의 대상이 되기에 족한 작품이다.

「어촌」은 가난한 어촌 마을에서 어부들이 고기 잡으러 바다에 나갔다가 풍랑을 만난 이후의 이야기이다. 풍랑으로 일부는 시신이 되어 돌아오고, 일부는 행방불명이 된 상황에서 주인공 성팔이와 성팔이 모친은 끼니때마다 남편 밥그릇을 아랫목에 파묻어 놓으며 한없이 아버지와 남편을 기다린다. 하지만 비참함의 정조로서가 아니라, 기다림 역시 삶의 일부로 받아들이는 모자의 모습을 자연스레 그려내었다. 이익상은 2호에서 「문예의 영원성」이라는 짧은 문예평론을 발표했는데, 톨스토이나 세익스피어 작품에서 문학을 영원한 것으로 만들어 주는 기제인 심리와 성격을 언급하면서 계급문예를 주창하는 지금의 현실에서도 "계급의 술어가 그것(영원성)을 부인함이 아니오, 다만 해석의 상이"라 했다. 문예작품이 지녀야 할 보편적 가치를 그 무엇보다 중시한 성해의 입장은 가난한 민중의 삶을 소재로 삼은 「어촌」에서 드러났다 하겠다.

기존 문학사에서 배제되었던 김낭운의 작품은 '일상성'의 발견이라는 측면에서 언급이 가능하다. 매호 소설을 썼지만 이 중 「어느 회사원」(3호)과 「가난한 부부」(4호)는 특히 주목할 만하다. 「어느 회사원」은 시골 보통학교 교사인 내가 같이 교사로 근무하다 갑자기 그만두고 서울에 올라가 '하이칼라 신사' 노릇을 하는 친구를 방문해 나누는 대화와 이후 그 친구의 삶을 다룬 것이다. 특히 내가 불시에 친구의 집에 방문했을 때 나를 맞이하는 친구부부와 나와의 일상적 대화 장면은 과도한 의식이나 격한 감정의 표출 없이 자연스레 가난이라는 주제를 이끌어냈다는 점에 의의가 있다. 또 다른 작품 「가난한 부부」 역시 가난하지만 서로를 애틋해 하는 부부의 이야기이다. 남편이 거짓으로 돈을 모아놓았다고 아내에게 말하자 너무 기뻐하는 아내와 이를 바라보는 남편의 심리를 담은 이 작품은 가난 속에서도 부부간 사랑과 연민을 잃지 않는 모습을 아름답게 그려내었다. 김낭운 소설이 지닌 이러한 '일상성'의 풍경은 민중의 실생활을 그려내되 이를 '감정'의 문제와 연결시키는 김석송 문예관[31]의 특질과도 부합한다.

희곡작가 김정진의 「전변」(1호)은 여전히 여자의 정절을 중시했던 당대 농촌의 정서를 고려해 볼 때 진보적인 작품이다. 이 작품은 하루

31 석송의 「실생활의 관계를 논하여 조선신문학건설의 급무를 제창함」에는 '생활을 지배하는 원동력'으로서 '감정'을 중시했다. "문학은 감정이 주체가 되야 사상과 취미를 붓치어서 사상을 표현한 것이다"라는 언급은 이러한 입장을 보여주는 부분이다.

아침에 남사당패를 따라 가정을 버린 남편을 기다리다 호구의 고통을 이길 수 없어 재혼한 시골 아낙네가 다시 옛 남편을 만나는 장면을 그린 것이다. 다 죽어가는 몰골로 조강지처를 찾아 온 남편은 아내의 재가를 받아들이고 자신의 무책임으로 말미암아 아내가 겪었을 고단한 삶을 인정해 준다. 뿐만 아니라 아내의 입장을 옹호해주는 동네 노인의 등장은 가부장적 현실에 여전히 짓눌려있는 구여성의 삶을 대변해 주었다는 점에서 의미 있다 하겠다. 그 외 아동이 지닌 극적인 본능과 연극의 기원을 설명하면서 조선의 예술교육을 제창한 김정진의 「교화기관과 아동극」이라는 논문은 논거의 치밀성과 전문성 측면에서 돋보이는 글이다.

5. 『생장』 연구의 의미

김형원에 의해 창간된 『생장』은 당대 부르주아 민족주의 계열 작가들의 터전인 『조선문단』과 사회주의 계열 작가들의 터전이었던 『개벽』의 큰 구도 속에서 문예전문지로 기획된 잡지이다. 1925년 1월부터 5월까지 총 5호가 발간된 『생장』은 김형원 개인에 의한 일인 잡지적 성향이 짙다. 그런 측면에서 『생장』은 일인 잡지의 성과와 한계가 명백한 매체이다.

본고는 1925년의 매체간의 구도 속에 『생장』 발간의 배경을 살피고 일인 잡지의 한계와 성과 측면을 주목했다. 그간 『생장』에 대한 연구가 거의 이루어지지 않았던 것은 문학사 내의 주목할 만한 작가와 작품이 실리지 않았으며 개인 잡지적 경향이 강했기 때문으로 보인다. 그렇다면 문예전문지를 표방하고 나선 『생장』이 개인잡지라는 한계를 극복하기 위해 어떠한 노력을 경주했고, 그것이 문단속에서 갖는 성취와 한계점을 짚어내는 것은 의미 있는 작업이라 생각한다.

『생장』 내 모든 글들은 범박하게 보아 김형원이 지향한 문예관에서 벗어나지 않았다. 그런 탓으로 문단 뿐 아니라 문학청년을 비롯한 일반 독자들에게 잡지를 개방했지만 소수의 한정된 필진과 현상문예의 낮은 응모로 이어져 일인 잡지의 폐쇄성을 벗어나기 어려웠다. 그럼에도 계급문학이 갖는 편파성에서 벗어나 민중의 구체적 삶과 일상성을 중시한 석송의 글들을 비롯한 『생장』 내 많은 작품들은 문학사적 의미가 있다. 특히 '카프'로 분화되기 이전 사회주의 계열 작가들의 문예관을 살필 수 있고, 민중의 일상적 삶을 주제로 한 김낭운과 이익상의 소설들은 다루어볼 만한 가치 있는 작품임이 분명하다.

참고문헌

1. 기본자료

『학지광』, 『여자계』, 『삼광』, 『청춘』, 『창조』, 『근대사조』, 『태극학보』, 『반도시론』, 『매일신보』 『녹성』, 『신청년』, 『서울』, 『학생계』, 『현대』, 『기독청년』, 『생장』, 『조선문단』

김영민, 『한국의 근대신문과 근대소설－대한매일신보』, 소명출판, 2006.
______, 『한국의 근대신문과 근대소설－한성신보』, 소명출판, 2008.
독립운동사편찬위원회 편, 『독립운동사자료집』 13, 고려서림, 1984.
민윤식, 『소파 방정환 평전－청년아, 너희가 시대를 아느냐』, 중앙M&B, 2013.
백남훈, 『나의 일생』, 신현실사, 1968.
산운학술문화재단, 『산운 장도빈』, 시사문화사, 1985
______________, 『산운 장도빈의 생애와 사상』, 산운학술문화재단, 1988.
『순성진학문추모문집』, 광명인쇄공사, 1975.
유광열, 『기자반세기』, 서문당, 1969.
『이광수 전집』, 삼중당, 1962.
최승만, 『나의 회고록』, 인하대 출판부, 1985.
「홍영후 연보」, 『나라사랑』 83, 외솔회, 1992.9.
홍정선 편, 『김팔봉 문학전집』 II, 문학과지성사, 1989.
한국영화사연구소 엮음, 『신문기사로 본 조선영화』, 한국영상자료원, 2009.

2. 국내논저

강명관, 『국문학과 민족 그리고 근대』, 소명출판, 2007.
강영안, 「주체의 자리」, 『전통・근대・탈근대의 철학적 조명』, 철학과현실사, 1999.
구인모, 「『학지광』 문학론의 미학주의」, 동국대 석사논문, 1999.
구장률, 「근대지식의 수용과 소설 인식의 재편」, 연세대 박사논문, 2009.
곽상순, 「사실주의 단편소설과 묘사적 핍진성」, 『어문연구』 제33권 제2호, 한국어문교육연구회,

2005 여름.
권두연, 「신문관 단행본 번역소설 연구」, 『사이間SAI』 제5호, 국제한국문학문화학회, 2008.
권보드래, 「'문학' 범주의 형성 과정」, 『민족문학사연구』 14, 민족문학사학회, 1999.
________, 『연애의 시대』, 현실문화연구, 2003.
________, 「진화론의 갱생, 인류의 탄생」, 『대동문화연구』 66집, 대동문화연구원, 2009.6.
________, 『한국근대소설의 기원』, 소명출판, 2000.
________, 「죄, 눈물, 회개 : 1910년대 번안소설의 감성구조와 서사형식」, 『한국근대문학연구』16, 한국근대문학회, 2007.
권영민, 『한국계급문학운동사』, 문예출판사, 1998.
권용선, 「청년 개념의 분화 과정과 자기 구성의 논리」, 『한국문학의 현 단계』, 역락, 2005.
근대한국학연구소 기초학문연구팀, 『한국 근대 서사양식의 발생 및 전개와 매체의 역할』, 소명출판, 2005.
김경수, 「한국 근대소설과 영화의 교섭양상 연구」, 『서강어문』 제15호, 서강어문학회, 1999.12.
김경일, 『여성의 근대, 근대의 여성』, 푸른역사, 2007.
김기주, 『한말 재일한국유학생의 민족운동』, 느티나무, 1993.
김도훈, 「이광수 소설에 투영된 근대적 주체의 염원과 식민지 근대성에 관한 연구」, 『사회연구』 통권14호, 한국사회과학연구소, 2007.
김동식, 「한국의 근대적 문학 개념 형성과정 연구」, 서울대 박사논문, 1999.
김명구, 「1910년대 도일 유학생의 사회사상」, 『사학연구』 64, 한국사학회, 2001.
김미현, 「신파와 신파성의 감각-1920, 30년대 조선영화 담론을 중심으로」, 『대중서사연구』 제20호, 대중서사학회, 2008.
김민섭, 「1910년대 후반 기독교 담론의 형성과 '기독청년'의 탄생」, 『한국기독교와 역사』 38, 한국기독교역사연구소, 2013.3.
______, 「1920년대 초 동경 유학생의 '사회', 사회주의 담론 수용 연구」, 『한민족 문화연구』 47집, 한민족어문학회, 2014.10.
______, 「『기독청년』 연구」, 연세대 석사논문, 2010.
김복순, 「1910년대 단편소설 연구」, 연세대 박사논문, 1989.
______, 『1910년대 한국문학과 근대성』, 소명출판, 1999.
김상구 외, 『타자의 타자성과 그 담론적 전략들』, 부산대 출판부, 2004.
김성연, 「1920년대 번역계의 세대교체」, 『반교어문연구』 제31권, 반교어문학회, 2011.
______, 『한성도서주식회사 출간 번역 전기물 연구』, 『상허학보』 30, 상허학회, 2010.10.
______, 「한국근대문학과 동정의 계보」, 연세대 석사논문, 2002.

김승구, 「1910년대 경성 영화관들의 활동 양상」, 『한국문화』 53호, 서울대 규장각 한국학연구, 2011.
김영모, 『조선지배층연구』, 일조각, 1977.
김영민, 「근대적 유학제도의 확립과 해외 유학생의 문학 · 문화 활동 연구」, 『현대문학의 연구』 32, 한국문학연구학회, 2007.
______, 「이광수의 새자료 「크리스마슷밤」 연구」, 『현대소설연구』 36, 한국현대소설학회, 2007.12.
______, 『한국근대소설사』, 솔, 1997.
______, 『한국근대문학비평사』, 소명출판, 2000.
______, 『한국 근대소설의 형성과정』, 소명출판, 2005.
김영찬, 「식민지 근대의 내면과 표상」, 『식민지근대의 내면과 매체표상』, 깊은샘, 2006.
김우창, 권영민 외 공편, 「감각, 이성, 정신」, 『한국문학이란 무엇인가』, 민음사, 1995.
______, 『심미적 이성』, 솔, 1992.
김윤식, 『김동인연구』, 민음사, 1987.
______, 『이광수와 그의 시대』, 솔, 1999.
______, 『한국근대문예비평사연구』, 일지사, 1999.
______, 『한국 근대문학의 이해』, 일지사, 2004.
김윤재, 「백악춘사 장응진 연구」, 『민족문학사 연구』 제12호, 민족문학사학회, 1998.
김인덕, 「일본지역 유학생의 2 · 8운동과 3 · 1운동」, 『한국독립운동사연구』 13, 독립기념관 한국독립운동사연구소, 1989.
______, 「학우회의 조직과 활동」, 『국사관논총』 66호, 국사편찬위원회, 1995.
김인탁, 「『근대사조』 연구」, 한국학중앙연구소 석사논문, 2006.
김일수, 「팝박론-계몽적 주체의 후경화」, 『공주영상정보대학 논문집』 제4호, 공주영상정보대, 2002.
김정호, 「일본 메이지유신기 계몽사상의 정치사상적 특성」, 『한국동북아논총』 제37집, 한국동북아학회, 2005.
김종수, 「이광수 문학론의 계몽의식 연구」, 『한국문학이론과 비평』 11호, 한국문학이론과비평학회, 2001.6.
김지영, 「학문적 글쓰기의 근대적 전환」, 『우리어문연구』 제27집, 우리어문학회, 2005.
김진송, 『서울에 딴스홀을 허하라』, 현실문화연구, 1999.
김창룡, 『우리 옛 문학론』, 새문사, 2003.
김춘식, 『미적 근대성과 동인지 문단』, 소명출판, 2003.

김치수, 『문학과 문학사회학』, 문학과지성사, 1991.
김학면, 「이광수 초기문학담론과 『무정』의 '근대성' 연구」, 『한국현대문학연구』 25, 한국현대문학연구학회, 2008.8.
김행숙, 『문학이란 무엇인가』, 소명출판, 2005.
김현실, 「1910년대 단편소설연구」, 이화여대 박사논문, 1989.
______, 「근대 지식인의 고백체 내면지향 소설에 관한 연구」, 『현대소설연구』 2, 한국현대소설학회, 1995.
김현주, 『이광수와 문화의 기획』, 태학사, 2005.
______, 「1910년대 '개인', '민족'의 구성과 감정의 정치학」, 『현대문학의 연구』 22, 한국문학연구학회, 2004.2.
나병철, 『근대서사와 탈식민주의』, 문예출판사, 2001.
노지승, 「1920년대 초반, 편지형식 소설의 의미」, 『민족문학사연구』 20, 민족문학사학회, 2002.
대중문학연구회 편, 『대중문학이란 무엇인가』, 평민사, 1995.
________________, 『연애소설은 무엇인가』, 국학자료원, 1998.
류보선, 「민족≠국가라는 상황과 한국 근대문학의 정치적 (무)의식」, 『한국 근대문학과 민족-국가담론』, 소명출판, 2005.
문학과사상연구회, 『근대계몽기 문학의 재인식』, 소명출판, 2007.
마이클 신, 「내면풍경－이광수의 『무정』과 근대문학의 기원」, 『내재적 발전론과 식민지 근대화론을 넘어서』, 삼인, 2006.
박선규, 「예술과 감정」, 『정신문화연구』 17권 3호, 한국학중앙연구원, 1994.
박선미, 『근대 여성, 제국을 거쳐 조선으로 회유하다』, 창작과비평사, 2007.
박숙자, 「근대문학의 감정과 감정론」, 『어문연구』 제34권 제3호, 한국어문교육연구회, 2006 가을.
______, 「근대적 주체와 타자의 형성 과정에 대한 연구」, 『어문학』 제97집, 한국어문학회, 2007.
박인호, 「산운 장도빈의 고구려인식」, 『중앙사론』 30집, 중앙대 중앙사학연구소, 2009.12.
박정애, 「1910~1920년대 초반 여자일본유학생 연구」, 숙명여대 박사논문, 1999.
______, 「초기 '신여성'의 사회진출과 여성교육」, 『여성과 사회』 제11호, 한국여성연구소, 2000.
박주원, 「『매일신보』에 나타난 '개인'개념의 특성과 의미」, 『근대계몽기 지식의 굴절과 현실적 심화』, 소명출판, 2007.
______, 「근대적 '개인', '사회' 개념의 형성과 변화」, 『역사비평』 통권 67호, 역사비평사, 2004 여름.
박지영, 「잡지 『학생계』 연구」, 『상허학보』 20집, 상허학회, 2007.6.
박지향, 『일그러진 근대』, 푸른역사, 2007.

박진영, 「소설번안의 다중성과 역사성」, 『민족문학사연구』 33, 민족문학사학회, 2007.4.
박태일, 「1920~1930년대 경북・대구지역 문예지 연구-『여명』과 『무명탄』을 중심으로」, 『한민족어문학』 47집, 한민족어문학회, 2005.12.
박찬승, 「식민지시기 도일유학과 유학생의 민족운동」, 『아시아의 근대화와 대학의 역할』, 한림대 아시아문화연구소, 2000.
______, 「1910년대 도일유학과 유학생활」, 『역사와 담론』 제34호, 호서사학회, 2003.
______, 「1910년대 도일 유학생의 사상적 동향」, 『한국근현대사연구』 30, 한국근현대사학회, 2004.
박헌호, 「식민지 시기 '자기의 서사'의 성격과 위상」, 『대동문화연구』 제48집, 대동문화연구원, 2004.
______, 「초기 근대소설에 나타난 내면의 서사」, 『식민지 근대성과 소설의 양식』, 소명출판, 2004.
박현수, 「두 개의 번역과 소설이라는 글쓰기」, 『상허학보』 20호, 상허학회, 2007.6.
______, 「한국 근대문학의 재생산 과정과 그 의미」, 『대동문화연구』 제53집, 대동문화연구원, 2006.
______, 「문학에 대한 열망과 소년운동에의 관심-방정환의 초기 활동 연구」, 『민족문학사연구』 28, 민족문학사학회, 2005.
배개화, 「이광수 초기 글쓰기에 나타난 '감정'의 의미」, 『어문학』 제95호, 한국어문학회, 2007.3.
______, 「장편『무정』을 통해 본 '은유'로서의 감정」, 『국어교육』 124, 한국어교육학회, 2007.10.
백문임, 「감상의 시대, 조선의 미국 연속영화」, 『사이間SAI』 제14호, 국제한국문학문화학회, 2013.
백옥경, 「근대 한국여성의 일본유학과 여성현실인식」, 『이화사학연구』 제39집, 이화사학연구소, 2009.
백지혜, 「1910년대 소설에 나타난 '청년'과 문명의 양상」, 『한성어문학』, 한성대 한성어문학회, 2007.
소영현, 「젠더 정체성의 정치학과 '근대 / 여성'담론의 기원-『여자계』지를 중심으로」, 『여성문학연구』 16, 한국문학여성학회, 2006.
______, 「근대인쇄매체와 수양론・교양론・입신출세주의」, 『상허학보』 18집, 상허학회, 2006.10.
______, 「미적 청년의 탄생」, 연세대 박사논문, 2006.
손유경, 「한국 근대소설에 나타난 '동정'의 윤리와 미학에 관한 연구」, 서울대 박사논문, 2006.
손정수, 「1910년대 이광수의 문학론과 작품의 관련양상에 대한 고찰」, 『한국학보』 85집, 일지사, 1996 겨울.

______, 「자율적 문학관의 기원」, 『민족문학사연구』 20, 민족문학사학회, 2002.
송기섭, 「도덕감정의 심연과 근대적 주체」, 『어문연구』 32, 어문연구학회, 1999.12.
송명희, 「이광수 『개척자』와 나혜석 「경희」에 대한 비교연구」, 『비교문학』 제20집, 한국비교문학회, 1995.
송병기 「개화기 일본유학생 파견과 실태」, 『동양학』 18, 단국대 동양학연구소, 1988.
송은영, 「근대 소설의 역사성과 허구성」, 『상허학보』 10, 상허학회, 2003.
서영채, 『사랑의 문법』, 민음사, 2004.
서은경, 「이광수 초기 단편소설에 나타난 근대적 주체의 등장과 의미」, 『한국문학이론과 비평』 제35집, 한국문학이론과비평학회, 2007.6.
______, 「'사실' 소설의 등장과 근대소설로의 이행과정」, 『한국문학이론과 비평』 제47집, 한국문학이론과비평학회, 2010.6.
______, 「1910년대 후반 미적 감수성의 분화와 '감정'이 부상되는 과정」, 『현대소설연구』 제45호, 현대소설연구학회, 2010.12.
신지연, 「이광수 텍스트에 나타나는 동성 간 관계와 감정의 언어화 방식」, 『상허학보』 21집, 상허학회, 2007.10.
______, 「『학지광』에 나타난 심미적 문장의 형성 과정」, 『민족문화연구』 vol.40, 고려대 민족문화연구원, 2004.
신환종, 「한국의 근대적 개인의 형성에 관한 연구 : 1910년대 이광수를 중심으로」, 연세대 석사논문, 2001.
심원섭, 「1910년대 일본 유학생 시인들의 대정기(大正期)사상 체험」, 『한일문학의 관계론적 연구』, 국학자료원, 1998.
안남일, 「『삼광』수록 소설 연구」, 『한국학연구』 31, 고려대 한국학연구소, 2009.11.
안태정, 「1920년대 일제의 조선지배논리와 이광수의 민족개량주의 논리」, 『史叢』 제35호, 고려대 역사연구소, 1989.6.
양문규, 「1910년대 한국 소설 연구」, 연세대 박사논문, 1990.
______, 「1910년대 소설의 근대성 재론」, 『한국문학의 근대와 근대성』, 소명, 2003.
______, 「1910년대 유학생 잡지와 한국근대소설의 형성－「학지광」의 담론을 중심으로」, 『현대문학의 연구』 34, 한국문학연구학회, 2008.
______, 「1900년대 신문·잡지 미디어와 근대 소설의 탄생」, 『현대문학의 연구』23, 한국문학연구학회, 2004.7.
양진오, 「영웅의 호출과 민족의 상상」, 『현대소설연구』 38, 한국현대소설학회, 2008.
______, 「기독교 수용의 문학적 방식과 그 의미에 관한 연구」, 『어문학』 83호, 한국어문학회, 2004.

염희경, 「소파 방정환 연구」, 인하대 박사논문, 2007.

오세영, 「민중시와 파토스의 원리－석송 김형원론」, 『관악어문연구』 3집, 서울대 국어국문학과, 1978.

우정권, 『한국근대 고백소설의 형성과 서사양식』, 소명출판, 2004.

유문선, 「3·1 운동 전후의 현실과 문학적 대응」, 『새민족문학사 강좌』 2, 창작과비평사, 2009.

유선영, 「초기 영화의 문화적 수용과 관객성」, 『언론과사회』 2003 겨울 12권 1호, 성곡언론문화재단.

______, 「초기 영화관람－각문화의 기습, 전유 그리고 식민적 근대성의 예후」, 한국언론학회 봄 정기학술대회. 2003.

유홍주, 「고백체와 여성적 글쓰기」, 『현대문학이론연구』 27, 현대문학이론학회, 2006.1.

윤범모, 『한국근대미술』, 한길아트, 2000.

윤영실, 「국민국가의 주동력, '청년'과 '소년'의 거리」, 『민족문화연구』 제48호, 고려대 민족문화연구원, 2008.6.

윤세진, 「미술의 탄생」, 국사편찬위원회 편, 『근대와 만난 미술과 도시』, 두산동아, 2008.

윤　진, 「진실의 허구 혹은 허구의 진실－자서전 글쓰기의 문제들」, 『프랑스어문교육』 제7집, 한국 프랑스어문교육학회, 1999.

이경돈, 「기록서사와 근대소설」, 『상허학보』 제9집, 상허학회, 2002.9.

이경훈, 『오빠의 탄생』, 문학과지성사, 2003.

______, 「『학지광』의 매체적 특성과 日本의 영향 1」, 『대동문화연구』 제48집, 대동문화연구원, 2004.

______, 「청년과 민족－『학지광』을 중심으로」, 『대동문화연구』 제44집, 대동문화연구원, 2003.

이기훈, 「청년, 근대의 표상－1920년대 '청년'담론의 형성과 변화」, 『문화과학』37, 문화과학사, 2004.3.

이동하, 「1910년대 단편소설 연구」, 서울대 박사논문, 1982.

이보경, 『문文과 노벨novel의 결혼－근대 중국의 소설이론 재편』, 문학과지성사, 2002.

이상경, 『한국근대여성문학사론』, 소명출판, 2002.

______, 『나는 인간으로 살고 싶다－영원한 신여성 나혜석』, 한길사, 2009.

이선이·이준태, 「근대 초 조선민족성 담론의 형성 배경과 논의 방식」, 『비교한국학』 제18권 제2호, 국제비교한국학회, 2010.

이순진, 「활동사진의 시대(1903~1919), 조선의 영화 관객성에 대한 연구」, 『대중서사연구』 제16호, 대중서사학회, 2006.

이영미 외, 『딱지본 대중소설의 발견』, 민속원, 2009.

이유미, 「근대 단편소설의 전개 양상과 제도화 과정 연구」, 연세대 박사논문, 2010.

이은주, 「근대체험의 내면화와 새로운 글쓰기」, 『상허학보』 16집, 상허학회, 2006.2.

______, 『한국 근대 단편소설과 정의 양식』, 역락, 2007.

이정우, 『주체』, 산해, 2001.

이종호, 「일제시대 아나키즘 문학 형성 연구－『시대사조』『삼광』『폐허』를 중심으로」, 성균관대 석사논문, 2006.

이진경, 「근대적 주체와 정체성」, 『경제와 사회』 통권 제35호, 비판사회학회, 1997 가을.

이태숙, 「고백체 문학과 여성」, 『우리말글』 26, 우리말글학회, 2002.12.

______, 「근대성과 여성주체」, 『한국문학이론과비평』 제21집, 한국문학이론과비평학회, 2003.12.

이철호, 「1910년대 후반 도쿄 유학생의 문화인식과 실천－『기독청년』을 중심으로」, 『한국문학연구』 37, 한국문학연구학회, 2008.12.

이현경, 「한국 근대 영화잡지 형성 연구」, 고려대 박사논문, 2012.

이현식, 「문학의 자율성, 주체의 발견, 근대라는 미망」, 『문학과 사회』, 문학과지성사, 1998 가을.

______, 「한국 근대 문학 형성의 사회사적 조건」, 『민족문학과 근대성』, 문학과지성사, 1995.

______, 「근대문학의 탄생」, 『제도사로서의 한국 근대문학』, 소명출판, 2006.

이혜진, 「『여자계』연구」, 연세대 석사논문, 2008.

이화여대 한국문화연구원, 『근대계몽기 지식개념의 수용과 그 변용』, 소명출판, 2004.

______________________, 『근대계몽기 지식의 발견과 사유지평의 확대』, 소명출판, 2006.

______________________, 『근대계몽기 지식의 굴절과 현실적 심화』, 소명출판, 2007.

이희정, 『한국 근대소설의 형성과 『매일신보』』, 소명출판, 2008.

임병권, 「고백을 통해 본 내면성의 정착과 주체의 형성」, 『한국근대문학의 형성과 문학장의 재발견』, 소명출판, 2004.

장수익, 「한국근대소설과 사회진화론」, 『한국현대문학연구』 제19집, 한국현대문학회, 2006.9.

전미경, 「개화기 '남녀동등' 담론에 나타난 여성에 대한 계몽의 시각」, 『한국가정관리학회지』 제20권 1호, 한국가정관리학회, 2002.

전은경, 「1910년대 지식인 잡지와 '여성'－『학지광』과 『청춘』을 중심으로」, 『어문학』 93호, 한국어문학회, 2006.

전재호, 「자강론과 자유주의」, 『정치사상연구』 제10집 2호, 한국정치사상학회, 2004 가을.

정병호, 「한일 근대문예론에 있어서 정(情)의 위치」, 『아세아문화연구』 8집, 경원대 아시아문화연구소, 2004.

정선태, 『심연을 탐사하는 고래의 눈』, 소명출판, 2003.

______, 『개화기 신문논설의 서사 수용양상』, 소명출판, 1999.

______, 「번역과 근대 소설 문체의 발견」, 『대동문화연구』 제48호, 대동문화연구원, 2002.

정용화, 「한국인의 근대적 자아 형성과 오리엔탈리즘」, 『정치사상연구』 제10집 1호, 한국정치사상학회, 2004.
정우택, 「황석우의 매체 발간과 사상적 특징」, 『민족문학사연구』 32, 민족문학사학회, 2006.
정진석, 『한국언론사연구』, 일지사, 1988.
정현기, 『포위관념과 멀미』, 연세대 출판부, 2005.
조영복, 「한국 근대시의 형성과 근대문화예술의 관계」, 『한국시학연구』 18, 한국시학회, 2007.4.
______, 「근대 초기시의 미적 개념의식과 근대시 장르의 체계화 과정연구」, 해방전 편, 『논문으로 읽는 문학사1』, 소명출판, 2008.
조요한, 『예술철학』, 미술문화, 2003.
조은숙, 「근대계몽담론과 소년의 표상」, 『어문논집』 46, 민족어문학회, 2002.
조창현, 「하인리히 하이네 문학의 수용에 관한 연구—1920년대부터 1940년까지 한국에서의 하이네 수용」, 『독일어문학』, 한국독일어문학회, 2003.
주근옥, 『석송 김형원 연구』, 월인, 2001.
주종연, 『한국근대단편소설연구』, 형설출판사, 1982.
지덕상, 「백악춘사의 개화기문학적 위치」, 『국어교육』 46호, 한국어교육학회, 1983.
차태근, 「근대지식, 교육과 문학」, 『중국현대문학』 42호, 한국중국현대문학학회, 2007.
차혜영, 『한국근대 문학제도와 소설양식의 형성』, 역락, 2005.
천정환, 『근대의 책읽기』, 푸른역사, 2003.
최덕수, 「개화기 일본의 조선인 유학정책의 성격」, 『국사관논총』72, 국사편찬위원회, 1996.
최수일, 「1920년대 동인지문학의 심리적 기초」, 『대동문화연구』 36, 대동문화연구원, 2000.
최주한, 「개조론과 근대적 개인」, 『어문연구』 124호, 한국어문교육연구회, 2005.
최해수, 「나츠메 소오세키와 염상섭 문학의 영향관계 연구—『나는 고양이다』와 『박래묘』」, 『일본근대문학』 3, 월인, 2004.
최현식, 「근대계몽기 '한양—경성'의 이중 표상과 시적 번역」, 『상허학회』 26, 상허학회, 2009.6.
최혜실, 『신여성들은 무엇을 꿈꾸었는가』, 생각의 나무, 2000.
하동호, 『한국근대문학의 서지연구』, 깊은샘, 1981.
한계전, 「신경향파 시론의 형성—석송 김형원을 중심으로」, 『관악어문연구』 6집, 서울대 국어국문학과, 1981.
한기형, 「근대어의 형성과 매체의 언어전략」, 『역사비평』, 역사문제연구소, 2005 여름.
______, 「초기 염상섭의 아나키즘 수용과 탈식민적 태도」, 『한민족어문학』 제43호, 한민족어문학회, 2003.
______, 『근대어, 근대매체, 근대문학』, 성균관대 출판부, 2006.

______, 『한국 근대소설사의 시각』, 소명출판, 1999.
______, 「초기 염상섭의 아나키즘 수용과 탈식민적 태도」, 『한민족어문학』 제43호, 한민족어문학회, 2003.
______, 「최남선의 잡지 발간과 초기 근대문학의 재편」, 『대동문화연구』 제45집, 대동문화연구원, 2004.
______, 「근대잡지 『신청년』과 경성청년구락부」, 『서지학보』 26호, 한국서지학회, 2002.
______, 「잡지 『신청년』 소재 근대문학 신자료(Ⅰ)」, 『대동문화연구』 제41집, 대동문화연구원, 2002.
한상언, 「1920년대 초반 조선의 영화산업과 조선영화의 탄생」, 『영화연구』 55호, 한국영화학회, 2011.
한상일, 『제국의 시선』, 새물결, 2004.
허　수, 「제1차 세계대전 종전 후 개조론의 확산과 한국 지식인」, 『한국근현대사연구』 제50집, 한국근현대사학회, 2009.
홍선영, 「한・일 근대문화 속의 '가정'」, 『일본문화학보』 22, 한국일본문학회, 2004.
홍석표, 『중국의 근대적 문학의식 탄생』, 선학사, 2007.
홍양희, 「일제시기 조선의 여성교육」, 『동아시아문화연구』 제35집, 한양대 동아시아문화연구소, 2001.
홍인숙, 『근대계몽기 여성담론』, 혜안, 2009.
황종연, 「문학이라는 역어」, 문학사와 비평연구회, 『한국문학과 계몽담론』, 새미, 1999.
______, 「노블, 청년, 제국」, 『상허학보』 14집, 문학사와 비평연구회, 2005.2.
홍현영, 「1920년대 전반기 시문학에서 '민중'의 의미－박종화와 김형원을 중심으로」, 성균관대 석사논문, 2013.
황호덕, 『근대 네이션과 그 표상들』, 소명출판, 2005.

3. 국외논저

가라타니 고진, 박유하 역, 『일본근대문학의 기원』, 민음사, 1997.
가메이 히데오, 김춘미 역, 『메이지 문학사』, 고려대 출판부, 2006.
고든 그레이엄, 이영주 역, 『예술철학』, 동문선, 2003.
나츠메 소세키, 황지현 역, 『문학예술론』, 소명출판, 2004.
리타 펠스키, 김영찬・심진경 역, 『근대성과 페미니즘』, 거름, 1998.
리하르트 반 뒬멘, 최윤영 역, 『개인의 발견』, 현실문화연구, 2005.

마루야마 마사오, 김석근 역, 『『문명론의 개략』을 읽는다』, 문학동네, 2007.
멜빈 레이더, 김광명 역, 『예술과 인간가치』, 까치, 1987.
미요시 유키오, 정선태 역, 『일본문학의 근대와 반근대』, 소명출판, 2005.
미조구치 유조, 정태섭·김용천 역, 『중국의 공과사』, 신서원, 2004.
베르나르 포크롤 공저, 전성자 역, 『개인의 탄생－서양예술의 이해』, 에크리, 2006.
쓰보우치 쇼요, 정병호 역, 『소설신수』, 고려대 출판부, 2007.
아놀드 하우저, 백낙청·염무웅 역, 『문학과 예술의 사회사』 현대편, 창작과비평사, 1998.
앙드레 슈미드, 정여울 역, 『제국 그 사이의 한국』, 휴머니스트, 2007.
에드워드 사이드, 김성곤·정정호 역, 『문화와 제국주의』, 창, 1995.
우스미 요시미, 고재석·김환기 역, 『일본다이쇼문학사』, 동국대 출판부, 2001.
이에나가 사부로 엮음, 연구공간 '수유+너머' 일본근대사상팀 역, 『근대 일본 사상사』, 소명출판, 2006.
이언 와트, 이시연·강유나 역, 『근대 개인주의 신화』, 문학동네, 2004.
장파, 유중하 외역, 『동양과 서양, 그리고 미학』, 푸른숲, 1999.
제레미 호손, 손영도 역, 『소설연구의 첫걸음』, 동인, 2001.
찰스 귀논, 강혜원 역, 『진정성에 대하여』, 동문선, 2005.
천광싱, 백지은 외역, 『제국의 눈』, 창비, 2003.
히라타 유미, 임경화 역, 『여성표현의 일본근대사』, 소명출판, 2008.
하타노 세츠코, 최주한 역, 『『무정』을 읽는다』, 소명출판, 2008.

간행사 _ 근대 한국학총서를 내면서

새 천 년이 시작된 지도 벌써 몇 해가 지났다. 식민지와 분단국가로 지낸 20세기 한국 역사의 와중에서 근대 민족국가 수립과 민족 문화 정립에 애써온 우리 한국학계는 세계사 속의 근대 한국을 학술적으로 미처 정리하지 못한 채 세계화와 지방화라는 또 다른 과제를 안게 되었다. 국가보다 개인, 지방, 동아시아가 새로운 한국학의 주요 대상이 된 작금의 현실에서 우리가 겪어온 근대성을 다시 한번 정리하고 21세기에 맞는 새로운 모습으로 탈바꿈시키는 것은 어느 과제보다 앞서 우리 학계가 정리해야 할 숙제이다. 20세기 초 전근대 한국학을 재구성하지 못한 채 맞은 지난 세기 조선학·한국학이 겪은 어려움을 상기해 보면, 새로운 세기를 맞아 한국 역사의 근대성을 정리하는 일의 시급성은 아무리 강조해도 지나치지 않다.

우리 근대한국학연구소는 오랜 전통이 있는 연세대학교 조선학·한국학 연구 전통을 원주에서 창조적으로 계승하고자 하는 목표에서 설립되었다. 1928년 위당·동암·용재가 조선 유학과 마르크스주의, 그리고 서학이라는 상이한 학문적 기반에도 불구하고 조선학·한국학 정립을 목표로 힘을 합친 전통은 매우 중요한 경험이었다. 이에 외솔과 한결이 힘을 더함으로써 그 내포가 풍부해졌음은 두말할 나위가 없다. 연세대학교 원주캠퍼스에서 20년의 역사를 지닌 매지학술연구소를 모체로 삼아, 여러 학자들이 힘을 합쳐 근대한국학연구소를 탄생시킨 것은 이러한 선배학자들의 노력을 교훈으로 삼은 것이다.

이에 우리 연구소는 한국의 근대성을 밝히는 것을 주 과제로 삼고자 한다. 문학 부문에서는 개항을 전후로 한 근대 계몽기 문학의 특성을 밝히는 데 주력할 것이다. 역사 부문에서는 새로운 사회경제사를 재확립하고 지역학 활성화를 위한 원주학 연구에 경진할 것이다. 철학 부문에서는 근대 학문의 체계화를 이끌고 사회과학 분야에서는 학제 간 연구를 활성화시키며 근대성 연구에 역량을 축적해 온 국내외 학자들과 학술 교류를 추진할 것이다. 이러한 연구들은 일방성보다는 상호이해와 소통을 중시하는 통합적인 결과물의 산출로 이어질 것이다.

근대한국학총서는 이런 연구 결과물을 집약적으로 정리하기 위해 마련한 총서이다. 여러 한국학 연구 분야 가운데 우리 연구소가 맡아야 할 특성화된 분야의 기초자료를 수집·출판하고 연구성과를 기획·발간할 수 있다면, 우리 시대 연구자들뿐만 아니라 학문 후속세대들에게도 편리함과 유용함을 줄 수 있을 것이다. 새롭게 시작한 근대한국학총서가 맡은 바 역할을 충분히 할 수 있도록 주변의 관심과 협조를 기대하는 바이다.

2003년 12월 3일

연세대학교 원주캠퍼스 근대한국학연구소